LES

LAMENTATIONS DE MATHEOLUS

ET LE

LIVRE DE LEESCE

DE

JEHAN LE FÈVRE, DE RESSON

LES
LAMENTATIONS DE MATHEOLUS
ET LE
LIVRE DE LEESCE
DE
JEHAN LE FÈVRE, DE RESSON
(POÈMES FRANÇAIS DU XIVe SIÈCLE)

Édition critique, accompagnée de l'original latin des *Lamentations*, d'après
l'unique manuscrit d'Utrecht, d'une Introduction et de deux Glossaires,

PAR

A.-G. VAN HAMEL

ÉLÈVE DIPLÔMÉ DE L'ÉCOLE PRATIQUE DES HAUTES ÉTUDES DE PARIS, PROFESSEUR
DE PHILOLOGIE FRANÇAISE À L'UNIVERSITÉ DE GRONINGUE.

TOME PREMIER
TEXTES FRANÇAIS ET LATIN DES LAMENTATIONS

PARIS
ÉMILE BOUILLON, ÉDITEUR
67, RUE DE RICHELIEU, 67
1892

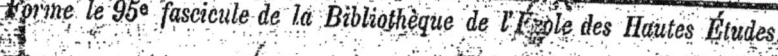

Forme le 95e fascicule de la Bibliothèque de l'École des Hautes Études.

EN VENTE A LA MÊME LIBRAIRIE

DU MÊME AUTEUR :

Li Romans de Carité et Miserere du Renclus de Moiliens. Poèmes de la fin du XIIe siècle. Édition critique accompagnée d'une introduction, de notes, d'un glossaire et d'une liste des rimes. 2 vol. gr. in-8. 20 fr.

Bibliothèque française du moyen âge. Format petit in-8°.
   I, II : Recueil de motets français des XIIe et XIIIe siècles, publiés d'après les manuscrits avec introduction, notes, variantes, etc., par G. Raynaud, suivis d'une étude sur la musique au siècle de saint Louis, par H. Lavoix fils. 18 fr.
   III : Le Psautier de Metz, tome Ier, texte et variantes, publié d'après quatre manuscrits par F. Bonnardot. 9 fr.
   IV, V : Alexandre le Grand dans la littérature française du moyen âge, par P. Meyer. 18 fr.
   VI, VII : Œuvres de Gautier d'Arras, publiées par E. Löseth. 18 fr.

Alexandre (R.). Le Musée de la conversation. Répertoire de citations françaises, dictons modernes, curiosités littéraires, historiques et anecdotiques avec une indication précise des sources. Seconde édition. In-8°. 4 fr.

Arbois de Jubainville (H. d'). Les noms gaulois chez César et Hirtius de bello gallico. 1re série : Les composés dont rix est le dernier terme. In-18 jésus. 4 fr.

Bastin (J.). Étude sur les principaux adverbes : affirmation, négation, manière. In-8°. 3 fr.

Beljame (A.). La prononciation française du nom de Jean Law, le financier. Gr. in-8°. 1 fr. 25

Binet (H.). Le style de la lyrique courtoise en France aux XIIe et XIIIe siècles. In-8°. 3 fr. 50

Brakelmann (J.). Les plus anciens chansonniers français (XIIe siècle), publiés d'après tous les manuscrits. Petit in-8°. 5 fr.

Brekke (K.). Étude sur la flexion dans le voyage de saint Brandan, poème anglo-normand du XIIe siècle. In-8°. 1 fr. 50

Carnel (D.). Le dialecte flamand de France. Étude phonétique et morphologique de ce dialecte tel qu'il est parlé spécialement à Bailleul et ses environs (Nord). In-8° avec une carte. 2 fr. 50

Chatelain (E.). Les étudiants suisses à l'école pratique des Hautes Études (section des sciences historiques et philologiques) (1868-1891), avec un appendice sur les étudiants suisses de Paris aux XVe et XVIe siècles. Gr. in-8°. 2 fr.

Chrestomathie de l'ancien français (IXe-XVe siècles), précédée d'un tableau sommaire de la littérature française au moyen âge et suivie d'un glossaire étymologique détaillé. Nouvelle édition soigneusement revue et notablement augmentée, avec le supplément refondu par L. Constans. In-8°. 7 fr.

Cosquin (E.). Contes populaires de Lorraine comparés avec les contes populaires des autres provinces de France et précédés d'un essai sur l'origine et la propagation des contes populaires européens. 2 vol. gr. in-8°. 12 fr.

Darmesteter (A.). De la création actuelle des mots nouveaux dans la langue française et des lois qui la régissent. Gr. in-8°. 10 fr.

Delboulle (A.). Les fables de La Fontaine. Additions à l'histoire des fables, comparaisons, rapprochements, notes littéraires et lexicographiques. In-18 jésus. 2 fr. 50

Dubois (P.-L.-V.). Philologie wallonne. Monographie du patois du Luxembourg méridional. In-8°. 1 fr.

Études romanes dédiées à Gaston Paris par ses élèves français et ses élèves étrangers, des pays de langue française. Gr. in-8°. 20 fr.

Flamenca (le roman de), publié d'après le manuscrit unique de Carcassonne, avec introduction, sommaire, notes et glossaire par P. Meyer. Gr. in-8°. 8 fr.

Godefroy (F.). Dictionnaire de l'ancienne langue française et de tous ses dialectes du XIe au XVe siècle.
   L'ouvrage complet se composera de 100 livraisons de 10 feuilles gr. in-4° à trois colonnes au prix de 5 fr. chacune, 71 sont en vente.

LES
LAMENTATIONS DE MATHEOLUS

ET LE

LIVRE DE LEESCE

DE

JEHAN LE FÈVRE, DE RESSON

(POÈMES FRANÇAIS DU XIVᵉ SIÈCLE)

Édition critique, accompagnée de l'original latin des *Lamentations*, d'après l'unique manuscrit d'Utrecht, d'une Introduction et de deux Glossaires,

PAR

A.-G. VAN HAMEL

ÉLÈVE DIPLOMÉ DE L'ÉCOLE PRATIQUE DES HAUTES ÉTUDES DE PARIS, PROFESSEUR
DE PHILOLOGIE FRANÇAISE A L'UNIVERSITÉ DE GRONINGUE.

TOME PREMIER
TEXTES FRANÇAIS ET LATIN DES LAMENTATIONS

PARIS
ÉMILE BOUILLON, ÉDITEUR
67, RUE DE RICHELIEU, 67
1892

BIBLIOTHÈQUE
DE L'ÉCOLE
DES HAUTES ÉTUDES

PUBLIÉE SOUS LES AUSPICES

DU MINISTÈRE DE L'INSTRUCTION PUBLIQUE

SCIENCES PHILOLOGIQUES ET HISTORIQUES

QUATRE-VINGT-QUINZIÈME FASCICULE

LES LAMENTATIONS DE MATHEOLUS ET LE LIVRE DE LEESCE DE JEHAN LE FÈVRE, DE RESSON,
PUBLIÉ PAR A.-G. VAN HAMEL,
ÉLÈVE DIPLOMÉ DE L'ÉCOLE PRATIQUE DES HAUTES ÉTUDES, PROFESSEUR
DE PHILOLOGIE FRANÇAISE A L'UNIVERSITÉ DE GRONINGUE

TOME PREMIER

PARIS
ÉMILE BOUILLON, ÉDITEUR
67, RUE DE RICHELIEU, 67
1892

A

MON CHER MAITRE ET AMI

M. ADOLF TOBLER

HOMMAGE RESPECTUEUX ET SOUVENIR RECONNAISSANT

INTRODUCTION

§ 1. — CONSTITUTION DES TEXTES

Nous publions ici pour la première fois le texte latin des *Lamentations de Matheolus*, d'après le seul exemplaire connu, que nous avons eu la chance de trouver dans la Bibliothèque de l'Université d'Utrecht, où il est coté *Scriptores latini* 65. C'est un ms. sur vélin parfaitement conservé, mesurant 248 millimètres sur 165, comptant 98 feuillets, dont les 82 premiers contiennent le poème de Matheolus *(Liber Lamentationum Matheoluli)*, 35 vers par page; le reste du volume (feuillets 83 à 98, qu'une ancienne pagination a marqués I à XVI) donne le texte latin du *Liber de secretis secretorum*. Cette dernière partie du ms., qui n'a été jointe que plus tard au *Matheolus*, a été signalée par Clarisse dans les *Nieuwe Werken van de Maatschappy der Nederlandsche Letterkunde*, IV, 1838, p. 9, note. Nous avons donné une description sommaire de notre manuscrit dans la *Romania*, XVII, p. 284, et dans le *Nederlandsche Spectator*, 1888, blz. 111. D'après les renseignements qui nous ont été fournis par le savant archiviste d'Utrecht, M. S. Muller Fzn., ce manuscrit provient de la collection de l'ancien bourgmestre Booth († 1678), laquelle avait été composée en grande partie avec la collection du savant Buchell († 1641)[1]. Tous les mss. de Booth ont été achetés en 1840

---

1. Arnoldus van Buchell, l'éditeur de Beka et de Heda. Ce savant a fait plusieurs voyages, en France et en Italie; c'est peut-être de son voyage en France (février 1584 à juin 1586) qu'il a rapporté le manuscrit de *Matheolus*.

pour les Archives de la province d'Utrecht, et de là notre ms. a passé, en 1882, à la Bibliothèque de l'Université.

Le manuscrit ne porte pas de date, mais semble remonter au commencement du xiv° siècle. Les majuscules qui ouvrent chaque nouvelle tirade sont alternativement peintes en bleu et en rouge; il y a de nombreuses rubriques, entre deux vers ou à la marge, que le lecteur trouvera reproduites au bas des pages de notre texte.

Nous n'avons pas tardé à constater que le texte latin du manuscrit contenait un assez grand nombre de fautes et nous avons prié M. Louis Havet de vouloir bien revoir les épreuves de cette partie de notre édition. Notre savant ami nous a gracieusement prêté le précieux concours de son savoir et de sa sagacité, pour nous aider à établir un texte que bien souvent nous n'arrivions pas à comprendre. Qu'il veuille bien agréer ici l'hommage public de notre reconnaissance.

Le manuscrit a peu d'abréviations, sauf dans les vers qui ont été rétablis à la marge et dans les rubriques; celles de *quod, quam, que* se présentent assez régulièrement; par contre, celles de *pre, pro, per* ne se trouvent presque jamais. On dirait cependant que le manuscrit sur lequel le nôtre a été copié, avait beaucoup plus d'abréviations, notamment celles de *pre, pro,* et celle de la nasale. Il y a, en effet, des fautes qui s'expliquent le mieux si l'on admet que le copiste, ou bien n'a pas vu l'abréviation, ou bien a cru voir une abréviation où il n'y en avait pas, ou bien l'a mal résolue. C'est ainsi qu'il écrit 188 *stemate* pour *stemmate*, 1763 *sum* pour *suum*, 1816 *acquirens* pour *acquirentis*, 2590 *corpus* pour *corporis*, 3473 *dicoque* pour *dico quoque*, 4023 *reiciatur* pour *reiciantur*, 4541 *instituatur* pour *instituantur*; d'autre part il écrit 909 *hinc* pour *huc*, 984 *cunctos* pour *custos*, 2532 *vinculum* pour *vinclum*, 2594 *salomonis* pour *salmonis*, 2733 *vinculo* pour *vinclo*, 3044 *nouerat* pour *norat*, 4396 *populi* pour *poli;* et enfin, 632 *undelibus* pour *undelibet*, 945 *ego* pour *ergo*, 2881 *ergo* pour *ego*, 2535 *quare* pour *cur*, 2554 *cleridico* pour *clericulo*, 4394 *pereat* pour *procreat*, 4580 *Rebus* pour *Debet*, et dans plusieurs composés *pre* pour *pro* ou *pro* pour *pre*.

Ce qui rend le manuscrit d'Utrecht particulièrement intéressant ce sont les nombreuses annotations, interlinéaires et marginales, qui couvrent presque tous les feuillets. Il y en a de toute nature, depuis la simple glose qui remplace un mot plus ou moins obscur par un mot plus simple et qui a pour but de rendre le texte plus intelligible au lecteur (en lui indiquant le sujet ou le régime du verbe, en répétant un verbe, en signalant un vocatif par l'adjonction d'un *o*, etc.), jusqu'à la notice littéraire et historique.

La plupart des annotations marginales renvoient le lecteur à un passage tiré d'auteurs classiques et sacrés, que le poète a reproduit, qu'il a imité, ou qui contient simplement une pensée analogue. Les gloses sont en général latines ; il y en a cependant quelques-unes en français : vs. 29 après *virago*, *barnesse gallice*, 970 au-dessus de *scrabonis*, *escarbote*, 1091 au-dessus de *mussatam*, *muisi gallice*, 1567 à côté de *posui*, *pont* (sic) *gallice*, 3049 au-dessus de *trahis*, *hierce* (notons la forme wallonne) *gallice*, 4021 après *dedo*, à la marge, *gallice je me abandonne;* ce même mot *gallice* se trouve à la marge après *len dit*[1] (1595) et après *he las* (5206).

Pour donner une idée de ces annotations nous reprodui-

---

1. Nous nous sommes trompé dans l'explication de ce mot; il faut, dans le vers 1595, mettre le point d'interrogation après *Paschate* et lire ensuite *L'en dit*(il y a une glose *dicitur*); *quod... videtur* dépend de *L'en dit*. Ce mélange de français et de latin est curieux, mais il y a encore quelques exemples du même genre.

sons ici celles du f° 1 r° : vs. 1, au-dessus de *Parue, liber,* au-dessus de *inuideo, quod ibis in urbem,* et après *urbem, sic incipit liber tristium ouidij,* 2 après *turbem, socios,* 6 après *duellum, bellum matrimoniale,* 7 au-dessus de *Presertim, maxime,* 8 au-dessus de *Quo queror, de me con,* au-dessus de *queritur, con,* après 13, à la marge : *accepit hunc versum a primo ouidij metamorphoseos,* vs. 14 au-dessus de *ego, existens,* 15 au-dessus de *fandi, loquendi,* au-dessus du second *mutus, bene dico,* de *mutor, ego,* 16 après *tutor, nunc,* 18 au-dessus de *plagam, laicalem,* vs. 20 au-dessus de *modo, sum,* de *ponor, ideo,* après 21, à la marge, *Iste versus est catonis,* après 22, à la marge *Tolluntur in altum ut lapsu grauiore ruant ut dicit Claudius* (sic) *in Rufinum,* 23 au-dessus de *cui, ruine,* après 24, à la marge, *Nam solitet vltima semper expectanda dies..... est dicique beatus ante obitum nemo supremaque funera debet, Ouidij metamorph.,* 27 au-dessus de *alrerutrent, faciunt alterum,* 29 au-dessus de *viduam, petronillam,* après *virago, barnesse gallice,* 30 au-dessus de *ea, petra,* 31 au-dessus de *vrtice, in pungendo,* 34 au-dessus de *illius, petre.*

Quelques-unes de ces annotations semblent faites pour des écoliers ; ainsi, vs. 51 ss. on lit au-dessus de chacun des noms des Muses ou des Furies, *musa* ou *furia;* vs. 4964 on lit à côté de *Tullius,* à la marge : *marcus tullius cicero fuit optimus rhetor;* cette dernière note est d'autant plus curieuse que les ouvrages de Cicéron avaient déjà été cités maintes et maintes fois. A côté de nombreuses citations d'auteurs latins et de deux notices historiques (l'une, f° 2 r°, parle du décret de bigamie et du concile de Lyon et cite les années 1272 et 1273, l'autre, f° 20 r°, raconte brièvement les querelles de l'Université de Paris avec les religieux et cite les années 1252 et 1255), on trouve de petits vers familiers ; ainsi, vs. 1567, à propos de *posui,* on lit à la marge : *ponit anus ponitque manus, versus*, et au vs. 5031 : *puls* (sic) *dabitur sero quando sepultus ero.*

Malgré cette grande variété toutes les annotations semblent provenir de la même main, sauf une note marginale à côté du vs. 3539, qui est d'une écriture moins ancienne. L'encre est en général plus pâle, moins noire que celle du texte, mais l'écriture ne diffère pas notablement de celle du scribe. Après mûr examen nous croyons devoir supposer que le ms. d'Utrecht est la reproduction d'un manuscrit plus ancien, qui contenait déjà toutes ces annotations. Il ne serait pas impossible que le même scribe qui a copié le texte, une fois ce travail terminé, se fût mis à copier les notes.

Voici les faits sur lesquels cette supposition se fonde : 1° Il y a un cas où une glose est entrée dans le texte ; au vs. 1749, le mot *est* a été ajouté après *amica*, comme s'il faisait partie du vers. 2° Il y a des fautes dans les gloses ; tandis que, au vs. 2954, on lit, au-dessus de *penam, tuli,* on lit après *dolorem, tibi :* or *tibi* est une faute évidente pour *tuli* ; vs. 961 on lit au-dessus de *unum, martinum*, faute évidente pour *maritum*. 3° Il y a des cas où il y a une faute dans le texte, tandis que la glose ou l'annotation se rapporte au mot juste, que le scribe a mal copié ; vs. 1109 il faut *sponsum* ; le ms. a *sponsam*, et cependant l'annotateur écrit au-dessus de *cui, sponso*, comme s'il lisait *sponsum* et non *sponsam* ; de même, vs. 4660 le ms. a *fedus* pour *fenus* ; cependant l'annotation à la marge se rapporte à *fenus : fenus est illud quod usurarius accipit ultra sortem.*

Il est vrai qu'il y a aussi quelques passages où l'annotateur paraît se rendre compte de ce qu'il lit dans le texte, puisqu'il propose une variante : vs. 2994 le ms. a *velo*, une note marginale ajoute *vel zelo* ; vs. 3571 le texte a *ingeniatam*, une note marginale ajoute *vel ingeminatam i. e.*

duplicatam; vs. 5205 le texte a *Istum quis vouit*, une note marginale ajoute *vel quid mouit*. Mais rien n'empêche que ces annotations-là soient aussi des copies; et, quand même elles proviendraient du copiste lui-même, elles prouveraient qu'il lui est arrivé quelquefois de lire avec attention ce qu'il copiait.

Quant aux changements que nous avons faits dans le texte du manuscrit, les déplacements de vers que nous avons proposés, la ponctuation[1] et d'autres détails concernant la constitution du texte, nous espérons en rendre compte dans les *Notes* que le lecteur trouvera à la fin du second volume[2].

Le texte français des *Lamentations* a été publié en 1864 par Ed. T(ricotel) pour « une Société de bibliophiles[3] ». L'éditeur a joint au texte, qui occupe les pages 1 à 347, un fascicule séparé, qui contient une liste d'errata, de nombreuses variantes (p. 351 à 440) et une « Notice sur le livre de Matheolus » (p. 441 à 495). Cette édition, qui se donne pour une « réimpression » est, en général, une reproduction d'un des imprimés de la fin du xve siècle (voyez plus loin).

---

1. Il y a deux signes de ponctuation dans le manuscrit, le trait correspondant à une virgule et le semi-colon renversé; mais cette ponctuation déroute le lecteur presque aussi souvent qu'elle lui facilite la lecture du texte; ces signes ne se trouvent jamais à la fin du vers, sauf au vs. 5206 (f° 77 r°) après *las* (*he! las!*).

2. C'est aussi à la fin du second volume que nous donnerons la liste complète des *corrigenda*. Dès à présent nous prions le lecteur d'ajouter p. 29, après le vs. 414, f° 7 r°, de lire au vs. 1367 *Ludum* pour *Lud*, de ne pas adopter définitivement au vs. 2486 la correction *spiritum* pour *futurum*, de lire au vs. 1831 *michi* pour *nunc* (cf. vs. 2753). La correction de *Lendit* en *L'en dit* (1595) a déjà été signalée.

3. *Le Livre de Matheolus, poème français du xive siècle*, par Jean Le Fèvre. *Nouvelle édition revue sur les manuscrits et les éditions gothiques*. Bruxelles, imprimerie de A. Mertens et fils, rue de l'Escalier, 22, 1846 (*lisez* 1864). Cette édition a été tirée à 106 exemplaires numérotés dans le format petit in-12 et à 30 exemplaires dans le format in-8°. L'éditeur J. Gay avait entrepris cette édition, comme le montre une petite note à la fin de la première partie (p. 347). Nous avons pu nous procurer le n° 33 de l'édition in-12 et un exemplaire ne portant pas de numéro de l'édition in-8°.

Mais l'éditeur a modifié en plusieurs endroits le texte de l'imprimé d'après les quatre manuscrits de la Bibliothèque Nationale (on trouve les traces de son travail dans plusieurs corrections faites au crayon ou sur les feuillets des manuscrits, notamment de nos mss. C et D).

Cependant ce dernier travail a été fait sans aucune critique. L'éditeur n'a pas vu que l'ancien imprimé est, en plusieurs endroits, un remaniement et même un rajeunissement du texte primitif. Il a conservé les quatrains qui se trouvent en tête de plusieurs tirades et a laissé subsister, à quelques exceptions près, les vers qui se trouvent exclusivement dans les imprimés. Aussi son « premier livre » a-t-il 1552[1] vers, son « second livre » 4252[2], son « troisième livre » 3372, son « quatrième livre » 842[3], tandis que notre édition en donne 1522 pour le livre premier, 4158 pour le second, 3338 pour le troisième et 826 pour le quatrième, ce qui fait en tout 10018 vers dans l'édition Tricotel contre 9844 dans la nôtre. En outre il a, à plusieurs reprises, mais sans motiver son choix, remplacé le texte de l'imprimé par celui d'un ou de plusieurs manuscrits, donnant en général la préférence au manuscrit A, sans tenir compte toutefois des nombreuses lacunes de ce dernier manuscrit. De plus, sa longue liste de variantes (leçons des mss. et leçon de l'imprimé) contient des erreurs ; tantôt il se trompe de manuscrit[4], tantôt, et c'est un cas qui se présente très souvent, il attribue à un seul manuscrit une leçon qui se trouve dans plusieurs, à deux ou trois une leçon représentée par tous les manuscrits. Cette liste n'a donc au fond d'autre valeur que celle de nous faire connaître le texte de l'ancien imprimé toutes les fois que l'éditeur s'en écarte.

1. Une erreur de numérotage en indique 1555.
2. Une erreur de numérotage en indique 4259.
3. Une erreur de numérotage en indique 843.
4. Ainsi il donne I, 1279, II 4081, une leçon de *A* pour une variante de *B*.

Pour faire notre édition, nous nous sommes servi des manuscrits suivants[1] :

A[2] Paris B. N. ffr. 12479 ; ms. sur vélin, sorti de la bibliothèque de Melchior Thévenat (d'après une note sur la feuille de garde), de la fin du xiv° ou du commencement du xv° siècle, comptant 53 feuillets, numérotés par pages (1 à 105), contenant deux colonnes par page et 44 vers par colonne. Il n'y a pas de titre ; f° 53 v° on lit *Explicit Matheolus*. Dans une note sur le verso de la feuille de garde, le poème est présenté comme la traduction des « Lamentations en vers latins » et attribué successivement à un « auteur anonyme postérieur aux auteurs du Roman de la Rose », à « Jehan Lefebvre de Thérouanne », et, par le dernier correcteur, à « J. L. de Resson ». Ce ms. se distingue par la rareté des majuscules initiales coloriées.

B Paris B. N. ffr. 24312, anc. La Vallière 54 ; beau ms. sur vélin, doré sur tranche, avec de nombreuses lettres majuscules initiales, alternativement bleues et dorées, de la même époque environ que A, comptant 110 feuillets à deux colonnes par page et 32 vers par colonne, dont 1 v° à 79 r° contiennent les *Lamentations* et f° 80 v° à 110 r° le *Livre de Leesce* ou le *Rebours de Matheolus* ; le f° 1 r° contient deux strophes de 22 et 23 vers de 8 syllabes sur deux rimes croisées d'un poème religieux assez banal. Le même copiste semble avoir copié les deux poèmes de Jehan Le Fèvre. F° 1 v° une vignette représente un vieux moine tristement assis sur un banc, les yeux fermés, la tête appuyée sur la main, vis-à-vis d'une petite table chargée de livres ; f° 80 r° une autre vignette représente le même moine demandant pardon à quatre femmes, parmi lesquelles une reine. Le f° 2

---

1. Les mss. de Florence, de Londres et de Tours n'ont jamais été signalés.
2. Pour désigner les mss. de Paris, nous employons les mêmes initiales dont s'est servi Tricotel.

porte les armes de Claude d'Urfé, gouverneur des enfants de France sous Henri II (de noir au chef de gueules).

C Paris B. N. ffr. 1657, anc. 7648, ms. sur vélin de la même époque environ, comptant 161 feuillets, à une seule colonne par page et 30 vers par colonne; les lettres majuscules initiales sont plus rares que dans *B*, peintes alternativement en bleu et en rouge. Il contient, à partir du f° 1 v°, les *Lamentations* jusqu'à IV, 699; la fin manque, par suite de feuillets arrachés; après f° 149 quelques feuillets ont été transposés; f° 1 r° contient, en latin, la répartition de revenus annuels sur les différents jours de l'année. Au v° de la feuille de garde on lit : *Matheolus en rithme parlant contre le mariage et approuuant plus tost lusaige des femmes hors le mariage, roy le 95 feuillet, aprez il dispute impieument contre Dieu et en la fin de son liure il declaire les abus de plusieurs estaz.*

D B. N. ffr. 12480, anc. suppl. fr. 632; ms. du xv° siècle sur papier, avec douze feuillets doubles de vélin (qui renferment des cahiers de 10, 12 ou 13 feuillets de papier) comptant 198 feuillets, à une seule colonne de 24 à 29 vers par page. F° 1 r° une vignette représente un moine en face d'une femme qui tient une quenouille dans la main ; sous la vignette une rubrique : *Cy commence le liure de Matheolus en françois;* f° 198 v° *Explicit Matheolus.* Ce ms. contient de nombreuses rubriques en tête des différents chapitres (le lecteur les trouvera parmi nos variantes) et sépare le poème en quatre livres; la copie a été exécutée très rapidement.

F Florence, Laurentiane, cod. Ashburnham 119, 51 du catalogue primitif; ms. du xv° siècle sur papier, sauf les feuillets 1, 10, 11, 20, 31, 32, 43, 44, 58, 59, qui sont en vélin; il compte 77 feuillets à deux colonnes d'environ 55 vers par colonne. Il contient le *Liure de Leesce* (f° 1 à 19 r° col. 1) et les *Lamentations* (f° 20 r° à 70 r°) ; les majuscules initiales sont alternativement peintes en rouge et en blanc. F° 1 r° se lit une rubrique : *Liber contra Matheolus*, et f° 19 r° *Cy fine le contre Matheolus appele le liure de leescc contenant sexcusacion pour les dames leur honneur et leur prouesse explicit deo gratias*; f° 70 r° *explicit Matheolus*.

L Londres, Musée britannique 30985 (voyez *Catalogue of additions*, 1876-1881, p. 136), acheté le 14 décembre 1878 à W. G. Medlicott Esq.; ms. sur papier de la fin du xv° siècle ; une note, collée sur la feuille de garde, contient les réflexions d'un savant français sur la valeur possible de cette copie, qu'il voudrait faire porter à Paris pour y être examinée « par MM. Ch. Magnin, de Montmerqué ou autres. » C'est un petit in-f° de 188 feuillets, à une seule colonne d'environ 39 vers par page, dont 3 à 150 contiennent notre poème ; les autres sont en blanc. F° 3 r° on lit *Le Liure des lamentations de Matheolus*, f° 153 v° *Explicit liber lamentationum Matheoluli*. Cette copie faite sans beaucoup de soin, contient de nombreuses lacunes. Un certain nombre de corrections sans valeur ont été faites par une main de l'époque du copiste, avec une encre plus pâle.

M Montpellier, Bibliothèque de l'École de médecine H 254, relié en gros carton avec des rubans ; ms. sur vélin de la fin du xiv° ou du commencement du xv° siècle, comptant 154 feuillets à une seule colonne de 30 vers par page, avec feuilles de garde en vélin. Sur le r° de la première de ces feuilles se trouve un titre encadré dans un ornement Louis XV, peint en jaune et surmonté des armes de la famille Bouhier (bœuf d'or sur fond d'azur). Voici ce titre : *Livre . des lamentations . de . mariage . et . de . bigamie . composé . en . vers . latins . par mre . Mathieu.. et . mis en . vers . françois . par Jean le . Fevre*; au bas de la page : *ms. D. 29 De la bibliothèque de Mr le président Bouhier*

MDCCXXI. Au verso de la feuille de garde se trouve une notice du président Bouhier, dans laquelle il attribue ce poème à Jean le Fevre de Thérouanne, où il parle ensuite d'un mémoire de son grand-père, Jean Bouhier, conseiller au Parlement de Dijon, mort en 1672, qu'il a fait insérer à la fin du volume, et où il déclare enfin posséder un imprimé du même poème, « in-4° en gothique, à Lyon, chez Olivier Arnoullet, sans date. » L'écriture de ce ms. ressemble beaucoup à celle de notre ms. *C;* les majuscules initiales sont peintes en rouge et en bleu. En tête du f° 1 se trouve une vignette représentant un clerc à genoux devant une personne légèrement vêtue, la tête ceinte d'une auréole (la sainte Vierge?); celle-ci prend par la main deux femmes nues qui s'inclinent devant le clerc. Il y a d'autres vignettes : f° 25 v° une femme, la tête ceinte d'une auréole, offre une fleur à un clerc qui écrit, deux jeunes clercs semblent écouter; f° 30 v° la scène de la matrone d'Éphèse : un chevalier chevauchant parmi trois cercueils, s'approche d'une femme qui fait le geste de la peur; à droite un larron pendu; f° 38 r° Salomon recevant le jeune homme habillé d'un rets, assis sur son âne, accompagné de sa femme, de son fils et de son chien; f° 90 v° (au début du livre III) un homme endormi, auquel Dieu apparaît; une vieille femme (Perrette?) se tient debout au pied du lit; f° 14 r° (début du livre IV) une femme offrant une fleur à un clerc. Au v° du dernier feuillet on a copié plus tard six vers tirés de la description que Mathieu fait de sa femme; le scribe ajoute : *Qui ce liure bien notera De marier fort se gardera.* Vient ensuite sur quatre feuillets en papier le mémoire de Jean Bouhier, dont l'auteur identifie le Mathieu des *Lamentations* avec Mathieu de Gand; le petit-fils, dans sa note au commencement du volume, combat cette identification des deux Mathieu.

Il y a dans ce manuscrit des lacunes et des transpositions de vers qui correspondent en général à l'étendue d'un ou de deux feuillets ; or, comme elles se présentent au milieu d'une colonne (entre autres f° 22 r°), on peut en conclure que ce ms. a été copié sur un ms. de même format dont quelques feuillets avaient été arrachés.

T Tours, Bibliothèque communale, n° 897 anc. Marmoutiers 297 ; ms. sur vélin de la fin du xiv° ou du commencement du xv° siècle, comptant 137 feuillets à une seule colonne de 34 ou 35 vers par page ; la fin, à partir de IV, 733 manque ; quelques feuillets ont été transposés ou manquent. Le catalogue de la Bibliothèque de Tours signale à tort « plusieurs dessins au trait ; » il n'y en a qu'un seul, f° 1 r°, représentant un moine qui offre un livre à un groupe de personnes composé de quatre femmes et d'un homme. Les rares majuscules initiales de ce manuscrit sont rouges. Il y a quelques notes marginales sans intérêt, provenant d'un lecteur du xv° siècle, qui a également rétabli quelques vers et apporté quelques corrections provenant d'une source inconnue.

Contrairement à ce que dit M. François Morand dans sa notice intitulée *Matheolus et son traducteur Jehan Le Fèvre* (Boulogne, 1851), nous avons pu constater que la Bibliothèque royale de Bruxelles ne possède pas de manuscrit du *Matheolus* français. Par contre, il y en a un dans la Bibliothèque de feu sir Philip à Cheltenham ; c'est le numéro 8338 (l'index du catalogue porte par erreur, p. 128, le numéro 8328) ; c'est un manuscrit sur papier du xv° siècle. D'après le catalogue il contient : 1° Une généalogie des roys de France ; 2° Le traité de Péronne entre Louis XI et le duc de Bourgogne ; *Les quinze Joyes de mariage* ; 4° *Matheolus contre les Bigames, poème.* Nous n'avons pas eu jusqu'ici l'occasion de voir ou de faire collationner ce manuscrit[1].

Des anciens imprimés du *Livre de Matheolus*[2], que nous désignons par **I**, nous avons vu les exemplaires suivants :

1° Paris B. N. Réserve n. p. 67 feuillets signés A-L III, avec de nombreuses vignettes dans le texte, édition décrite par Brunet (III, 1526, l. 56), par Tricotel, p. 491, et par M. H. Harrisse (*Excerpta colombiana*, p. 125 et s.). A la fin 16 vers donnent en acrostiche le nom d'Allesandre Primet et indiquent le 3 octobre 1492 comme le jour « ou ie fus mys en sens ». On en a conclu que le livre avait été imprimé en 1492 et on a déduit du grand *L* historié qui se trouve au frontispice et qu'on appelle à tort « le grand *L* de Vérard[3] », qu'il avait paru chez Ant. Vérard à Paris (Tricotel, p. 351 et 491). Mais M. Harrisse pense que cette édition est sortie d'une imprimerie lyonnaise, probablement de celle de Claude Daygne; il se fonde sur le caractère spécial de l'*L* historié, lequel « après avoir reçu un coup de rabot » se retrouve dans le matériel du successeur de cet imprimeur. Nous hésitons d'autant moins à adhérer à l'opinion de M. Harrisse que nous avons vu à Londres, au Musée Britannique, un exemplaire du *Livre de Matheolus* dans lequel se retrouvent un très grand nombre des vignettes de l'exemplaire de la B. N. et qui a été imprimé à Lyon, chez Olivier Arnoullet. Quant à la date, 3 octobre 1492, il est difficile d'y voir celle de l'impression, puisqu'on la retrouve dans un exemplaire qui est évidemment postérieur (le n° suivant).

---

1. Une obligeante communication de M. R. Fitz Roy Fenwick nous fait supposer que le ms. de Cheltenham appartient à la seconde des deux familles de mss. que nous avons cru devoir admettre, et qu'il remonte plus haut que *M*.

2. Tous les imprimés portent, comme titre, les huit vers suivants : *Le liure de Matheolus Qui nous monstre sans varier Les biens et aussi les vertus Qui viennent pour soy marier Et a tous faitz considerer Il dit que lomme nest pas saige Sy se tourne remarier Quant prins a este au passaige.*

3. « Le grand *L* de Vérard », que nous avons pu voir dans une édition du *Respit de la Mort*, est bien différent de celui-ci.

« Mettre en sens » veut-il dire peut-être rendre intelligible, adapter à la langue de l'époque, donc rajeunir? Et Alesandre Primet est-il désigné ici comme celui qui s'est chargé de cette besogne?

2° Paris B. N. Y 4420 Réserve (voyez Tricotel, p. 490). M. Harrisse a longuement décrit cette édition et a noté quelques différences extérieures entre celle-ci et la première. Il pense, avec raison, qu'elle est postérieure à celle-là (l'*L* du frontispice a subi « le coup de rabot »), quoique les 16 derniers vers, et avec eux la date du 3 octobre 1492, aient été conservés. Ici, encore, nous pouvons confirmer l'opinion de M. Harrisse; cette édition présente, en effet, avec la précédente quelques différences, dont quelques-unes sont des corrections, p. e. vs. I, 1516, où *adorer* (leçon erronée de l'édition n. p.) a été changé en *odourer*[1]. C'est sur cette édition-ci que Tricotel a fait sa réimpression et non sur la première, comme on pourrait le conclure à tort de ses propres indications[2]. La B. N. en possède un second exemplaire de cette édition.

3° Londres. Mus. Brit. 11475, d. 29, sans date; les feuillets sont signés *a-i* III, deux colonnes par page et 39 vers par colonne. Cette édition contient les mêmes vignettes que les deux premières, mais elles sont beaucoup moins nombreuses; quelques-unes, entre autres celle où l'auteur invoque Dieu qui apparaît dans les nuages, sont fréquemment reproduites. Comme elles sont trop larges pour la

---

1. D'autre part il s'y est glissé quelques nouvelles erreurs, comme au vers I, 52, de l'imprimé où *De m'estre abusé* a été changé en *De maistre abuser*; (voyez les *Variantes* de Tricotel, p. 352). Une autre modification se trouve vers I, 1105, 06, où la première édition a : *En ce fut grammaire trahye Et logique bien esbaye*, tandis que la seconde a : *En ce fait grammaire trahye Fut et logique esbahye*.
2. Il désigne, en effet, p. 351, l'édition qu'il a suivie par L III, tandis qu'il aurait dû mettre I III; la leçon de son imprimé reproduit en général les variantes de Y 4120.

colonne et qu'elles émargent sur l'autre, l'éditeur est souvent obligé d'imprimer les vers sur deux lignes. A la fin se retrouvent les dix vers qui portent en acrostiche le nom *Allesandre*, mais les six autres (portant *Primet* et indiquant la date du 3 octobre 1492) ont été supprimés. Après on lit : *Cy fine Matheolus imprime nouuellement a Lyon sur le Rosne cheulx Oliuier Arnoullet demourant aupres de notre dame de Confort.* Comme texte cette édition ressemble plus à notre n° 1 qu'au n° 2 ; elle reproduit, entre autres, l'erreur *adorer* pour *odourer*. Au frontispice, les huit vers du titre (*Le liure de Matheolus Qui nous monstre sans varier*, etc.) sont imprimés en caractères alternativement noirs et rouges.

4° Paris B. N. Y 4420ᴬ, et Londres Mus. Brit. 11475ᶜᶜᶜ, in-4°, 68 feuillets à deux colonnes, signés A-O ɪɪɪ (A D G sout signés de ɪ à ɪɪɪɪ), édition décrite par Tricotel (p. 492, n° 4) et par M. Morand (*l. c.* p. 25, n° 4). Les vignettes sont tout à fait différentes et bien inférieures comme travail à celles des autres éditions ; celle du frontispice représente un moine lisant dans une étude et portant sur son dos une petite femme nue, qui tient à la main des instruments de mathématiques. Dans l'exemplaire de Paris les vignettes sont coloriées, dans celui de Londres elles sont noires. A la fin on retrouve, comme dans les nᵒˢ 2 et 3, les dix vers qui donnent le nom d'*Allesandre*, mais les six autres ont été également supprimés. Comme texte cette édition présente un assez grand nombre de variantes.

Les manuscrits se groupent en deux grandes familles, dont la première se compose de ABT, l'autre de CDFLM ; les anciens imprimés se rattachent de très près à quelques manuscrits du second groupe. Il est évident que dans la plupart des cas c'est l'original latin qui nous a permis de décider si une leçon représentée par une de ces deux familles était, ou non, une faute.

Examinons de près les deux groupes en question. Fautes évidentes qui se retrouvent dans ABT : Livre I, 483 *cure* pour *cause*; 615 *Desiroit* (*sa belle char nue*) pour *Designoit*; 880 *Tantost le chetif si lembrace* pour *Le chetif en pleurant l'embrace* (le latin a, v. 389, *lacrimatur*); 1159 ABT omettent *mal*; 1422 *au commencier* pour *ot c.*[1]; II, 419 *espouser* pour *esprouuer*; 1538 *amere* pour *auere* (latin *cupiens*); 2567 *entituler* pour *articuler* (rime : *particuler*); 4018 *cruelle* pour *mortele* (rime : *mors tele*); III, 833 à 838 manquent dans *ABT* (ces vers correspondent au latin 2662,63; la lacune a dû être amenée par l'identité de la rime *obeïsse : ysse*, dans 831,32 et 837,38; 2093 manque dans ABT et se trouve en latin, v. 3198; 2752[2] *ardans* pour *nuisans* (rime : *cuisans*).

Dans la famille de ces trois manuscrits A et T forment un groupe bien distinct. Les preuves abondent; signalons, à côté de quelques variantes, telles que I, 318 *enteser* pour *encenser*, 326 *sentence* pour *sanction*, II, 678 *et grant despit* pour *ce m'est avis*[3], III, 2901 *mariage* pour *tesmoingnage*,

---

[1]. Dans une première visite faite à la Bibliothèque de Tours nous n'avions collationné T d'une façon régulière que jusqu'à I, 1196. Plus tard, voyant que cette copie avait de l'importance pour la constitution du groupe AT (voyez plus loin), nous sommes retourné à Tours; mais l'impression du texte était déjà trop avancée pour que nous ayons pu enregistrer toutes les leçons de T; le lecteur ne les retrouvera parmi les variantes qu'à partir du f° 15; nous avons pu constater cependant que partout où A et B ont la même faute T l'a aussi. Il faudra donc lire souvent pour AB, ABT.

[2]. A remplacer, dans les variantes, les chiffres 2749, 2750 par 2751, 2752. Cette erreur a été amenée par un déplacement de vers que nous avons fait au dernier moment.

[3]. Ici et ailleurs dans les endroits que nous n'avons pu collationner sur T qu'après le tirage des feuilles (voyez la note 1), la leçon de A doit être attribuée aussi à T.

des déplacements de vers et surtout de nombreuses lacunes, parmi lesquelles il y a des suppressions de vers voulues, amenées par le désir d'abréger les descriptions et de simplifier les raisonnements ; voyez, entre autres passages, I, 855,56 ; III, 1903 à 06 ; 1911 à 14 ; 2129,30 ; 2247 à 59 (suppression heureuse au point de vue du style ; mais le texte des autres mss. correspond mieux au latin) ; 2421 à 24 ; 2457 à 61 ; 2469 à 80 ; IV, 150 à 155, etc., etc.

Ce qui rend le rapport de ces deux manuscrits particulièrement intéressant, c'est que nous pouvons voir de près comment le copiste de A a travaillé. Il n'a eu sous les yeux qu'un seul manuscrit, qui n'est pas T lui-même, mais une copie plus ancienne, source de T (il y a en effet des passages où A reproduit la leçon des autres mss. tandis que T a une variante, par exemple III, 3093 A et les autres *maffliction*, T *ma fiction*, 3330 A et les autres *troubles*, T *dures*, IV, 305 A et les autres *peus*, T *poses* ; voyez encore IV, 289 et 332, où A omet un vers qui se trouve dans T, et le remplace par un vers de sa composition). Comme cette copie avait des fautes qui rendaient le texte inintelligible et présentait souvent la lacune d'un seul vers, le copiste de A a modifié plus d'une fois la phrase pour donner un sens au vers et a comblé la lacune par un vers de son cru. Il y a de nombreux exemples de ce procédé. Voyez, entre autres, I, 736 texte : *de sonner oiseuse*, T *de souuens*, A *bien souuent* ; 804 texte : *un ou el*, T *un houel*, A *ung jouel* ; 950 texte : *que la veue faulse auoit*, T... *face*... A... *effacie*... ; III, 3066 texte : *sinoble*, T *si noble*, A *fil noble*. Quelquefois la faute que A corrige à sa façon remonte à la source commune de ABT ; I, 656 texte : *Joes sans char maigres et haves*, BT *Asses sans char m. et h.*, A *Asses meisgres sans char et h.* ; 1099 texte : *agent*, B *atant*, T *attant*, A *hastant*. Pour les lacunes de T que A a comblées en forgeant un vers, voyez entre autres I, 452, 608, 910 (la rime *meschine* était indiquée par *eschine*), 922; II, 560, 664[1]; IV, 654, etc., etc. Un cas curieux se trouve III, 3217,18; T a ici la rime *fiens : puans*, qui ne convenait pas à A; le copiste remplace donc le vers 3217 par un autre, mais garde tout de même le vers *Tout corrompu et tout puant*, qui, dans ce ms., n'a pas de vers correspondant.

Nous admettrons donc une famille B + AT, dont B est le plus ancien représentant. Il est vrai qu'il y a quelques cas où A s'accorde avec B, tandis que T reproduit la leçon des autres manuscrits (I, 426, 533,34) et que parfois l'un des trois semble se séparer du groupe. Mais ces cas exceptionnels, dont quelques-uns seront discutés dans les *Notes* de notre édition, ne sauraient prévaloir contre le résultat acquis.

La seconde famille se compose, comme nous l'avons dit, de CDFLM et I.

Nous pouvons éliminer de suite L, qui n'est qu'une mauvaise copie d'un manuscrit se rapprochant beaucoup de D. Aussi n'en avons-nous collationné que le livre premier et une partie du second et avons-nous bientôt cessé d'en signaler les leçons parmi nos variantes. Voici quelques mauvaises leçons que L a seul : I, 62 *maistresse* pour *maistrise*, 119 *des poulez* pour *despouillés*, 124 *ung psaultier* pour *un savatier*, 217 *Je seult* pour *Je sens (sent)*, 318 *entester* pour *encenser*, 351 *point* pour *pour*, 450 *chef* pour *chetif*, 478 *arrinee* pour *a or nee*, 652 *drois* pour *dars*, etc. Le correcteur qui a travaillé sur ce manuscrit (son écriture ne diffère pas de celle du texte, mais l'encre est plus pâle) ne paraît pas avoir été beaucoup plus intelligent que le copiste; I, 256

---

1. Nous avons constaté, à l'occasion de notre seconde visite à Tours, que ces vers manquent dans T.

il change *virelay* en *iour viuray,* 259 il change le mot *leuoie* du texte en *prenoie,* 665 *remiray* en *enramy ;* comme il avait modifié ainsi la rime, il a supprimé le vers 666 et a rapproché de 665 (par un signe de renvoi) le vers 671 (rime *mari*) et a supprimé également 672 ; il y a là un travail très curieux de revision.

Les rapports étroits de L avec D sont démontrés par les faits suivants : I, 121, 122 intercalés, 126 DL *femme* pour *fourme ;* 412 texte *degradés de s'onneur,* D *regradez de s.*, L *regarde de deshonneur ;* 499 texte *d'injure,* D *diuine,* L *diuroie ;* 1337 texte *ne puis,* D *ne pris* L *nel pris ;* II, 61 à 67 manquent dans D et L[1] ; 88 D a *je di* pour *je te di,* L en a fait *jadis,* 134 DL *doulz* pour *donte* (la source de DL avait *doubte*), 138 *estempries* pour *estouties,* 730 *chief* pour *fief,* etc. Comme il manque plusieurs vers dans L et que D a également quelques lacunes (par exemple I, 1078) et plusieurs fautes (à voir les variantes du livre I, et dans II, les vers 254, 288) que L n'a pas, ces deux mss. remontent à une même source.

Cette source de DL a une origine commune avec M. De nombreux passages le prouvent ; il suffit de parcourir les variantes du livre I et, pour DM, celles des autres livres[2]. Signalons I, 13, 138, 214, 544, 558, 617, 760 (tout un vers de changé), 1215, 1216, 1230 ; II, 453, 2236, 2856, 3458 ; IV, 222. Il est assez curieux que, tandis qu'il manque plusieurs vers à D et un très grand nombre à M, il y ait peu ou point de lacunes communes aux deux mss. La source de DLM a donc été une copie plus complète qu'aucun des mss. sur lesquels nous avons travaillé. Voyez cependant I, 121, 22,

---

1. Il faut supprimer D dans les variantes du vers 66.
2. On se rappelle que nous n'avons fait le collationnement régulier de L que pour le livre I. Voyez d'ailleurs ce que nous disons plus loin sur la façon dont nous avons établi le texte.

où le déplacement de ces deux vers dans DL et l'absence du premier dans M semblent attester que 121 manquait à la source commune des trois mss. et a été rétabli à la marge dans la source commune de DL. Quoique M soit le plus ancien représentant du groupe DLM, il a pu arriver que L ait mieux conservé la leçon primitive du groupe; voyez, par exemple, I, 236, où *femme mue* (L) pour *muelle* a été mal copié par M (*femme de*) et remplacé par D, à cause du nombre des syllabes, par *un muet*.

Il n'est pas douteux que C et F fassent partie de la même famille que DLM. Il y a en effet de nombreux passages où tous les cinq manuscrits offrent une leçon que le contresens évident ou que le texte latin nous permet de regarder comme une faute. Voyez, par exemple, I, 524 (la rime plus riche et l'antithèse *mors, vie,* nous font donner la préférence à la leçon de ABT); II, 833 (il manque une syllabe), 1194 (*rungant* pour *hognant*), 1236 (il manque une syllabe), 1263 (la leçon de ABT est plus conforme au latin), 1330 (une syllabe de trop), 1735 *Cest a dire* pour *Ce dit*), 1951 à 56 manquent (les vers correspondants se trouvent en latin), 2394 (il manque une syllabe), 2440 (*au commencement* pour *aucunement*), 3792 (*yeulx* pour *cheveulx*); III, 980 (un mot omis), 2116 (*droit* pour *diroit*), etc.

C se rapproche de DLM beaucoup plus que F. Il y a de nombreux passages où F a la même leçon que ABT, tandis que C s'accorde avec DLM. Nous citerons quelques-uns des cas les plus saillants : I, 120 (la faute conservée par C a amené la leçon de DLM); II, 810 (lacune que L, M et I ont comblée chacun d'une façon indépendante), 820 (même phénomène), 1005 (vers omis), 1395 (*place* pour *flamme*; C seul a modifié la rime du vers suivant), 1660 (vers à rime pauvre, forgé pour combler une lacune), 1716, 1775 sv., 1794 (variante amenée par une erreur de copiste, *maint* pour *mahieu*), **2232** ; III, 5 (peut-être *fiert* se trouvait à la marge dans la source commune de CDLM + F), **469**, **70** (lacune, voyez les *Notes*), **3100** (la faute commune a été corrigée de différentes façons) ; IV, **366**, etc.

Nous pouvons donc admettre une seconde famille, CDFLM, avec une sous-famille, CDML, d'où se détachent d'abord DLM, ensuite DL.

Cependant il y a des cas où C se sépare du groupe, tandis que F reproduit la faute de DLM. Voyez, par exemple, I, **1337** (DFLM omettent *veult*, qui est dans ABCT) ; II, **149** (omission de *hors,* sauf par C), **343** (C reproduit une faute de ABT, *usage* pour *un sage*), **720** (C a la bonne leçon *apresta,* réclamée par la rime riche, tandis que DFLM ont *apporta*). Il y a là un fait étrange. Mais quand on songe que C est une copie très mal faite et très négligée, que dans ce ms. il y a des lacunes, des vers rétablis à la marge ou au bas de la page, on peut admettre que la source immédiate de C a subi des influences qui proviennent d'un croisement de manuscrits. Il faudrait peut-être faire une observation analogue à propos de M, qui s'accorde parfois d'une façon surprenante avec A (exemples : III, **2195**, **3221**, **3236**). Les passages les plus intéressants de cette catégorie seront discutés dans les *Notes*.

Le texte des anciens imprimés (I) provient de la seconde famille de manuscrits ; il se rattache de très près au groupe DL, et plus particulièrement à L ; voyez, par exemple, I, **246**, **629**, **800**, **1215**, **1216**, **1337** ; II, **200**, **730**, etc. Mais comme I est le produit d'un remaniement et d'une amplification très considérables du texte et que les intermédiaires entre nos manuscrits et le texte des imprimés manquent, les leçons de I n'ont pas de valeur pour la constitution de l'original. Elles ne sont intéressantes que pour l'histoire du livre de Jehan le Fèvre et pour la comparaison de sa langue avec celle de la fin du xv° siècle [1].

Avec deux familles de manuscrits et le texte latin comme contrôle, il ne doit pas paraître trop difficile d'arriver à rétablir approximativement l'original de Jehan Le Fèvre [2]. Malheureusement, quelques indices nous portent à croire que la source commune de nos deux familles n'est déjà plus l'original lui-même, ni même une rédaction postérieure du poème, mais un texte corrompu en plusieurs endroits. Il y a, en effet, quelques leçons communes à tous les manuscrits qui sont des fautes évidentes. Voyez, par exemple :

II, 1510 (*corps* pour *cuer*, latin *cor*); III, 103 (*doit* pour *dois*), 640 (*prent* pour *prens*), 1038 (*par* pour *pour*), *viure* pour *vaintre* (latin *vincendi genus*); 2284 (*a leur* pour *aler*, sauf dans D), 2749 à 2752 (interversion qui nous a paru nécessaire), 3001, 02 (cependant, comme AT n'ont pas ces vers, le cas n'est peut-être pas le même); 3073 à 3080 (interversion qui nous a paru nécessaire); IV, 459 (on avait pris *mue* pour *mué*; B seul a été logique en changeant *comme* en *en*). Peut-être faut-il attribuer également à cette source commune de tous les mss. le déplacement des vers III, 911 à 976. Mais il se peut aussi que ce soit le ms. latin qui a changé ici l'ordre primitif des vers; la question est difficile à résoudre; nous y reviendrons.

Dans quelques cas F seul paraît avoir conservé la bonne

---

1. Pour ne pas encombrer les variantes nous n'avons signalé que rarement les leçons de I et seulement dans les cas où une coïncidence curieuse ou une forme intéressante permettaient d'en tirer une conclusion pour le rapport de I avec les manuscrits. Ces variantes ne donnent donc aucune idée exacte de l'état de I et peuvent tout au plus fournir quelques renseignements sur la nature du rajeunissement que représente ce texte.

2. Souvent, pour que le lecteur fût à même d'opter entre les leçons des deux familles, nous avons inscrit parmi les variantes aussi bien la leçon que nous avons adoptée que celle que nous avons rejetée. Parfois même, dans des cas curieux ou difficiles, nous avons enregistré la leçon de tous les mss.

leçon, et il faut admettre, soit une coïncidence fortuite entre ABT d'un côté, CDLM de l'autre, soit une correction intelligente faite par F ou par l'auteur du ms. sur lequel F a été copié. Des passages de ce genre se trouvent IV, 263 (*cours* pour *corps,* latin *corpora*), 352 (*si com* pour *chascun*[1]), 552 (*gens* pour *cliens*), 667 (*son pere* pour *leur pere*), 765, 794, etc.

Pour résumer cette discussion, nous établirons la filiation suivante :

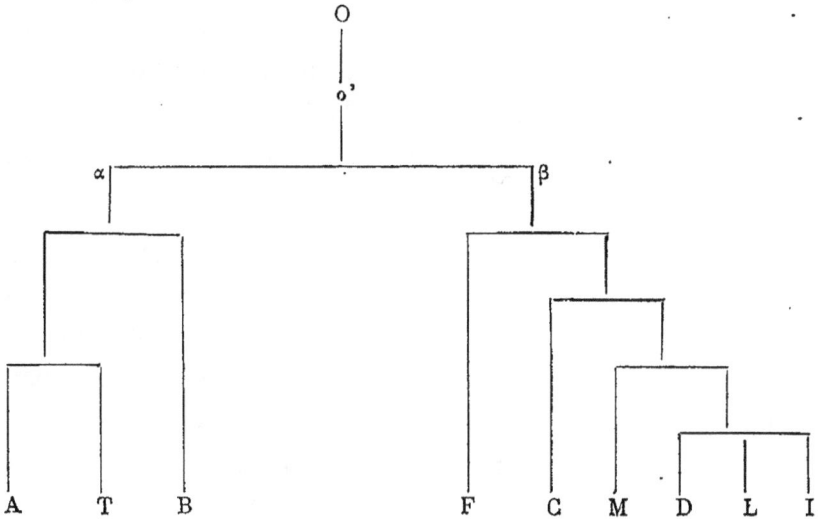

Nous avons pris pour base de notre travail le ms. F, que nous avons collationné nous-même à Florence et dont nous possédons le texte complet. Pour le livre premier nous avons collationné ou fait collationner, en outre, ABCDL et une grande partie de M et de T. Pour le livre deuxième nous avons collationné les quatre mss. de Paris (ABCD) et, postérieurement, M et T dans tous les passages importants. Le texte du livre troisième a été constitué à l'aide de F, d'un collationnement complet de B et C et d'un collationne-

---

1. On dirait que l'auteur du texte corrompu a comparé le français avec le latin et qu'il a voulu rendre le *velut* du latin 4503.

ment partiel de ADMT[1]. Nous avions pensé d'abord, en nous fondant sur la filiation établie, que, pour ce livre, B C F pouvaient suffire pour arriver à un texte sûr. Mais C étant une mauvaise copie et B se rencontrant parfois d'une façon curieuse avec la famille β[2], nous avons eu recours à A (T) D M[3] pour vérifier et pour corriger la leçon de ces trois mss. Pour le livre quatrième nous avons consulté d'une façon complète, en dehors de BCF, AMT.

Si nous avions l'occasion de reprendre ce travail *ab ovo*, nous écarterions, comme inutiles, les mss. AD et L, et nous prendrions, pour établir le texte des *Lamentations*, B et T comme représentant le mieux la famille α, FCM, comme pouvant nous faire connaître d'une façon très sûre le texte de la famille β.

La question de la graphie nous a longtemps préoccupé. Nous avions d'abord essayé de retrouver la graphie de l'auteur, non seulement au moyen des rimes, mais aussi en tirant des conclusions de certaines fautes des mss. (ainsi la faute *moult* pour *m'out*, dans C, semblait indiquer que C était habitué à lire dans sa source *mout* sans *l*; l'absence de *l* superflu dans la source de C semblait prouvée également par la faute *dolz* pour *d'os* ; de même *voix* pour *vois* (*vides*), dans C, *lieux* pour *liens*, dans D, semblaient prouver que la source de ces mss. n'avait pas *x*, mais *s*.) Mais nous n'avons

---

1. A partir du f° 15 les variantes de T ont pu être introduites sans exception dans le texte imprimé. (Voyez plus haut, p. XVI, note 1.

2. Voyez, par exemple, II, 1778 l'étrange variante *vert boys* pour *verbo* (A ayant *verbum*, aucun des mss. ne nous offrait la leçon que nous avions introduite dans le texte; mais nous avons pu constater depuis que *verbo* est dans T); III, 1349 *pere* pour *pues* (il faut donc supposer que B aussi a lu *peres*).

3. Une visite faite à Montpellier en janvier 1892 nous avait fourni l'occasion de collationner la première partie de M. Plus tard, grâce à la bienveillance du gouvernement de la République française et à la complaisance du bibliothécaire de Montpellier, M. Gordon, nous avons pu consulter le ms. de cette ville à notre aise dans la salle de travail de la bibliothèque de Groningue.

pas tardé à reconnaître que cette méthode ne nous amènerait qu'à retrouver la graphie d'un manuscrit plus ancien, qu'un scribe inintelligent aurait mal copié, mais qu'elle ne nous apprendrait rien sur la graphie de l'auteur. Tout au plus pourrait-on supposer que là où tous nos manuscrits sont d'accord dans leur façon d'écrire certains mots, ils représentent une tradition graphique qui remonte jusqu'à l'auteur lui-même, ou du moins au copiste de *o'*. Dans ces conditions, nous nous sommes décidé à abandonner ce travail un peu fantaisiste et à suivre simplement la graphie du ms. de Florence, qui est une des meilleures copies, sinon la plus ancienne, du poème. Les inconséquences dont le lecteur ne tardera pas à être frappé (par exemple dans l'emploi de *i* et d'*y*, dans l'adjonction d'un *l* à *u* après une diphtongue, dans la figuration de *l* mouillé) se retrouvent dans F. Toutes les fois que nous nous sommes séparé de F nous avons inscrit parmi les variantes la forme employée par ce manuscrit. Nous ne nous sommes pas borné, du reste, à donner la graphie de F; souvent le lecteur trouvera parmi les variantes celle des autres manuscrits, notamment dans les cas où cette graphie permet d'expliquer une faute ou sert à justifier une leçon[1].

---

1. Pressé par le temps, nous réservons le reste de cette Introduction (notice sur les manuscrits du *Livre de Leesce*, comparaison entre l'original latin et la traduction française, la langue du texte français, une étude historique et littéraire sur *Matheolus* et son traducteur, etc.), au tome II de cette publication.

LAMENTATIONS DE MATHEOLUS

LIVRE PREMIER

Tristis est anima mea.
Jhesuchrist, qui tant amé a
Les siens que d'enfer les geta
Et de son sanc les racheta,
5 Soit ad ce mien commencement
Et me doint bon avancement.
J'ai bien cause d'espandre lermes,
Si ne sçay quant vendront les termes
Que je seray hors du martire
10 Qui pres de desespoir me tire,
Se pacience et tollerance
Ne me donnassent esperance
D'avoir en aucun temps comfort.
Nuls homs vivans ne scet com fort
15 Je suy tempestés en courage;
Je sueffre tourment et orage
A bon droit, car trop variay
Au jour que je me mariay.
Si avoye des lors veüs
20 Pluseurs volumes et leüs,
Tant versifiés com en prose,
Neïs le livre de la Rose,
Qui dit en cueillant la soussie,
Ou chapitre de jalousie :
25 « Nul n'est qui mariés se sente,
« S'il n'est fols, qu'il ne s'en repente. »
Il dist voir, mais ne m'en souvint.
Depuis dix et neuf ans ou vint
En ay langui a grant misere.
30 Mieulx me venist dedens Ysere
Ou dedens Seine estre noiés.
Je fis com fols et desvoiés.
Or ay trouvé maistre Mahieu
Tout rebours et tout estahieu,
35 Qui n'est pas de tous maulx delivre.
Forment se complaint en son livre
Bien aourné de rhetorique.
Sage homme fu et autentique ;
Bien appert aux vers et a l'euvre,
40 Qui sa science nous descuevre.
Si la doit on bien publier;
Car il ne veult pas oublier
La chetiveté du bigame,
Dont il avoit appris la game.
45 Se Dieux me doint d'argent eclipse,
J'ai bien veü l'Apocalipse,
Ezechiel et Jheremie;
Mais ne peuent souffrir mie
Contre Mahieu pour bien gemir.
50 J'ay grant merveille quant je mir
Coment les beaux vers appliqua,
Ou si belle rhetorique a.

D rubr. Cy commence le livre de matheolus en francois.
1 *T* es. — 2 *T* t. ama. — 3 *F* qui. — 5 *D* commandement. — 6 *ACF* nous; *A* amendement *D* commancement. — 8 *F* Car. — 10 *D* ores; *DLM* despoir. — 11 *M* collorance *I* constance. — 12 *A* allegance. — 13 *DLM* omettent temps. — 14 *CDF* confort. — 16 manque *L*; *CDFM* rage. — 18 *AC* Le; *DLM* que me m.— 19 *A* je treslors. — 21 *D* mertrifiez *M* vertiffiez. — *ABT* romant. — 25 *DM* Nest nul. — 26 *BC* qui; *C* sy. — 27 *M* veoir; *CDFLM* il ne. — 28 *M* jusques a. — 29 *manque C*; *A* Ainsi languis *I* Pour ce languis; *L* en. — 30 *AD* vaulsist *L* voulsist; *DLM* yere. — 32 *A* fu. — 34 *A* estrahieu. — 35 *CF* tout mal. — 38 *C* ententique. — 39 *T* au sens. — 40 manque *L*. — 41 *L* len de la ; *C* puplier. — 42 manque *L*. — 48 *A* il ne peult *B* ne me souffirent. — 50 *T* gemir.

Pour ce qu'en doit vices blasmer
Et les bonnes vertus amer,
55 Translateray l'euvre du sage
Qui tant se plaint de mariage.
Aussi ne m'en vueil je pas taire,
Pour ce qu'il fait a ma matere.
Maistre Mahieu, dont Dieux ait l'ame,
60 Brassa tant qu'il devint bigame ;
Quant mariage le mua,
Sa maistrise diminua ;
Maistre Mahieu fu Mahilet ;
Or le prenés si com il est.
65 Bien sçay qu'après ma paine mise
Chascun en dira a sa guise.
A nous descript son envoy a :
A Therouenne l'envoya
En un beau livre de beau metre.
70 S'en droit françois le vous puis mettre,
Vous m'en devés bon gré savoir,
Car ce n'est pas pour vostre avoir.

Qui orra la sentence toute,
On l'appellera passeroute.
75 De lermes en soy grant somme a,
Dont maistre Mahieu le nomma
« Livre de lamentations. »
De mauvaises temptations
Defende Dieu ceulx qui l'orront,
80 Et en la fin, quant il mourront,
Leur soit piteus et favorable
Et leur doint joye pardurable.

Va t'en, petit livre, va t'en
En la cité, plus n'y atten !
85 Tu iras sans ma compaignie
Et si n'en ay je pas envie.
Mais quant cest dit sera veü
Et examiné et leü,
Je doubt moult que troublé n'en soie.
90 Combien que nul mal n'y pensoie.

53 *L* dit. — 54 *MI* louer. — 55 *T* du s. leuure. — 57 *DLM* me. — 58 *L* en.
— 59-62 manquent *T*. — 62 *L* maistresse. — 63 *A* mabilet *DM* mahielet, *L*
mahiet *I* mathiet. — 64 *B* prans *DLM* prenons. — 65 *A* sceis. — 67 *F* sescript
T discripson e. *DLM* son escript enuoya. — 69 *ABDLM* beau l. *CF* bon l. — 70
A je le p. — 78 *DM* Des. — 79 manque *T*. — *D* (f° 2 v°) *rubr*. Lacteur
declaire le nom de son libelle et procede en la matiere. — 83 *I* Or sus ;
DM liuret. — 87 *D* omet quant. — 89 *A* doubte que ; *AFT* ne. — 90 *AT* qua,
M nul ma.

f° 1 r°   Parve, nec invideo,   Morini, liber, ibis in urbem.
Sed mire timeo   ne viso carmine turbem
Heu ! mundi socios   totius nobiliores,
Quando scient nimios   quibus ipse laboro dolores.
5 Ut sibi provideant   hunc ipsis scribo libellum,
Ne mecum subeant   grave connubiale duellum,
Presertim bigami   ne fiant, sicut ego, de
Quo queror, infami,   versusque queruntur et ode.
Huic operi proprium   nomen « Lamenta » dedere,
10 Cujus principium   lacrimans non vult nisi flere ;
Lamentor medio   lamentor fineque, certe
Nil nisi flere scio ;   probat hoc opus istud aperte.

Rubrique en tête du poème : *Hic incipiunt lamentationes matheoluli*. —
Après vs. 12 rubr. *Declarato* (correction de *Declaratio*) *nomine libelli sui
prosequitur matheolulus materiam suam.*

LIVRE PREMIER. 3

Bien doit oïr qui bien demande.
Aux compaignons me recommande;
Expose leur ma pestilence
Et leur di sans faire silence
95 La grant doleur dont je labeure,
(Je ne suis a repos nulle heure)
Afin que, quant ils orront dire,
Ils ne se puissent escondire
Ne excuser par ignorance.
100 Fay publier par toute France
Que nul, s'il n'a ou corps la rage,
Plus ne se mette en mariage,
Et mesmement par bigamie.
Mieulx vaut que chascun ait s'amie
105 Qu'il se mariast pour plourer.
Va, si leur di sans demourer :
Tousjours plourant lamenteray;
Par cest ditié leur mousterray
Que j'ay raison bien coulourée
110 Que ma face soit esplourée.

En sangloutant, en souspirant,
En gemissant, en empirant
Vous diray la forme muée
En faisant de lermes buée.
115 Mais mon petit engin est feible,
Moult variant et moult endeible ;
Car la mutacion me blesce ;
De mes drois et de ma noblesce
Suy despouillés et desnués ;
120 Pour ce suy mus, ainsi mués.
Perdue, sechée et vergie
Est libertés de ma clergie.
A paine pour ceste aventure
Qu'uns savatiers n'a de moy cure.
125 Que feray? Chascun me desprise
Pour ce qu'ay fourme laie prise.
Je n'en puis mais se je m'esmaye.
Qui me sanera ceste playe?
Les drois dient, je n'en doubt mie,
130 Que la playe de bigamie
A tousjours mais est incurable.
Rien n'i puet estre secourable.
Je fu jadis maistre clamés,
Or suis orendroit bigamés
135 Et avalés en bas degré ;
Endroit moy n'en ay point de gré.
Bien voy que les choses premieres

91 *I* auoir. — 96 *BCL* nul. — 98 *F* sen. — 101 *A* en c. — 104 *D* eut ; *CDLM* amie. — 105 *A* quilz se marient. — 106 *F* dis. — 108 *LM* le. — 111 *B* en gemissant. — 112 *B* soupirant *LI* et en plourant. — 116 *LI* cuydable. — 118 *L* omet et. — 119 *L* des poulez. — 120 *DLM* suis je ainsi muez (nuez) ; *A* s. nus *T* nu *C* mis ; *T* muez. — 121 *manque M*; *DL intervertissent* 121, 22; *T* Perdus seichiez et vergiez; *D* seiche; *C* bourgie *F* verdie *I* finie. — 122 *LT* Et; *M* Es. — 123 *F* paines *M* poines. — 124 *L* ung psaultier; *B* de m. na c. — 126 *DL* femme. — 128 *L* omet me. — 134 *A* Et o. suis. — 136 *ACDL* a *M* nai.

In nova flens animus   mutatam dicere formam
  Cepit, sed minimus   plebis ego nescio normam
15 Hinc fandi, mutus   factus, mutus, quia mutor,
Viribus exutus   cleri. Vix me sibi sutor
Associat. Quid agam?   Formam sumpsi laicalem.
Proh dolor! heu! plagam   quis sanabit michi talem,
Cum dicant jura   plagam bigami sine cura?
20 Janque magister eram, bigamus modo ponor in imis ;
Non eodem cursu respondent ultima primis.
Quanto nobilior   gradus extitit, inde ruina
Tanto fit gravior,   cui non prodest medicina.

Ne respondent aux derrenieres,
Au mains par un meïsme cours.
140 Si sçay bien et ay mon recours,
Que plus est homs de grant noblesce
Et en degré de grant hautesce,
Tant plus est dure la ruyne
Et n'y a point de medecine.
145 Allegué est par mainte clause.
Se j'en pleur, j'en ay assés cause.
Las ! Mahieu, qui estoie maistre,
Je ne suy mais ce que sueil estre,
Car mon habit et ma sequele
150 Est estrangé par ma querele.
Las ! las ! bigamie me tue.
Je ne suy mais qu'une estatue,
Qui soloie estre noble ymage.

Or ay pris vefve en mariage,
155 Qui contre moi frondist et grouce
Et a toute heure me courrouce ;
A chascun mot chetif me nomme ;
Par ele suy fait chetif homme.
Certes, trop est mauvaise beste,
160 Je la craing plus que la tempeste.
Des mariages est coustume
Que tout vertist en amertume.
Les mariés ainsi contendent ;
Entr' eulx a diverses fins tendent ;
165 Souvent ce que l'un het l'autre ayme ;
Ainsi filent diverse trayme ;
L'un est loyal et l'autre est faulse ;
Femme sert de trop male saulse,
Trop est femme demonieuse

138 *DLM* r. point *I* r. pas ; *M* premieres (*changé en* derrieres). — 139 *L* A mains *ABDF* moins ; *A* pour ; *BM* mesmes. — 142 *MI* hault h. — 145 *L* maintes closes. — 146. *AT* je plour *D* je pleure ; *M* bonne c. ; *L* causes. — 147 *LM* estoit. — 148 *MI* Ne ; *A* seul *C* scoz *I* souloye, *les autres* sueil. — 149 *A* querelle ; *AM* seuls estr angie, *les autres* estrange. — 151 *ABT* Las la b. — 152 *ADLM* statue. — 153 *T omet* estre ; *A* ung image. — 154 *ATFM* a m. *BCDL* en m. — 155 *ATI* froncist *L* froidist. — 164 *AT* diverse fin. — 165 *F* layme. — 166 *T* laine. — 167 *AT* Lune ; *AI omettent* est. — 168 *T* cert. — 169 *M* Femme est t. ; *I* dommaigeuse.

Non sine clade fleo,   dum me considero pridem,
25 Heu ! cum Matheo   quia non sum, proh pudor ! idem.
Quod me res, habitus,   cum nomine tota sequela
Alterutrent penitus,   docet hec lacrimosa querela.
Proh dolor ! in statuam   mutor, cum factus ymago
Sim, ducens viduam ;   sed quedam nira virago
30 Est ea, contra me   vires sumens inimice.
Hec soror urtice   miserum vocat inferior me,
Quamvis propter eam   fiam miser. Exposita re
Dicere quid valeam   super hiis, ego nescio, quare
Illius timeo   rixas et prelia plus quam
35 Fulgur. Teste Deo   non est fera sevior usquam
Litis in ardore   quam femina, gracia rara.
Conjugii more   cum sponsa sit omnis amara
Sponso, non sponse   sponsus, sic ordine non se
Proh dolor ! ista gerunt,   varios fines quia querunt.
40 Hic amat, hec odit, hic fidus et ista dolosa,

29 *mira* (?), le ms. a distinctement *nira*. — 39 *Proh*, le ms. a *Proth*.

170 Et vers son mari envieuse.
　　Toutes teles dire les os :
　　De leurs maris rungent les os.

　　　Seigneurs, compaignons et amis,
　　Certes, mariages m'a mis
175 Pour dancer a tele karole
　　Qu'a paine puis je ma parole
　　Metrifier, dittier, rimer
　　Ne ma grant doleur exprimer ;
　　Tant suis iriés, par saint Simon :
180 Ira impedit animum,
　　L'esperit a ma char aourse
　　Et mon sens dedens moy rebourse;
　　Car ire me fait eschaufer,
　　Si com le feu se prent au fer,
185 Quant a son subgiet le veut traire.
　　Par les figures de grammaire
　　Ne me pourray cy excuser,
　　Se ma doleur me fait muser.

　　Rien ne me vaulroit sistole,
190 Paragoge, diastole,
　　Ne brieve longue ou longue brieve;
　　Mais lamentation me grieve,
　　Et mon plour m'y nuyroit ainçois,
　　Puisque je parleray françois.
195 Se je en mon parler excede,
　　Excusés moy, car je procede
　　Si iriés comme vous veés ;
　　De vostre bien y pourveés.
　　Se je fail en sens ou en rime,
200 Si je tenés pour barbarisme
　　Et les bons mos adès voyés.
　　Car hors loy suis et desvoyés
　　Ne je ne sçay a methe aler
　　Pour monter ne pour avaler.
205 Forsennerie me guerroie.
　　Dont en cest dittié ne verroie
　　Tersicore ne Eutropé,
　　Ne Clio ne Caliopé,

171 *BCL* oz. — 172 *BL* oz. — *D* rubr. (f° 4 v°) Comment il parle a ses compaignons. — 175 *C* en celle; *D* en, *changé en* a. — 176 *ABLM* peine *CDFT* peines. — 177 *I* Maistrisier. — 181 *I* se courrouse. — 183 *A* Et me f. trestout e. — 186 *T* grant maire. — 187 *T* pourroye si. — 188 *B* muer. — 189 *C* cy escolle *M* cicole. — 190 *A* Joz arragoce *M* Pitagoge ; *C* dyagnole. — 191 *ATM* ne l. br. — 197 *M* Et suis ; *A* coment. — 199 *D* faulx. — 200 *L* par. — 202 *A* lay. — 203 *L* mectre *MI* maistre *A* comment aler. — 204 *F* ou. — 205 *T* gouuerne. — 207 *M* Tersitone. — 208 *M* clie *T* clioire c.

　　Naturaque sua conjunx est demoniosa,
　　Verum si pono,　　pro conjuge. Jus, michi parce,
　　Nam metra compono　　quibus uti nescio, parce
　　Verba colorata　　dimitto modumque loquendi.
45 In metris fata　　me ducunt mira dolendi ;
　　Estuat ira, dolor　　me pungit, sensus hebescit;
　　Metricus inde color　　retinere viam sibi nescit.
　　　Auctoris depono stilum phalerasque poete,
　　Devius ac exlex, cum nulle sint michi mete.
50 Ira prenimia　　precedenti rabieque
　　Ducor seu Furia.　　Me mire Musaque queque,
　　Euterpe　　cum Thersicore,　　Clyo, Polimya,

42 Un renfoncement et une rubr. à la marge *Hic se excusat matheolulus super eo quod inepte procedit.* — 46 *hebescit*, le ms. a *habescit*. — 49 *nulle*, ms. *Mille*.

Melpomené, Polimnia ;
210 Nule des Muses rien n'i a
Qui vueille delectation.
Mais en ma lamentation
Croy bien que Athletho sera,
Thesiphoné et Megera,
215 Qui mes doleurs exposeront
Ne ja ne m'en excuseront.
Je sens ma trachée harler,
Enfes suy, si ne sçay parler.
Je sens bien que clerc ne suy mie,
220 Puis que j'ay laissié ma clergie,
A quoy je ne puis retourner.

En doleur m'estuet sejourner ;
Le droit en est assés appert,
Quant homme le bien qu'il a pert.
225 Pourquoy? Se je suy forsenés,
Courroucés et desordenés
Et redargus par ma foleur,
Je ne quiers fors plaint et doleur.
Et m'espargniés, pour Dieu mercy !
230 Tant suy dolens que je muer cy.

Venés, vous, jouvenceaus, venés,
Et de marier vous tenés !
Venés mes grans doleurs oïr !

209 A Ne pollicene; AM polima DFLT polimia. — 210 FMI Nulles; A musses rens. — 212 F mal l. — 213 ATDL quacheto M acheletoy I a ce coup s. — 214 M ne; DLM mengera. — 217 A Jai sceu ma trache L Je seult m. t. aler; ABI haller. — 218 CDF Enfant I En ses las; M je. — 219 M scay L sent. — 222 A me fault C me tuet. — 224 manque C; LM homs; M biens; L quil a il apert; T appert. — 228 A plainte B plains CFL plaint D plain M pleur. — 230 L murray. — D (f° 5 v°) rubr. Comment il se complaint prouuant lui estre plus serf que serf. — 231 M Venez ca I Oyez. — 232 D omet de.

Melpomene   cum Calliope   reliqueque, Thalya
Hoc libro spreto   condemnant; sed relevare
55 Nittitur Athleto   me frendens denteque nare,
Que causatur eas.   Quid agat? vocat ista sorores
Exponendo meas   erumnas atque dolores
Illis. Sed quanto   plus me relevare laborat
Desipiens, tanto   minus hoc opus inde colorat.
60 Quidni? Thesiphone   fabricant opus atque Megera,
Athleto prone;   colit hic, serit altera. Sera.
Ecce, loqui vellem,   sed nescio, quippe puer sum.
Dimittens pellem   cleri, doleo, quia versum
Me mire video ;   sed proh dolor! inde reverti
65 Ad clerum nequeo.   Satis est hoc juris aperti.
Heu ! quam dissute   procedo velut ruibundus!
Quippe redargute   mentis non est, sibi pondus
Querere verborum   nisi tantum luctisonorum.
Parcant ergo michi   domini super hiis et amici.
f° 2 r°. 70   Ad mea, decepti   juvenes, lamenta venite;

59 Le ms. a decipiens, l'annotateur ajoute vel desipiens — — 70 rubr. à la marge Quibus sociis loquitur et quibus non.

Riens ne me pourroit esjoïr.
235 De maleür sont bigamés
Et sur tous autres diffamés.
Il n'est riens qui leur puist aidier
Pour prier ne pour souhaidier.
Ils sont de tous biens deboutés
240 Par tous les drois, point n'en doublés.
La sanction Gregorienne
Leur oste joye terrienne.
Vain est et de male memoire
Le decret du pape Gregoire;
245 J'en doy bien plourer et complaindre.
Si vous pri loyaument, sans faindre,
Ne prenés pas exemple a moy
De ce que je me bigamay.
Mieulx vous seroit perdre la teste

250 Que languir en ceste moleste.
Forment point langue jangleresse
De male femme tenceresse
Et le plour des enfants petis.
Mais encor suy je plus chetis
255 De sortir devant juge lay;
Cy a dolereus virelay.
Pour les lais ne souloie faire
Fors ce qui leur estoit contraire;
Mes cornes encontre eulx levoye
260 Et par maintes fois les grevoye.
Las! or me va tout autrement:
Certes, Dieu scet bien se je ment
Et com je vif a grant meschief;
Je n'ose mais lever le chief
265 Ne le sourcil vers ma maistresse;

234 *C* omet me; *DFLM* resioir. — 235 *AD* male heure; *T* son; *L* les b. — 237 *BTI* peust. — 239 *AT* poins; *L* reboutes. — 240 *AM* poins *D* riens. — 246 *LI* Je v. p. — 248 *C* men; *ADFI* bigamoy *BCMT* bigamay. — 250 *AT* a tele m. — 256 *L* iour viuray (*correction*). — 257 *M* lay. — 258 *C* quilz. — 295 *A* Mai. tournays; *L* prenoie (*correction de* leuoye). — 263 *A* suis; *L* en.

Vos, vos qui septi non estis adhuc; sed abite,
Vos, bigami miseri, quia nulla juvamina prosunt
Vobis, nam veteri bigamis de jure novo sunt
Cuncta negata bona; presertim Gregoriana
75 Sanctio luctisona necat illos pessima, vana.
Heu! quantus clamor, domini, quod taliter hamor.
Fecit quod bigamor hoc mulieris amor.
Vos exemplari nolite meo bigamari;
Quam sic tractari malletis decapitari.
80 Pungunt uxorum rixe, fletus puerorum,
Plusque, subire forum laicum, dolor iste dolorum.
Pro nostris facere laicis nil janque volebam,
Sed caput erigere cum cornibus ipse solebam
Tunc mirabiliter in eos litemque parare.
85 Heu! sed res aliter modo se gerit; ecce, levare
Hercle! supercilium non audeo, quitquid agatur,
Ipsis mancipium cum sim. Quid enim reputatur
Flebilius secta bigamorum, conditione
Illius inspecta degentis sub Pharaone?

75 *pessima vana*, le ms. a *passima naua*.

Je languis a trop grant destresse.
Jamais tel doleur n'ara hom
Ne n'ot oncques soubs Pharaon.

Avec les lais suis assemblés ;
270 Si semble que je soye emblés.
Il n'y a ne grant ne menu
De qui ne soye vil tenu.
Las ! home serf puet devenir
Franc, ce li puet bien advenir.
275 Mais je ne puis jamais ravoir
Signe de clerc pour nul avoir.
Dont je voy que par mariage
Suis assés en plus grant servage
Que serf, qui se puet racheter ;
280 C'est ce qui fait mon sanc beter.

Je suis aussi com la chuette,
Qui par nuit es regors huette.
Avec aultres oiseaux de jour
N'ose demourer a sejour,
285 Et seult jusques au soir tarder.
Je n'ose les gens regarder,
Mais suis aussi com en tenebres,
Souvent lermoyant en latebres.
Quant j'ay honneur de clerc perdue,
290 Qui ne me puet estre rendue,
Mon actif en passif mua
Bigamie, qui me tua.
Hom qui a vefve fait hommage
Est damné de tresble dommage :
295 Car justiciés est par gent laye,
Sa femme le mort et abaye,

266 *M omet* trop. — 268 *A* nolt. — *D* (f° 6 v°) *rubr.* Comment il se complaint de ce que auant le mariage il naperceuoit point la medicine. — 272 *L* quoy ; *C* nen s. — 273 *M* lome *F* serf home. — 275 *B* auoir. — 277 *M* voye. — 278 *M* plus en. — 279 *L* rechater. — 280 *D omet* ce ; *B* mon fait. — 281 *M* que ; *B* linette *FLI* suette, *les autres* chuette. — 282 *CDFLM* es r. p. n. ; *B* linette *C* hinette. — 284 *M* demener. — 285 *L* seoir. — 287 *D omet* aussi *A* ainsi ; *F* aussi s. — 288 *B* lermoie ; *MT* lermoient. — 291 *L* occist en passist. — 292 *T* bigame. — 294 *AI* triple *BT* trepple *L* tresple *DCF* tresble *M* treible. — 295 *L* en gens l. — 296 *A* labbaie.

90   Ascribor glebe   laicali, ve michi ! nullus
Servior in plebe   vivit, nec villior ullus.
Ecce, potest fieri   servus liber. Sed ego, qui
Heu ! vix inde loqui   queo, signa resumere cleri
Non possum, laicus   factus, sum servior ergo
95 Servo. Mendicus   latebris ut noctua pergo.
Sicut aves alias   solet hec vitare diemque,
Sic cujusque vias,   non ausus cernere quemque,
Luci preponens   tenebras, vitare laboro.
Factus deponens   miror genus indeque ploro ;
100 Sed licet activum   fuerim, post O capiens R
Dici passivum   nequeor tamen, ut bene penser.
Hic nequit R demi ;   quantus, quantus dolor ! he, mi !
Littera felix O,   damnabilis R que ferina !
Morte perit trina   bigamus sine tempore fixo :

90 rubr. à la marge *hic lamentatur Matheolulus probari se serviorem servo.* — 99 rubr. à la marge *hic comparat se deponenti generi.*

De ses enfans sueffre par force;
N'y a celuy qui ne l'escorche.

 Helas! je suy trop deceüs,
300 En trop mauvais las suy cheüs,
Mal eür et mal encontre ay
Quant premiers Perrette encontray.
Se j'eüsse encontré Meduse,
Laquelle, si com l'en dit, use
305 De convertir les gens en pierre,
Je n'eüsse pas, par saint Pierre,
Eü lors si mauvaise encontre.
J'encontray trop orrible monstre;
Je cheï ou cul de la nasse,

310 Ne sçay comment hors m'en menasse.
Assés puis gemir et crier,
Car rien ne me vault Dieu prier.
Pourquoy prieres fonderoye
A Dieu, se je ne cuideroye
315 Qu'il inclinast à moy aidier?
En vain en pourroie plaidier.
C'est grant folie de penser
Que pour Neptunus encenser
L'en puist faire la mer paisible;
320 Non contingens est impossible.

Ce me semble bien dur, par m'ame,
Se clerc espouse vefve femme,

298 — *D* (f° 7 r°) *rubr*. Comment il se complaint de lencoutre sa femme perrenelle. — 301 *manque L*; *ATM* encontrai. — 302 *A* acourtrai *C* acontray. — 303 *A* medieuse *D* modeuse. — 304 *L omet* len; *B* suse. — 307 *F* Eue; *B omet* lors; *A* encontre. — 309 *T* du c.; — 310 *C* me *L* ment. — 312 *L* Dieu ne m. v. r. p. — 313 *A* priere *M* pierres; *B* sonderoie. — 314 *A* se bien; *ATFM* cuidoie (cudoie). — 315 *A* qui sencl inast. — 316 *M* pourroit; *CM* plaidoier. — 317 *A* Est *F* Sest. — 318 *ABT* nepturnus *C* nepturnies; *AT* enteser *C* essaucier *L* entester. — 319 *A* taisible. — 320 *I* contaigneux estre. — *D* (f° 7 v°) *rubr*. Comment il demande a soy complaigndre pour quoy par bigamie on pert la franchise de clergie. — 321 *A* Et me s.; *M omet* bien. — 322 *D* De changé *en* Quant *M* De c. qui esp. *L* Que (*corrigé en* Qui); *L* f. v. (*corrigé* v. f.); *CF* dame *D a changé* femme *en* dame.

105 Justiciant laici, necat hunc uxor, puerique   f° 2 v°.
 Excoriant; quique bigamatis sunt inimici.
 Dicta prius recito sociis quibus hec ego mitto,
 Ne sint immemores, bigamum tot ferre dolores.
 In laqueos cecidi gemebunde perditionis,
110 Quando Petram vidi primo gutturque draconis.
 Obvia cur pridem michi non fuit ipsa Medusa,
 Et licet in lapidem convertere visa sit usa?
 Heu michi! si monstrum previdissem memoratum,
 Deponens nostrum pure genus inde gravatum,
115 Non me perciperem, quia sensibus ipse carerem.
 Sed gravat iste dolor quem non nisi morte relinquam;
 Pallidus iste color bene demonstrat meus, inquam.

109 rubr. à la marge *hic conqueritur de hoc quod ante contractum matrimonium non vidit medusam*. — 112 *visa* a été rétabli à la marge. — 113 *memoratum*, ms. *memoriatum*.

Belle, vaillant, non diffamée
Et digne d'estre bien amée,
325 Quant de clergie on le degrade;
Ceste sanction est trop rade
Et le decret est trop nuisible.
Plus semble la couple loisible,
Et trop plus doit faire la glose,
330 Que pour celuy qui en suppose
Dessoubs lui un cent folement
Et n'est condamné nullement,
Qu'il ne puist estre promëu.
Ne sçay qui y a pourvëu
335 Ne qui tant y mist de faveur;
Je le preng en male saveur;
Mon mal en pis souvent excite,

Quant je voy que couple illicite
Ne nuist point a devenir prestre.
340 Bien sçay que cil ne le puet estre
Qui prendroit femme corrompue;
Mais cy est droiture rompue.
Car avec cent me puis deduire
Sans marier, ce ne puet nuire,
345 Se je vueil venir a prestrage;
On voit bien que c'est grant outrage.
Se le default d'autruy me blesce
Plus que le mien, c'est grant simplesce;
Raison n'y trouvera on ja.
350 Cil qui fist cest decret songa;
Point n'a d'escu pour soy couvrir
Ne le droit ne sçavoit ouvrir.

324 *M* Est.— 326 *AT* sentence est bien r.— 328 *CFT* ont seuls couple, *les autres* coulpe. — 329 *A* d. tr. pl.; *L* close. — 331 *C* en sent *L* on cent; *D* fol rent. — 333 *C* peust; *ABTDLM* pourueu *C* seul promeu *F* pro mien.— 334 *A* sceiz; *BC* quil; *ABT* lui *M* omet i. — 335 *M* promist. — 336 *T* a. — 337 *A* s. en p. — 338 *L* omet que; *ADI* coulpe. — 340 *F* silz *BL* sil; *M* puist *F* puent. — 342 *A* si *F* ycy. — 344 *A* puist.— 345 *F* omet je. — 351 *A* Et print ces mos *B* desceu p. *D* desen (*changé en de sens*) *MT* de sens *I* destat; *L* point s. c. — 352 *A* Mais; *AFTI* sauroit.

    Rodor et interius   instar jecoris Titiani
     Et forsan gravius.   Verbo conarer inani
120 Inde rogare Deum,   cum sit michi nulla medela.
    Unde precarer eum?   Mea fit sine fine querela.
  Si pacem nullam pontus michi praestat eunti,
   Irrita Neptuno cur ego thura feram?

    O bigamatio,   cur tua sentio   vulnera dira?
125 Ecce, per omnia   tristis es, impia   mors michi mira.
   O dolor in cunctis!   ve! clero, ve! dominabus,
   Sponsis defunctis.   Cur, si me jungo duabus
   Aut soli vidue   licite, mox degrador? Ille
   Qui centum fatue   sociavit vel sibi mille,
130 Non condemnatur   quin postea promoveatur.
   Proh dolor! illicitus   jam plus habet ergo favoris

118 *Titiani*, le ms. a *Titiam*. — 119 *inani*, le ms. a *viam*. — 118 rubr. à la marge *Comparat martirium suum jecoris Ticii cruciatui.* — Après 123 rubr. *hic lamentando querit quare propter bigamiam amittit privilegium clericale non autem propter fornicationem cum pluribus factam.* — 121 *fine*, ce mot n'est pas dans le ms.; un lecteur l'a ajouté.

Les drois sont partout favorables
Aux mariages honorables.
355 Si suy tout hors du sens a paine,
Pourquoy bigame a tant de paine,
Pourquoy sa premiere franchise
Ne lui est rendue et remise.
Je voy bien, par saint Julien,
360 Quant homs se lie du lyen
Et fait tant qu'il est bigamés,
Jamais ne sera bien amés ;
Du clergié semble estre ennemis,
Tous ses biens sont arriere mis,
365 Trop en empire sa besoigne,
Si com le decret le tesmoigne.
Le corbel prist estrange plume,
Qui n'estoit pas de son volume,
S'en demora serfs et haïs
370 Et diffamés par tous païs.
Tout aussi est il du bigame,
Qui se siet sur aultruy escame ;
Hors loy et serfs est, condamnés
Des clers et des lais contempnés ;
375 Qui pert sa loy plus n'y recueuvre ;
Le droit plainement le descuevre.

Que vous diroye je long compte ?
Les bigames ont trop de honte ;
De prestrise sont deboutés ;
380 Se cause y a, si l'escoutés,
Quant raison est bien advisée :

353 *C* tous. — 354 *A* saouuablez. — 355 *C* sui: *CML* t. h. *D* de s. ; *C* en p. — 357 *A* qui ; *B* la p. — 359 *M. omet* bien. — 360 *D* dun l. — 364 *L* les. — 365 *T omet* en; *B* empira; *L* la. — 366 *A omet* le. — 369 *D* demourra. — 370 *AFLI* tout. — 371 *manque M*. — 372 *L* sent ; *M* escames. — 373 *ABTC* et serf et. — 374 *manque M, dans C rétabli au bas de la page ; ADL* condampnes *C* condempnes. — 375 *M* point. — 378 *C* Ces. — 380 *F* y ay.

Quam licitus coitus;   hinc conqueror omnibus horis.
In cunctis aliis   nituntur jura favere
Ipsis conjugiis.   Cur non hic? hesito vere.
135 Ergo queratur,   cur pristina non reparatur
Libertas bigamo,   rupto damnabilis hamo
Conjugii? Dico   quod, quando quis bigamatur
Jungens se laico,   spreto clero, reputatur
Transfuga, cum laicus hostissimus esse probetur
140 Clero; sicut enim decreti jure cavetur.
Hinc postliminium   bigamo de jure negatur
Omneque subsidium ;   nichil est quod ei medeatur.
Pennas alterius   generis corvus quia sumpsit,
Hujus et illius   servus sine lege remansit ;
145 Sic factus bigamus   exlex et servus ubique
Est, quem damnamus   nosmet damnant laicique.
Lex amissa semel non posse resurgere jura
Indicat; ergo patet... et cetera; quid tibi plura?
Causa subest alia propter quam presbiterari

f° 3 r°.

135 rubr. à la marge *hic querit quare bigamus soluto matrimonio non revertit ad pristinam libertatem*. — 143 rubr. à la marge *Alia responsio*. — 147, 149 rubr. à la marge *Alia responsio*.

La char en pluseurs divisée
No puet celebrer sacrement ;
Il est entier et proprement
385 N'a cure de disparité.
Dont, par ce point, en verité,
Plus n'y doivent communiquer.
Qui contre voulroit repliquer,
Les sains peres du temps jadis,
390 Dont j'en nommeroie ja dix,
A pluseurs femmes se couplerent
Et leurs mariages doublerent.
Onoques mains eüreus n'en furent
N'en servitute n'en coururent.
395 J'ay pour moy bonne raison née :
Jacob avant la loi donnée
Se maria avec Lya
Et puis a Rachel se lia
Et espousa Rachel a ban ;
400 Les deux furent filles Laban.
Puis, soubs la loy, ou temps des Juges,
Qui des Ebreus furent refuges,

Helcana, pere Samuel,
Que l'en ne tint pas a muel,
405 Deux femmes ot ; l'une fu Anne
Et l'autre si ot nom Fenanne.
Entre nous, ou temps de la loy,
Ne sommes pas de tel aloy,
Mais infortunés, a voir dire ;
410 Nostre condition est pire,
Quant homme pert pour ce son eur
Et est degradés de s'onneur,
Et nos peres pour bigamie
Jadis ne la perdoient mie.
415 Ceste raison une autre engendre ;
Pour multiplier l'umain gendre
La foy ancienne l'amet.
Que diray je donc de Lameth ?

Lameth fu le premier bigame.
420 Si ne sçay se Dieux en ot l'ame,
Quoy que le corps soit devenus.
Mains mauls sont par luy advenus.

382 *MT* en p. lieux d. ; *DM* deuisee. — 384 *A* verite. — 385 *T* Ne c. *BI* Nature. — 390 *AT* je n. bien d. ; *DL* nommeray. — 394 *AT* En seruitude. — 398 *M* arachael. — 399 *M* arachael ; *M* abain *T* abam. — 400 *B* Ces deux filles f. l. ; *M* labain *T* labam. — 402 *B* hebres. — 404 *AD* tient ; *B* annuel *T* a amel. — 405 *C* dont lune. — 406 *M* omet si ; *AMI* susanne *L* fianne. — 408 *L* telle loy. — 409 *BTI* au v. *C* ou v. — 411 *M* homs ; *A* par ce ; *DM* son cuer. — 412 *FI* Est ; *D* regradez *M* des grandes *L* regarde de deshonneur ; *DF* de ce (se) h. *CMI* de son h. — 413 *AT* par. — 414 *AFI* le p. ; *ABTI* perdirent. — 415 *BD* un. — 416 *D* mo nteplier ; *L* humain. — 417 *manque dans D* ; *A* loi, les autres foy ; *mss.* la met. — 418 *B* dont je.

150 Non potuit bigamus : ejus quia concomitari
In plures divisa caro nequit integritatem
Vimque sacramenti renuentis disparitatem.
Sed nunquid? Quidam sancti patres habuerunt
Plures, felices qui non minus inde fuerunt.
155 Ante datam legem Jacob Rachel et Lya nupsit ;
Uxores sub lege duas simul Helcana duxit.
Infortunati sumus ergo posteriores
Sic uxorati, quibus abstulit istud honores.
Sed si dicatur michi, quod pro multiplicando

153 rubr. à la marge *Argumentum contra*. — 159 id. *Responsio quorumdam*.

Il fu chetif, fol et ombrage,
Aussi fist il chetif ouvrage.
425 Adam, qui pecha par la gueule,
N'ot femme fors que Eve seule ;
Mais Lameth deux en espousa,
Si com Moysés escript nous a ;
L'une fut Ade, l'autre Celle ;
430 Sur toutes deux monta sans selle ;
Et puis, en allant son traïn,
Traist au maleüreus Caïn
Et le tua d'une sayette
Par derrier buisson ou hayette.
435 Mal fu il oncques d'Adam nés ;
En sept doubles fu condamnés
Lameth et toute sa sequelle
Par sentence je ne scay quelle.

Se Lameth a la barbe lée
440 D'une sayette barbelée
Occist Caïn par ignorance,
N'y cheoit pas si grant vengence
Ne si tres grief punition
Pour casuelle occision
445 Com d'estre puni en sept doubles.
Cil jugemens fu assés troubles.
Car quant Caïn occist son frere,
Bien le sçavoit, c'est chose clere,
Et Lameth le fist comme avugle.
450 Trop plus mesfist le chetif bugle
Quant le fait des femmes emprist.
Il pecha trop quant deux en prist.
L'autre fait ne le damna mie
Tant que faisoit sa bigamie,

423 *M* fol ch. ; *I* volaige. — 424 *M* Et aussi fu ch. en voyage. — 426 *Leçon de C; BF omettent* que; *A* Si nolt f.; *ABI* f. une s. *M* une toute s. — 427 *B* si en e. — 428 *B* moys *DM* moyse. — 429 *ATI* lautre fu; *ADF* selle. — 430 *manque L.* — 432 *A* Tira *B* Tray *FT* Trait; *F* chayn. — 434 *A* haite. — 435 *B* seul fu ; *les autres* fust.— 436 *T* cep.— 438 *C* omet Par; *C* que elle.— 439 *M* Et. — 440 *manque L.* — 442 *FM* Ne ; *C* seruist. — 443 *M* omet tres; *FL* griefue *BI* grant ; *F* punicon. — 444 *BI* charnelle *L* casue la *M* carnelle *T* cap nelle; *AI* occasion. — 445 *T* ces. — 447 *quelques mss.* Caym. — 449 *M* omet comme. — 450 *L* chief. — 451 *B* le faiz *C* les faiz *DFM* le fais *AT* seuls fait. — 452 *manque T; A* Dont du tout il luy en mesprint; *M* trop plus; *M* emprist. — 454 *L* Quant que; *AT* com; *ATI* la b.

160 Humano genere licitum fuit hoc aliquando,
Ergo de Lamech quid vobis dicere possim
Nescio, cum varius propter nexus varios sim.
Primus enim bigamus fuit iste miserrimus, unde
Mors, pestis, strages, maledictio sunt oriunde.
165 Ve! Lamech! bigamus nisi, sicut credo, stetisset,
Septupla non in eum pro Chaim morte fuisset
Ultio, vel Dominus ulciscens non foret equus.
Quippe, vagum Chaim necuit Lamech quasi cecus,
Ille sciens fratrem. Cur sit magis ergo gravatus
170 Lamech non video, nisi bis quia forte jugatus.
Credo sagittati Chaim nece sat graviorem
Esse meam; Lamech ergo probo septupliorem.
Innumeras una michi pestes, ut modo scripsi,

161 Rubr. à la marge *Instantia (?) contra dictam responsionem.*

455 Quoy que Jheromes en recite.
L'eure puist estre la maldite!
Que deux en prist, ce fu grant deuls;
Pourquoy les prenoit ambedeus?
Pourquoy, pourquoy ne s'avisoit
460 Que femme seule souffisoit
A dix hommes, je di a dix?
Ne voulroit autre paradis.

Les clers perdent droit et habit
Pour Lameth et pour son labit.
465 Dont vient tel droit, quel raison est ce
Que le mesfait d'autruy me blesce?
A male fin puist il venir!
Il ne pourroit pis advenir

A homme que d'estre bigame.
470 Je n'en puis mais se je le blasme;
Car ce n'est mie chose sainte.
Las! et que me vault ma complainte?
Il me faut endurer ma fievre.
Ne seroit si fort une chievre
475 En fourme d'omme convertir
Que ma franchise revertir.
Ce me fait le droit de Gregoire.
Il n'est herbe ne mandragoire
Qui y peüst mettre remede.
480 Mon pleur autre doleur excede
Et se je me dueil seulement
Que suy deposés telement,
Je n'ay cause de moi deffendre.

455 A Pour quoy. — 456 AT Leuure; L print. — 457 B Qui DFLM Quant; ATC Que; M omet deus; L leur p.; MT emprist. — 459 M Et p. ne; DFL et p.; I P) doncques; L omet ne. — 462 B vauldroit, les autres vouldroit. — D (f° 10 v°) rubr. Comment il rent cause pourquoy on ne sequeurt aux bigames. — 463 L en habit T en abit. — 464 A Pour mal ait T Or maleth; A obit BCDLM habit F labit I despit. — 465 DL que r.; B esse. — 470 B omet je. — 472 B omet me.— 474 Tous sauf F ont Ce s. plus f.; F Ne s. pas si f.—476 BCD Qua; C reuenir M conuertir. — 476 B madagloire CIT mandegloire M mandagloire. —479 D puist.— 480 AT concede.— 481 ABT plain.— 482 ABTC Qui; L foulement. — 483 ABT cure.

f° 3 v°.   Praeparat; ergo due Lamech multo magis ipsi.
175 Hac in septuplum Lamech ratione meretur
Puniri, quitquid per Jheronimum recitetur.
Cur miser iste duas uxores accipiebat?
Nonne decem mulier satis unica sufficiebat?
Heu! propter Lamech, Lamech, Lamech maledictum
180 Cleri perdidimus, sicut puto, jus et amictum;
Aut intellexit Dominus sic, quod Lamechitas
Septima puniret mundi crudeliter etas.
   Phi! bigamum fieri   res est magis horrida mundi.
   Quid valet inde queri?   Spes nulla michi redeundi.
185 Capram posse virum   fieri non est ita mirum
   Gregorii jure   quam si bigamus modo pure
   Clericus omnimode   fieret. Vel vel bigamo! De
   Se doleat solum,   spoliatus stemmate cleri!

Entre 182 et 183 rubr. dans le texte Reddit causam quare bigamis (ms. bigamus) non subvenitur. — 188 stemmate, le ms. a stemate.

Vraye responsc n'y puis rendre.
485 Qui me diroit : « Tu es fraudé,
 « Mal feu soies tu eschaudé,
 « Ou tu pues force proposer, »
 Je n'y sçaroye rien gloser.
 Car en verité bien sçavoye
490 Comment le contract fait avoye ;
 Si l'ay consenti et voulu,
 Et si ne me fu riens tolu
 Par violence ne par force.
 Si ne me vaulroit une escorce ;
495 Car les drois me sont en contraire.
 Quant on sçait bien ce qu'en veult faire,
 Fraude n'y est point inferée,
 La chose bien consideree.
 Aussi d'injure n'i a point,
500 Qui y regarde bien a point ;
 Je l'ai sceü et consenti
 Et, se trop tart m'en repenti,
 Ma raison est toute bruine ;
 Je suy cause de ma ruine ;
505 Ce fu ma coulpe toute entiere.
 Mieulx me vausist gesir en biere ;
 Ainsi feüst a mon vouloir !
 Bigame se doit moult douloir,
 Car il est cause de sa paine
510 Et si est s'esperance vaine.

 Si me merveil a grant plenté
 Comment un homme a volenté
 De soy lier en bigamage
 Par veu de secont mariage.

484 *M* Ne vraye cause; *LT* ne. — 485 *B* diray. — 486 *A* De mal f. soies; *M* te puist eschauder. — 488 *M* bien. — 490 *A* contrault; *D* contrau *I* Comme au contraire faisoie. — 491 *L* contente. — 492 *CM* men. — 493 *L* on efforce *(correction)*. — 494 *M* omet me. — 496 *D* ce que v. *M* que on doit f. — 497 *Dans BDF on peut hésiter entre* inseree *et* inferee *I* imposee. — 498 *B* fu c. — 499 *D* diuine *L* diuroie *T* diuoire. — 500 *Dans C au bas de la page.* — 502 *C* me r. — 504 *L* omet ma. — 506 *CDM* venist. — 507 *T* Aussi ; *A* fust il *T* fu il *BF* feust a *CDLM* fust a. — 508 *B* bien d. — 512 *AT* Comme nul h. — 514 *T* Car ; *DLM* ne s. *T* le s.

 Allegando dolum vel vim me nolo tueri.
190 Quippe, sciens volui, sed fraus per jura scienti
 Non infertur, nec injuria sponte volenti
 Atque scienti ; nam latissima culpa ruinam
 Preparat hanc. Utinam prius intrassem libitinam !
 Ergo miser doleat bigamus, cum causa sue sit
195 Erumne ; doleat etiam, cum spes sibi desit.

 Hoc omni miro mirando majus habetur,
 Quomodo velle viro bigamandi conjuge detur
 Defuncta. Vellem quod perderet illico pellem
 Qui capit uxorem, quia dignam morte scio rem.
200 Mallem suspendi quam nubere si moreretur
 Petra, vel accendi carbonibus, auxilietur
 Sic Deus ipse michi ! Mors vita potest mea dici.

193 *hanc, le ms. a* hunc. — *Entre 195 et 196 id.* Dicit quod mirabilissimum est qualiter aliquis audeat secundam aggredi uxorem.

515 Je voulroye qu'en escorchast
Chascun homme qui s'esforçast,
Quant sa premiere femme est morte,
De prendre seconde consorte,
Au mains se le fait n'ignoroit.
520 Certes, se Perrette mouroit,
Mieulx vourroie moy faire pendre
Qu'après elle autre femme prendre.
Mariage est mors langoureuse,
La vie y est trop douloureuse.
525 Qui mon jugement en creroit,
Se m'aït Dieus, on arderoit
Tous hommes qui se remarient
Après ce qu'il se desparient
Par mort de leurs premieres femmes.

530 Tant sont confondus les bigames;
Plato les excommenia;
Point de beneïçon n'y a
Es noces de leur assemblee,
Qui souvent se fait a emblée
535 Par doute de charivari.
Pendu soit le chetif mari !

O bigamie, bigamie,
Trop es contre moi arramie !
Tu me fais tes tourmens sentir,
540 Dont je suis tart au repentir.
Mors, vieng a moi, vieng sans attendre !
Contre toi ne me vueil defendre.
Vieng a moi ! mors, mors tenebreuse,

515 *CT* com *L* que en *M* que len. — 518 *A* riote. — 519 *F* ne Ignoroit *C* ne innouroit *D* ne y couroit (*correction de* courut). — 522 *M omet* elle. — 524 *CDFLM* Plaine (*F* Plain) de douleur impetueuse (*M* impertueuse); *A* en; *T omet* y. — 526 *A* que len; *ABTCL* ardroit *I* bruleroit. — 528 *CM* qui. — 531 *CDF* Pluto. — 533 *AB* leurs assemblées *LM* leurs assemblee. — 534 *ABMI* font; *LI* en; *ABI* emblees. — 535 *F* charivari *C* cherauari *M* charyualy. — *D* (f° 12 v°) *rubr.* Comment il se complaint en demandant laquelle mort est plus griefue ou la sienne ou la naturelle. — 539 *L* les; *M* trop s. — 540 *L* tars; *M* a. — 541 *C* entendre. — 543 *M omet le second* mors.

Proh mea judicia !   deberet [in] igne cremari
Qui post conjugia   sua prima potest bigamari.
205 Nam confunduntur   bigami totaliter, unde
Non benedicuntur   nuptie ratione secunde,
Immo, nimis graviter punitur qui benedicit
Illas. Sicut enim papalis sanctio dicit,
Sunt in presenti sine doxa, teste beato
210 Ambrosio. Rogo te, Deus! illas abbreviato !
Si nuptias brevio,   productas per posituram,
Quippe, meas cupio   tantum durare per horam.
Nubere jungo quoque   maribus, proprium mulierum,
Usurpan[do] merum   vocum jus ultro[que] citroque.
215 Qualiter hic propria   discernere significata
Posset mens varia   totaliter alterutrata ?
O bigamatio,   cur tua sentio   vulnera dira ?

f° 4 r°

203 *in* n'est pas dans le ms. — 206 *nuptie*, le ms. a *nupte*, que semble en effet réclamer le mètre, mais voyez l'observation de l'auteur, vs. 211. — 214 ms. *Usurpans*: ms. *ultro*. — Entre 216 et 217 une rubrique dans le texte *Hic lamentatur querens que mors est gravior, an sua vel mors naturalis et probat quod sua.*

Mors morte, mors fiere et crueuse,
545 Mors plus que mors, mors furibonde,
Maine moy en feu ou en onde!
Mors, vieng tost pour moy oppresser
Tant que ma doleur puist cesser.
Je muir et si ne puis mourir,
550 Ne riens ne me puet secourir.
Je n'en puis mais se je lamente,
En toute heure suis en tormente.
L'en dit que mors les maus termine ;
Mais ceste doleur mon cuer mine.
555 A un coup mieulx finer amasse
Que de mettre mes pleurs en masse.
La mors dont je muir est amere.
Las! que ne le m'aprist ma mere!
Fuïr ne puis ne renoncier ;
560 Si vueil a mon frere noncier
Et aux autres, qu'ils se garissent
Que de telle mort ne perissent.
De bon tresor ses coffres emple
Qui se chastie par exemple.
565 Se vous voulés que je raconte
De ma doleur et de ma honte,
Bien est raison que vous sachiés
Comme fui pris et enlaciés.

544 *DLM mettent le second* mors. — 547 *L* Mais bien est; *M* v. a moy p. tost; *A* exprisier. — 548 *A* Car je ne faiz que denyer. — 550 *C* puist. — 552 *D* a t. — 553 *C* maris. — 554 *F* cest *L* est d. qui; *F* termine (ter *a été biffé*). — 555 *ABC* finer, *les autres* finir. — 556 *B* de mes plaies mettre en m.; *M* fleurs; *A* a m. — 558 *L* omet le ; *DLM* ma prist. — 564 — *D* (f° 12 v°) *rubr.* Comment il se maria et racompte la beaute de sa femme.—568, 69, 70 *DLM* suy (suis). — 568 *B* Comment je fus p. et l.; *C* poins, *plusieurs mss.* prins.

Ecce, per omnia   tristis es, impia   mors michi mira.
O, mors! o, plus quam mors! mors fera, mors furibunda,
220 Mortua mors esses utinam, mors, igne vel unda!
Hec est mors mordens,   mors anxia, subdola, sordens;
Est bellum forte,   sub quo mea mors sine morte
Non convincetur;   mortem mors immo sequetur,
Mors morti cedit,   venit hec mors, illa recedit.
225 Sed que mors gravior?   quero, qui judicat eque,
Mors hec qua morior   quia torquet nocte dieque,
Sic et quottidie   mors altera terminat hora
Una nequitie   cursum, retrahens sua lora.
Mitius ille perit subita qui mergitur unda
230   Quam sua qui liquidis brachia vexat aquis.
Mors mea mors baratri,   quam mortem nuntio fratri
Olim cuique meo,   licet adpresens Phariseo.
O! caveant, caveant   socii sibi! ne moriantur
Sicut ego, videant   bigamis quot damna parantur.
235 Est sapiens qui se   castigat per mea gesta
Et qui previse   pestis fugit omnia mesta.

Entre 236 et 237, id. *Movet questionem et solvit tractando de pulcritudine uxoris sue ante matrimonium contractum inter ipsos.*

Je fuy baisiés et acolés,
570 Je fuy seduis et afollés
Par doulx regars, par beau langage,
Tant que je mis mon cuer en gage
En remirant la pourtraiture
D'un des plus beaux vouls de nature
575 Que je sceüsse en tout le monde.
Car la cheveleüre blonde,
Resplendissant, bien aornée,
Qui lors sembloit estre a or née,
Le front ample, net et poli,
580 Le sourcil plaisant et joli,
Les beaux yeux vairs, doulx et rians,
Amoureusement guerrians,

Le nes bien fait et la bouchette
Vermeillette, riant, doulcette,
585 Souef flairant, et par dedens
Tres bien ordenée de dens,
Bien assis et plus blans d'yvuire,
Le beau mentonnet pour desduire,
Les oreilles et les buffettes
590 Bien colourées et bien faites,
La gorgette polie et pleine,
Ou il n'apparoît nerf ne veine,
Le col blanc, rondet par derriere,
Les espaules et la maniere
595 Des bras soupples pour acoler,
Plus beaux qu'en ne pourroit doler,

571 *BM* beau r. p. doulx l. — 572 *M* cage. — 574 *B omet* plus; *B* volz *F* veuls *CDM* voulx. — 575 *C omet* je. — 578 *M* ressembloit; *B* bien a.; *AB* aournee *C* aornee *L* arrinee. — 580 *AB* Et s. — 581 *A* doulx vers *CL omettent* doulx. — 583 *M* Les n. — 584 *manque L*; *ABMI* Vermeille r. et d. — 588 *manque L*; *A* Et b. — 590 *M* nettes. — 591 *D* gorgerette; *M* bien p. — 592 *F* nulle v. — 593 *L omet* col; *L* rondel. — 594 *A* a la m. *I* en la m. — 595 *LI* Les b. — 596 *DLM* que ne; *M* pouuoit deler; *I* parler.

    Quid sic ergo mori   me fecit et illaqueari?
    Amplexus kari   Petre, sociataque rori
    Basia post risus,   aures mulcentia verba,
fº 4 vº. 240 Corque trahens visus;   latuit tamen anguis in herba;
    Lactea juncta rose   facies et flammea labra,
    Apprecians habra   dominam, vulpina dolose
    Buccula parva tacens   michi tunc muliebre venenum,
    Dulcis, pulcra, placens,   cristalli guttur amenum,
245 Ac nivei dentes,   auri crines oculique
    Dulces, ridentes,   quos laudabant michi quique.
    Pulcra supercilia   cum canone ducta decenter
    Debita per spacia   se distinxere placenter
    In geminos arcus   liquidos sine nube pilorum;
250 Ne loquar hinc parcus,   nil tam reor esse decorum;
    Hiis nasus propius   roseo fragrabat odore,
    Collum candidius   nive, pulcrum, non breviore
    Descriptum spacio,   sine rugis et sine venis.
    Sub pannis vicio   caruit caro candida, lenis.
255 Lucens cum digitis   fulsit manus alba, polita,
    Tacta placens mitis,   carobei vulnere quita.
    Sublatis phaleris   perpulcre brachia forme

La main blanche, les dois traitis,
Les costés longs, le corps faitis,
Et la façon de la poitrine
600 Parée de double tetine,
Rondette, poignant a eslite,
Ne trop grande ne trop petite,
Du port la maniere seüre
Et des rains la compasseüre,
605 Ne trop large ne trop estroite,
Les beaux piés et la jambe droite,
Et tout ce qui dehors paroit,
De si grant beauté la paroit
Qu'il n'y avoit point de deffaute.
610 Ne fu trop basse ne trop haute.
Se dehors ert belle sans lobe,
La beauté de dessoubs la robe
Doit bien estre considerée :

Car la noble taille esmerée
615 Designoit sa belle char nue
Ne trop maigre ne trop charnue;
La mote et les choses secretes,
Que scevent personnes discretes
Convenables a leurs delis.
620 Les roses et les fleurs de lis
Estrivoient pour sa couleur.
De la me sourdi ma douleur;
C'est ce qui fist mon sens rebelle,
Car nature la fist tant belle
625 Que rien n'y ot a amender.
Mieulx me venist mes yeux bander
Au jour que premier l'avisay
Et que sa beauté tant prisay
Et son doulx viaire angelique
630 Dessoubs la forme sophistique.

600 *MI* noble. — 601 *L* et. — 602 *F* grant. — 607 *B* que. — 608 *manque T*; *A* Estoit bien fachonne a droit. — 609 *T a deux fois ce vers avec, dans la première version,* plus pour point; *A* Qui. — 610 *T* fai; *C omet le premier* trop *L* grant basse. — 611 *AB* est *DT* yert. — 612 *B* cote. — 615 *ABT* Desiroit; *DLMT* la b. — 617 *DLM omettent* mote. — 620 *Dans C ce vers est à la marge; C* la f. *A* du l. — 621 *A* Estimoient; *L* la. — 622 *C* lame. — 623 *M* me f. — 625 *A* oult; *B* demander. — 626 *Al* voulsist *L* vausist. — 627 *T* lacointay. — 629 *LI* visaige. — 630 *BDLM* la *ACF* sa.

Ludebant humeris,   quibus ejus cepit amor me.
Poma mamillarum,   velut esset Petra puella,
260 Surrexere parum, tactu sat dura, novella,
Quidni? fasciola   subcincta fuere latenter,
Cujus vi sola   sic se gessere decenter.
Sub zona gracilis   erat hec, brevitate pugilli
Circumscriptibilis;   nichil extra defuit illi.
265 Sed ne pro cifra tenear, de partibus infra
Judicet hinc animus; adpresens nil ego dicam;
Lingua, sile! non est ultra narrabile quicquam,
Excepta forma   pedis albi celte politi,
Quem recta norma   sibi junxit et ordine miti
270 Tibia cum femore nivis instaurata colore.
Istam natura   membris aliis decoravit
Mira factura   fabricando, que sibi cavit
Ne quid deficeret   ibi quin mox ipsa repleret.
Ista michi vere   bigamandi velle dedere.

Las! com lors peu de bien scavoye!
Advis m'estoit, se je l'avoye,
Que je seroye dieu des dieux.
De la me vindrent tous mes dieuls.
635 Je cudoye monter aux nues
Et voler par dessus les grues,
Telement fuy d'amours ravis;
Mon cuer, tant com demourra vis,
En portera dolereus signe.
640 J'estoie aussi comme le cigne
En Menandre ou en autre fleuve.
Du cigne dit on que l'on treuve
Qu'il chante quant sa mort approuche.
J'ay puis oï mainte reprouche,
645 Mainte riote et mainte noyse.
Mieulx me venist noyer en Oyse.

Je me plaing, car par la veüe
Fu ma science deceüe.
Beauté par l'uel mon cuer navra,
650 Dont jamais jour repos n'avra.
Fol est hom qui se tient en voye
Contre les dars qu'amours envoye.
Raison dit ailleurs que cy ens,
Es philosophes anciens :
655 On ne doit mie tant amer
Qu'en face de son doulx amer.
Las! povre moy, quant tant amay,
Que par amours me bigamay;
Ne me souvenoit du proverbe
660 Du serpent qui gisoit en l'erbe
Ne du malice femenin ;
En la queue gist le venin.
Il n'est si sage qui ne peche,
Ne si belle fleur qui ne seche.
665 Celle que si bien remiray,

631 *B* com po de b. lors; *A* biens.— 632 *B* mestuet; *M* que se.— 633 *C* omet je. — 634 *manque L*; *B* me vint trestout me deulx; *C* dueulx *T* duerls. — 637 *M* suy. — 638 *C* quil sera; *D* demoura vif. — 641 *A* Mandre *B* menandie *CDLM* menande. — 642 *CD* len *M* le t. — 643 *M* Qui. — 646 *AI* voulsist; *D* ennoyse *M* aise. — *D* (f° 14 v°) *rubr.* Comment il parle de la laideur de sa' femme apres son mariage. — 647 *A* pl. que. — 650 *A* Par quoi jamais joie naura. — 652 *L* drois. — 653 *DL* Raisens; *L* omet dit; *A* que a. qua; *AB* siens *T* ciens *L* sceans. — 654 *A* Et. — 655 *M* pas. — 656 *manque L*. — 657 *ATI* Helas et pourquoy t.; *BCF* pour moy; *B* que; *BF* je. — 658 *M* pour; *BD* amour. — 661 *B* Et. — 665 *L* enrany (*correction*).

f° 5 r°. 275 Heu ! tunc, sicut olor   Menandri flumine panxi,
Cum post ista dolor   necis instet, quippe ; remansi
Stratus post fedus   qui prefueram citharedus.
Si possem Petre   jungi, deus esse deorum
Credebam, pharetre   jaculis percussus amorum.
280 Heu ! furabatur   michi sensum forma sophista,
Quippe videbatur   quam sol fulgentior ista,
Assumptis phaleris   prefulsit ut angelus unus ;
Sed tandem sceleris   nutrix dedit hec michi funus.

Conqueror edam,   me mala quedam   femina ledit,
285 Que michi primo   cordis in imo   visa resedit.
Hec speciosior,   hecque placentior   ore Corigna,

Entre 283 et 284, *rubr.* dans le texte *Loquitur de turpitudine uxoris sue post matrimonium inter ipsos contractum.*

Pour qui je pleur et gemiray
Et qui m'a fait mu et taisant,
Estoit tant belle et si plaisant,
Angeline, douce et benigne,
670 Que de Jupiter estoit digne,
S'avoir le peüst a mari.
Las! or ay le cuer trop marri.
Car orendroit est tant ripeuse,
Courbée, boçue et tripeuse,
675 Desfigurée et contrefaite
Que ce semble estre une contraite.

Rachel est Lya devenue,
Toute grise, toute chenue,
Rude, mal entendant et sourde,
680 En tous ses fais est vile et lourde;
Le pis a dur et les mamelles,
Qui tant souloient estre belles,
Sont froncies, noires, souillies
Com bourses de bergier mouillies.
685 Yeux a rouges, lermeus et caves.
Joes sans chair, maigres et haves.
Esbaï sui quant je remembre

666 *manque* L ; B gemir ai. — 667 M f. mue et t. — 668 AT si b. et tant p. — 669 ABMI Angelique. — 670 C jubiter. — 671 BC la p. — 672 *manque* L. — 673 BDM repeuse. — 674 C corbue; M torpeuse. — 676 M omet que. — 677 A Rachel elle est ja d. *I* Rachasse sy est ia d. — 679 M Roide. — 680 L et; CMI vil; M orde. — 683 ACDL fronchiez F froncies; F et s.; A saliez T salies B sallies CDIM souilliez F souilliees. — 684 B bources et verges; AC bergiez D berchiere L berchier; F moullees. — 685 B omet a. — 686 BT Asses sans chair m. et h. A Assez meisgres s. ch. et h.; F et hauts. — 686, 87 *manquent* M; 687 *manque* T.

Fulsit in omnibus   inspicientibus,   hec Jove digna.
Angelicam faciem   gestabat; quando tuebar
Ipsius speciem,   raptus super astra ferebar.
290 O! que formosa   quondam fuit ac preciosa,
Est modo rugosa,   damnabilis ac tenebrosa.
Sunt sine carne gene, crines ejusque nivescunt.
In collo vene   cum nervis undique crescunt.
Hanc damnat dura   scapularum cuspis acuta,
295 Quarum junctura   latet urgens frigida gutta.
Concava, nigra foris pendet laxata mamilla,
Instar pastoris   burse rugosa fit illa.
Saxosum pectus,   tussis repetita frequenter.
Vilis et abjectus   sulcatus vomere venter.
300 Arentes clunes macredine crudaque crura,
Inflatumque genu, nigra tibia. Quid tibi plura?
Vilis, lipposa,   quondam Rachel, est Lya facta
Curvaque, gibbosa,   velut esset nana retracta.
Collum fert gracile   nigrum, surdescit et auris,
305 Quin sit enim vile querens in ea nichil hauris.
Ossibus in toto   sua corpore pellis adheret;

292 *nivescunt*, ms. *liuescunt*. — 296 Le ms. a *concaua*. — 306 *sua*, ms. *suo*.

La desfaçon de chascun membre,
Ou tant avoit ouvré nature.
690 Or est si laide creature
Qu'a regarder est moult orrible
Et par dedens est mal paisible,
Triste, plaine d'ennemitié
Et tousjours tence sans pitié.
695 Quant on la regardoit jadis,
Il sembloit que de paradis
Feüst deesse au doulx viaire,
Tant estoit simple et debonnaire.
Or est Medée, la crueuse,
700 Grant tenceresse et batailleuse.
C'est grief doleur, je n'en doubt mie,
Quant femme devient ennemie,
Et la doulce, souef laitue
Devient ronce poignant, ague.

705 Quant je la voy, le cuer me tremble;
N'est merveille, car il me semble
Qu'a moy tous temps estriver vueille.
En elle a trop amere fueille,
En elle est la rose amortie,
710 Car elle point plus qu'une ortie.
Amours fault, si croist la haïne,
Doleur, courroux et attaïne.
Se je di bo, elle dit beu ;
Nous sommes comme chien et leu,
715 Qui s'entrerechignent es bois ;
Et se je vueil avoir des pois,
Elle fera de la porée,
Tant est de mauvaise corée.
Se je refuse, elle tourmente ;
720 Ne cuidiés pas que je vous mente.
Tant de maulx souffrir ne pourroye,

692 *DLM* Mais; *L* omet mal. — 693 *A* de marmotie. — 694 *L* plaine sans verite.
— 697 *L* visaige. — 701 *M* Nest; *AMI* grant; *F* dolent; *L* ne d. — 702 *C* vient f. e.
— 703 *A* dela d.; *C* souefue laitture *B* poignant l. — 704 *B* rose. — 707 *M* tous
jourz. — 709 *M* omet la. — 710 *FI* Et si p.; *T* que o; *AI* lortie. — 711 *A* faillent;
M omet la; *A* haigne *T* ayne. — 712 *A* Douleureux courroux et ataigne. — 713 *AB*
bouf *CDFL* bo *MT* bou; *A* et elle. — 714 *A* coment. — 715 *C* sentre richenignent
D sentrererichinent *L* sentrenent chignent. — 720 *C* cuides; *D* omet je.

  Digna viri voto   non est, qui cuncta videret
  Signa; rubent oculi   flentes; exterminat ora
f° 5 v° Pallor; fit populi   Petra turpior. Heu, graviora
310 Interiora satis   sunt exterioribus istis.
  Est semper tristis,   rixans, expers pietatis.
  Olim visa dea,   quia simplex claraque vultu,
  Fit modo Medea   rixis bellisque, tumultu.
  Est dolor iste gravis;   formam conjunx inimice
315 Sumpsit et urtice   rabiem lactuca suavis.
  Hanc dum respicio   facies michi tota tremiscit
  Totum corque. Scio   michi quod contendere gliscit.
  Ecce, potest dici   „noli me tangere", morbis
  Omnibus ipsa michi   cum sit crudelior orbis.
320 Alget amor, crescit   odium, michi parcere nescit.
  Si sibi dicam „bo!"   dicit „beu!" Sic sumus ambo
  Concordes! olera   quia si peto, pisa parabit
  Uxor pestifera;   si respuo, me cruciabit.

320 *Alget*, ms. *Aleget*.

Ainçois a mon voloir mourroye,
Se ceulx qui sont en mariage
Ne souffroient cest chariage,
725 Si com je fais, qui suy tous las.
Mais l'en dit que c'est le soulas
Des chetifs d'avoir compagnie.
Et pour ce ne laissent eulx mie
D'avoir maulx contre leur vouloir.
730 Et se le seul se doit douloir,
Que d'estre seul sa douleur croisse,
Plus se plaint et plus a d'angoisse.

Cest oreloge trop m'oppresse,
Nulle heure de noisier ne cesse.
735 La langue de femme noiseuse
N'est oncques de sonner oiseuse.

Le son de la cloche seurmonte.
Femme jangleuse ne tient conte,
S'elle dit chose sage ou fole,
740 Fors que l'en oye sa parole.
Elle poursuit sa volenté,
Rien n'y a sur raison enté,
Ainçois ly est tout impossible
De penser a chose loisible.
745 Ne veult que son mari domine,
Mais contre ses fais abhomine.
Soit droit ou tort, le convient faire,
Ou le mari souffrir et taire,
S'il ne veult estre lapidés.
750 Nuls homs, tant soit bien enbridés,
N'y scet proprement pourveoir,
Tant y puist clerement veoir.

723 *B* De c. — 724 *FI* tel; *CT seuls* chariage, *les autres* cariage *M* carlage.
— 725 *C* je fais je s.; *A* las suiz t. l.; *T* las sur tous l. — 727 *AT* Aux. — 728
F Mais. — 731 *AT* la d. — *D* (f° 16 r°) *rubr*. Comparaige sa femme a un orloge.
— 736 *A* bien souuent *T*' de souuens *F* semer. — 737 *T* chose. — 738 *FI* noyseuse *BD* gengleuse. — 746 *T* son mary. — 747 *ATI* bien ou mal *F* tort ou d.
— 748 *B* Et; *ATL* ou t. — 750 *FLI* tant soit il.

Tanta flagella pati   non possem, ni paterentur
325 Hec uxorati   cuncti; qui cum crucientur
Sicut ego, tristis,   minus hinc conturbor in istis;
Ut socios habeant   solacia sunt miserorum.
Ve solis! doleant,   quia solis puncta dolorum
Augmentatur eo   quod eam soli paciuntur.
330 Nunc solis ideo   soli magis inde queruntur.
Est horologium   quod nulla cessat in hora
Uxor litigium   dans, cujus lingua sonora
Campane sonitum   superat nec premeditatur
An dicat licitum;   satis est quod lingua loquatur;
335 Velle suum sequitur,   nequit an liceat meditari
Uxor, nec patitur   sibi sponsum predominari.
Id licet officiat,   ex quo vult ipsa, necesse
Est quod vir faciat,   lapidatus ni velit esse.
Vult quod laudetur   quitquid laudat, quod ametur
340 Quitquid amat,   quitquid reprobat   vult quod reprobetur.

329 *Augmentatur*, ms. *Augmentantur*, mais voyez *eam*. — 331 rubr. à
la marge *hic comparat uxorem suam horologio*.

Ce qu'elle aime convient amer
Et ce qu'elles heent blasmer,
755 Et reprouver ce que repreuvent,
Tant que leur entention preuvent;
Dont avra assés a souffrir
Qui ad ce se voulra offrir;
Quinze fois de nuit et de jour
760 Avra passion sans sejour
Et sera tormentés forment.
Certes, je croy que cest torment
Seurmonte les paines d'enfer,
Aux liens, en feu et en fer.

765 Quant il y a faulte de vivre
Et le mari assés n'en livre,

Les femmes dient, c'est la somme,
Que c'est par la faulte de l'omme
Et s'il y a choses assés
770 Et des biens pour vivre amassés,
Elles dient en verité,
Qu'il vient de leur prosperité.
Les biens des hommes rien ne prisent,
Ains les confondent et despisent.
775 Les biens a elles attribuent
Disans qu'elles filent et buent
Et que de l'ostel ont la cure.
Se le mari par aventure
Fait chose qui vint livres vaille,
780 Ne la priseront deux et maille
Vers le gaaing qu'elles feront.

753 *C* elle aime, *les autres* elles ayment; *ABT* faut. — 754 *C* het. — 756 *Dans B ce vers a été ajouté plus tard à la marge*; *F* entencons *M* intentions. — 758 *ABF* ad ce *CDLM* ace. — 759, 60 *Dans C l'ordre de ces vers a été interverti par une réclame*; *DLM intervertissent l'ordre et remplacent* 759 *par* Et toute nuit et toute jour. — 764 *AF seuls* liens *M* Ou lien, *les autres* lies, liez, lyes; *A* ou f. *B* au f. — *D* (f° 16 v°) *rubr*. Comment les femmes attribuent les proprietez a elles et les fortunez a leurs maris. — 768 *M* Car; *C* omet par. — 770 *AC* de; *M* asses. — 772 *ADLM* propriete *T* propre herite. — 773 *L* delomme. — 774 *BF seuls* despisent, *les autres* desprisent. — 777 *C omet* que; *L* on. — 779 *L* de vint. — 780 *F* priseroient *M* prisoient; *C* une maille. — 781 *ABTI* Enuers le gaing (*I* les gains); *A* quilz.

Nulla viro requies, cum nocte dieque legatur
Passio quindecies illi; semper cruciatur.
Est, Mediuffidius! tormentum connubiale
f° 6 r°. Jam multo gravius quam tormentum stigiale.
345 Quando fit eclipsis victus, mos est mulierum
Fata viris ipsis imponere; copia rerum
Si fuerit, fatis ipsarum prosperitatis
Attribuunt dona, vixque sinit ulla valere
Sponsum; nulla bona, sapientes ut docuere.
350 Lucra maritorum decies centum solidorum
Lucris uxorum subduntur sex obolorum.
Plura probant multe tres telas commoda ferre
Hospicio culte quam centum jugera terre;

345 *rubr. à la marge* Quod mulier (es *manque*) prosperitates conjugii sibi attribuunt. Et infortunia suis maritis. — 350 *id.* Qualiter omnia instrumenta domus colo famulantur.

Mais a l'ostel proffiteront
Trois toiles par elles filées
Ou par leurs euvres empilées
785 Plus que tous les emolumens
Fais a chevaulx ou a jumens
De terre ou il a cent arpens.
Ce tesmoignent entr'eulx serpens
Et dient contreval les rues
790 Que tout quanque soc et charrues
Peuent par labourage rendre
Il le convient ailleurs despendre;
Mais ce qui vient de la quelongne,
Que l'en porte jouxte la longue,
795 Nuit et jour soustient tout l'ostel.
Chascune se donne los tel
Que la quelongne rien ne couste;
Mais qui a la charrue adjouste

Deux beufs, il convient es greniers
800 Foing, avoine, mailles, deniers,
Herse, crible, rastel et beche
Pour reverser la terre seche,
Fourche, flael, van et houel;
Tousjours y fault il un ou el
805 En despens avant ou arriere.
Et se l'aguille a cousturiere
Est mise avecque la quelongne,
Elle fait trop bien la besongne
Et de l'une a l'autre saison
810 Gouverne toute la maison.
Les femmes se dient tout faire
Et de leurs maris le contraire.
Dont par force sont vainqueresses;
Tant sont perverses jangleresses.
815 En leurs fais de raison n'a point;

783 *A* teles *M* telles *TI* touailles. — 784 *M* par elles compilees *AT* emploiees. — 786 *ABT* et a; *L* jugements. — 787 *M* Et de t. ou il y a. — 789 *L* contre aual. — 790 *F* Que tout font q. s. ch. *A* quanquilz font *C* tant que *M* soit es ch.; *ABT* ne. — 792 *A* Il c. bien. — 793 *C* quil. — 793 *M* quenoille. — 796 *T* le los. — 797 *M* quenoille; *L* que c. — 798 *F* que. — 799 *B* y c.; *M* esconuient; *C* en g. — 800 *AT* Fains (Foins) auoinez *DLI* Faim; *BM* maille; *M* et d. — 801 *BC* Herche *F* Herse *ATDLM* Herbe *I* Herbergerie. — 802 *A* reuerser *B* reuertir *CT* reuerchier *DFLM* recouurir; *AT* freiche (fresche). — 803 *M* clael. — 804 *CF* il f. il; *A* ung jouel *T* houel. — 805 *DL* despent; *AT* et. — 806 *L* lesguille; *B* coustiere. — 807 *A* Estoit m. auec. — 809 *A* et lautre. — 810 *F* Gouuernent *T* Gouuerte. — 811 *CM* toutes. — 815 *F* En euls f.; *AT* fait.

Ut dicunt : quitquid vomer vel biga lucratur,
355 Vastat et expendit, sed quamvis sustineatur
Hospicium mediante colo, que nocte dieque
Nec nichil expendit, sic opponunt quasi queque
Huic servire colo : cum bobus oportet aratrum,
Denarios obolo, traha, tribula, vangaque, rastrum,
360 Sic famulantur ei, ligo, vannus, furca, flagellum,
Quippe; timent semper, moveatur ne sibi bellum.
Et si forte colo sarctrix acus associetur,
Tota suo solo facto domus inde regetur.
Omnia se facere concludunt nilque maritos,
365 Immo, redarguere satagunt, licet esse peritos
Constet eos. Bellis vincunt, non vi rationis;

361 *moveatur*, le ms. a *moneatur*.

Ja ne les prendrés si a point.
Tele com l'autre tele est l'une
Soubs le soleil et soubs la lune;
Une mesme condition
820 Ont en leur jurisdiction.
Contre bons meurs chascune excede;
De leur nature leur procede.
Les drois sont plus cornus que cers;
Quant les maris fault estre sers
825 Des femmes, c'est trop grans meschiefs,
Car ils doivent estre les chiefs.
Par femmes, par leur desverie
Est l'ordre des choses perie.
Ce n'est pas merveille trop dure
830 Se le mari nul temps ne dure
Contre sa femme mal piteuse,
Envers la tençon rioteuse,

Que souvent li scet aprester;
Quant nuls homs n'y puet contrester,
835 Non feroit Dieux, au mien cuidier;
Place luy convenroit vuidier,
Qui le voir en oseroit dire;
Car il n'est rien de femme pire.
Leur mauvaistié encommença
840 Des le temps Adam enença;
Oncques puis qu'il luy mescheï
Femme a son mari n'obeï.

Oultre les tençons et les limes
Par cinq manieres de sophismes
845 La femme maine l'omme a methe.
Droit est qu'exemple vous en mette
De leur prevarication.
Une sophistication

819 *F* condicon. — 820 *A* Ou. — 821 *B* les bons; *CFI* bonnes *L* tous m.; *DFLM* chascun. — 823 *BM* sers *CLT* serfs. — 824 *I* font. — 825 *A* en t. g. *MT* est. — 826 *AT* Car homes d. e. — 827 *M* femme et; *D* leurs; *BI* reuerie *C* druerie *T* desueries. — 828 *A* toutes *T* couses. — 830 *M* la m. — 833 *manque C*; *ABT* leur s.; *M* sceut. — 834 *F* scet; *M* conquester. — 836 *manque M*. — 837 *B* vouldroit. — 840 *ABT* et enca *CF* en enca *DLM* ad. enca. — 841 *BFMI* qui. — 842 — *D* (f° 18 r°) *rubr*. Exemple comment la femme meine lomme a meschief par redargution. — 844 *I* six. — 845 *C* homme. — 848 *manque L*; *B* Ne.

Quot sunt sub stellis talis sunt conditionis.
   Istis natura cedit; cum sint quasi cervi
   Cornuti, jura cedunt, sunt hiis quia servi
370 Sponsi, qui capita fore deberent mulierum;
Est aut pejus, ita per eas perit ordoque rerum.
Rixis uxorum si cedant ergo mariti,
Hoc non est mirum, cum nemo resistere liti
Ipsarum valeat, etiam Deus, ut puto vere.
375 Si bene res pateat, nichil est pejus muliere.
Non paret Domino statuenti, post prothoplasti
Lapsum, quod jussis esset subjecta mariti.
   Yssa virum ducit ad metas quinque sophiste;
Ecce, redargutum facit illum, quod probat iste

f° 6 v°.

368 rubr. à la marge : *Quod non est mirum si vir cedat uxori sue.* — Ibid. *cervi*, le ms. a *corui*. — 376 rubr. : *Qualiter mulier ducit virum ad. v. metas et primo ad metam redargutionis. v. sensuum primo ad linguam.* — 378 *sophiste*, ms. *sohiste*.

Par la langue est assés prouvée.
850 Guy avoit sa femme trouvée
En sa chambre dessoubs Simon,
Qui la tapoit pres du limon.
Après l'euvre Guy se courrouce,
Vers sa femme frondist et grouce
855 Et ly dit : « Va t'en, folle femme,
« Dieu te confonde corps et ame !
« Ta mauvaistié est manifeste. »
Lors fu la femme toute preste
De son mari redarguer,
860 Et respont : « Me veuls tu tuer?
« Di que tu as? » Et le martir
Ly dit : « je vueil de toi partir. »
« Lasse ! pourquoi mal parler oses?
« De tel fait que sur moy imposes
865 « Fu jadis deceü mon pere ;
« Car il cuida veoir ma mere
« Qui soubs autre se marioit,
« Mais sa veüe varioit.

« Bien sçay que ma mere fu morte
870 « Par tel fait de semblable sorte
« Et mes ayoles telement.
« Chier mari, di moy quelement
« Tu as pensé ceste folie?
« Dont vient celle merancolie?
875 « Chier ami, me veuls tu destruire?
« Veuls tu que je vive, ou je muire
« Sans forfaiture et sans raison?
« Tu seroies trop mauvais hom.
« Di moy, que veuls tu que je face? »
880 Le chetif en plourant l'embrace
Et luy dit : « Suer, je vueil ta vie,
« Car se tu estoies ravie
« Du siecle, si com fu ta mere,
« Ta mort me seroit trop amere. »
885 Elle respont : « Il convient doncques
« Que tu recognoisses que oncques
« Sur ce fait je ne fuy coupable,
« Ou je mourray, ce n'est pas fable.

849 *M* lame; *T omet* asses. — 850 *LM* Que guy. — 853 *B* leure; *B* est courouce. — 854 *A* froncist *B* grondist *D* frendist *L* frandist *CFMT* frondist. — 861 *AT* Et luy dist. — 862 *MT* de partir. — 863 *AT* Las p. si. — 865 *ABT* Ainsi fu d. — 868 *LT* la v.; *A* lui v. *T* le v. *B* si v. — 870 *B* De tel f. — 871 *A* auillee *T* a uillee *CD* ayelles *I* aueuglee. — 874 *B* mirancolie *CF* melancholie *I* melencolie. — 876 *B* muire ou viue; *T omet le second* je; *M* ou que m. — 879 *AB* tu v. — 880 *ABT* Tantost le chetif si; *I* Et tantost le ch. — 885 *AT* Elle dist il te *B* Et lui dist il c. — 886 *M* recongnoissance. — 887 *A* tu ne fus *LM* suy. — 888 *ABTI* sans nulle ; *A* faille *B* faible.

380 Conjuge Guido sua thalamo sub Simone visa.
Post opus inquit : « Abi ! meretrix manifesta ! » Recisa
Voce viri dicit mulier : « Bone vir peramate,
« Dic, quid habes? » Recitat que vidit. At illa : « vir ! a te
« Dividar? Heu ! quia sic patri visum fuit ante
385 « Mortem matris ; in hoc visu patris variante
« Sic obiere mee velut omnes progenitrices,
« Quamvis insontes. Quid agam? Vir, quid michi dices?
« Ecce, cito moriar. » — Pro, contra, vir meditatur ;
Sed tandem, sponse credens, statim lacrimatur.
390 Cui mulier : « bone vir, vis quod vivam? » — « Volo, kara,
« Dulcis, fida, bona ; tua mors nimis esset amara,
« Heu ! michi, quippe tuo. » — « Quod dicas ergo necesse
« Est, te mendacem super hiis totaliter esse,

« Or, di tantost que c'est mensonge
890 « Et qu'il t'est advenu en songe ;
« Car par pareilles destinées
« Sont mes devancieres finées. »
A ce point ne sçot que deffendre
Le mari, mais, sans plus attendre,
895 En la presence des voisines,
Des commeres et des cousines
Par serement se repenti
Et jura qu'il avoit menti
Et qu'a tort l'avoit accusée.
900 Ainsi fu sa femme excusée,
Dont il dut bien estre hués,
Quant ainsi fu redargués.

Avec la langue est la veüe
Par le sophisme deceüe.
905 Werris assés nous le tesmoigne.
Cils Werris vit en la besoigne
Sebile, sa femme espousée,
Dessoubs un homme supposée,
Qui heurtoit du bout de l'eschine.
910 Werris s'en plaint. Mais la meschine
Le fait et l'euvre renia
Et jura que couple n'y a,
En li affermant le contraire.
Le bon homme ne sçot que faire ;
915 Ne scet lequel des deux il croie ;
Adont devient plus blanc que croie.
Le chetif fu tout esbaï
Et pensa qu'il estoit traï.
Fuyant ala a sa charrue,

889, 90 *intervertis dans M*. — 889 *M* Et que ce estoit toute m. — 890 *T omet* est. — 891 *B* paroles. — 892 *C* affinees. — 893 *M* ne se pot. — 897 *B* serement fait ; *ABT* sen. — 899 *F* Et que a t. il a. — 901 *AT* deust. — 902 *L* regarduez. — *D* (f° 19 v°) *rubr*. Semblable exemple. — 903 *MI* et l. v. — 904 *LM* la s. — 905 *A* Verus *T* Vuerus *B* Werris *C* Werois *D* Wuerris *FL* Vuerris *M* Verrois *I* Verris ; *AT omettent* nous (A si le t.) *D* le nous *L* les n. — 906 *C* Cy w. ; *CL* a ; *L* sa b. — 908 *manque C* ; *BI* fu posee. — 909 *B* quil ; 909 *et* 910 *manquent DFLM* ; 910 *seul manque T* ; *A lit* 910 Aussi com se fust sa meschine. — 912 est *dans C à la marge*. — 913 *C* enfermant. — 914 *BL* scet. — 916 *D* Adoncques ; *A* deuint ; *C* croire. — 917 *manque dans BCF (dans F un blanc)*. — 919 *C* Fummant *I* Filant ; *M* sen ala.

« Aut statim moriar, tribuentibus hec michi fatis
395 « Matris defuncte. » Vicinis iste vocatis
Se juramento mendacem voce fatetur.
Ergo redargutus dici ratione meretur.
Ut linguam visum   plerique redarguit illa.
Ecce, per exemplum   probo. Quedam, dicta Sibilla,
400 Supponebatur,   Werrici femina. Factum
Ipse videns queritur   nimis inde ; sed illa quod actum
Est negat, affirmans sponso contraria ; nescit
An visis credat vel dictis, immo stupescit.
Iste miser solitum petit agrum, sulcat eumque ;
405 Cogitat hic et ibi, post fluctuat inter utrumque.
Baucis ad arva venit, que factum noverat. Ipsum

396 *rubr. à la marge* : *Exemplum qualiter ducit ad metam redargutionis quoad visum*. — 398 *Ut, le ms a Et*. — 405 *ms. Cogitabat*.

920 Une voisine de la rue,
   Laquelle estoit du fait aprise,
   A son ceint sa quelongne a prise.
   Ce fut Baucis, la dame sage.
   Pour mener a fin son message
925 Vint aux champs de malice plaine :
   Au premier filoit rouge laine
   Et si en portoit de la blanche
   Mucie assés pres de sa hanche.
   A basse voix a salué
930 Celuy qui estoit bellué,
   Et dit qu'aventure l'amaine.
   Tantost muça sa rouge laine
   Et repost au bout de la roie ;
   La blanche mist a sa courroie,
935 En sa quelongne la changa ;
   Par grant cautele l'estranga.
   Le bouvier forment se merveille

   Quant il vit blanche la vermeille ;
   Moult fut pensis et toutesvoies,
940 Quant il ot enhanné trois roies,
   Luy enquist que c'estoit a dire.
   Elle respondi : « J'ay grant ire
   « De ce que deux testes avés ;
   « Je ne sçay se vous le savés,
945 « Mais je les voy apertement. »
   —« Non ay, » distil, « certainement ! »
   Tasta son chief a deux mains si
   Que bien cuidoit que fut ainsi.
   Et puis a dit que bien sçavoit
950 Que la veüe faulse avoit,
   Que Sebille estoit voir disant
   Et qu'a tort l'aloit despisant.
   Baucis, qui moult sçavoit de guile,
   Luy jura adont que Sebile
955 Pour tout le monde entierement

922 *manque LT* ; *A* Qui lintroduict par telle guise ; *B* saint *C* scaint *D* chient *F* sceint ; *D* ce que langue. — 923 *A* Et fu *B* Or fu ; *A* bietrix *T* biatrix. — 924 *A* Qui moult sauoit de beau langage. — 925 *A* champ. — 927 *LM* emportoit. — 928 *A* Bien couuerte dessoubz sa mance ; *T* anche. — 931 *T omet* dit. — 932 *LM* la r. — 933 *BM* bot ; *A* raie *M* haye. — 934 *A* conraie. — 935 *L* estrancha. — 936 *AT* Une grant cautelle trouua. — 937 *M* boyer ; *A* souuent. — 939 *A omet* et ; *BC* toutevoies. — 940 *AD* acheue *B* esche *T* escheue *CLM* anhenne *F* en henne *I* laboure ; *M* voyes. — 943 *D* De ce quant testes ; *L* trois t. *I* tant de t. — 945 *ATCM* le v. *BDFLI* les v. — 947 *M* sa teste. — 948 *LM* quil ; *D seul fut, les autres* fust. — 950 *A* effacie *T* face. — 952 *BCF* despisant *ATDLMI* desprisant *ou* deprisant. — 953 *AT* Biatrix. — 955 *A* Par.

   Voce salutifera decorat, sed non ibi fixum
   Dicit iter, rubeam   nens lanam, fineque sulci
   Clam deponit eam,   capit albam netque. Bubulci
410 Mens titubat, sulcis   tribus actis, visaque mira
   Querit. Cui Baucis « Ego nescio, » mecha, « sed ira
   « Sum mirabiliter, michi cum videatur aperte
   « Quod vobis capita duo sunt. » — « Non est ita certe ! »
   Bostar ait, capite tacto. Concludit et ille
415 Inde suum visum falsum linguamque Sibille
   Veram ; testatur   Baucis, cui detegit. « Illa
   « Non mentiretur, »   ait hec, « Werrice, Sibilla
   « Pro toto mundo. »   Brevis ut sim, cetera non do.
   Sic visus visum nonvisum testificatur ;
420 Ergo redargutus visus muliere probatur.

Ne luy feroit fauls serement.
« Certes, Werry, bien fait a croire;
« Sebile vous dist chose voire. »
Ainsi Baucis, la coustumiere,
960 Luy fist belluer la lumiere ;
Dit fu que l'ueil ne la veüe
N'avoit pas la chose veüe.
Ainsi seroit homs redarguls
S'il avoit tous les yeux Argus,
965 Puis que femme le prent en cure;
Femme de verité n'a cure.

Femme dit que la touche ment
Et confute l'atouchement
Par argument et par fallace.
970 De pluseurs exemples parlasse,
Mais un pour briefté doit souffire.
Autrefois avés oï dire
Comment Frameri se prouva.
L'ami de sa femme trouva

975 Delés son lit par nuit oscure ;
Hochier faisoit la couverture.
Fort le saisi par les cheveux
Et puis luy a dit : « Est ce veus
« Que vous estes ici venus?
980 « Larron, vous serés bien tenuo ! »
A sa femme dit Frameri :
« Doulce suer, bien sera meri,
« Mais que bien le puisses tenir. »
Sa femme en laissa convenir
985 Et ala querir le pestail.
Il avoit leens du bestail.
La femme, qui ne fu pas ivre,
Son ami franchement delivre
Et amena l'asne en son lieu.
990 Du mesfait paya le tonlieu
Par le fol conseil de la femme,
Laquele couvroit son diffame.
Frameri fiert et s'esvertue
Telement que son asne tue

958 *F* dites. — 959 *AT* biatrix *C* bauce *F* bauche. — 961 *T* le oiel (*on peut lire* orel) *A* Dist que loreillez ne. — 962 *manque L.* — 963 *L* regardus. — 964 *B* aguz. — 967 *L* chose *M* couche. — 968 *ABT* Est (*T* con fute); *A* confine *I* confuse ; *A* par couchement. — 969 *ABTI* argumens. — 970 *B* argumens. — 971 *CM* omettent un *L* bien (*dans D* un *ressemble à* bon). — 973 *plusieurs mss. ont* ce, *d'autres* se. — 974 *T* a deux fois *de sa femme.* — 975 *T* escure. — 976 *A* Le ciel faisoit. — 977 *ABC* écrivent veulx *DLMT* veux *F* veus; *L* est ce par v. — 979 *C* Quaues este. — 980 *B* vous estes. — 982 *T* bien vous s. *A* vous s.; *F* sera b.; *DLMI* marry *ABTCF* meri *ou* mery. — 983 *ATM* puissiez ; *I* puisse. — 984 *B* laisse. — 985 *M* querre; *A* pestel *T* pestueil. — 988 *AT* Francement son amy. — 990 *CD* trulieu *I* le treu. — 991 *ALI* sa f. — 992 *FLI* sa d. — 994 *T omet* son.

Tactum confutat mulier. Probo per Framericum,
Qui juxta lectum per crines cepit amicum
Uxoris de nocte sue. « Soror! ecce latronem, »
Inquit, « eum teneas! eo quesitum pugionem. »
425 Sed mox uxor eum dimittit abire receptum,
Illi substituens asinum, quem clam per ineptum
Ysse consilium mactat vir. Martiriato
Sic asino statim lumen petit ille ; parato
Lumine Burnellum stratum videt. Inde flet, isti

Vs. 421 rubr. à la marge *Exemplum qualiter ducit ad metham redargutionis quoad sensum tactus.*

995 Et que du pestail l'assomma ;
En ferant larron le nomma.
Puis alluma de la chandeille ;
Et quant il vit la grant merveille,
En plourant luy fist triste feste
1000 Et luy dist : « Brunel, bonne beste,
« Pas ne l'avoies desservi ;
« Trop mal a toi adviser vi. »
Lors la femme se recoucha
Et juroit qu'autres n'y toucha
1005 Et que nul autre n'y senti.
Toutesvoies elle menti.
Frameri cuidoit, par saint Cosme,
Que ce fust songes ou fantosme ;
O sa femme s'ala couchier.
1010 Si com vous oyés, le touchier
Fu redargu par cest exemple,
Qui nous est baillié assés ample.

A methe de fauls est mené
Le fol mari mal assené ;
1015 De femme ne se puet deffendre.
De la lune nous font entendre
Par paroles et par revel
Que soit une peau de veël.
Combien que soit chose impossible,
1020 Vuelent prouver qu'il soit loisible
A croire ce et plus grant chose.
N'est nuls qui contredire l'ose
Ne soustenir a l'encontre, ains
Estuet que, par amour constrains
1025 Ou par tençon, on leur ottroye
Et qu'en die que l'en le croye.
Faindre et dissimuler convient ;
Bien le sçay et bien m'en souvient.
C'est merveille quant femme tonne,
1030 Car a cent diables se donne,

995 *M* le somma. — 996 *tous les mss., sauf D*, chandelle (*D* chandeille). — 998 *A* Et il voit la grande m. ; *I* cautelle. — 1000 *A* doulce b. — 1001 *DLMI* auoie. — 1002 *B* A toy tr. m. *AT* A toy aduiser t. m. v. — 1003 *C* courroucа. — 1004 *F* coucha. — 1006 *ADF* en m. — 1009 *A* alla. — 1010 *A* le ouez t. — 1012 *B* asse. — *D* (f° 21 v°) *rubr*. Comment lomme est mene a mette de faulx. — 1013 *F* fu m. 1017 *A* rauel. — 1018 *ABT* cest ; *CDFLMI* ce s. une ; *M* pcel ; *CDLI* vel. — 1019 *A* quil est *B* que cest *FI* que ce s. ; *I omet* chose. — 1021 *B* Accroire est ; *A* A croire et pl. grande. — 1022 *F omet* nuls. — 1024 *A* Conuient *BI* Estoit *C* Estent — 1026 *A* que len d. quon ; *C omet* le *I* les. — 1028 *C* me s. — 1029 *B* merueilles.

430 Dicens : « Burnelle, bona bestia, non meruisti
« Hanc mortem. » Mire culpat tactum referentem
Falsa sibi somnumque suum, fatuam quoque mentem.
Ecce, redarguitur exemplo tactus ab isto
Per mulieremque capto providit Egisto.
435 Ad metam falsi ducit mulier, quia lunam
Nobis esse probat verbis pellem vitulinam.
Hoc impossibile vel majus vir stupefactus
Concedit sepe, rixis vel amore coactus.
Fingere scit mira mulier mireque colorat
440 Ficta, licet falsa, jurat jurandoque plorat.
Ut sibi credatur dat centum demonibus se.

Vs. 435 *rubr. à la marge* Quod mulier ducit virum suum ad metham falsorum.

Afin que pour ce soit creüe ;
Jamais n'en seroit recreüe.
En parjurant faintement pleure ;
Mais plus maudist et plus deveure,
1035 Mains y croy, car voir ne scet dire,
Et se voir dit, lors rougist d'ire.
Des exemples y a assés
Qui cy ne sont pas amassés,
Que pour brieflé convient passer,
1040 Et si ne vous vueil pas lasser
De trop parler de leur affaire,
Car j'ay ailleurs assés a faire.

Les femmes Salemon vainquirent
Et en la fin le desconfirent.
1045 Par femmes fu si ordenés
Et par leurs blandices menés
Jusques a methe de cuidier ;
Hors de loy le firent vuidier
Pour les idoles aourer.
1050 Oncques ne sçot tant labourer
Qu'il y peüst mettre remede.
Fraude de femme tout excede ;
Art ne raison n'y vaut pas maille,
Quant hom la croit, que il ne faille
1055 Que dedans ses las soit chetis.
Quant Salemon fu deceüs,
Lors de son mesfait se douloit
Et dist que retourner vouloit.
Il fu menés par la cité
1060 Par devant l'université
De tous qui le volrent veoir ;
Mais oncques n'i pot pourveoir.
Puis que par femenins desroys
Fu pris le plus sage des roys,
1065 Salemon, plein de sapience,

1032 *B* ne. — 1033 *C* faucement. — 1035 *A* Et croy que voir ne sceit que d.
— 1038 *B* Qui sont. — 1039, 40 *manquent dans I*. — 1040 *B* laissier *D* laisser.
— 1042 — *D* (f° 22 r°) *rubr*. Comment lomme est mene a mette de inopinache.
— 1045 *DFLMI* f. fu ses (*L* ces *Dl* son) corps penes ; *C* las fu o. — 1046 *C* fu m.
— 1050 *F* nestoit. — 1055 *B* est cheuz. — 1060 *manque L*.

Sed, certe, quanto maledicit femina plus se,
Tanto credo minus illi, quia dicere nescit
Verum ; quod forte si dixerit, inde rubescit.
445 Infinita licet pateant exempla, paratis
Hic differre tamen volui causa brevitatis.
Ad metam ducit inopini, vah, Salomonem,
Qui statuas coluit   contra legis rationem ;
Hic se non potuit   ratione nec arte tueri,
450 Heu ! quin conclusus fuerit parens mulieri.
Sed post, inde dolens,   per vicos ceditur urbis,
Se purgare volens   cernentibus undique turbis.
Cum sic rex Salomon, mundi sapientia tota,
Deceptus fuerit, concludo quod est idiota
455 Et plus quam fatuus fallaci qui mulieris
Credit sermoni ; lacrimis flet postea veris,
Sicut ego fleo, qui miserorum namque miser sum,
Servus servorum, dum me considero versum.

Entre vss. 446 et 447 rubrique *Quod mulier ducit virum suum ad metham inopinabilem*. — Entre vss. 458 et 459 id. *Quod* (ms. *quid*) *mulier ducit virum suum ad metham soloecismi*.

Et qu'il abusa de science
Par femmes et par leur riote,
Doncques est fol et ydiote
Et plus que fol qui aux paroles
1070 Croit des femmes nices et foles.
En la fin en a mal loyer;
Plourer, gemir et lermoyer
En convient et grans et petis,
Si com je fais, qui suy chetis,
1075 Le plus chetif de tous clamés
Pour ce que je suy bigamés,
Serf des serfs en toute maniere
Et tourné ce devant derriere.

Femmes scevent plus d'une note.
1080 Que proufita a Aristote
Peryarmenias, Elenches,
Devisées en pluseurs branches,
Priores, Posteres, logique,
Ne science mathematique ?
1085 Car la femme tout seurmonta
Alors que par dessus monta
Et vainqui des methes le maistre.
Ou chief luy mist frain et chevestre.
Mené fu a soloëcisme,
1090 A barbastome, a barbarisme ;
Son cheval en fist la barnesse
Et le poignoit comme une asnesse.
La jointure trop se haucha
Lors, quant le masle chevaucha.
1095 Le gouverneur fu gouverné
Et le gendre fu alterné.
Elle est agent et il souffroit ;
A hennir sous elle s'offroit.

1066 *AF* qui. — 1068 *A* Dont est il. — 1069 *A* a paroles. — 1074 *DLMI* Si com je suis; *C* je sui ch. — 1078 *manque D* ; *A intervertit* 1077 *et* 78. — *D* (f° 33 r°) *rubr*. Comment lomme est menez a methe de solecime. — 1079 *B* Femme scet trop plus. — 1080 *BT* Qui. — 1081 *AT* Periamenes *et B* Pariamenians *D* Pararmenias. — 1085 *A* Que. — 1086 *dans C à la marge*; *ABT* Adont que (*B omet* que). — 1087 *A* d. maistres. — 1089 *A* Ne ne. — 1090 *AD* barbastome *B* barbaconne *C* babaretosme *F* barbatosme; *F et* b. *AT* barbatimo *B* barbasime *D* barisme. — 1091 *C* Dun ch.; *I* moynesse. — 1093 *AT* Sa j. — 1094 *A* Et de gouuerner sauancha ; *C* la male. — 1097 *A* hastant *B* attant *T* a tant *I* aiouc. — 1098 *A* honnir ; *C* souffroit.

Quid Periarmenias, quid Elenchi, quidve Priora
460 Prosunt adversus illam, quid Posteriora,
Totaque quid logica, trivium quid quadriviumque?
Ut verum fatear, mulieri servit utrumque.
Duxit Aristotelem, metarum quinque magistrum,
Ad soloecismum, cui frenum sive capistrum
465 Instar equi posuit. Nolens dimittere sellam,
Hunc stimulo pungens equitavit sicut asellam.
Deformi per eam junctura mas equitatur,
Et regitur regere debens ; genus alterutratur.
Hec agit, hic patitur, equitis qui jussibus hignit,
470 Qui stimulis etiam variatus frigit et ignit.
Hic se confundit generis preposterus ordo,
Sicut psalterium sociatum cum decacordo.

462 *utrumque*, ms. *utrunque*. — 472 *psalterium*, ms. *spalterium*.

La fu l'ordre preposteré,
1100 Ce dessoubs dessus alteré
Et confondu; car mal s'accorde
Psalterion au decacorde.
Certes, ceste chevaucheüre
Fu incongrue, mal seüre.
1105 En ce fu grammaire traïe
Et logique moult esbaïe.
La ne sçavoit parler nature,
Pour ce que par Venus luxure
Est aux decrepis entredite.
1110 L'eure puist estre la maldite,
Que telement se supposa,
Ne que tel fait penser osa :
Il cuidoit après chevauchier,
Pour soy en amours essauchier.
1115 En ce fu de sens mal garni,
Car par elle fu escharni.
Elle le deçut aussi en ce
Qu'elle n'ot point de conscience.
Au descendre de sus la croupe
1120 S'en ala et lui fist la loupe
Par maniere de moquerie.
Je ne sçai par quel derverie
Osa a l'envaïr entendre
Quant sa verge ne pooit tendre.
1125 Nature dampne le vieillart;
Oultre pouoir par son vieil art
Plus appete qu'il ne puet faire :
Double pechié luy est contraire.

1099 *AT* preposteree. — 1100 *C* De dessus dessoulz; *AT* alteree. — 1102 *L* Sarterion : *A* Satrelion a desacorde *T* a de ta corde *M* a sa decorde *I* hors de sa corde. — 1104 *AB* incongneue (-gnue; *T* a incongrue); *FI* et mal s. — 1105 *B* omet ce. — 1108 *B* venuz *C* venu; *AT* v. et l. — 1110 *A* Luxure (*T* a Leure) *B* Leuure ; *C* peult; *AB* omettent la. — 1111 *T* telle femme s. — 1112 *DFLMI* qua. — 1113 *AT* Il la; *A* voult. — 1117 *A* omet le; *C* omet aussi. — 1118 *L* Car. — 1119 *A* Du d.; *T* de dessus *D* de sur; *BCF* dessus. — 1120 *C* elle l. f. — 1123 *T* en ; *AT* la auoir *C* au lenuer; *A* attendre. — 1124 *C* poit. — 1126 *manque L ; A* On dechoit par le sien vieil art. — 1127 *D* compete *M* conuette.

Est equitatura soloestica dicta, probrosa.
Est barbastoma, quod plane docet hic data glosa ;
475 Est incongruus, est improprius hic equitandi
Ordo, non ordo, qui nostros significandi
Offendit quoscunque modos. Ars gramaticalis
Istud posse stupet fieri; rubet ars logicalis.
Hinc etiam natura loqui miranter abhorret,
480 Et quia decrepitum Veneris lascivia torret.
Ysse supposuit se, post supponere credens,
Que sibi non tenuit pactum post ista recedens.
Qualiter iste senex invadere jura juvente
Presumpsit, miror, virga sibi deficiente.
485 Damnat enim natura senem qui velle coegit
Ultra posse suum, ratioque, sibi quia pegit,
Ordine perverso, mulierem, sic equitatus.
Unde duplex in eo pretenditur esse reatus.

473 *probrosa,* ms. *probosa.*

Des chevaulx la condicion
1130 Avoit, selon m'entencion ;
Si sçavoit force de nature
Et de raison et de droiture.
Pourquoy n'y vindrent eulx le cours?
Pourquoy ne fisrent eulx secours
1135 A leur menistre et a leur maistre?
Je ne sçay comment ce pot estre.
Que diront les logiciens
De leurs sophismes anciens,
Quant leur docteur et leur seigneur
1140 Fu a confusion greigneur
Qu'oncques mais ne fu fol tondu?
Plus ne pot estre confondu.
Las ! que dira philosophie,
Quant figure d'amphibolie
1145 A le grant maistre deceü?
Oncques tel fait ne fu veü :
Femme fu chevalier, et l'omme
Fu le cheval portant la somme,

Embridé soubs barbe chenue.
1150 Par cest abus est advenue
Aux arciens continuele
Confusion perpetuele.
Des maulx loups soient ils mengié,
S'ils ne s'en sont depuis vengié !
1155 Cest livre prueve quelement,
Ou que soye, en quel element,
Je suy menés a ceste methe.
N'est qui remede m'en promette.
Car ma femme est trop mal charmée ;
1160 Tousjours est de tençons armée,
Dont je suy mis en grief tormente.
Je souspir, je pleur, je lamente,
J'ai pire mal que fievre quarte.
Comment noterai ceste carte ?
1165 Je ne la sçai entituler
Fors que de plourer et uler.

Afin que femme puist troubler

1130 *DL* mon e. — 1131 *AT* Si auoit. — 1133, 34 *intervertis dans L.* — 1133 *M seul a* il, *les autres* euls, eulx (*I* ilz). — 1134 *manque* T_t; *A* furent. — 1136 *C* se ; *FI* puet. — 1139 *B* droitture. — 1141 *ABT* Qe oncques ne fu. — 1144 *F* fallace ; *B* demphilosophie. — 1147 *L* ne fu ; *C* a. — 1150 *L* set *MI* ses. — 1151 *ABT* anciens. — 1153 *CDLT* De. — 1156 *L* tel ; *M* helement. — 1157 *A* e n. — 1158 *BC* me p. — 1159 *ABT omettent* mal. — 1160 *A* tenchier. — 1162 *A* s. je muir. — 1164 *T* Et comment ; *DI* mettray ; *I* en ceste quarte. — 1165 *DF* le ; *B* enticuler *C* antiquler. — 1166 *ABT omettent* que ; *A* tousjours p. ; *BTD* et de. — *D* (f° 21 v°) *rubr*. Comment lomme est mene a methe de nugation.

Proh pudor! iste senex fit equorum conditionis
490 Qui vim nature cognoverat et rationis.
Sed quare natura suo ratioque ministro
Non succurrerunt, miror, tantoque magistro.
Nostri verbosi quid dicent inde logiste,
Cum sic conclusus fuerit doctor suus iste?
495 Erubeo fari. Quid dicet philosophia,
Cum sibi doctorem deceperit amphibolia?
    Summus Aristoteles   equus est et femina miles;
Quod patet ex istis :   hec militat, hic equitatur,
Pro quibus artistis   confusio perpetuatur.
500 Qualiter armatis Petre rixis agitatus
Ducor ad hanc metam, probat hic liber inde notatus,

Son mari, elle fait doubler,
Voire repeter d'une pose
1170 Dix fois une meïsme chose.
La chose trois fois recitée
Veult encore estre repetée.
Semblant fait que point ne l'entende.
Et ne cuidiés pas qu'elle tende
1175 Fors a son mari courroucier.
Le bon homme n'ose groucier.
Veuille ou non, faut que la pais quiere
Pour doubte qu'elle ne le fiere.
Elle glose tousjours le pire.
1180 Ainsi ne scet l'omme que dire,
N'il ne scet lequel doie faire,
Car il voit bien qu'il ne puet plaire,
Soit en parlant, soit en taisant ;
Son fait est tousjours desplaisant ;
1185 Et luy dit la male ennemie
Que pour honneur ne le dit mie.
Adonc est moult fort assailli ;
A riote n'a pas failli ;
Contre soi est tendu le las.
1190 Que fera donc le povre, las ?
De quoy se pourra conforter ?
Trop a pesant fais a porter.
Car les tençons des males gloutes,
Des mal paisibles presque toutes
1195 Sermontent fievre continue ;
Leur riote trop continue.

Tous les sens de l'omme se deulent ;
Il ont droit, se plaindre se veulent,
Des femmes et de leur outrage ;
1200 Puis qu'elles sont en mariage
L'omme font troubler et irier
Tant que ses sens font empirier.

1173 *C* riens. — 1174 *C* entende. — 1177 *L* omet faut ; *A* il f. ; *ATI* omettent la. — 1178 *manque A.* — 1179 *L* la piere. — 1180 *A* Pour ce. — 1181 *C* Il ne s. ce quil *B* Neil ne s. que ; *ATI* il d. ; *AI* doit ; 1183 *manque T.* — 1184 *T* Tousiours e. s. f. *A* Car rien ne fait que soit plaisant. — 1187 *D* mort f. — 1193 *CDFLMI* Car les t. des ; *A* Contre t. *BT* Contre les t. ; *AT* de ; *B* omet gloutes. — 1194 *A* Mal p. poures com t. ; *LT* De m. ; *M* males p. — 1195 *I seul* Seurmontent, *tous les mss.* Seurmonte ; *DFLM* et continue. — 1196 *I* maintenue. — *D* (f° 25 r°) *rubr.* Comment tous les sens de lomme troublez se plaingnent de la femme. — 1201 *F* Homme.

Cujus enim vicio,   presertim cum lacrimetur,
Nec titulus minio   nec ordine carta notetur.

Cogit sponsa virum quod idem decies repetatur ;
505 Ut sic turbet eum, per me quam sepe probatur !
Non intelligere fingit se ter repetita ;
Hinc ea vir repetit, velit aut non, pace petita.
Sed que dicuntur in partem deteriorem
Exponit semper, dicens, quod propter honorem
510 Ipsius vir ea non dixit. Rixa paratur
Inde viro statim, taceat vir sive loquatur.
Ergo, quid faciet vir, quando tacendo, loquendo
Sic conturbatur, opprobria tot paciendo,

Entre vss. 503 et 504 rubrique *Quod mulier ducit virum suum ad metam nugationis.*

Premierement, n'est pas merveille,
Noise fait assourdir l'oreille.
1205 Trop nuist son de femme qui tence ;
Car par la sensible excellence
Est le sens d'omme corrompu :
J'en suy tout sourt et tout rompu.
Cest oreloge tousjours sonne,
1210 Tout estourdist et tout estonne.
Perrette a l'oreille me tine,
L'oïe me destruit et mine.
Après si griefment me demaine
Qu'on voit de mes yeulx la fontaine
1215 Ruisseler contreval ma face ;
Force de plour mes yeulx efface ;
En plourant toute se desflue
La substance de ma veüe.
En mes lermes n'a nul sejour ;
1220 Je veille de nuit et de jour.
Par riote me convient faire
Tout ce qui est aux yeulx contraire.
Il n'est riens qui puist travaillier
Les yeulx tant com fait le veillier.
1225 Ma femme contre moi revele,
Mon chief par tençons escervele ;
En mes yeulx apperent les fosses,
Tant ont geté de lermes grosses ;

1204 *A omet* le. — 1207 *C* Et. — 1208 *B* sot. — 1209 *B* Ceste; *C* oreille. —
1210 *L* essourdist. — 1211 *A* mestriue. — 1212 *A* Loreille. — 1215 *B* Ruiller
DL Puisseler *M* Pisseler *I* Pissoller ; *B* la f. — 1216 *B* Pour ce; *A* plours
DLMI plourer. — 1220 *F* vueil ; *L* souuent n. et jour. — 1221 *CDLM* que. —
1225 *A* resueille.— 1226 *A* escerueille *B* asseruelle *C* escheruelle *D* escheruelle
F est cruelle.

Cum cunctas febres   superent rixe muliebres?

515   Omnes sensus de   nupta muliere queruntur :   f° 8 v°.
      Aures, que surde   pro crebris efficiuntur
      Rixis, cum sensibilis excellentia sensum
      Corrumpat. Surdus factus pro litibus, en ! sum.
      Est horologium   quod nulla cessat in hora
520   Dans Petra litigium,   plus quam nola clara, sonora.
      Heu ! propter limas   uxoris litigiorum
      In faciem lacrimas   derivat fons oculorum.
      Fluxit enim tota visus substancia ceci
      In luctus, nisi flere diu quia nil ego feci
525   Lugens ; assidue vigilo de nocte dieque
      In rixis, patiens oculis contraria queque.
      Quid magis esse solet oculis grave quam vigilare
      In rixis? Solet hec etiam caput excerebrare,
      Ex quo visus obit, fosse restant quasi sole,
530   Cum videam mediante parum vel nil ego sole.
      Tota catharrata cerebro pro debilitato,
      Plena corisa, deflet naris, et obtenebrato

514 *superent*, ms. *susperent*. — Entre 514 et 515 rubrique *Qualiter omnes
sensus viri turbati conqueruntur de muliere.* — 517 rubr. à la marge *primo
de auditu.* — 521 id. *de visu.* — 531 id. *de odoratu.*

Dont ma lumiere n'est pas vraye ;
1230 Peu voy, fors quant le soleil raye.
Et en après, pour la feblesce
Du rume qui mon cervel blesce,
Mon nés ne puet rien odourer ;
Roupies lui estuet plourer.
1235 La narine est d'umeurs emplie
Que la corise multiplie,
Et fait aler le materel
Jusques au col ou haterel ;
Car l'umeur y assemble toute
1240 Dont le nés souvent me degoute.
On dit, quant le chief est enferme,
Il n'y puet avoir membre ferme ;
Tous se deulent avec le chief,
Tous participent au meschief,
1245 Dont les enrumés sont peris
Et pluseurs mors par tels perils.
Souvent m'estuet mon nés mouchier ;
Si ne scay la cause touchier
Dont me vient materel ou rume ;
1250 Car doleur tout le sens me hume,
Si n'est merveille se je bloise ;
Trop suy dolent, dont il me poise.
Mon cuer est oppressé par ire,
Certes je n'ai talent de rire.
1255 Le chief me deult, ne suy pas aise,
Desvoié sui par mal d'extaise.
Après j'ai perdu le gouster ;
Au goust ne puis rien adjouster.
La femme par usage muche
1260 Dessoubs mortier ou dessoubs huche
Ce que a son mari doit plaire.
De la viande qui mal flaire
Luy offre quand il veult mangier.
Crueusement s'en scet vengier

1230 *DLM* Pour voir *I* Pour veoir fort ; *A* rayone. — 1232 *DM* rumeu *I* rumeur ; *D* cuer (changé en serueil). — 1233 *F* endurer *I* adorer. — 1234 *A* Rompies *A* conuient *D* estoit. — 1235 *B* nature ; *C* du meur *D* du meurs. — 1236 *B* Qui laccroisse ; *ABFM* Qui *CDL* Que ; *AD* montepliе, les autres multiplie. — 1238 *BDL* ou au h. *A* ou en h. *CFMI* Jusques au c. ou h. — 1239 *A* resemble. — 1243 *C* Toutes. — 1245 *A* rumez ; *C* humeurs ; *A* si y sont pris ; *DL* perilz. — 1246 *M* tielx peris. — 1247 *A* Comment me faut ; *C* mentent. — 1249 *B* en r. *F* et r. — 1250 *B* mon s. — 1251 *C* Se. — 1253 *A* Maint est bien. — *L* réunit 1251 et 55 en un seul vers : Certes je nay talent ne suis pas ayse. — 1256 *AC* mal extaise *BDFL* mal dextaise *M* ma de exaise *I* tel mesaise. — 1261 *ABL* qui. — 1262 *L* De deviande ; *M* quil. — 1264 *A* veult.

Fluxibus humorum nervo, nil sentit odoris
Obstructus nasus, qui cunctis stillat in horis.
535 Cuncta solent capite male sano membra dolere,
Unde catharrati sic quam plures periere.
Que sit origo meo nisi jam pretacta catharro,
Nescio quippe, quia quasi devius omnia narro.
Cor gravis ira premit, caput estuat ; ecce, dolor me
540 Et caput invadit, venit extasis avia forme.
Si quid sponsa viri gustabile senciat ori,
Abscondit, dando semper de deteriori,
Unde viri gustus desuetus totus acescit,
Ipsis quas odit epulis uti quia nescit.

511 rubr. à la marge *de gustu* (ce dernier mot à l'encre noire).

1265 Qui repont la viande bonne
　　　Et de la mauvaise luy donne,
　　　De celle qu'on doit refuser ;
　　　Si ne scet de son goust user.
　　　S'il veult pois, elle fait porée
1270 De raves ou de cicorée ;
　　　S'il veult poisson, char luy apreste,
　　　Tousjours est de luy grever preste ;
　　　S'il veult vin, il avra cervoise ;
　　　Ainsi m'est il, ou que je voise,
1275 Ainsi Perrette me tourmente.
　　　Se la viande estoit sanglente,
　　　Il faut que la manjue ou boive
　　　Et que maugré mien la reçoive.
　　　Je n'en puis mais se je la doubte ;
1280 Elle met sa pensée toute
　　　A moi troubler et empeschier.
　　　Rien ne m'i vault le preeschier.
　　　Se je vueil blanc pain ou gastel,
　　　Elle retourne le cas tel
1285 Que j'ay gruau plain de levain,
　　　Afin que plus me semble vain.
　　　De la langue mal afrenée,
　　　Mal disant et desordenée
　　　Vueil icy congnoistre ou nyer ;
1290 Dieu la vueille excommenier !
　　　Je di la langue Perrenelle ;
　　　Elle est de trop parler isnelle
　　　Et en parlant a double ment,
　　　Pourquoy je peris doublement.
1295 Ma langue n'ose babouillier,
　　　Tant crient celle de ma mouillier,
　　　Quant est presente ; elle m'atourne
　　　Tel que ma parole retourne
　　　Et est par sa jangle quassée ;
1300 Je ne sçai de chose passée

1267 *A* ceste. — 1269 *CI* Si. — 1270 *F* Des ; *AF* rabes. — 1272 *DFLM* Tant par est felonnesse beste *I* Tant est elle maulvaise beste ; *A* le. — 1277 *L* vault. — 1278 *AB* m. moy. — 1280 *Dans C à la marge* ; *C* mest. — 1282 *manque C* ; *A* Ne riens ; *F* ny v. *L* ne me v. — 1283 *AF* pain blanc. — 1285 *F* gruyan plus ; *L* g. pain. — 1286 *manque C*. — 1287 *A* qui mal fermee ; *C* afframee *L* enfrenee. 1288 *A* Mesdisant ; *B* mal ordonne. — 1290 *C* le vueil. — 1294 *manque L* ; *A* Par quoy, *les autres* Pour q. — 1295 *B* babouler *F* babeuller. — 1296-1356 *manquent M, ont été insérés vs.* 1476. — 1296 *B* marmoller.

545　Quod probo quottidie, quia, si sibi pisa petantur,
　　　Preparat uxor olus ; si pisces, inde parantur
　　　Carnes exuste ; si vinum, prava polenta,
　　　Que manduco, bibo, licet essent ista cruenta,
　　　Cum nil tam metuam quam Petre verba manusque.
550 Heu ! [que] quomodo me perturbet, cogitat usque.
　　　　Si libum libare velit vir, femina panem
　　　Furfureum sibi dat, ut eum dimittat inanem.
　　　　Quid dices lingua ? Deus excommunicet illam
　　　Per quam dupliciter pereo ! dico Petronillam.
555 Lingua loquens titubat Petra presente, timescit
　　　Quippe loqui, quoniam quid agat perterrita nescit.
　　　Quitquid ago vel dico Petre, mox verba retorquet
　　　In caput ipsa meum, me pungit me quoque torquet,
　　　Diminuit nomen et diffamat mea verba.

f° 9 r°.

550 *que* n'est pas dans le texte primitif ; mais l'annotateur l'a ajouté au-dessus de *quomodo*. — 553 rubr. à la marge *de lingua*.

Ne du temps present rien retraire
Qu'elle ne die le contraire.
Mon nom diminue et diffame,
Et toutes mes paroles blasme.
1305 Je suis honteus, ce n'est pas truffe,
Car souvent me sert de la buffe.

Jadis, ou temps que je pouoie,
Es courtils puissamment fouoie
Deux fois ou trois sans demourer;
1310 Bien y sçavoie labourer
Et touchier a la molle cuisse.
Mais com orendroit plus ne puisse
Touchier ou labourer Perrette
Que peu ou nient, car ma pharetre
1315 Est vuide et mon arc ne puet tendre,

Dont je n'ai de quoi moi deffendre,
Si m'estuet faillir a ma proye.
Perrette forment me guerroye
Et touche et fiert et esgratine
1320 De ses ongles par aatine.
Souffrir m'estuet ses esdarnies,
Car mes bourses sont mal garnies.
Ha! que je doy bien denouer!
Souvent me souloie jouer
1325 Par grant soulas amonesté;
Or ay je passé mon esté,
En yver suy, qui me deveure;
Nulle puissance ne demeure.
Qu'en diroye? Bien voy sans doute
1330 Que j'ay perdu ma vertu toute.
Bien voy qu'impotence me nuyt;

1302 *F* dit; *C* au c. — 1304 *D* tout. — 1306 *A* Aux. — 1307 *L* poulaye. — 1308 *C* fouage *L* feuoye. — 1313 *CDLMI* ne. — 1314 *A* sajette *B* planete. — 1315 *A* puist. — 1316 *A* quoy pour; *BL* me. — 1317 *F* Dont; *B* mestoit *C* me tuet *AI* me fault. — 1318 *A* Forment p. — 1320 *B* ataine. — 1321 *B* Souuent; *C* me tuet *A* me fault; *A* ces estourmiez *B* couardies; *L* estarnies. — 1322 rubr. *D* (f° 27 v°) Comment maistre mahieu pour son impotence veult ceder aux biens. — 1323 *A* je me; *A* desner; *les autres* denouer (*ou* deuouer) *I* desuoer. — 1328 *F* me. — 1329 *A* je voy.

560 Inde tacens rubeo, ruit in me palma superba.
    Mollia qui femora   tangebam janque placenter
Sepe ter absque mora   virgulta colendo potenter
Proxima, vim tactus amisi, tangere Petram
Cum semel in mense nequeam, sed, quippe, pharetram
565 Cum vacuam prorsus habeam, tendi meus arcus
Non possitque, sue prede valitudine parcus.
Sed quamvis Petram non possim tangere, tangit
Me tamen unguibus ipsa suis, me cum quibus angit
Ut tangam, quamvis tangendi nulla facultas
570 Sit michi, cum bursas ego non habeam bene fultas.

    Ha! quociens, quociens   lusi! Mea preterit estas,
Cui succedit hiems,   est nulla morosa potestas.
Et cur plura feram?   Ver brume jam quia cessit,
Non sum quod fueram,   virtus mea tota recessit,

561 Rubr. à la marge *de tactu*. — Entre 570 et 571 rubr. dans le texte *Qualiter matheolulus propter suam impotentiam vult cedere bonis*.

Huit fois ou neuf en une nuyt
Souloie jadis soulacier
Et acoler et embracier.
1335 Orendroit plus ne me soulace.
Je suy assés plus frois que glace.
Ma femme veult, et je ne puis,
Ses drois requiert souvent depuis,
Que je luy refus a payer ;
1340 Je fais le sourt pour delayer;
Elle tence en pleine audience,
Et je vueil par impacience
Tout laissier; elle le refuse ;
Et se je de demis tons use,
1345 Perrette double et fait grant noise;
Lors est envers moi mal cortoise;

Point ne se cesse ne repose,
Tous ses drois allegue et propose ;
Mon impotence est anoncie,
1350 Et dit, se la bourse froncie
Ne puet payer le droit pour elle,
Que j'avrai paine corporelle.
A ses ongles me vient pillier,
De mes cheveus plus d'un millier
1355 Par fureur deront et esrache,
Le sang fait issir de ma face.
Tel fait chascun jour renouvelle
Celle maudite Perrenelle.
Rien envers elle, c'est tout cler,
1360 N'y vault espée ne boucler ;
Je suy vaincus ou je pers place ;

1334 *F* emb. et ac.; *C* acculer. — 1337 *DFLMI omettent* veult; *DI* pris *L* nel pris. — 1338 *A* Des dr. requiers *BF* Souuent r. ses d. *CDLMI* Ses dr. req. souuent; *DLMI* de pris. — 1340 *A* suis. — 1341 *A* Et icelle. — 1342 *A* se. — 1344 *A* Et se d. d. t. lui u.; *B* demi tour *F* demie tons *C* desny tous *L* demy tous. — 1346 *D* nul. — 1347 *AI* c. ne ne r. — 1348 *B* son droit. — 1349 *C* auancier. — 1350 *A* fourcie. — 1353 *A* veult *L* viennent. — 1355 *BDI* arrache *C* enrache *AF* esrache *L* arrace. — 1356 *mss.* face. — 1360 *A* bougler. — 1361 *B* vameux.

575 Olim qui novies   uxoris claustra colebam,
    Factus sum glacies   qui fervidus esse solebam.
    Vult uxor, sed ego   nequeo; petit hec sua jura;
    Non solvendo nego   factus; magis aspide dura
    Litigat ipsa; bonis   volo cedere; respuit illa;
580 Utor semitonis;   vocem decuplat Petronilla.
    Mox tacet odardus,   faciei quando minose
    Intuor aspectus.   Allegat enim Petra pro se
    Jus, quod si nequeat inopis rugosa crumena   f° 9 v°.
    Solvere, pro noxa statuatur corpore pena.
585 Tunc ungues acuit,   ut eis me devoret; illi
    Gratia nulla pluit;   pereunt michi mille capilli.
    Post hec cum facie   discedo sanguine picta.
    Hec quasi quottidie   renovat conjunx maledicta.
    Nil adversus eam   michi prosunt ensis et umbo;
590 Semper succumbo   vel ei dimitto plateam.

Entre 590 et 591 rubr. dans le texte *Hic loquitur de Guidone serviente suo qualiter se gerit dum litigatur.*

Souvent appert sur moy la trace.

Mon varlet lors convient qu'il aille
De loing regarder la bataille ;
1365 Mais n'ose vers nous accourir,
N'il ne m'oseroit secourir ;
Trop craint celle qui se rebarbe,
Que ne le preigne par la barbe,
Si com je suy souvent tenus ;
1370 Arrier s'en fuit les saulx menus ;
Bien voit le lieu n'est pas seür,
Dehors m'atent a mal eür.
Adont y seurvient la nourrice
Et crie hault com folle et nice :
1375 « Dame, vecy, se Dieu me sault,
« Le garçon qui a fait lo sault ;
« En la ville s'en va esbattre,
« Tout par moy me laisse debattre.

« Rien ne fait il. Soit par la gueule
1380 « Pendu, car il laisse à moi seule
« De la maison toute la cure
« Et de l'enfant la nourreture
« Et d'autre part, se m' aït Dieux!
« Les nourrices es autres lieux
1385 « Ne sont pas ainsi onerées.
« Chier tenues et onorées
« Sont partout ; il n'y a nourrice
« A qui l'en ne face service,
« Et les maisnies qui les servent
1390 « La grace des dames desservent. »
Bien scet la nourrice opposer,
Que doit dormir et reposer,
Boire et mangier a voulenté,
Afin qu'elle ait du lait plenté ;
1395 Dit que l'en donne de randon
Ailleurs a chascune grant don.

1362 — D (f° 28 v°) rubr. Comment le varlet nose aidier a son maistre. — 1363 F omet lors. — 1364 A esgarder. — 1365 L noises ; A moy. — 1366 A Ne il ne mose C Ne il noseroit. — 1369 B jy ; B venuz. — 1370 A omet sen ; B refait. — 1372 A en. — 1373 DLM il. — 1374 F omet hault ; A omet et. — 1376 B Son g. L garront ; A ung s. — 1377 F sentra. — 1379 F ny ; M Riens prendu il (pendu *est une correction*). — 1380 M Car il laisse ; FL aist B est C oust. — 1382 C toute la. — 1383 CF si. — 1384 DF en. — 1387 A aournees B ordonnees. — 1389 C manies L maichines. — 1390 L en d. — 1391 A poser. — 1392 AI Quel. — 1394 A quait ; ADLI lait a p. M du l. a p. — 1395 A quelle en d. ; B a r. F a grant don I a grant r. (ACDLM de r.).

Prelia Guido, cliens meus, a longe speculatur,
Qui michi non audet succurrerre, ne teneatur
Per sua, sicut ego, gernobada. Sed quasi mutus
Dimittendo domum, cum non sit ibi bene tutus,
595 Me foris expectat. Tunc nutrix clamat in altum :
« Ecce suus, domina mea, fecit garcio saltum
« In villam. Nichil ipse domo facit ; est michi soli
« Sarcina tota domus vestre quam nutrio proli.
« Quid pejus ? Nutrix alibi non sic oneratur,
600 « Immo, tota domus illi favet et famulatur.
« Est jus nutricis quod dormiat atque quiescat
« Semper edatque bibat, ut in ubere lac sibi crescat.
« Datur enim reliquis nutricibus optima dona ;

593 *gernobada*, ms. *gernoboda*. — 598 *tota*, ms. *toto*. — 599 *alibi*, ms. *abbi*. — 601 *quiescat*, ms. *quiescit*.

Puis dit : « J'ay cest seigneur servi ;
« Puis l'eure que m'i asservi
« Autant de mon profit i fay je
1400 « Comme d'enhanner le rivage.
« Je suis a lui mal assenée ;
« Bien voy que suis infortunée ;
« Les autres sont plus eüreuses
« Et ne sont pas tant curieuses.
1405 « Grant paine est ceans amassée ;
« Combien que je soie lassée
« De ce que toute jour traveille,
« Si convient il que par nuit veille. »
Lors la nourrice mal estable
1410 S'en va droit a l'uis de l'estable ;
En tençant mon cheval deslie
Et, qui pis est, par sa folie,
Le bat et le met en exil
Hors, a la pluye et au gresil.

1415 Cest despit me fait la lumande
Si com sa dame luy commande.
Et s'il advient par aventure
Qu'il demeurt soubs la couverture,
Après les tençons vraiement
1420 Sera establés povrement.

Quant Perrette me vuelt tencier
Et ma nourrice ot commencier,
En son aïde s'abandonne
Et le droit a sa dame donne.
1425 Se Perrette dit en huant
Que je soie chievre puant,
Lors ma nourrice li tesmoigne
Et s'entremet de la besongne.
Dont bien sçay que point ne m'aime elle ;
1430 Et s'il n'a lait en sa mamelle,
Lors l'estraint, semblant fait du traire,

1397 A Si d. jay seigneur s. — 1398 A je masserui F je my a. — 1399 ABCM fais je DL fayje F fage. — 1400 A Comment de humer ; BC de hanner DI dahanner L de herrer M de henner F denhenner. — 1401 L assenree I assuree — 1404 B Qui. — 1405 F Quar. — 1406 M souloye (corrigé en soye). — 1405 AB la nuit. — 1410 A sen va tout d. en mon c. — 1411 L son. — 1415 A lalemande I truande. — 1116 AI le B la. — 1417 manque F. — 1418 F Sil demeure ADI demoure ; AI omettent la. — D (fº 29 vº) rubr. Comment il parle de sa nourrice. — 1422 AB au c, les autres ot on oit. — 1427 A La nourrice tost ; ACM le BD luy F ly. — 1429 A omet que. — 1430 AI si. — 1431 F destraint ; B omet fait A fait s. de.

« Huic domino famulans sum littoris ipsa colona.
605 « Infortunata sum, felix altera queque,
« Heu! quamvis fessa vigilem de nocte dieque. »
Post venit ad stabulum nutrix vesana meumque
Solvit equum; post hec oculum ferit inter utrumque
Exponens illum pluviis cum grandine, ventis,
610 Mandato domine scelus istud precipientis.
Et si forte suo stabulo quandoque moretur
Post rixas, non est dubium male quin stabuletur.
Cum Petra rixatur, nutrix mea semper in ejus
Auxilium ponit se, litis dans domine jus;
615 Unde, capram si me Petra forsan diceret, illa
Testificaretur; cujus sine lacte mamilla,
Fingitur illa; sibi quid dicam? mox puerumque

613 rubr. à la marge : *Qualiter nutrix sua se habet.*

Puis fait l'enfant crier et braire,
Secretement luy fait moleste.
Tout ce fait la maulvaise beste
1435 Pour moy courrecier et grever.
On ne la puet du lit lever,
L'orde nourrice pareceuse,
Nice, jangleuse, rioteuse;
Envis la voit on oncques rire,
1440 Mais bien scet tencier et maldire.
Quant on li dit qu'elle se lieve,
L'eure d'appeler n'est pas brieve;
Envis se lieve la chetive,
En murmurant tence et estrive
1445 Et suppose qu'appeler oie ;
En veillant feint que rouffler doie ;
Si advient que le cul li soufle
Aucune fois quant elle roufle.

Et quant par crier est constrainte,
1450 Lentement par parole fainte
Respont :« Et que voulés vous, sire ? »
— « Lieve sus ! vieng, si l'orras dire. »
— « Il est nuit, encor dormirai ;
« Quant sera jour, a vous irai ».
1455 — « Jours est, je le voi certement,
« Or lieve sus apertement!
— « An Dieux! si fais je tout en l'eure,
« Je vois ».—« Lieve sus sans demeure!»
— « Ha ! je quier ma cote crotée.
1460 « Quel diable la m'a ostée ? »
— « Or sus, haste-toi ! »—« Je suy preste.»
Puis ça, puis la tourne sa teste,
Puis prent ses membres a grater
Ou les estent pour dilater,
1465 « Je vois, je vois », ce dit souvent,

1436 F greuer. — 1437 à 40 manquent A. — 1438 manque L. — 1439 F Enuix.
— 1446 B vaint; BC souffler. — 1447 DLM omettent li. — 1451 A Respondi;
A omet vous.— 1455 AB bien le v. vraiement DFLM certainement C certament
I plainement. — 1457 A Ha dieu C A dieux F En dieux BDLM An dieux I
En dieu ; D si feray je toute a ; A ens en leure. — 1459 AB Car je ; A trouee.
— 1460 B Qui d. — 1462 M Puis ce elle atourne ; AI la t. — 1465 M omet dit.

Clam premit, ut ploret; facit ut me turbet utrumque;
Signis linguipotens vix ullo tempore plaudit.
620 Nutrix somnifera, si mane vocetur, obaudit;
Quando citatur adhuc iterata voce sonora,
Nare vigil stertit; tandem clamore coacta
Cum lenta lingua movet os : « Ecquid michi vultis ? »
Inquit. — « Surge! veni ! » — « Nox est, cessate, quiescam. »
625 — « Immo, dies est, surge! » — « Deus meus ! en, ego surgo,
« Ite, sequar. » Nec me sequitur quem negligit. — « Et tu,
« Non venies? » — « Dudum venissem, sed michi vestes
« Quero, nec invenio; quis demon sustulit illas? »
— « Surge, cito!»–«Domine, sum presto.»Nec est tamen; immo
630 Vel caput huc illuc vertit vel brachia, scalpit
Membra, vel in longum distendit. Sic sibi quasdam
Undelibet morulas querit; semper venit ore,
Non pede; sic veniens nonquam venit illa vocata,
Ut dicam totum,   trahit a testudine motum.

623 Ecquid, ms. Et quid. — 631 distendit, ms. discendit.— 632 Undelibet,
ms. Undelibus.

LIVRE PREMIER.   45

  Mais du venir ne tient couvent ;
  De peresce lit la leçon,
  Tardive come un limeçon.
  Perrette a hault crier s'eslaisse :
1470 « Qu'est ce que dormir ne nous laisse ?
  « Nous ne pourrons, huymais durer,
  « Nous avons assés a curer.
  « Pour cest her, certes, je voulroye
  « Qu'il fust ou je souhaideroye ;
1475 « De nous seroit assés arriere. »
  Et puis dit a sa chamberiere :
  « Non fay ! point ne te leveras,
  « En son despit rien n'en feras,
  « N'obeï pas a sa demande,
1480 « N'en fay rien puis qu'il le commande.
  « Par le crucefix, est ce fable?
  « Son varlet gist dedens l'estable.
  « S'il veult, si le voist appeler. »

  Quant j'oi Perrete fresteler,
1485 Je me tais, si fault faire pose.
  Les tenceries sont sans glose.
  De moi laidir est courageuse
  Et de trop parler outrageuse.
  Quant fureur en son cours procede,
1490 Par force convient qu'on lui cede.
  Se je di mot, elle me touche
  De la paume pres de la bouche ;
  Quant contre moy la voy mouvoir,
  Vuidier m'estuet par estovoir.
1495 Je sen trop mal parti mon jeu.
  Par de la les mons de Mongeu
  Ou assés plus loing voulroye estre.
  Ou de la paradis terrestre.

  Las ! pourquoi fu je nés de mere,
1500 Tant oppressés en grief misere?

1466 *L* tien. — 1467 *A* perrete ; *LM* omettent lit. — 1468 *L* liure ton. — 1469 *B* en h. ; *F* se eslese. — 1470 *A* Qui est ; *C seul* que, *les autres* qui, *plusieurs mss.* vous. — 1471 *D* Nous nous ; *M* humais. — 1473. *AB* ce ; *A* voir (*I* Cest bien voir) *BM* her *CDF* ver *L* celer clez ; *B* omet je. — 1474 *C* desireroye. — 1476 *M insère ici vss.* 1296 à 1356 *et ajoute quatre vers* (f° 25 r°) Puis dit a sa chambariere Est il bien triste en maniere Qui tous jours nous veult commander Et ne fait point men vouler. — 1477 *M seul* Non, *les autres* Mal ; *AB* fais *C* fait *DFM* fay. — 1481 *A* cest sans f. — 1182 *M* en. — 1483 *BM* voit *I* voise. — 1484 *C* Quant voy. — 1485 *C* trais ; *A* il f. ; *B* poses. — 1486 *C* tenceresses ; *B* gloses. — 1487 *A* laidier. — 1489 *ALI* corps. — 1490 *A* Pour ; *C* com ; *D* li. — 1493 *A* mouuer. — 1491 *A* me fault p. estriuer. — 1495 *FL* sen *B* sens, *les autres* sent ; *A* partir. — 1498 — *D* (f° 31 r°) *rubr.* Il se complaint comme deuant. — — 1500 *B* ou ; *ACM* grant.

635 Clamat Petra : « Quid est ? requiescere nos herus iste
  « Nonne sinet ? furit, ut puto ; siste ! pedisseca, siste !
  « Nonne suus jacet in stabulo famulus ? vocet ipsum !
  « Ex quo precepit, non surges, per crucifixum ! »
  Tum lateo metuens rixas, cum sit sine glosa
640 Petre sermo suaque minax manus excitiosa.
  Cum manibus binis contra me quando movet se,
  Montibus alpinis vellem vel longius esse.

  Heu ! Cur egressus ex vulva matris ego sum,

636, 637 *Nonne, ms. Nunne*. — Après 642 *rubr. dans le texte : Hic lamentatur ut prius finiendo primam partem sui libri.*

Las! pourquoi ou tenebreus centre
Ne fuy peris dedens le ventre?
Las! pourquoi vif chauf et pelé
Par les ongles qui m'ont pelé?
1505 Il m'estuet languir en griefs paines;
Toutes mes prieres sont vaines;
D'autre part vuide est ma promesse,
Mes dons sont vains, ma vertu cesse,
De pls avoir suy desliés.
1510 Mes cinq sens sont mortifiiés;
Mes yeuls ne peuent regarder,
Car grant langueur les fait tarder.
Tant me grieve veoir a l'ueil
Come chauve souris au soleil.
1515 Je ne puis a goust savourer
Ne je ne puis rien odourer,
Si ne sçay taster de mes mains
Tant com je souloie, mais mains,
Et de mes oreilles n'oy goute;
1520 Ainsi se meurt ma vertu toute;
Nature est en moi affoiblie,
Toutes ces choses y oublie.

1501 *M* en t. — 1502 *A* periz *BCL* perilz *DFI* perils. — 1503 *F* vifs; *L* chault. — 1504 *C* moult. — 1505 *A* me fault; *I* me fait; *F* griefues. — 1507 *B omet* est; *A* est vuyde p. — 1509 *manque C*. — 1510 *manque D*. — 1513 *M* Tout; *C* voire. — 1514 *A* Com chat la souris; *B* raue soris *C* cane souris *I* charestons; *M* soril *B* au sueil. — 1516 *F omet* ne. — 1517 *A* puis. — 1518 *M omet* com; *C* mes m. — 1519 *B* gouste. — 1520 *manque C*. — 1522 *ACL* ses. — *Dans ABCFM rien ne marque la fin du premier livre*; *D* (f° 31 r°) Cy fine la premiere partie des lamentations maistre Mahieu.

   Tantis oppressus erumnis? O, tenebrosum
645 Scilicet excitiis tempus! Cur matris in alvo,
   Ve michi! non perii? Cur vivo? Ve michi calvo
   Unguibus illius erga quam sunt michi vane,
   Queque preces, vacua promissio, munus inane!
   Quinque jacent sensus in me jam mortificati :
650 Cernere non possunt oculi languore gravati,
f° 10 v°. Nec valet escarum guttur sentire laborem,
   Non sentit tractanda manus, nec naris odorem;
   Surdescunt aures et deficit usus earum
   Ac oblita jacet rerum natura suarum.

LIVRE DEUXIÈME

Je qui jadis souloye faire
Les beaus ditiés et a chief traire
Dedens l'estude flourissant
En ma leesce nourrissant,
5 Ay dur temps, non pas par vieillesce,
Mais par riote, qui me blesce ;
Devenir me fait decrepit
Sans avoir trieves ne respit.
En dormant je songe batailles,
10 Pis en la fin qu'aux commençailles ;
Je me sens tousjours bataillant
Et en dormant et en veillant.
N'est pas merveille s'il m'ennuie
De languir en si dure vie,
15 Vie, mais trop pis que la mort ;
La mort cesse quant elle amort,
Mais cest tourment tout temps me dure,
Et si convient que je l'endure.
Par moy, qui muir a grief martire,
20 Doit on a tous les autres dire
Que euls de marier se gardent
Et qu'a cest exemple regardent
Pour eschever femme et son art.
Quant la prouchaine maison art
25 Ou l'en i voit le feu boubter,
On doit de la sienne douter.

S'il est aucun si papelart

C rubr. à la marge liber II ; *D* (f° 32 r°) *rubr.* Cy commence le second liure de maistre mahieu ; *I* (f° 12 r°) liber secundus. — 2 *AB* motes. — 5 *A* Ouy dur n. p. — 6 *A* Mais r. qui trop me b. — 10 *B* Puis ; *ABCD* quau *F* quaus *M* quan. — 11 *ABC* Je me sens *DFM* Jay mon s. — 13 *BCD* sil ; *AF* se. — 15 *F* mais t. — 17 *DM* tous ; *A* durent. — 19 *C* Je voy que muir ; *AF* en ; *AB* grant. — 23 *A* eschiner. — 26 — *D* (f° 32 v°) *rubr.* Comment les femmes sont rioteuses.

655 Carmina qui studio   quondam florente peregi,
   Tempus, non senio,   sed litis turbine, legi,
   Factus decrepitus ;   dum dormio somnio, bella,
   Que michi sunt penitus   post hec ut ante novella.
   Sic in bello sum   dum dormio dum vigiloque ;
660 Nil tam damnosum   quam vivere sic in utroque
   (Immo mori potius ;   mors est sic vivere) ; scripsi
   Quod damnabilius   nichil est ; vivo sub eclipsi.
   Conjugiis ergo nemo se, cum moriar, det.
   Nam sua res agitur, paries dum proximus ardet.

665   Si quis in hoc artem   populo nescit mulierum,
   Carminis hanc partem   legat istud dogmaque verum.

Entre 654 et 655 *rubr.* dans le texte : *Incipit secunda pars lamentationum Matheoluli.* — Après 664 *rubr.* dans le texte : *Hic probat quod mulieres sunt rixose.* — 665 mulierum, ms. mulierem. — 666 verum, ms. virum.

Qui de femmes ne sache l'art,
Ci endroit en cest ditié lise
30 Et les bons mos pour soy eslise.
Il trouvera enseignement,
Mais qu'il en use sagement.
Tu qui liras dedens cest livre,
Fay que des femmes te delivre.
35 Se tu vois leurs opinions,
Leurs meurs et leurs condicions,
(Que dirai se j'en ay licence),
Bien croy que par juste sentence
Devers ma partie seras
40 Et par droit les condamneras.
La femme est tousjours rioteuse,
Jangleuse, dure, despiteuse;
La pais est par elle bannie,
A rebours dit la letanie,
45 La parole Dieu et la messe.

Souvent maudit en sa promesse.
Ma femme les tenebres chante,
« Ve » et lamentacios hante;
Elle maudit a chascune heure,
50 Ou elle tence ou elle pleure.
Chascune femme dit et note
A son mari ceste riote;
A toutes heures chante et sonne,
Trop par est perverse personne;
55 Aux respons seult crier et braire
Pour les tenebres contrefaire;
Par « ve! » se commence l'anteine;
C'est aux maris doleur et peine.
Toutes heures ainsi commence;
60 Que elle pleure ou elle tence,
Le mari l'oit, vueille ou non vueille,
Si n'est si hardi qu'il s'en deuille :
Pour un mot ravroit un millier;

28 *DLM* des. — 29 *B* lire. — 30 *B* eslire. — 31 *M* Fays. — 38 *A* pour ; *C* omet par ; *M* balance. — 40 *M* le. — 41. *A* de t. jangleuse. — 42 *A* Dure despite et rioteuse. — 44 *manque C*. — 48 *A* Ve est *B* Bee et *F* Et et *I* Et l. je h. — 50 *B* omet Ou. — 51 *C* omet femme; *C* et anote. — 52 *A* yceste note. — 54 *D* omet par. — 55 *A* sceit; *DL* cest *I* fault; *DL* le c. — 57 *F* ce c. *A* lanthienne. — 60 *BCDLM* Ou; *AFI* Que. — 61 à 67 *manquent DL* (*se trouvent dans M*). — 61 *F* omet loit; *B* et non. — 62 *M* omet si; *ACI* quil; *BFM* qui.

Lector, si videas   mulierum conditiones,
Condemnabis eas;   dicam, si fas michi dones.
Quod sit rixosa,   proprium vere mulieri
670 Est, et linguosa,   si fas est ista fateri.
Letania, Dei verbum versa vice, missa
Et tenebre michi quottidie cantantur ab yssa.
Hec maledicatur,   quoniam sub qualibet hora
Flet vel rixatur,   nonquam retrahens sua lora.
675 Quottidie sponso   canit horas femina quasque,
Primo responso   frendens, cantat tenebrasque.
Incipit antiphona   sic : « Ve! ve! veque maritis! »
Vel sunt luctisona   vel sunt sua cantica litis.
Audit vir, velit aut non. Si respondeat ille,
680 Excitat hec linguam, sol, la ponens ibi mille.
Ecce, domum tandem   dimittit vir per eandem,

669 *mulieri*, ms. *muliere*.

LIVRE DEUXIÈME.

Il faut qu'il vuide le quillier
65 Et convient que sa maison ysse ;
Tant li fait la desloyal ysse
Qu'il estuet que l'omme s'en fuye.
Il est vray que fumée et pluye
Et femme tençant sans raison
70 Chacent l'omme de sa maison.
Quant la femme tence et debat,
Souvent commence le debat.
L'eaue pourrist et la fumiere
Empire des yeulx la lumiere
75 Et les fait par force plourer ;
Ainsi n'y puet plus demourer.
Afin que la riote meuve,
La femme faint que elle treuve
Son mari pris en avoutire ;
80 Encontre luy content ou tire,
Ou fiert l'enfant, afin qu'il braye,

Et n'a talent que le rapaye ;
Tant par est felonesse vivre.
Neant plus que se pourroit vivre
85 Le poisson sans eaue habiter,
Ne puet femme sans labiter
Et sens tencier aulcunement.
Dont je te di certainement,
Enten bien ce que tu lis, que
90 Elle ressemble au basilique
C'est un serpent dont Dieu te gart ;
Les gens occist de son regart.
Retien bien pour toute doctrine :
Le fuïr en est medecine.
95 Trop plus asseür est li hom
Avecques serpent ou lion
Qu'avecques femme qui estrive ;
Je le preuve par raison vive :
Tu pues toutes bestes sauvages

65 *A* de lostel ysse.— 66 *BDM* sa ; *ABDM* lisse *CF* ysse.— 67 *A* conuient.— 68 *D* femme ay pluye *M* femme (*changé plus tard en* fumee). — 69 *D* femmes tenans ; *C* par. — 70 *D* Enchassent *M* Chassant. — 71 *F* Quar. — 74 *A* Empesche ; *M* les y. et la l. — 76. *A* ne. — 79 *D* la uenture. — 80 *C* et t. — 82 *A* quel *B* quelle. — 83 *A* viure *B* wuiure *C* wiure *D* ou yure ; *F* wyure. — 84 *D* Ne en ; *A* ne se. — 88 *DLM omettent* te ; *L* jadis *M* dije. — 89 *CDFM* en ce : *D* tu latique — 91 *B* Se un. — 93 *CF omettent* bien. — 94 *D* en ceste. — 96 *C* lylion.

Quippe virum pluvia,   coujunx et fumus ab ede
Expellunt propria ;   quia sunt Salomonica, crede.
Uxor rixatur,   aqua sordet, lumina ledit
685 Fumus. Turbatur   ita vir, quod ab ede recedit.
Ut moveat litem,   nuper cum pelice captum
Sponsum fingit ; item   pueros ferit ; est nichil aptum
Ipsi. Preter aquam   nequit usquam vivere piscis ;
Sic ea nequaquam   preter rixas. Bene discis,
690 Dummodo detineas   hec, lector, que tibi dico.
Hortor eam caveas,   cum sit similis basilico ;
Junge serpentem   potius tibi sive leonem
Quam contendentem   sponsam. Probo per rationem,
Ecce : domare feram   quamcunque tua potes arte,
695 Sed non pestiferam   sponsam, licet omnia marte
Viceris ipse tuo. Scripturaque testificatur

f° 11 r°.

691 *Hortor*, ms. *Ortor*. — 692 Ms. *Junge* ; à lire peut-être *Junges ?*

100 Donter par lyens ou par cages,
Par art ou par subtilité
Et mener a humilité.
Ce ne pues faire de t'espeuse,
Car son viés ploy a pris la heuse.
105 Se tu pouoies un empire
Par ta bataille desconfire,
Ne pourroies tu femme vaintre ;
Ce vois es histoires du paintre,
Et l'Escriture le tesmoingne ;
110 Il n'est hom qui ne la ressoingne.
Se le voir en es cognoissant,
Il n'est homme, tant soit poissant,
Qui ne soit en la fin vaincu
Par la femme et par son escu.
115 Very exemple que j'en nomme.
A Monstereul ot un jeune homme ;
Appert, hardis et merveilleus,
Fumeus estoit et batailleus ;
Ja brigue n'y fust eschapée ;

120 Tousjours avoit main a l'espée ;
Il ne doubtoit estoc ne taille,
Et ne queroit que la bataille ;
Tant fut de perverse nature
Que de paix trouver n'avoit cure.
125 Albar, il estoit si fais hom
Qu'il n'avoit ne frain ne raison.
Tant ala et tant charia
Qu'en la parfin se maria
Comme fols et oultrecuidiés,
130 Chetifs et de tout sens vuidiés.
En mariage se voua
Et de l'estroit neu se noua.
Quant il fu du lyen lié,
Donté fu et humilié,
135 Car il trouva femme rebelle,
Qui les pompes du fol repelle.
Comme deesse de bataille
Les estouties lui retaille ;
Il n'est si hardi qu'il estrive,

100 A Duire CDMI Doubter L Denter ; DI lieux I et par bocages. —
101 ADF subtilite M subalite BC soutillette. — 104 A Car cest viel p. en une
h.; D se vielz L ce v.; C play ; B apres. — 105 C poueis une. — 106 C omet
ta. — 107 DL pourroit ; M omet tu. — 108 B v. tu ; A de p. — 111 A v. en
estoit BCDM es F vas ; B le voir en es cognoissance. — 112 B ait poissance.
— 113 D omet la. — 115 A lexemple ; C je n.; AB donne. — 116 B mons-
treil. — 118 A Luiteur. — 119 C ne f. — 122 A Ne nu q. fors que b. ; D omet
la. — 124 A nolt il. — 125 A Aduoua B Abhast C Abbar DLMI Albar
F Auvar. — 128 C a la f.; AB fin. — 130 ABD tous ; AD biens. — 132 A
destroit. — 134 A Doulx DL Doulz CM Doubte BF Donte ; A et bien h. —
135 D Quant. — 136 B propos F poupes ; A dun ; BD rappelle AC reppelle.
— 138 DL estempries.

      istud idem. Non est homo quin illam vereatur ;
  Quippe, potens adeo   nemo fit quin mulieris
  Succumbat clipeo ;   datur exemplum, quia queris.
700 Bellis innatum   novi Cras Monsterolensem,
  Conditionatum   sic jam dudum quod ad ensem
  Semper habendo manum   nil querebat nisi bella,
  Malens, more canum,   quam pacem quinque duella.
  Hic erat absque modo,   sine freno vel ratione,
705 Sed stricto nodo   laqueatus nunc in agone
  Conjugii. Domitus   sic est uxore rebelli,
  Immo dea belli,   quod nec fundum neque litus

698 ms. *a deo.*

140 Car il n'y scet ne fons ne rive.
　　En ce point puet de dueil crever ;
　　Il n'ose le sourcil lever
　　Vers sa femme, quant elle jure,
　　Que ne le pregne par la hure.
145 Il ne cuidoit pas que fust tele.
　　Si li convint trouver cautele ;
　　Quant sa femme le molestoit,
　　De la maison ou il estoit
　　S'en yssoit hors en tapinage
150 Et s'en aloit au voisinage
　　A ses compaignons lamenter
　　Et de ses doleurs dementer.
　　Il fu si ramené des meures
　　Que las se claime a toutes heures.
155 En plourant fort se maudissoit
　　Et soy meïsme despisoit,
　　Par impatience menés,
　　Com chetifs, de male heure nés,
　　De ce que mariés estoit

160 A celle qui le tempestoit.
　　Il m'estuet faire le semblable :
　　Je lieve du lit ou de table
　　Ne je n'ose donner response,
　　Ains m'en fuy mucier en esconse.
165 Perrette me fait pestilence,
　　Plus la craing que mal d'epilence,
　　Car je sçai bien que son tonnoire
　　Ne peut contretenir son oirre
　　Sans foudroyer ou tempester.
170 Pour ce je n'y os plus ester.
　　Je m'en fuy ou trieues requier,
　　Car matés suy en l'eschequier.
　　Si te pri, que bien t'en souviegne,
　　Que pareil meschief ne te viegne.
175 Chastie toi par cest memoire,
　　Car a l'expert en doit on croire.

　　Certes ainçois se cesseront
　　Les oiseaux, plus ne chanteront,

141 B point et de; D du d. — 144 B Quelle. — 145 A quel. — 146 D conuient. — 148 B sa m. — 149 DLMF omettent hors I despartoit. — 153 D meseures. — 154 A omet a F en. — 156 A desprisoit DLM despitoit. — 158 F mal. — 161 A me fault. — 165 A patient. — 166 A de pulent, la plupart de pilence. — 167 F tonnerre : erre. — 168 A contrester a B contrenir. — 170 A omet je ; AF ose. — 172 A matay s. en e. — 173 C te s. — 174 A peril ; A ten tienne FI auiengne. — 176 A Lexperience d.; B on d. on. — D (f⁰ 35 v⁰) Comment les femmes sont jengleresses. — 177 A cesseroient B cesseroit. — 178 B Le oisel ; A chanteroient B chanteroit.

　　Scit sibi, supplicium　　patiendo litis amare.
　　Quippe, supercilium　　muliere tonante levare
710 Non audet, metuens　　ne per caput accipiatur,
　　Ista sepe fruens　　cautela : quando paratur
　　Uxor litigiis,　　mox exit tecta latenter,
　　It quoque cum sociis ;　　flet, devovet insipienter
　　Sola domi sponsa.　　Cautela fungor eadem
715 Nec do responsa　　Petre metuens ego cladem.
　　Nam scio quod tantus tonitrus sine fulgure diro
　　Vix cessat ; quare fugio treugasve requiro.
　　Ergo per hunc Crassum　　rogo castigare velis te,
　　Quem scio tot passum　　probra, ne pereas velut iste.　　f⁰ 11 v⁰.

713 *devovet*, ms. *denouet*. — Après 719 rubr. dans le texte : *Quod mulieres sunt linguose.*

Ne les gresillons en esté,
180 Que femme ait telle poësté
Que sa langue puist retenir,
Quel mal qu'il en doye avenir.
Cafurne en fu bien accroupie,
Plus jangleresse qu'une pie,
185 Car pas ne plaida sagement ;
Son cul monstra en jugement.
Par son forfait tant desservi
Que toutes femmes asservi ;
Chascune est privée et chacie
190 D'exercer fait d'avocacie.
A toutes femmes fist dommage
Par sa langue, par son oultrage.
De la langue sont heritieres
Et de sa coulpe parçonnieres
195 Par raison de succession.
Pour ce par condamnation,
Par droit, si com j'ay entendu,
Leur est a tousjours deffendu
De jugemens examiner
200 Et de causes patrociner.
Aussi lisons d'une Juïse,
Marie, la sereur Moïse ;
Jangleuse fu et orgueilleuse ;
Par sa jangle devint lepreuse,
205 Percusse de meselleric ;
Chier compara sa janglerie.
Pourquoy fu la corneille noire ?
Aucuns auteurs nous font acroire
Que jadis souloit estre blanche.
210 Or est muée sa semblance,
Pour ce qu'elle fu jangleresse
Et mesdisant et tenceresse,
En cognoissance de ses blasmes.
Ainsi fussent ores nos femmes

180 *A* eust t. poste *C* pense. — 181 *C* peut. — 182 *A* Quoiquil lui en d.; *D* venir. — 183 *A* Casur *BCD* Cafurne *F* Calfurne *M* Carfurne. — 185 *D* la p. — 188 *manque C*. — 189 *F* preure. — 192 *B* et p. — 193 *F* est. — 200 *F* des c.; *DI* patroner. — 201 *D* le sens. — 202 *A* seur. — 205 *A* Perouse *B* Percuze. — 208 *A* acteurs *C* auctorite. — 212 *ABCM* tenceresse (tencheresse) *DLFI* menteresse. — 213 14 *intervertis dans M*. — 214 *A* ore.

720 Vere prius taceant volucres, estate cycade
Quam sit in hoc mundo mulier lingue sine clade.
Garrulior pica   meruit Calphurnia jamque
Ne sit causidica   mulier, damnans ita quamque
Garrulitate sua; dicant (?) ergo mulieres :
725 Lingua fuit damno! Cum lingue lingua sit heres,
In scelus et vitium   succedens, hinc resecatur
Jure patrocinium   mulieribus atque negatur.
Cornix mutatur   quia garrula; testificatur,
Colloquio fedo   dempto candore, nigredo.
730 Nostre sic utinam   mutarentur mulieres
Per vim divinam!   Scio, quod non inde doleres.
Si bene rem nosti,   par femina dicitur hosti.
O! quantam pacem   mundo Deus ipse pararet,
Si delinguaret   mulierem quanque loquacem !

724 Leçon incertaine ; ce vers, omis dans le texte, a été rétabli, avec des abréviations, à la marge par le copiste lui-même ; *dicant* pas sûr ; l'abréviation indique plutôt *dicam* ou *dictam*.

215 Muées par vertu divine
Pour changier leur mauvais convine!
S'il en estoit a mon vouloir,
Nuls hom ne s'en devroit douloir.
A l'ennemi, en verité
220 Fu pour la femme recité,
Que Dieu, en qui tout bien habonde,
Eüst donné grant paix au monde,
S'il ostast les langues maudites
Aux femmes de parler mauduites.
225 Par femme sourt et muet la guerre
En maint païs, en mainte terre.
Si semble que par raison fole
Leur fu donnée la parole.
Qui oseroit Dieu accuser,
230 Il ne s'en pourroit excuser,
Qu'il n'armast les femmes perverses,
Et leur donna langues diverses.

Si veoit les mauls advenir
Et si n'y voult point subvenir.
235 Bien croy, que miracle seroit
Qui muëlle parler feroit ;
Mais certes cil qui pourroit faire
Femme bien esmeüe taire,
Feroit assés plus grant merveille ;
240 L'une n'est a l'autre pareille.
Pourquoy sont femmes plus noiseuses,
Plaines de paroles oiseuses
Et plus jangleuses que les hommes?
Car elles sont d'os et nous sommes
245 Fais de terre en nostre personne :
L'os plus haut que la terre sonne.
Or veés la conclusion,
Qui nous tourne a confusion :
De nature leur vient a toutes
250 Qu'elles sont foles et estoutes.

216 *A* ourine. — 217 *A* en m. — 219 *C* Se lennemy ; *B* fu resite. — 224 *BCDI* mal duites *AFM* mauduites. — 225 *A* meult. — 231 *B* langues. — 232 *A* donnast, *les autres* donna. — 234 *F* veult ; *C* ne v.; *F* souuenir. — 236 *A* Qui muer le p. *B* Qui muez leur p. *D* Qui un muet *L* Que femme mue *M* Qui femme de p. — 238 *A* b. fort e. — 241 *C* les f.; *B* bien n. — 243 *A* jangleresses que h. — 244 *C* dolz. — 246 *C* Las *DL* Les. — 247 *DL* que la c. — 250 *D* (f° 36 v°) *rubr.* de la misere des mariez.

735 Omnis guerra fere   lingua mulieris habetur.
Ergo dari temere   mulieri lingua videtur.
Si culpare Deum   super hoc in fine liceret,
Hinc causarer eum,   cum damna futura videret,
Hanc variis linguis   armans. Est queque trilinguis.
740 Posse loqui mutam   mirum minus in muliere
Est quam commotam   linguosam posse tacere.
Quare clamose   plus quam nos sunt mulieres ?
Fiunt ex osse,   nos ex tellure. Vide res :
Nam magis os resonat   terra. Conclusio donat
745 Ergo quod sit ita.   Delinguet eas pituita!
Lector, quid plura?   Rixandi nulla remissa
Est ; ex natura   tenet istud quelibet yssa.

Non uxoratus,   tam pres quam pauper, Achille
Est magis elatus,   crinesque reciprocat ille,

738 *videret*, ms. *viderer*. — 745 *pituita* ; le ms. semble avoir *pitirita*. — 747 Ms. *Nonuxoratus*. — Après 747 *rubr.* dans le texte : *De miseria coniugatorum*.

Ainçois qu'uns homs soit mariés
N'avec espeuse appariés,
Soit riches, povres ou paillart,
Il est gais, jolis et gaillart,
255 Tant eslevés, qu'au vray compter
Achilles cuide seurmonter
Et a plus hault degré venir.
Ne se scet comment maintenir;
Il chante, il sault ou il chevauche,
260 Assés plus grant qu'il n'est se hauce,
Souvent fait ses cheveus laver,
Recroquillier, pignier, graver;
Il porte chauces semelées
Et robes estroites ou lées;
265 Il ne scet en quel vestement
Se puist tenir honnestement.
Honnestement? Mais au contraire!
Car le chetif veult contrefaire
Les autres cornars de ce monde,
270 En qui folie tant habonde
Que par leur grant oultrecuidance
Chascun cuide estre roy de France,
C'est a dire si tres grant sire
Que femme n'y peüst souffrire,
275 Tant soit vaillant et de lignage.
Quant le fol est en mariage,
Ses besongnes vont aultrement :
Il devient mon hoir voirement;
Oultre son gré devient cocus,
280 Ses cheveus meslés et locus
Parmi ses espaules s'estendent,
Ceulx derriere par devant pendent.
Bien semble chetif a merveilles;
Des or li penchent les oreilles,
285 Ses sollers et son vestement
Sont descousus, et lentement
S'en va la face aval baissiée.
Sa joliveté est plaissiée ;
Lais, defformés et mal lavés
290 Est trop plus que vous ne sçavés ;

252 *A* Naucoques femme ; *B* esp. espousez. — 253. *A* r. fol poure ou p. *BD* r. soit p. ou p. *C* r. ou p. ou p. *FLM* r. p. ou p. — 254 *D* Il ait. — 255 *A* qua voir c. — 260 *C* essauce. — 261 *B* chevaulx leuer. — 262 *C* Recoquillier; *A* pegnier. — 264 *A* layes. — 266 *C* puisse. — 267 *A* le c. — 269 *ADM* conars ; *D* cest. — 271 *BC* Qui. — 274 *AB* ne luy peult (puet). — 275 *A* de grant ; *B* de bon. — 276 *B* li fols sont; *A* entre en. — 278 *A* monnier; *BC* vraiement. — 279 *D* conuient ; *M* comme coqnus. — 282 *C* par derrier *F* de derrier *M* derrieres. — 284 *A* Dez os; *ABCM* pendent *DF* penchent. — 285 *A* Cez. — 286 *A* tellement. — 287 *D* aual la f. — 288 *D* passee. — 289 *F* Les.

750 Cantat enim, saltat,   et quam sit millesies se
    Tunc magis exaltat;   Francorum rex putat esse,
f° 12 r°.   Nec sibi sufficere   putat ipse duas mulieres.
    Sed postquam temere   sponsam duxit, meus heres
    Est. Ultra fines   colli nituntur adire
755 Illius crines;   confunditur undique mire ;
    Crines vertuntur   in frontem posteriores
    Atque revertuntur   super occiput anteriores ;
    Est sua dissuta   vestis cum calciamento ;
    Prona solo muta   facies ; it cum pede lento
760 Deformis totus,   qui vento flante stupescit,
    Vilis et illotus   muscisque resistere nescit.
    In nullis habilis   est vir sponsa sociata :

751 *nituntur*, ms. *nituuntur*.

Il a couleur de pié d'escoufle,
Esbaïs est quant le vent soufle,
Des mouches ne se scet deffendre,
Envis scet il auquel entendre.
295 Puis que li homs prent femme a paire,
Il n'est habiles a rien faire.
Bien le monstrent sa face pale
Et sa coiffe trouée et sale,
Ses sourcils, ses yeux chacieus,
300 Ses levres, son nes roupieus,
Sa bouche et sa barbe enfumée,
Sa voix cassée et enrumée.
Baston lui fault pour soy aidier.
Longuement ne vueil pas plaidier,
305 Car on s'esjoïst de briefté ;
Et si sueffre tant de griefté
Que je suy de tous mauls garni,
S'en seroie plus escharni.

En France est la coustume telle :
310 Chascune son espous appelle
Mari, c'est a dire, en la mer,
Car mariage est trop amer.
Vray exemple en poués sçavoir :
Uns homs voult trois femmes avoir
315 Et requist que trois en eüst.
Ha, Dieux ! se bien les cogneüst,
Il doubtast sa male fortune.
Toutesfoys en espousa une,
Qui ne ressembla pas Lucresse ;
320 Du mari voult estre maistresse.
Or avint ou il demouroit,
Que le leu aux agneaulx couroit ;
Au leu en est mal advenu ;
Tout vif fu pris et retenu.
325 Ceulx qui le prindrent enqueroient
De quel mort mourir le feroient.

291 *ABM* pie *CDFL* pies. — 294 *A* A peine sceit; *B* A paines scet. — 296 *F* habilles, *les autres* habile ; *A* a rien plus f. — 297 *AB* monstre. — 298 *F* coueffe; *B* trouuee s. *D* cornee *M* tournee. — 299 *F* sourcieus. — 300 *A* rompieus. — 301 *C* omet et ; *M* enfanee. — 302 *AC* cassee *BDMI* casse *F* quasse ; *M* erranee. — 304 *AD* en. — 307 *B* omet je ; *A* tout mal. — 308 — *D* (f° 38 r°) *rubr.* Comment en france lespoux est appele mary. — 309 *F* Sen; *B* commune. — 311 *B* Mais ; *A* cest adurez. — 313 *C* Vraye. — 316 *F* le. — 317 *A* la. — 318 *A* Touteffoiz. — 319 *A* ressembloit *C* ressemble — 321 *AB* Et. — 323 *A* Au l. est trop m.; *B* es est.

Monstrat nigra pilis   in cunctis cuffa forata,
   Sparsa supercilia,   cinerosaque barba bimestris
765 Nans inter labia,   facies quoque tincta palestris;
   Os sputis, oculus   lippe, nasusque catharro
   Aptant se, baculus-   que pedi, nec cetera narro.
   Causa subest, quoniam   gaudent brevitate moderni;
   Quam sim, sic etiam   possem magis hinc ego sperni.

770 Cum sint quique mari   post conjugium stabilitum,
   Gallica lingua *mari*   recte vocat ergo maritum.
   Exemplum super hiis   capias ut certificeris.
   Cuidam poscenti   tres uxores datur una.
   Agno currenti   capitur lupus; evocat una
775 Omnes mors ejus;   qua morte lupus moreretur

769 *sim* (?) ; on peut lire *sini;* peut-être *sino?* — Après 769 rubr. dans le texte *Quod uxorati recte mari gallice vocantur.*

Quant le marié l'entendi,
En plourant son avis rendi
Et leur dist : « Seigneur compaignon,
330 « Se vous voulés le mal gaignon
  « Faire mourir de mort crueuse,
  « Femme lui donnés a espeuse.
  « Qui le leu marier pourroit,
  « Le leu de male mort mourroit.
335 « On ne puet damner creature
  « De mort plus pesme ne plus dure
  « Que de lyen de mariage ;
  « C'est torment bien experi ay je. »
Doncques est ce bien esprouvé
340 Pour les maulx qu'on y a trouvé,
Que mariage, quoi qu'en die,
Seurmonte toute maladie.

Un sage nous baille tel regle,

Qu'aussi com la plume de l'aigle
345 Vaint et corrompt autre plumage,
Aussi la femme en mariage
Contre la char de l'omme estrive.
Tant est la femme corrosive
Que la char de l'omme degaste,
350 Quant par mariage la taste.
Il semble que les noces nuysent,
Car les vertus d'omme amenuysent.
De couchier avec sa moullier,
Soit tout nu ou sans despoullier,
355 Tout sans ouvrer est recreant ;
Et d'autre part, je vous creant,
S'il advient qu'un homme soubmette
Bietrix, Mahaut et Guillemette,
Sans marier de prime face,
360 Et chascun jour troys foys leur face
Le jeu continuellement,

328 *A* Son aduis en p. — 329 *A* compaignons. — 330 *A* guignons *F* gaaignon. — 337 *B* du ; *C* lier. — 339 *A* Dont ai este. — 342 — *D* (f° 38 v°) *rubr.* Comment la char de la femme corrompt celle de lomme. — *DLMF* Un sage nous baille *ABC* Usaige nous donne. — 345 *D* au p. — 348 *AC* couroucine ; *BDM* courrousiue. — 352 *D* de lomme ; *A* admenisent. — 357 *A* que h. — 360 *AC* le f. *B* len f. — 361 *A* jour.

Querunt. « Quid pejus quam sponsam ducere? Detur
« Uxor ei, » vir ait predictus ; « flebiliore
« Morte mori nundum poterit lupus aut graviore. »
Ergo per expertum, lector, satis est tibi certum,
780 Quod tu morte mori non potes asperiori,
Heu ! quam morte thori, nec morbo languidiori.

Est uxoris ita caro corrosiva virilis
Carnis, quod posita secum ratione cubilis
Hec consumit eam, coitus licet inde sequatur
f° 12 v°. 785 Nullus, ne taceam sociis dicenda ; probatur
Istud sic vitium, quia pono, quod sibi quidam
Extra conjugium Beatricem jungat et Ydam ;
Quottidie ter opus complendo potens remanebit
Atque sui caro pus hoc non obstante vigebit.

773 *rubr.* à la marge : *De juvene qui voluit habere tres uxores.* — Après 781 *rubr.* dans le texte continuée à la marge : *Probat quod caro uxoris corrodat carnem viri sui quod est mirabilissimum.*

Poissant demourra telement
Que longtemps durra sa vertu.
Par tesmoings le pues prouver tu.
365 Mais puisqu'il se sera lié,
Son pouoir est tout baillé.
Si tost com il touche le lit,
Et n'y feïst point de delit,
Le touchement luy est nuisible.
370 Si seroit ce chose impossible
De trouver paix en mariage
Sans payer le charnel truage.
Qui le fait n'y veult commencier,
Ja n'en partira sans tencier;
375 Ainçois, si com dit l'Escriture,
Seroit eclipse de nature.
Donсques fait il bon estriver
A son pouoir, pour eschiver
Lyen qui l'omme fait despire
380 Et toutes ses vertus empire.
Mariage est plus fors vermine
Que le ver qu'on appelle tine,
Et aulcuns l'appelent artaise;
Char et os ronge a grant mesaise.
385 Arreste a tes commencemens!
L'en met trop tart les oignemens;
Estre ne peuent secourable
A playe qui est incurable.
Trop tart se repent, ce sachiés,
390 Cil qui du lyen est laciés,
Dont on dit « he las! » et « he ors! »
Tart main a cul quant pet est hors.
Quant un marcheant veult entendre
A achater ce qu'en veult vendre,
395 D'un costé a l'autre regarde,
De bien adviser ne se tarde.

363 *F* demourra *B* demorra sans v. — 364 *A* prouueras tu. — 365 *B* Car; *ABC* se sera l. *DLMF* omettent se; *M* se ralie. — 366 *A* bas lie *BC* baillie. — 368 *A* Et sy ay fait. — 369 *B* t. seroit n. — 370 *F* possible. — 379 *ADM* fait lomme. — 383 *A* le nomment. — 384 *BCIM* malaise. — *D* (fº 39 vº) *rubr.* Comment lomme doit essaier sa femme. — 385 *A* Yresse *C* Apres ce *M* Aristote en ses. — 386 *A* Seu *BCDFMI* Len. — 387 *A* secourablez. — 388 *A* plaiz qui sont incurablez. — 390 *A* qui est de tout l.; *ACDM* lachies *B* lassies *F* lacies. — 391 *A* et heors *BCF* et ehors *DM* et hors. — 392 *B* au c. — 394 *B* Dacheter quen len lui. — 395 *B* et l'autre. — 396 *A* A bien.

790 Sed post contractum   vir viribus evacuatur
Ob lecti tactum,   quamvis ibi nil peragatur.
Hoc impossibile tamen est quod sit sine rixis;
Nature potius fieret totius eclipsis.
Ergo, cave ne tu   sociata conjuge sperni
795 Hoc valeas cetu;   facilis descensus Averni.
Quam graviter perii,   nescit mea dicere glossa,
Tinea conjugii   cum carnem rodit et ossa.

Principiis obsta! Sero medicina paratur
Quando conjugii vir nexibus illaqueatur.
800 Si quas res emere   velit emptor, cernit in isto

791 *Ob lecti*, ms. *Oblecti.* — Après 797 *rubr.* dans le texte, continuée à la marge : *Quod vir studiose debet temptare uxorem in principio antequam eam ducat an bona sit vel mala.* — 800 *quas*, ms. *qua*.

Ja n'iert si chetif ne si rude
Qu'il ne voye par grant estude
La chose avant qu'il la reçoive,
400 Pour doubte qu'en ne le deçoive.
Et s'il advient que riens deffaille
En la chose que l'en luy baille,
S'il ne luy plaist a retenir,
Du prendre se doit abstenir.
405 Mais ne puet estre allenée
Femme en mariage donnée.
Il convient que l'en la retiegne,
Quelque meschief qu'il en adviegne
Ne quelque mal qu'elle appareille,
410 Ja soit a Medée pareille,
Qui ses deux enfans estrangla ;
Ycy trop dur mat en l'angle a.
Doncques cil qui veult femme prendre
Et qui voit qu'il ne la puet rendre,
415 Pourquoy ne prent yeulx de beril
Pour mieulx veoir le grant peril
Ou il se veult mettre et bouter ?
Plus est grant, plus fait a doubter.
Par esprouver est bien sceü
420 Que chascun y est deceü ;
Envis s'en puet nuls exempter,
Et Dieux dit, qu'on doit tout tempter.
Or tempte donc et si essaye
Ainçois que reçoives la playe
425 Et ainçois que tu te maries.
Je te lo que tu ne varies,
Mais refuse la male mouche,
Se tu criens tençon et reprouche.
On ne puet aux maulx contrester
430 Ne contre leurs cours arrester,
Se premiers ne sont cogneüs ;
Dont pluseurs en sont deceüs.
Si est bon d'avoir cognoissance
De leur rage et de leur poissance.

397 *M* Il ; *ABM* nest *DF* ny ert. — 398 *F* ny v. — 399 *C* ainçois. — 402 *A* que on ; *C* quon lui le. — 404 *F* il. — 408 *A* Auecques soy quoy quil ; *B* qui. — 409 *A* Ja soit ce quelle soit pareille. — 410 *A* A celle qui est non pareille. — 412 *AI* mal ; *B* en lenglet *I* en longle. — 414 *CDM* quil ; *A* bien que ne p. ; *CM* qui ; *M* veult. — 417 *A* Car. — 418 *A* f. debouter. — 419 *AB* espouser. — 421 *B* excepter. — 422 *BC* Et d. d. que ; *B omet* tout. — 423 *A* Or est temps doncques *B* temptes doncques. — 424 *C* tu r. — 426 *D* los ; *B* te v. — 427 *AC* ont mouche *B* bouche *DFI* touche *M* couche. — 428 *A* tenchons. — 430 *B* les c. contrester. — 431 *B* premier.

Ac alio latere, nec statim dicit : « in hiis sto. »
Immo, revolvit eas iterum multum studiose,
Ne falli valeat, probat illas ingeniose.
Tradita si placeat, res emptori retinetur ;
805 Si sibi displiceat, rem vendere non prohibetur.
Sic alienari nequit uxor, sed retinetur
Quamvis peste pari Medeam concomitetur.
Qui capit uxorem, cur ergo non speculatur,
Heu ! bene primo rem, cum semper decipiatur ?
810 In factis ipsis quanto magis est metuendum
Tanto cautius est in eis circumspiciendum.
« Omnia temptate, » dicit Deus. Ergo, priusquam
Ducas uxorem, tempta, spue, respue muscam.
Cum mala vitari nequeant nisi cognita, nosse
815 Expedit yssarum rabiem temptareque posse.

435 On dit, que tempter ne puet nuyre,
Mais vault moult, car on se puet duyre
A prendre chose prouffitable
Et a laissier la dommageable.
Pour esprouver entierement
440 On doit taster premierement
La moullier ainçois qu'on l'espeuse ;
Car mieulx vaulroit cheoir en Meuse
Ou soy navrer d'unes cisailles
Que plourer après espousailles.
445 Cil qui entre en religion
A un an pour profession.
Cil doncques qui veult espouser
Et soy d'une femme embouser,
Pourquoy n'a il itel delay ?
450 Las ! je me plaing, car pas ne l'ay.

Certes, il est bien peu de femmes,
Soyent damoiselles ou dames,
Laides, riches, garces, bourgoises,
Povres, vilaines ou courtoises,
455 De quelqu'estat qu'elles se claiment,
Qui leurs maris loyaument aiment.
Prouvé est par le dit d'un sage
Cognoissant des femmes l'usage.
Bien sçavoit que leur amour monte.
460 Un tel exemple nous raconte
D'un chevalier bel et plaisant,
Preu aux armes et bien faisant,
Qui fut souspris en tel maniere :
Pour une povre chamberiere
465 Si ardemment s'enamoura
Et par amour tant l'amoura
Qu'il l'espousa par mariage.
Forment l'amoit en son courage.
Du chevalier la fin orrés.
470 En un fait d'armes fu navrés
Tant qu'il mouru et expira.

436 *A* molt vault ; *C* si p. — 438 *B* le d. — 441 *B* que lespeuse. — 442 *DLM* seroit ; *A* noier ; *M* en euse. — 445 *F* omet en. — 446 *AM* perfection *C* sencion. — 448 *A* esbouser *C* enbuser. — 449 *A* ung tel *B* autel. — 450 *DMF* men. — *D* (f° 40 v°) *rubr.* Comment les femmes naiment pas leuzs mariz. — 453 *DMI* grasses *L* graces. — 456 *D* amis. — 457 *B* Poure ; *AF* du. — 459 *A* sauroit. — 460 *B* En t. — 462 *ABD* Preux *M* Preu a. — 463 *DM* surpris *AB* sourpris de t. — 465 *B* Qui ; *AFM* sen amoura. — 466 *BC* lamoura *ADFM* onnoura. — 467 *F* omet l. — 469 *AF* aures *CDM* aurcz *B* seul orrez.

**Nil temptare nocet; sed prodest, ut capiamus
Que nobis bona sunt, et cetera reiciamus.
Uxorem debes ergo pretangere. Vere,
Hoc satis est melius quam post connubia flere.**

f° 13 r°.

820   Femina re vera   non diligit ulla maritum,
   Turpis, inops nec hera.   Quendam recitasse peritum
   Exemplum tale   super hiis scio; respice quale!
   Quidam, mendice   pectricis captus amore,
   Miles eam publice   sponse decoravit honore.
825 Sponsam miles amat,   cujus cernendo cruorem

Après 819 rubr. dans le texte : *Quod uxores in veritate viros suos non diligunt.*

Sa femme plainst et souspira
Et faignoit souffrir grant douleur,
Quant du sanc veoit la couleur.
475 En plourant ses cheveulx tiroit,
Disant que la mort desiroit,
Et requeroit, de dueil serrée
O son mari estre enterrée.
Vive ne vouloit demourer ;
480 Bien sçavoit faintement plourer
Les le tombel de son mari,
Ce fist la dame au cuer marri,
Et ne voult pour nulle raison
Plus retourner en sa maison.
485 Ce jour, si com j'ay entendu,
Fu un larron aux champs pendu,
Dont un chevalier renommé,
Sire Gillebert fu nommé,
Pour son fief en devoit la garde.
490 En passant la dame regarde
Delés le seigneur enfouy ;
Ses pleurs et son estrif ouy.
Courtoisement li a dit : « Dame,
« Rapaisiés vous, priés pour s'ame.
495 « On ne gaigne rien à dueil faire. »
Elle respont : « Ne m'en puis taire ;
« J'ay perdu le meilleur du monde ;
« O luy en la fosse parfonde
« Voulroie gesir toute morte. »
500 Sire Gillebert la conforte
Et dit qu'un autre en trouvera ;
Aussi bon ou meilleur sera.
Elle dit : « Vostre temps perdés,
« Ne sçay a quoi vous aherdés.
505 « Alés vous en, si me laissiez ! »
Lors s'est Gillebert eslessiés ;
Aux champs a sa voye tenue,
Car ja estoit la nuit venue.
Le larron estoit ja emblé ;
510 Adont a de paour tremblé
Et doubtait que pour ce forfait

472 *M* pleing, *les autres* plaint. — 473 *A* auoir. — 481 *A* Proz du t. — 483 *DM* par. — 184 *D* (f° 40 v°) *rubr.* De ce meismes. — 488 *A* Guilbert. — 489 *A* fieu. — 491 *A* Empres son s. — 492 *B* estry *C* estriue. — 494 *BCDMI* lame *AF* same. — 498 *B* sa f. — 500 *A* guilbert. — 503 *C* me p. — 505 *CF* cy *ABDM* si. — 506 *A* guillebert. — 507 *A* Au. — 508 *B* omet ja. — 511 *B* omet que; *A* par.

Hic obit. Hec clamat; mirum fingendo dolorem
Flet; crines laniat; cum sponso vult tumulari.
« Mors, » inquit, « capiat me! Nolo viva morari. »
Nocte viri busta servat. Feodi ratione
830 Custodit juxta, suspenso mane latrone,
Quidam gibbetum miles. Motus mulieris
Hic propter fletum venit illic. « Cur tibi queris
Mortem? » dicit ei. « Pulcre memor esto juvente.
« Gratia magna Dei meliore vel equivalente
835 « Forsan honorabit te sponso. Nam tua tristis
« Tempora perdis. » Abit miles. Meditatur in istis
Hec. Non invento suspenso fure recedit
Hinc miles flendo, feodum qui perdere credit.
Ad dominam properans venit, omnia narrat eidem.

837 et 846 avaient été omis ; ils ont été rétablis par le copiste entre 851 et 852 ; leur place a été indiquée par des signes.

N'ait son fief perdu et forfait.
Moult dolant retourna arriere
Tout pensif droit au cimetiere,
515 Ou la dame son dueil menoit.
Lors li conta dont il venoit
Et li dist toute s'aventure
Et puis de son fief la nature,
La condicion de l'ommage,
520 Et comment doubtoit son dommage
Pour le larron, que mal feu arde,
Dont avoit fait mauvaise garde.
Sa complainte luy publia;
Et elle tantosi oublia
525 Son bon mari, en esperance
De renouveler alliance.
« Sire, » dist elle, « n'ayés soing,
« Secourray vous a cest besoing
« Du meschief de quoy vous doulés,
530 « Se vous pour femme me voulés. »
— « Dame, je le vueil voirement. »
Ensemble firent serement.
Elle dist : « Faites bonne chiere ! »
Maintenant deffouy la biere,
535 L'omme mort en a hors tiré,
Desseveli et deschiré.
Par sa femme fu, ce sachiés,
Aux fourches destrais et sachiés.
Quant vint la, plus n'y attendi ;
540 Elle meïsmes le pendi
Ou propre lieu et au costé
Dont on ot le larron osté.
Puis luy dist : « Sire, sça venés !
« Mes covenances me tenés ! »
545 — « Dame », dist-il, « il fault encores:
« Le larron qui fu emblé ores,
« Avoit deus playes en la teste. »
L'espée prist la male beste,
De remonter ne s'esmaya ;
550 Son espeus en deux lieus playa ;
Trois de ses dens luy a cassés.
Mais encores fist pis assés ;
Les yeulx lui fora et creva ;
Par semblant moult peu luy greva.
555 Puis luy dist : « Sire, or escoutés !
« Des ore mais ne vous doubtés !
« J'ay bien restabli vostre perte,

512 *F* perdu s. f.; *M* fie. — 514 *A* vers le cimentiere *C* semetiere. — 515 *A* faisoit. — 526 *A* laliance *B* la lience. — 528 *A* Je vous s. au b. — 529 *B* 'doubtez. — 536 *BM* dessire *F* descire. — 538 *M* delachiez. — 539 *B* omet vint. — 540 *F* m. plus le p. — 541 *A* et en c.; *B* ou an c.; *DMI* ou acoste; *CF* et au coste *L* et on coste. — 542 *A* len. — 548 *B* prent. — 549 *A* retourner. — 553 *A*, . 54 *sont transposés dans A.* — 55 3. *A* Tantòst les d. yeux lui c. — 555 *A* omet lui; *A* sirez. — 556 *C* or; *C* en d. — 557 *B* establi.

840 Immemor ipsa quidem   sponsi, cum milite sperans
    Nubere, fert : « Noli   turbari ! si michi soli
    Vis consors fieri,   super hiis tibi juro mederi. »
    Pactio firmatur ;   vir mortuus extumulatur,
    Quem furcis tractum   suspendit sponsa. Quod actum
845 Est petit impleri.   Dicit miles mulieri :
    « Ut totum peragas,   binas in vertice plagas
    « Huic fac, quas habuit   fur perditus, ense petito. »
    Hec nondum metuit   plagas inferre marito.
    Que, post hec facta,   petit impleri sibi pacta.

841 *turbari*, ms. me t.; *me* est exponctué. — 844 *furcis*, ms. *furtis*.

« Je doy bien estre Gilleberte.
« Je vous semons de convenance. »
560 Il li dist : « J'ay bien souvenance
« De ce que promis vous avoye.
« Faites tost, mettés vous a voye !
« Car mon corps vous est desveés.
« Gardés jamais ne me veés,
565 « Ne plus ne vous en efforciés !
« Mieulx ameroye estre escorchiés
« Et perdre quanque j'ay vaillant ;
« Je n'ay pas le cuer si faillant
« Qu'avecques vous face alliance.
570 « Jamais n'avray en vous fiance.
« Et sachiés, qui droit vous feroit,
« Par ma foy, on vous arderoit ;
« Desservi avés a estre arse. »
Compains, enten bien ceste farse ;
575 Considere bien la malice
Et l'estat du feminin vice.
Par veoir leur iniquité
Sçavras que je di verité.

Nul ne doit pour femme plourer
580 Ne pour la plaindre labourer ;
La loy le tesmoigne toute heure.
Doncques est fol cil qui la pleure,
De la loy contre la deffense
Et pour le mal que femme pense.
585 En la mort son mari machine ;
Tousjours est a mal faire encline,
Mais que sa traïson n'appere ;
Si com Silla occist son pere.
Et combien que l'omme ne doye
590 Plourer pour femme, toutevoye
La femme est de plourer tenue ;
Car le droit le nous insinue.
Des yeulx au mains par dehors pleurent !
Mais Dieu scet, quant les lermes queurent,
595 Que par dehors mainent tristesce,
Comment les cuers ont grant leesce.
Ja soit que femme par dehors
Pleure de son mari le corps,
Par dedens s'esjoïst et chante,

559 *A* cemons ; *BM* conuenances. — 560 *A* Le cheualier respond ad ce ; *BM* souuenances. — 562 *C* voz anuoye ; *D* en uoye. — 564 *manque B.* — 567 *C* tant que. — 569 *A* auec v. je. — 570 *BF* en v. naurai. — 571 *F* v. dr. f. — 578 *A* Si s. que di *D* Se sauras que je ; *C* se je. — *D* (f° 43 v°) *rubr.* Comment on ne doit point plourer pour femme. — 585 *A* A la m. — 595 *M* Et. — 596 *AB* Combien quau cuer aient l. ; *DMI* leurs cuers *CF* les c. — 597 *FM* soyt ce que.

850 Cui miles : « mallem   cum rebus perdere pellem
    « Quam jungi tecum,   quia quod sis usta dat equum. »
    O ! lector, retine   quantum scelus est mulierum :
    Dices in fine,   quod ego dixi tibi verum.

    Uxor lugenda non est, ut testificatur
855 Lex. Ergo, si vir hanc lugeat, infatuatur,
    Tum, quia lex prohibet, et tum, quia nititur illa
    Conjugis in mortem, velut in patrem sua Scilla.
    Sed, quamvis vir eam non lugeat, illa maritum
    Flere tamen debet, de jure prout stabilitum
860 Est, quod non servat. Oculi licet exteriores
    Inde fleant, animi congaudent interiores.
    Nam licet exterius   ploret moriente marito,

Après 853 rubr. dans le texte : *Quod uxores non sunt lugende.*

600 Et de nouveau mari se vante,
Quant de noirs draps porte l'enseigne.
L'exemple precedent l'enseigne
De celle qui tant offendi
Que son propre mari pendi.
605 En ce fait reçut grant diffame :
C'est pechié de plourer pour femme.

Tu qui ce liras et orras,
Enten au mieulx que tu porras !
Pour mes paroles ne te meuves,
610 En ton cuer met ce que tu treuves !
Se bien notes chascun proverbe,
Lors ta moisson croistra en herbe.
Femme ne fait tant a amer
Que deux choses n'ait a blasmer.
615 Tousjours a buches en sa traime ;
Ce que son mari het elle aime
Et volentiers y met sa cure.

La femme est de telle nature,
Quant son mari est trespassé,
620 N'avra paix tant qu'elle ait brassé
A espouser son ennemi,
Et n'atent ne jour ne demi.
D'aultre part tout li est amer
Quanque son mari veult amer,
625 Et het ceulx qu'il tient en chierté ;
Tant est pleine de grant fierté.
Des meurs des femmes Cathon dit :
Quem conjunx diligit, odit.
A croire ne sont pas merveilles,
630 Car femme ronge les entreilles
De son mari par devinailles
Et par tençons et par batailles,
Dont l'omme est tourmenté forment ;
Il n'est nule heure sans tourment.
635 Dont pues tu bien apercevoir
Que femme veult tout decevoir.

604 *A* Que son m. ainsy p. — 606 — *D* (f° 44 r°) *rubr.* Comment les femmes heent ce que leurs maris vivent. — 607 *M* omet ce. — 612 *ACM* maison. — 620 *F* jusques elle. — 626 *F* griefte. — 630 *A* femmes rungent, *les autres* femme ronge. — 631 *FI seuls* son mari, *les autres* leur mari (*A* leurs maris).

Concinit interius   alio consorte petito,
Quod probat exemplum   precedens de muliere
865 Suspendente virum.   Scelus est pro conjuge flere.

Ne te pro nichilo,   lector, moneam, mea verba
Cordis scribe stilo,   crescet tua messis in herba.
Exsecranda scio   duo que sunt in muliere :
Zelo quos odio   vir habet consuevit habere.
870 Hec ostendo, quia,   celebrata morte mariti,
Hec solet ex propria   natura nubere niti
Hosti nanque viri.   Quos diligit ipse maritus
Odit eos penitus.   Super hiis vult Cato requiri.
Hic inquit : Mulier quos conjunx diligit odit.
875 Nec mirum, proprii quia conjugis intima rodit
Bellis rixosis,   quibus ipse vir excruciatur

Après 865 rubr. dans le texte, continuée à la marge : *Quod uxores diligunt illos quos viri sui habent odio et eos habent odio* (ms. *odios*) *quos viri sui diligunt.*

Nuls hom n'y doit foy adjouster,
Car, combien qu'il doye couster,
Ne cessera tant qu'ayra mis
640 Ceulx qui li sont loyaulx amis
A meschief et a deshonneur ;
A leurs ennemis font honneur.
Ceulx que deüssent reprouchier
Font souvent en leur lit couchier
645 Ou a mariage les prendent.
A bien ne a raison n'entendent.
Quant leurs maris sont trespassés,
Elles convoitent plus assés
Ceulx que deüssent refuser
650 Et pour leurs maris accuser ;
Il semble assés que tout de gré
Les alievent en tel degré.
C'est honte qu'il sont successeurs
Es lis de leurs predecesseurs
655 Et y couchent et seignourissent,
Et les femmes plus les cherissent
Que leurs espousés primerains.

En tous lieux les font souverains
Des corps, des biens et de l'avoir
660 Que les hoirs deüssent avoir.
C'est chose assés abhominable ;
Certes, il n'est riens plus damnable,
Et ne s'en peuent escondire.
Pour ce doit on femmes maudire
665 Pour leur desloyal conscience.
Trop en avons d'experience,
Comment chascune luxurie.
Nous lisons de la mort Urie
Par Bersabée sa moullier.
670 David la vit bien despoullier
Et laver en une fontaine.
Elle fu de grant beauté plaine.
Le roy David la convoita ;
Vers Urie mal esploita ;
675 En sa mort machina par lettre ;
Joab le fist a la mort mettre
Par le commandement Davis.
Ce fu mal fait, ce m'est avis,

637 *F* doit doit a. — 639 *A* Ne sera aise tant quait m. — 645 *AB omettent* les; *A* prendront *Fl* prennent. — 646 *Le texte adopté est dans B; A* na r. nentendront. *CDF* na r. ny e *M* na r. ne e. *I* ny a r. nattiennent. — 650 *manque M.* — 651 *M* tant. — 652 *AB* eslieuent en ce (cest). — 659 *F* Des b. des c. *M* De draps de b. — 664 *A* Tant font du mari et leur sire; *BDM* femme. — 666 *A* auez. — 670 *F* fist. — 676 *B* dauids *C* dauidz, *les autres* dauid. — 678 *A* et grant despit *M* me fu auis *I* car dieu le vit; *LM* auis, *les autres* aduis.

Omnibus explosis   precibus, velut ante probatur.
Ergo, per ista vides   in corde notans retinenda,
Ipsis quanta fides   mulieribus est adhibenda,
880 Cum sibi propicios   sponsos spernant et amicos
Ipsorum proprios,   quorum decorant inimicos,
Utpote cum nubant   illis post fata virorum.
Proh pudor! inde cubant   in lectis preteritorum
Hostes ipsorum ;   quam primi plus venerantur
885 Et defunctorum   rebus penitus dominantur.
Quid damnabilius? Maledicantur mulieres
Omnes! Expertas, si vis hoc scire, vide res.
En! Fuit Urie   mortis promotio David,
Cui Bethsabee   per eum viduata jugavit.
890 Dalida Sampsonis   probat istud et Hanstoniensis

Quant puis espousa Bersabée.
680 Compains, après ces vers abée,
Oïr ne pues meilleur chançon.
Et te souviegne de Sanson,
Que sa Dalida peu prisa,
Quant ses cheveulx luy encisa
685 Et les luy tondi d'unes forces,
Dont il perdi toutes ses forces ;
Que refist la femme Guion.
Combien que cy plus n'en die on
De leurs fais, de leurs tricheries,
690 Je pri Dieu, se tu te maries
Jamais après cet examen,
Que tu soies pendus. Amen !

Se ma femme het et mesaime
Les miens et mes amis, que j'aime,
695 Et pour moy les rechigne et point,
Il s'en suit qu'el ne m'aime point.
Il n'est chose plus perilleuse
Ne pestilence plus crueuse
Que d'avoir privé ennemi.

700 Or te garde, par saint Remi !
Car ta femme est ton ennemie.
S'il ne te plaist, ne m'en croy mie,
Mais croy de Salemon le dit.
Rois Salemon fist un edit,
705 Dont plusieurs furent consentans,
Que tous vielz hommes de cent ans
Fussent mis a mort sans tarder.
Nul ne les osoit plus garder
Après la publication,
710 Sur peine d'indignation.
Mais le fils d'une bonne mere,
Qui loyaulment amoit son pere,
Soubs clef le mist et enferma,
Et lui jura et afferma,
715 Qu'il ne luy fauldroit pour mourir ;
Au besoing luy veult secourir ;
De luy sauver emprist le soing,
Car l'ami voit on au besoing.
Non obstant l'edit contresta
720 Et viandes lui apresta.
Bien le garda secretement ;

681 *F* puis. — 683 *A* Que d. si. p. p. — 684 *F* Quar. — 686 *A* Pour lui faire perdre. — 687 *A* Guiron. — 688 *A* diron *F* dy on. — 692 — *D* (f° 45 v°) *rubr.* Comment les femmes sont ennemies a leur maris. — 696 *A* Cest signe que; *F* elle. — 708 *DM* oseroit. — 717 *F* en print. — 720 *DLMF* apporta.

Uxor Guidonis.   Si quam capis, ustus amen ! sis.

Si mea sponsa meos   propter me fellea rodit,
Pungit et odit eos,   sequitur quod me magis odit.
Nulla viro strages   crudelior est inimico
895 Privato. Quid ages   ergo ? Caveas ! tibi dico.
Est inimica viro   mulier. Quod conditionis
Sit talis, miro   patet exemplo. Salomonis
Jussu mandatur,   quod quisque senex moriatur
Annorum centum ;   super hoc favor ipse parentum
900 Quenquam non vincat,   ne jam caput inde relinquat
Regi turbato.   Mandato sic publicato,
Frangens edictum   quidam sub clave latenter
Incluso victum   patri dat sufficienter,

Après 891 rubr. dans le texte : *Quod uxores inimice sunt viris suis.* — 903 *Incluso,* ms. *Inclusum.*

Encontre le commandement
Luy administroit assés vivres.
Le pere luy apprist ses livres ;
725 Sages fu en loys et en droit
Plus que nul qui soit orendroit.
Le roy par sa subtilité
En voult sçavoir la verité
Et enquerir dont ce venoit.
730 Sur perdre le fief qu'il tenoit
Par adjournement le manda
Et luy enjoinst et commanda
Que, quant seroit a luy venus,
Que il ne fust vestus ne nus,
735 N'a pié n'a cheval ne venist,
Son seigneur par la main tenist,
Son serf et son ami menast,
De son ennemi ordenast
Qu'avec les autres fust present.
740 Pour le servir de ce present
Le jeune homme s'appareilla,
A son pere s'en consulla,
Et le preudom l'enseigna bien.

Son asne, son fil et son chien
745 Et sa femme luy fist conduire.
Bien luy scet moustrer et induire.
A court vint et dist : « Sire roys,
Je suy cy vestus d'une roys ;
Cest asne, que je vous presente,
750 C'est mon serf, et ceste jouvente
Est mon enfant et mon seigneur,
Et si n'ay point d'ami greigneur
Que cest chiennet, bien l'ay prouvé,
Maintes fois l'ay ami trouvé. »
755 Le roy dist : « J'oy bien que vous dites ;
« De ces choses estes bien quittes ;
« Or amenés vostre ennemi ! »
— « Sire, veés le contre mi. »
Au doit luy a moustré sa femme
760 En disant que oncques, par s'ame,
Plus grant ennemi ne senti.
Mais elle l'en a desmenti ;
Il luy donna une paumée.
La femme ne fu pas pasmée,
765 Ains s'escria a haulte voix :

725 F sont. — 727 F pour. — 730 M sur peur de p. ; DLI chief (M fief). — 731 F luy. — 731 A Quil luy monstrast des lois les us. — 742 BF sen ACDM se. — 750 F cest. — 759 A Adoncques luy monstra. — 763 AB paumee CF paulmée D pausmee M palmée. — 764 manque D (se trouve dans LM) ; ABM pasmee CF pausmee.

    Patris consilio,   cujus legit ipse quaternos,
905 Firmus judicio   superat quoscunque modernos.
    Hinc rex miratur   Salomon. Ut tota sciatur
    Hujus origo rei,   motus rex hac ratione,
    Sic injungit ei :   « Feodi sub perditione
    « Adducas tecum   dominum cras huc et amicum,
910 « Non veniens ad equum   tunc nec pedes, ac inimicum,
    « Cum servo proprio. »   Qui cras ascendit asellum,
    Patris consilio,   sponsam, puerumque, catellum
    Adducens. « Dominus »,   inquit, « meus est puer iste,
    « Servus et hic asinus,   carusque canis. « Super hiis te, »
915 Inquit rex, « quitto ;   duc hostem ! » Vir mulieris
    Sumpto fert digito :   « Rex, [quod] petis, ecce ! » — « Fateris
    « Falsum, » dicit ea,   mentireque ! » Vir ferit illam

909 huc, ms. hinc. — 910 veniens, ms. venies ; ac, ms. ad. — 917 mentireque, ms. mentirisque.

« Sire roys, qu'est ce que je vois ?   Reçoy et pren parmi l'oreille
« Faites tantost ce larron prendre   La moisson que je t'appareille.
« Aus fourches, enroer ou pendre,
« Ou le faites decapiter   785 Saint Ambroise nous admonneste
770 « Et mettre a mort sans respiter.   Par predication honneste,
« Il n'a poyeur en vostre empire,   Que nul ne doit autre prier
« Il est d   maulvais tout le pire ;   Ne enhorter de marier,
« Certes, bien vueil qu'il vous appere,   Pour les maudiçons qui en viennent ;
« Comment il a enclos son pere   790 Car pour mal conseillés se tiennent
775 « Et nourri sur vostre deffense.   Ceulx qui se boutent en tel ordre ;
« Il a encouru grant offense. »   Ja ne cesseront de remordre,
Lors le roy rist quant il l'oï   Et maudient comme ennemis
Et en son cuer se resjoï   Tous ceulx qui s'en sont entremis.
Du cas devant luy advenu,   795 Dont ay je bonne entention,
780 Et l'omme en fu moult chier tenu.   Se je fay inhibition
Tu qui cy lis pour toy esbatre,   A homme, qu'il ne se marie.
Ne me fay pas en vain debatre,   Freres tous d'une confrerie

767 *A* tost ce faulx l. pendre ; — 768 *A* f. ou nyer ou prendre *B* ennoier et pendre *C* on roer ou p. ; *DM* enroer *F* enrouer. — 778 *F* sen r. — 784 — *D* (f° 47 v°) *rubr.* Comment homme ne se doit point esmouvoir a prandre femme. — 789 *Quelques mss.* maudissons. — 791 *F* cel *M* cest.

Juxta maxillam.   Truculentior ista Medea
Dicit : « Rex, quid agis ?   Istum suspende latronem !
920 « In triginta plagis   non est pejor. Gedeonem   f° 14 v°.
« Claudit in ede, suum   patrem, jussum publicatum
« Frangens ipse tuum. »   Rex ridens : « Ecce, probatum
« Est, » inquit, « quod ego   jussi. » Carissimus inde
Is, prout ipse lego,   fit regis. Cetera scinde,
925 Lector, et intentum   capias. O, verbero ventum,
Si monitus cesses.   Quas preparo collige messes !

Hortatur sanctus Ambrosius, ut moneatur
Nullus ad uxorem capiendam, cum vereatur
Ne post turbati   maledicant inde jugati
930 Qui se junxerunt   vel jungi premonuerunt.
Quapropter, lector, te certe nolo monere
Ut nubas ; immo, dignum duxi prohibere.
    Preterea fratres sumus omnes membraque Christi,
    Sed debet jure frater succurrere fratri
935 Et membrum membro, si viderit hunc titubare,

Après 925 *rubr.* dans le texte, continuée à la marge : *Hic gratia* (?) *precedentium et subsequentium reddit plures casus quare nemo debet moneri ad uxorem capiendam.*

Et membres de Jhesucrist sommes.
800 Si est raison entre nous, hommes,
Que l'un doit l'autre conseiller
Et pour son profit traveiller.
Et qui son frere ne relieve
En sa conscience se grieve;
805 Ce nous tesmoigne l'Escripture.
Dont, pour eschever la friture
De mariage et la misere,
Je t'admonneste comme frere,
Que femme n'ayes espousée,
810 Vieille, moyenne ne tousée.
Je t'aime pour toy chastier
Par amour, sans autre loyer.
Si te pri, suppli et enseigne,
Ains que mariage te prengne,
815 Avise toy avant toute euvre.
Car l'Escripture nous descuevre,
Et raison le veult soustenir,
Que mieulx vault aux maulx prevenir

Que ce que les maulx nous previengnent
820 Ne que en leurs dangiers nous tiengnent,
Pour obvier aux grans perils.
Espoir que tu fusses peris,
Se descouvert ne le t'eüsse ;
Ne cuidasses pas que j'eüsse,
825 Pour moy servir en l'escuelle,
Si griefs tourmens de mort cruelle,
Certes, trop traïteur seroye
Ou cas que je te cesseroye
De ceste mort signifier,
830 Qui tant me fait crucifier.
Je jur, pour ce que mieulx me croies,
Que cuer avroit plus dur que croies,
Qui si me verroit tourmenter,
Qui se tendroit de lamenter
835 Et de plourer amerement.
Doncques est sages voirement
Cil qui par mes fais se chastie
Et par l'euvre que j'ay bastie,

810 manque CD (un blanc dans D); L Pour nulle chose qui soit nee M Tant soit de beaute aornee I Et retiens bien ceste posee. — 815 A heure. — 817 A sousteine. — 818 A preueine. — 819, 20 manquent A. — 820 manque CDL, M Et pour les grans maulx qui en viennent I Sy le te dis ains que te viengnent. — 821 M peris. — 823 C tense. — 824 A Ne cuide pas que ie teusse; BD cuidasse CFLM cuidasses; B que je sceusse; C que je tensse. — 831 DLMF le c. DI croye. — 832 A Car; F Que aroies; AD croie. — 833 B cy; CDMF Qui se v. t. (manque une syllabe); M vouroit. — 834 A Et se t.

  Aut est in culpa si possit eum relevare,
  Ut scriptura refert. Quociroa premoneo te,
  Ne sponsam ducas; ut fratrem frater amo te.
  Rursus ego te premoneo vigilanter et ante
940 Quam nubas, quoniam scriptura testificante
  Est multo melius morbis ut preveniamus
  Quam quod preveniant morbi, ne sic pereamus.
  Hec nisi detegerem tibi, posses forte perire
  Ignorando mee mortis suspiria dire.
945 Proditor ergo nimis essem, si significare
  Hanc tibi cessarem mortem qua tractor amare.
  Ut credas, juro tibi quod lapidis cor haberet,
  Heu! si non fleret mea qui tormenta videret.
  Est sapiens qui se castigat per mea facta

938 *fratrem frater*, ms. *frater fratrem*. — 945 *ergo*, ms. *ego*.

Et qui fuit la mort preveüe,
840 Qu'il voit par devant sa veüe.
Las ! je me tieng pour deceü
De ce qu'au premier n'ay eü
Docteur qui le m'eüst moustré.
Ne feüsse pas si oultré
845 Ne trait si bas com je suy ores
Et com j'atent a estre encores.

Quant le mari gist en la biere,
La femme et avant et arriere
Pense tousjours en son courage
850 De ravoir autre a mariage.
C'est coustume, quant elle pleure ;
Après trois jours n'attent que l'eure.
Se ses enfans veulent avoir
Leur part des biens et de l'avoir
855 Qui leur descent de par leur pere,
N'y a un qui ne le compere.

Elle leur est du tout contraire ;
En tençant leur scet bien retraire
Et dit : « Ja fusse mariée
860 « Se ne feüst vostre criée ;
« Trouvé l'ay ja trois fois ou quatre.
« Or me convient a vous debatre ;
« J'ay fait chetive porteüre. »
Et puis maudit l'engendreüre
865 Et leur dit que en leur despit,
Sans mettre terme ne respit,
Un a mari en prendera
Qui ses drois bien lui gardera ;
Et tant de marier se haste
870 Qu'elle en prent un qui tout li gaste,
Ses biens despent et dilapide ;
Ja n'y tendra ne frein ne bride ;
Tant com elle ait riens en grenier,
N'y lait ne maille ne denier,
875 Terre ne vigne qu'il ne vende,

844 *MI* Je ne f. ; *F* oustre. — 846 — *D* (fº 18 vº) *rubr*. Comment les femmes nouuellement vesues se portent. — 848 *A* La f. av. et puis a. ; *C* en auant. — 851 *manque D* ; *MI* Ceste. — 855, 56 *manquent A*. — 857 *B* Celle. — 858 *AI* tenant *F* taisant. — 860 *A* Se ce ne f. v. c. ; *CD* Se ne f. v. c. *M* Si ne f. v. c. ; *B* f. pour v. c. ; *F* par v. c. — 861 *A* Trouuai. — 864 *C* lagendreure. — 866 *F* Sans riens y m. ne r. — 867 *A* Ung en son m. en prendra ; *D* aprendra. — 870 *AB* lui ; *DLM omettent* li. — 874 *A* Ni lait chose nulle ; *AC* lait *BDF* laist ; *D* me m.

950 Et qui previse mortis fugit omnia tacta.
Heu ! cur non habui doctorem qui michi primo
Hec premonstrasset ? Non essem stratus in ymo.

Dum jacet in feretro   conjunx, uxor lacrimando   fº 15 rº.
Cogitat ante, retro,   cui nubere, quomodo, quando
955 Post spatium tridui   poterit ; mos est mulierum.
Et si forte sui   pueri querant sibi rerum
Patris semissem,   fit eis contraria mater,
Dicens : « Ecce, quater,   miseri ! jam nupta fuissem,
« Si non essetis.   Maledicta sit hec genitura !
960 « Nam vobis spretis   capiam mea qui bene jura
« Integra servabit   contra vos. » Mox capit unum,
Non opportunum,   sed qui bona dilapidabit,

Après 952 *rubr*. dans le texte : *De mulieribus noviter viduatis qualiter se gerunt.*

Ne maison, que tout ne despende.
Lors, quant ainsi se voit atteinte,
A ses enfans en fait complainte,
Et pour son premier mari pleure.
880 Tels lermes, se Dieu me sequeure,
Qui blasment les maris derrains,
Condampnent la chaleur des rains ;
Excuser ne les puet frivole.
Je croy qu'il n'est femme si fole
885 Com vefve femme reparée ;
Ne se tient pas pour esgarée ;
Souvent se renouvelle et change
Et prent cheveleüre estrange.
Elle se paint, elle se pigne,
890 Elle se farde, elle se guigne,
Maintenant veult, or ne veult mie,
Or amie, or est ennemie,
Or tence l'un, or tence l'autre,
L'un fait d'or et l'autre de piautre.
895 Et ja soit ce que par usage
Pluseurs y payent le musage,
Toutesfoys elle est trop rubesche :
La fleur lait et prent la flamesche ;
En ce se monstre nice et sote ;
900 Elle resemble l'escharbote,
Qui guerpist l'odeur des fleuretes
Et suit le chemin des charretes ;
Es estrons des chevaulx se boute ;
Et aussi com la louve gloute
905 Prent toujours des louveaux le pire,
Aussi seult vefve femme eslire.
Las ! jadis estoit aultrement.
Un an y avoit proprement
Que femme son mari plouroit
910 Et en lugubre demouroit.
Or n'y a mais trois jours d'espace ;
Ou se plus, quérés qui le face !
Car si tost com son premier homme
Prent par mort son derrenier somme
915 Et est boutés dedens la terre,
La femme commence la guerre,
Ne ja nul jour ne cessera

880 *F* Telles. — 883 *M* le p. — 889 *C* peigne. — 890 *C* gneingne. — 891 *CDM* v. or m.; *CDLMI* maintenant m. (*I* nye). — 892 *AB* Or ayme; *A* et or *M* ores. — 894 *A* lautre fait. — 897 *AD* Toutesfois elle est *B* Toutesuoies elle est *CF* Toutesuoies est elle *M* Toutesuoies est trop elle r.; *A* rublesse *CM* rabesche. — 898 *AB* laisse *DM* laist. — 900 *C* le char botte. — 901 *B* lordeur. — 906 *A* sceit f. v. e. — 912 *A* Se pl. a q. *B* Et se pl. q. *M* pl. y a q.; *CL* quam le f. *D* quon le f.

    Nummum post obolum,   terras et tigna domorum.
       Post queritur pueris   sponsum lugendo priorem
965 Hec lacrimis veris,   renum damnatque calorem.
       Bestia tam fatua   non credo quod inveniatur
Usquam quam vidua,   quando noviter reparatur.
Pingens se renovat,   alienos fertque capillos.
Vult, non vult et ovat,   istos quia taxat et illos.
970 Tandem per morem   licet optet quilibet illam,
Dimittit florem   semper capiendo favillam,
Instar scrabonis, qui post flores ad equinum
Stercus se transfert ; morem retinetque lupinum.
    Ha ! pro morte viri lugenda janque dabatur
975 Annus ; sed luctus hodie nondum triduatur.
    Immo, viro primo tumulato querit habere

972. *Instar*, ms. *Instrar*.

Jusques un autre en trouvera
Qui li puist ses bas rembourrer,
920 Car seule ne scet demourer.
Et ne cuidiés pas qu'elle porte
Noire robe qui pleur enhorte!
Ains vestira robe de soye,
Pour monstrer quelle soit de joye.
925 C'est honte, ne sçay que puet estre.
Il n'y a ne frein ne chevestre
Qui ja la peüst retenir.
Tousjours veult aler et venir;
Jamais ne la tendroit close hom
930 Ne en chambre ne en maison.
Par tous lieux veult estre veüe,
Tant est de chaleur esmeüe.
Les vefves par ardeur effrontent,
Sur les maisons rampent et montent
935 Aussi com les raines d'Egipte;
N'ont cure de lit ne de giste

S'il n'y a masle avecques elles;
Qui cuidast qu'elles fussent telles?
Saint Acaires ama mieulx estre
940 Des dervés et hors du sens quiestre
Que des vefves avoir la garde.
Il ot droit, qui bien y regarde.
Dervées sont et sans lien,
Si n'en voult estre gardien;
945 Les vefves sont de put affaire,
Mais fol lié ne puet mal faire.

Les femmes quierent les eglises;
Parées de diverses guises
S'en vont monstrant parmi la voye:
950 Chascune veult bien qu'en la voye.
Mais les reliques n'aiment gueres,
Les fiertres ne les saintuaires,
Non font elles le crucefix,
Car les cuers n'ont pas en ce fix.

919 *AB* son bas; *CD* ses biens (*dans D corrigé en* bas) *M* s. rains. — 925 *M* Or est home; *F* scet; *D* le puist. — 929 *M* le; *A* close hom, *les autres* cloison (*L* ciraison). — 933 seffrontent. — 935 *A* roinez *F* roynes; *C* degiste. — 938 *M* Qnil. — 939 *F* acuaires. — 940 *ABCD* maistre *F* quiestre *M* estre. — 941 *M* Sil ne. — 946 — *D* (f° 50 v°) *rubr.* Comment les femmes visittent les eglises. — 949 *M* Sanz. — 751 *M* naourent. — 952 *AM* fierez *C* fraitres. — 953 *ABCF* Non *DLM* Ne f.; *AB* les c.; *A* crucefilz. — 954 *B* Car leurs nont; *A* ficz *M* fis.

Femina mox alium, quia nescit sola manere.
Absit quod vestes   lugubres deferat ulla,
Tristitie testes;   sed fertur serica pulla.
980   Proh pudor! in thalamo   vel in ede nequit retineri
Freno vel camo;   vult per loca cuncta videri.
Ardent vesane   vidue, serpunt super edes,
Egipti rane   quales sunt; vix michi credes.
   Nam minus excordis   custos ratione gravatur
985 Quam vidue; cordis   demens, non illa ligatur.
Maluit hinc fatuis   pus sanctus Akarius esse
Quam nostris viduis.   Nequit amens victus obesse.

   Querunt ecclesias   mulieres ut videantur,
Non ut reliquias   videant; nam plus venerantur
990 Ecclesie clerum   lascivum quam crucifixum,
Quam sacra, presbiterum;   cor habent hic, non ibi fixum.

f° 15 v°.

979 *pulla*, ms. *bulla*. — 984 *custos*, ms. *cunctos*. — Après 987 *rubr.* dans le texte: *Loquitur de mulieribus ex qua causa visitant ecclesias.*

955 Plus aiment les clers et les prestres,
Pour ce les sievent en leurs estres;
N'y a nule qui s'en effroye.
Les ribauls y quierent leur proye,
Aucunes en mettent souvines;
960 Ce ne sont pas euvres divines.
Qui en l'eglise venderoit
Un cheval, il se mesferoit;
Mais assés plus est a deffendre
Que femme ne s'y doye vendre.
965 Elle fait de la Dieu maison
Bordel contre droit et raison,
Soubs ombre de sacrifier.
Pour ce ne s'y doit on fier.
Lasses femmes! qui n'ont vergongne
970 De faire si orde besongne,
Que ne deüssent besongner ;
Le dire fait a ressongner.
Les freres des religions,
Venans de pluseurs regions,
975 De l'ordre noire, blanche et bise,
Nostre Dame en sa grant eglise,
Celle des Champs, et saint Wystace,
Et saint Victor dedens sa chasse,
Les Quinze Viiis et saint Anthoine,
980 Les pardons cardinal Lemoine,
Saint Bernard et saint Honoré,
Le chevalier au frein doré,
Ou sepulcre de la grant rue,
Et saint Meyrri a col de grue,
985 Et saint Bon de bonne fortune,
Et saint Loup et sainte Opportune,
Saint Christofle, sainte Marine,
Saint Pol et sainte Katherine,
Saint Souplis, sainte Genevieve,
990 Saint Gervais, saint Jehan en Greve,
Saint Jaques de la boucherie,
Eloy de la savaterie,

958 *M* r. qui q. — 966 *ABL* contre dieu et r. *M* contre et r. (*il manque un mot*) *CDF* c. droit et r. — 969 *D* Laisse; *L* omet femmes. — 971, 72 *intervertis dans M.* — 975 *C* lorde. — 977 *F* Celler. — 980 *tous les mss.* p. du c.; *A* c. moigne. — 983 *F omet* grant. — 990 *mss.* et s. j. — 992 *A* Saint e. de chaueterie *BCDF* Eloy de la s. (*n'ont pas* saint) *M* Et saint e.; *D* chauaterie.

Querit in ecclesiis leno Veneris sibi predam,
Venales sociis quoniam prostant ibi quedam.
Si quod in ecclesia jumentum prostituatur
995 Vel vendatur ibi, nimis absurdum reputatur.
Sed magis absurdum reputo dum prostituit se
Venalem mulier ibi. Quid fit turpius ysse?
Prostibulum facit ipsa domum Domini, licet are
In templo velle fingat se sacrificare.
1000 O! muliebre nephas! invadere nonne vereris
Que vix dicere phas est? Cur ibi talia queris?
Fratres et sancta Genovepha, beata Maria
De campis, sanctus Maurus, solemnia dya
Festaque sanctorum, benedictio, si bene censes,
1005 Hec nostras dominas corrumpunt parisienses.
Hic loca ponuntur, mechus venit obvius ipsis;
Que supponuntur loculis in tramite fixis.
Me testem super hiis facit experientia; verum,
Si plures queris testes, ego do tibi clerum.

Saint Denis au pié de Montmartre
Et ou prieuré de la Chartre,
995 Saint Germain des Pres et d'Aucerre,
Saint Lorens, qui les dens desserre,
Saint Martin et saint Nicolas,
Font a nos dames grans soulas.
La vont les femmes catholiques.
1000 Souvent visitent les reliques
Qui sont en la sainte Chapelle.
Chascune sa commere appelle
Ou autre de son voisinage.
Mieulx leur plaist le pelerinage,
1005 Quant la voye est un peu longnete,
A saint Mor ou a Boulongnete,
Et aucune fois au Lendit,
Qui est en juin, si com l'en dit.
La sont les places designées
1010 Et les journées assignées.
Egistus vient, qui les suppose;
Le surplus gist dedens la glose,

Ce scet on par experience.
S'on l'osoit dire en audience,
1015 Le clergié le tesmoigneroit
Et leurs euvres enseigneroit.
Elles feignent nouveaulx miracles
En moustiers et en habitacles,
Combien que des pardons ne curent.
1020 Mais nouveles voyes procurent
En obeïssant a Venus.
Pluseurs maulx en sont avenus.

Femmes tiennent eschevinage
D'espouser, de concubinage,
1025 Et de Martin et de Sebille,
Et de quanqu'on fait par la ville.
Tout est au moustier recité,
Soit mençonge, soit verité.
L'une, qui fait son mari paistre,
1030 Luy dit, quant il veult estre maistre:
« Fy ! chetif mari, rien n'en as;

999 *M* dames. — 1000 *AM* visitant. — 1002 *manque F*. — 1005 *manque CDLM;
M. après* 1006 : Ou il a belle voye et mette; *AB* longuette *F* loignette. — 1006
L mort; *L* boulogne. — 1011 *C* Et plus y v. *D omet le premier mot (il y a un
blanc) M* Et la v. *I* Et puis vient la. — 1013 *CD* Se scet. — 1022 — *D* (f° 52 v°
rubr. De ce meismes. — 1023 *M* treuuent. — 1026 *A omet* de; *AC* parmi *M*
ou v. — 1031 *A* ny as *B* ne as; *M omet* rien.

1010   Ecclesiis tribuunt miracula cuncta remotis,
Longius ut possint spaciari, nullaque notis.
Non curant veniam   vel sanctos ecclesiarum.
Immo vovent, quoniam   gaudent novitate viarum;
Nam mala plura sub hac umbra fecere frequenter
1015 Plures quas novi. Sed dicere nolo patenter.
More scabinatum   chorus exercet mulierum
Ecclesiis; iterum   dico quod in ore relatum
Est ibi : quitquid agit   populi pars maxima ville,
Qualiter hic satagit   cum Berta, qualiter ille
1020 Cum Sarra; fari   fons est et origo novorum
Phanum; tractari   solet illic morsque virorum.
Hec inquit : « Phy, phy!   quod vir michi predominetur! f° 16 r°.
« Sunt mea cuncta, ciphy   cum nummis, si famuletur
« Ipse michi, quippe   quia mox sibi preparo litem,

1014 *frequenter*; le copiste avait écrit d'abord *sequenter*.

« Tous sont miens, coupes et henas,
« Or, argent, joyaulx et vaisselle. »
Puis luy va baisier la maisselle,
1035 Bouche et menton tout environ ;
Le cul li met en son giron,
Pour plus a son subgiet atraire.
S'il n'obeïst com debonaire,
Aux commandemens qu'on li baille,
1040 Il avra tençon et bataille.
Ainsi tiennent souvent leur senne
Agnès, Bietrix, Berte et Jehanne.
La n'est entre elles rien celé,
La est le secret revelé.
1045 La devient chascune maistresse
D'estre jangleuse et tenceresse.
Trop mieulx seroit du remanoir
Et filer dedens leur manoir.
L'une veult amer par luxure,
1050 L'autre a son mari fait injure ;
Dire ne scay, se m'aïst Dieux,
Laquele de ces deux vault mieulx,
Ou la femme luxurieuse
Ou la moulier injurieuse.
1055 Ou voit que femme qui fornique
Seult faire a son mari la nique ;
Bien le scet chuer et flater
Et aplanoyer et grater,
Et, en decevant, par coustume
1060 Le blandist et oste la plume ;
Et l'autre en mi le vis luy crache,
Le fiert et ses cheveux esrache,
Et luy fait souffrir tant de coups
Que mieulx luy vaulsist estre coulx.
1065 Un vaillant acteur nous recite,
Que femme qui mari despite
Vault pis et plus est felonesse
Que n'est tigre ne leonesse.

Les femmes sont trop merveilleuses
1070 Et par nature semilleuses ;

1033 *F* Or et a. — 1041 *M* treuuent. — 1042 *FM* beatrix. — 1050 *A* forment jure. — 1052 *F* le m. — 1056 *A* Fait a son bon mari. — 1057 *A* couer *B* tirer. — 1060 *F* lui oste ; *C* hoste. — 1064 *M* li venist ; *F* coulps. — 1065 *C* racite. — 1066 *F* son m. — 1068 — *D* (f° 53 v°) *rubr*. Comment femme veult que le mary lui obeisse.

1025 « Me gremio quippe   ponens, nisi se michi mitem
« Det pro velle meo. »   Tunc altera : « Sic agitare
« More virum soleo,   lites pugnasque parare. »
Si qua novella modum   rixandi nesciat, ista
Per dictam synodum   statim fit summa magistra.
1030 Sic, mediustidius,   est quod mea sponsa moretur
In thalamo melius   quam quod per templa vagetur.
Non mecharetur   tamen, utpote frigida turpis,
Sed rixaretur   rediens. Quis enim patitur pis ;
Aut vir rixose   conjunx aut luxuriose ?
1035   Esset quam mecham   pejus tibi dicere nequam ;
Servit mecha viro,   bello necat altera diro.
Excutit hec plumas, trahit unguibus illa capillos.
Quam pugnis cedi mallem decies fore wilhos.
De nequam recitat quidam laudabilis auctor
1040 Quod gravis illa viro fit et orba tigride pejor.

1025 *Me*, ms. *In*. — 1027 *pugnasque*, le signe de *que* s'y trouve deux fois. — 1030 *mediusfidius*, ms. *mdeusfidius*. — 1034 *cunjunx aut*, ms. *aut conjunx*. — Après 1040 *rubr. Quod mulieres ex natura sua nituntur scire omnia virorum secreta.*

De tel condicion sont toutes.
Elles veulent sçavoir les doubtes,
Les temps, les momens et les poins 1095
Par lesquels sont les homes poins,
1075 Et les causes parfondement,
Du chief jusques au fondement,
Ou, pourquoy et en quel maniere,
Quoy, comment, avant et arriere, 1100
Dont vient, ou fu, tout a leur aise.
1080 S'il advient que l'homme se taise,
La femme luy imposera
Que mauvais avoutre sera,
Et luy fera souffrir ahan, 1105
Posé qu'il fust un saint Jehan.
1085 Dont je viengne et ou que je voise,
Je ne puis eschaper sans noise.
Perrette veult et si commande,
Que je responde a sa demande;
Les causes enquiert de ma voye; 1110
1090 Mais ne cuidiés qu'elle me croye,
Pour excuser ne pour jurer.
Certes, j'ay dur a endurer;

Moy desment a chascune pause;
Et puis elle faint autre cause
Et me met sur autre chemin.
On ne pourroit en parchemin
Descripre le mauvais malice
De leur desroy ne de leur vice.
Brief, toutes sont teles trouvées.
Mais quant ne sont prises prouvées,
Ja leurs maris rien n'en sçavront,
Tousjours droit pour elles avront;
Posé que bien soyent veües,
Faingnent les choses non sceües;
Trop bien se scevent excuser
Et leurs maris faire muser.

Quant il y a chose secrete
De cy jusqu'en l'isle de Crete,
Il convient que femme le sache.
Lors prent son mari, et le sache,
Et le maine desur le lit,
Et feint que vueille avoir delit;
Lors son mari baise et acole

1071 *DF* teles. — 1073 *C* Les m. le t.; *F* Les t.; *AB* moiens. — 1074 *C* lesquieulx. — 1077 *M* Et p.; *A* ou *B* ne. — 1078 *A* Quant c. av. ou. — 1079 *A* fait. — 1082 *M* avontire fera. — 1085 *AM* Dont je vien; *F* Dont que je v.; *B* et ou je v. — 1090 *M* c. pas. — 1097 *B* la m. — 1098 *A* desfroy. — 1099 *BM* sont toutes. — 1100 *D* prise trouuees. — 1102 *B* elle. — 1106 — *D* (fº 54 vº) *rubr.* Comment femme desire sauoir ce que son mary scet. — 1108 *CM* jusques. — 1111 *F* lamaine *CD* la maine. — 1113 *C* acoulle.

Nature mire   mulieres sunt, quia cuncta
Nituntur scire   subito, momentaque, puncta,
Indagando, loca,   tempus causasque profunde,
Cui, quid, ubi, quo, qua,   cur, quando, qualiter, unde.
1045 Si vir enim taceat, dicet mulier quod adulter
Est, quamvis ille meritis Baptista sit alter.
Vadam vel veniam,   Petra vult et precipit edi
Causas atque viam   totam. Sed vix mea credi
Possunt verba. Licet   ego jurem per crucifixi
1050 Corpus, mox dicet   quod ego mendacia dixi;
Postea fingit iter   aliud causas aliasque.
Ut loquar hic breviter,   tales fore judico quasque,
Quod sua facta viris   nonquam dicunt nisi visa,
Fictis tunc miris,   sponsorum voce recisa.

Et luy dit par fainte parole :
1115 « Je ne sçay que l'omme ressoingne ;
« Car, si comme Dieu le tesmoingne,
« Pour femme laisse pere et mere;
« C'est tout un, si com je l'espere,
« C'est une char; bien est possible;
1120 « Car d'un lyen indivisible
« Dieu les lia et les conjoinst,
« Pour estre ensemble plus fort joint.
« Doncques doit bien tout home faire
« Quanques a sa femme doit plaire. »
1125 Adonc luy gravonne le chief,
Et puis le baise de rechief,
Et par dessoubs luy se souvine,
Et, courbant les reins et l'eschine,
Le vaisseau charnel luy apreste,
1130 En disant : « Je suy toute preste
« De faire quanque tu commandes ;
« Prouvé est, se tu le demandes.
« Je te pri doncques que mien soyes ;
« Tout un sommes, et toutesvoyes,
1135 « Si com Dieu dit, vueilles, non vueilles,
« Tu es mien, quoy que tu t'en dueilles,
« Par raison, si com il me semble. »
Et quant ils approuchent ensemble
Et elle sent bien par l'arsure,
1140 Que l'omme se muet a luxure,
Lors se joint a luy pis a pis,
Non obstant sarge ne tapis,
Et luy dit : « Vecy, je te donne
« Tout quanque j'ay, je t'abandonne
1145 « Et cuer et corps et tous mes membres ;
« Si te pri que tu t'en remembres,
« Tu es mon mari et mon sire.
« Or me di ce que je desire ;
« Dire le pues hardiement ;
1150 « Certes, Dieu scet bien se je ment.
« J'ameroye mieulx a grief peine
« Mourir de male mort soudaine,
« Que je tes secrés revelasse.
« Jamais ne le feroye, lasse !
1155 « Tu sces bien quele m'as trouvée ;
« Par pluseurs fois m'as esprouvée ;
« Mon doulx ami, mon homme sage ;
« Or me di, pourquoy ne le sçay je ?
« Quanque tu sces doy je sçavoir.
1160 « Ja autre ne le sçara voir. »
Lors le rembrace et le rebaise
Et l'aplanoye et le rapaise.
Elle le blandist et le flate,
Jouxte luy se joint toute plate ;
1165 Puis luy dit : « He ! que je suy fole
« Et chetive, quant ma parole
« Ne prises et que n'en tiens compte !
« Lasse ! bien doy avoir grant honte,
« Quant amours ainsi me desvoient.
1170 « Se mes voisines le sçavoient,
« A bon droit seroye fustée,
« Se ceste euvre estoit racontée
« De ce qu'entre nous deux feïsmes.
« Je t'aime plus que moy meïsmes,
1175 « Je fay les autres femmes serves,
« Et tu tes secrés me reserves !
« Et je te di quanque je sçay
« Ne oncques rien je n'en lessay.
« Les autres femmes mieulx se cuevrent,

1117 *C* et p. et m. — 1118 *CDM* Cest tout homme. — 1119 *B* un ch. — 1120 *A* l. si inuisible. — 1122 *AB* Dont il sont ensemble (z) conjoint; *C* Plus estre e. *D* avait la même leçon, mais a changé Plus en Pour; *M* plus j. — 1123 *D* Dont. — 1125 *D* Adoncques ; *M* le g. — 1126 *C* lui b. — 1127 *M* deuant. — 1130 *A* Pour luy faire meilloure feste. — 1131 *C* tant que tu me c. — 1133 *B* mieulx s. — 1135 *AB* ou non. — 1137 *DM* omettent il. — 1140 *A* lomme sesmeut a l, *C* Que se met a la l. *D* Que se met a l. *M* Quil se meut a l. — 1142 *A* la s.; *ACDM* ou t. — 1143 *BM* veez cy; *M* que je. — 1145 *A* Coeur corps et tous mez autrez m. — 1148 *B* se je te d. *C* ce que je te d. — 1151 *CDM* omettent a; *F* grant. — 1153*B* se tes s. — 1155 *M* ma t. — 1158 *AC* omettent le. — 1161 *DCFLMI* lembrace (lembrasse); *A* le baise. — 1162 *A* laplanie *C* la plouoye. — 1163 *F* Et le. — 1164 *CDM* omettent se. — 1167 *A* et nen tiens nul c. — 1168 *A* Certes. — 1174 *ABF* tayme plus *CDM* tayme mieulx.

1180 « Car leurs secrès pas ne descuevrent ;
« Elles sont sages de ce faire.
« Mais je suy fole et debonnaire,
« Quant vers vous ainsi me demaine ;
« Et seule amour a ce me maine. »
1185 Quel est le signe qui plus touche
Que le don de cuer et de bouche?
Se l'omme la veult approuchier,
Elle luy deffent le touchier,
Arrier se trait, le dos luy tourne,
1190 Et pleure comme triste et mourne ;
Semblant fait que soit moult troublée.
Lors est la riote doublée ;
Un peu se taist et puis souspire,
Et en hognant luy prent a dire,
1195 Quant elle s'est un peu teüe :
« Lasse ! com je suy deceüe !
« Je n'en puis mais se je me dueil ;
« Quanque cest homme veult, je vueil.
« Dieux scet que son vueil mien seroit,
1200 « Et il pour moy rien ne feroit.
« Je sçay bien que ce qu'il me cele
« A toutes autres le revele.
« Qui dit que l'omme soit eüs
« Par femme, il ment com deceüs.
1205 « Deceüe suis en ce point :
« Je t'aim, et tu ne m'aimes point ;
« Tu n'es pas mien, mais je suy toye.
« Dont par amour t'amonnestoye,
« Que si grant plaisir me feïsses
1210 « Que ce que je requier deïsses ;
« Car, quanque je sçay te diroye,
« Ne pour mourir n'en mentiroye.

« Lasse ! je suy ta chamberiere ;
« Je vouldroye estre bien arriere,
1215 « Noyée dedens une fosse ;
« La chose seroit par trop grosse
« Que je te pourroye celer ;
« Et rien ne me veulx reveler !
« Je te ser si comme seigneur,
1220 « Comme tres bon ou un greigneur,
« Et tu me fais la sourde oreille !
« Nostre amour n'est mie pareille. »
L'omme s'esbaïst et se pense ;
A l'encontre ne scet deffense,
1225 La malice n'aperçoit mie ;
Si luy dit : « Qu'avés vous, amie ?
« Je vous pri, tournés vous de sça :
« Si courroucés ne fu piesça
« Com je suy de vostre clamour ;
1230 « Je vous aim de loyal amour.
« Il n'est chose qu'aye tant chiere. »
A son mari tourne la chiere
Et puis luy tent bouche et poitrine.
Bien le deçoit par sa dottrine.
1235 Tant ly requiert, tant ly supplie
Qu'il luy dit tout ; si fait folie ;
Car depuis est dame et maistresse,
Et il est serf a grant destresse.
Perrette veult que tout ly die ;
1240 A moy courroucier s'estudie ;
Se je fail, croire m'en poés,
Traitié suy si com vous oés.

Homs qui o femme s'acompaigne,
Est si chargiés de sa compaigne

1184 *CF* seul ; *M* a tous. — 1185 *A* Car cest. — 1186 *B* Qui ; *A* le don, *les autres* de don. — 1187 *CDM* le. — 1188 *BCDMF* la t. — 1194 *B seul* huignant *A* grignant *CDFM* rungant (rongant). — 1204 *C* il mont. — 1205 *A* Deceu suis je *CD* De ce suis *M* De ce suis je. — 1212 *A* ne men tairoie. — 1219 *F* ser ; *AB* comment (come) mon s. — 1236 *A* Qui l. *C* Si l. *DM* Que l. ; *CDMFI* omettent tout (*I* en f. grant f.). — 1237 *F omet* dame et. — 1240 *AC* sestudie, *les autres* estudie.— 1242 — *D* (f° 56 v°) *rubr.* Coment home marie ne puet vacquer ou seruice nostre seigneur.

1055 Uxorem vir habens Domino raro famulatur ; f° 16 v°.
Partibus occiduis ideo non presbiteratur.

Après 1054 *rubr. Quod vir conjugatus propter onera conjugii vacare non potest dei servitio.*

1245 Qu'a Dieu gueres servir ne puet;
Ailleurs entendre luy estuet.
Le cas est assés evident;
Dont, es parties d'Occident
N'y a prestre qui femme tiengne,
1250 Que inconvenient n'en viengne.
Comment puet homs a Dieu servir
Qui femme se veult asservir?
Envis, selon m'entencion,
Y puet avoir devocion;
1255 Car tousjours a plus de mil cures,
Qui ly sont grieves et obscures.
Empeschiés est en sa pensée :
Il veult complaire a s'espousée :
Querir luy fault vestir et vivre;
1260 Et si n'est pas pour ce delivre;
Il convient penser du mesnage;
Souvent est troublés en courage,
Souvent y a entre eulx discorde.
Droit canon dit, que mal s'acorde

1265 La harpe o le salterion.
Si fait Robin a Marion.
Homs sans femme puet mieulx entendre
A servir de cuer souple et tendre
Nostre Seigneur en sainte Eglise
1270 Que ne fait cil qui femme a prise.
Pour ce jadis s'en escondi
Un marié, qui respondi :
« Je ne puis aler a la cene
« Ou Dieu nous appele et assene,
1275 « Car je suy de femme espousés;
« De maulx liens me suy housés. »
Ceste cene nous senefie
Souper en pardurable vie.
A la table de paradis
1280 A peine en y avra il dix
De ceulx qui ainsi se marient,
Puisque femmes les contrarient.
Liseur, pour qui je me traveille,
Enten ces mos, ton cuer esveille !

1245 M Car. — 1246 D Ailleurs leur e. e. — 1250 A il nen v. — 1252 AM Qui a f.; A v. a.: les autrs mss. Qua f. se v. a. — 1255 CDL mal c. M males. — 1256 C devenuz o. D deuenes o. L dures et o. M deues et o. — 1263 CDLMF ont ici vs. 1264. — 1264 CDLMF Le tympanon (timpanam) ou (au) decacorde. — 1265 ABCDL ou le s. M h. au saltarion; A sartrelion L serterion. — 1266 A Avecques trompes et bedon; CD ou m. — 1271 A se e M sen e. — 1273 F ceine. — 1274 M acene. — 1276 M Des m. — 1277 M senne. — 1280 FM omettent il.

Qualiter intentus Domino famulabitur ille,
Cum variis curis agitetur mens sua mille,
Ut sponse placeat? Victum, vestes dominique
1060 Preparat, innumeris rixis tractatus inique.
Hec ideo canon duo concordare stupescit,
Cum chitara quod psalterium bene ludere nescit.
   Vir sine conjuge que Domini sunt cogitat atque
Diligit, ut Paulus ait experientia datque.
1065   En uxoratus sic respondit : « proficisci
« Ad cenam magnam nequeo, sponsam quia duxi. »
Ecce, per hanc cenam celorum significatur
Regnum; sicut enim Domino testante probatur.
Ergo, lector, in hiis tibi corde cave vigilanti,
1070 Nec michi, sed Domino credas hoc testificanti.

1062. Ce vers avait été omis, a été rétabli par le copiste à la marge; *psalterium*, ms. *pslaterium*. — Après 1070 rubr. *Quod mulieres naturaliter sunt inobedientes*.

1285 Ne m'en croy, ne point ne t'y fie,
Mais croy Dieu, qui le certifie.

La femme d'obeïr n'a cure,
Ains est de contraire nature;
Tout quanqu'on luy deffent veult faire;
1290 Prouvé est par maint exemplaire.
Uns homs, qui fu de grant prudence,
En voult faire l'experience,
Pour sçavoir qu'il en advendroit.
Mais il pecha en son endroit.
1295 Pur venin quist et amassa
Et le destrempa et brassa
En un vaissel secretement.
A sa femme dist proprement :
« Je te deffen que tu n'approuches
1300 « Ce vaisselet, que tu n'y touches ;
« Si tu en goustes, tu mourras,
« Ne ja eschaper n'en pourras. »
Puis s'en ala en ses affaires.
Et la femme n'atendi gueres ;
1305 Point ne redoubta le faissel.
Seule s'en ala au vaissel
Et en but contre la deffense.
Ce luy fu mortelle despense,
Elle en mouru soudainement.
1310 Dont je requier Dieu plainement,

Que les autres ainsi perissent,
Qui a leurs maris n'obeïssent,
Et que toutes après s'en aillent,
Afin que les riotes faillent.

1315 Orpheus sçavoit la theorique
De tous instrumens de musique.
Sa femme, Erudix appelée,
Estoit en enfer hostelée.
Orpheus, pour ravoir sa consorte,
1320 Ala vers enfer, a la porte.
La monstra sa menestrandie
Et joua par grant melodie.
Quant le roy d'enfer l'entendi,
A Orpheus sa femme rendi,
1325 Mais ce fu par tele maniere,
Que, s'elle regardoit derriere,
Que retourner la convendroit
Et que jamais n'en revendroit.
Orpheus luy disoit : « Doulce amie,
1330 « Je vous pri, ne vous tournés mie ! »
Erudix griefment perdi en ce
Que ne voult faire obedience
Et enfrainst la condition
Encontre l'inhibition.
1335 En tenebres fu remenée
La fole, de male heure née.

1286 — *D* (f° 57 v°) *rubr.* Comment les femmes sont inobediens. — 1294 *M* cest. — 1295 *M* Par; *A* print. — 1298 *AB* promptement. — 1301 *M* Dont. — 1303 *AM* a ses a. — 1304 *AB* Mais. — 1310 *A* pry a d. — 1319 *AB* auoir. — 1321 *F* menestrodie. — 1324 *A* La f. a orfeus r. *B* omet A. — 1327 *F* retruder. — 1329 *AB* dit. — 1330 *CDFM* que ne retournes m. — 1331 *F* omet perdi. — 1335 *AC* ramenee. — 1336 — *D* (f° 58 v°) *rubr.* De ce meismes.

Non paret sitiens   vetitum mulier. Recitatur,
Quod quidam sapiens,   an sic sit ut experiatur,
Sponse clam posito   dicit sub vase veneno :
« Ne pereas, fugito   vas hoc, et sis sine freno
1075 « In reliquis. » Vir abit,   illa sola remanente,
Que mox vase bibit;   dempto perit inde repente.
Sic pereant, pereant   alie, parere maritis
Nolentes! pereant,   ut desint tedia litis.
Orpheus a baratro   sponsam traxit cytharedus,
1080 Sed detrusa retro   fuit, appositum quia fedus
Fregit stulta cito   contradicente marito.

Un roy poissant et renommé,
Assuérus estoit nommé,
Qui regna en Perse et en Mede,
1340 Oncques ne pot mettre remede
Que sa femme, pour sa puissance,
Luy voulsist faire obeïssance.
Vasty avoit nom la roïne ;
Par orgueil tourna en ruïne.
1345 Le roy fist un jour moult grant feste ;
Couronne d'or mist sur sa teste ;
La fu moult grant la baronie ;
Chascuns y mena sa maisnie.
Vasty par grant solemnité
1350 Celebroit sa festivité.
Avec elle les dames furent,
Parées si comme estre durent.
Le roy l'y manda que venist
Et compagnie luy tenist,
1355 Pour faire la feste valoir.
Vasty mist tout en nonchaloir,
Ne voult aler a sa semonse.
Quant le roy oï la response,
Comment elle luy refusa,
1360 Envers ses barons l'accusa ;
A eulx se plaint de s'espousée ;
Par leur conseil fu deposée ;
Hors du royaulme la bouterent,
Aux autres exemple monstrerent,
1365 Pour l'orgueil des femmes plaissier
Et pour leurs cornes abaissier,
Qui font les homes esblouer.
Et pour ce doit on bien louer
Tous ceulx qui par leur industrie
1370 Ont de leurs femmes la maistrie.
Mais on en treuve peu en France ;
Les hommes y sont en souffrance,
Et les femmes y seignourissent
Et commandent et establissent.
1375 Las ! au royaulme trop a blasme
Qui euvre par conseil de femme ;
Trop a de maulx en leur embuche ;
Le roy chiet, le peuple trebuche,
Tout y va a perdition,
1380 A mal et a destruction.
Eve plus tost la main tendi
Au fruit que Dieu li deffendi,
Que s'il abandonné l'eüst
Et que du prendre li leüst.
1385 La femme Loth mal se garda,
Quant par derriere regarda
Sodome, la cité bruïe,
Dont ele estoit hors affuïe.
Un ange, qui les conduisoit,
1390 De par Dieu la femme induisoit,
Que plus illec ne sejournast
Et que point ne se retournast,
Que mal n'en venist prestement.
Contre son amonnestement
1395 Retourna pour veoir la flamme ;
Roide devint come une lame

1337 *F* omet et. — 1339 *CDFM omettent* en. — 1345 *F* mon g. — 1347 *A* fu la noble b. *B* moult noble b. *F* grande b. — 1349 *C* felloniete. — 1350 *B* sa f., *les autres* la f. — 1352 *A* elles d. — 1353 *M* la m. — 1358 *BM* sa r. — 1361 *FM* despousee *C* de se e. *D* de cest e. — 1361 *DFLM* exemples. — 1376 *D* Quant ; *F* p. le c. — 1377 *M* bouche. — 1379 *F* perdicon. — 1381 *A* La femme p. t. m. t.; *B* Que p. t. la. — 1384 *F* li eust *M* le lieust. — 1395 *CDM* place *B* fame. — 1396 *C* glace (*DM* lame).

Eva per illicitum fructum probat insaciata
Quod mulier vetitum cupiat faciatque negata.
In salis effigiem divina potencia mutat
1085 Sponse Loth faciem, quoniam parere refutat,
Aspiciendo retro comburi criminis urbem.
Aera ne turbem, non claudo cetera metro.

Et fu muée en une pierre.
Ce seroit grant bien, par saint Pierre,
S'ainsi devenoient roidies
1400 Les femmes plaines de boidies.
Quant bien ne veulent retenir,
Ainsi leur puist il advenir !
Je le di pour Perrette seule,
Et pour avoir paix a sa gueule,
1405 Et pour les autres mal aprises.
De cest vice sont si esprises
Qu'on ne les en pourroit oster.
Et pour ce fait bien a noter,
Que la femme est de tel merrien
1410 Que pour l'homme ne fait mais rien,
Mais en despit de luy fera
Quanque il luy deffendera.

Ainsi com le sens me varie,
Ma parole me contrarie,
1415 Disant que femme est envieuse
Mesdisant et malicieuse.
Qui vouldra savoir la convine
D'une femme ou de sa voisine,
Si die qu'elle est bonne et belle,
1420 Doulce, simple, plaisant et telle
Qu'on la doit louer et amer ;
Par les autres l'orrés blasmer
Et ses vices ramentevoir.
Lors fait envie son devoir ;
1425 Celle haïne est vil et orde ;
Il n'y a cele qui ne morde,
Quant des autres oient bien dire ;
Tant sont pleines d'envie et d'ire.

1399 *M* roides. — 1400 *F* Le f.; *A* bourdies *DL* bourdes *M* boides. — 1406 *A* ces; *AB* vices. — 1407 *CF* omettent en, dans *C* en *a été rétabli plus tard*. — 1409 *A* mesrien *CD* marrien *F* merrain *M* merrem. — 1412 *A* Trestout ce quil l. deffendra *B* Tout ce quil; *C* on l. — *D* (f° 60 v°). *rubr.* Comment les femmes sont enuieuses. — 1414 *C* contralie. — 1422 *CD* Pour. — 1425 *BM* viz *C* vix et ordre *D* vil *F* vils. — 1426 *C* quil.

Sic utinam petra   fieret quecunque rebellis !
Dico pro Petra,   quia tunc essem sine bellis.   f° 17 r°.
1090 Taliter innatum   dictum facinus mulieri
Est et mussatum,   quod jam nequit inde moveri.
Si vir vult quod agat   uxor sua quid, prohibeto
Illi ne faciat,   id aget mox conjuge spreto.
Quod scio testificor, si fas est dicere verum.
1095 Ut semper faciant vetitum mos est mulierum.

Ut varior, varie   sermo meus hic variatur.
Claves invidie   mulier gerit. Ecce probatur.
Si vicium scire   vis cujusdam mulieris,
Hanc aliis mire   fore dignam testificeris.
1100 Mox hujus vicia   dicent alie tibi, mote
Invidia nimia ;   presertim compatriote
Sese dente solent   mordaciter alterutratim
Rodere, quippe dolent   propter preconia, statim

Après 1095 rubr. *Quod mulieres sunt invide.* — 1102, alterutratim, ms. alteruratrim.

Chascune het en verité
1430 De l'autre la prosperité.
S'il y a une coustumiere
De seoir au moustier premiere
Ou d'aler devant a l'offrande,
Il convient qu'ele soit bien grande,
1435 Se son fait vouloit frequenter
Sans rioter ne tourmenter.
Souvent grans batailles en sourdent;
Celles qui d'envie se hourdent
Ne veulent pas ainsi souffrir
1440 Que premiere deüst offrir.
Et qui veult paix, si se pourvoye
Que, quant femmes vont par la voye,
Que son salut ne rende a une,
Mais salutacion commune
1445 Face a toutes en audience,
Avec signe d'obedience;
Car qui toutes ne les salue,
Mauldit sera de fievre ague.
Il n'est femme qui soit en vie
1450 Qui sur pareille n'ait envie;
A ce nature les encline.

Chascune cuide sa voisine
Mieulx parée, dont il li poise;
Au mari en revient la noise.
1455 « Chetif mari, » ce dit la femme,
« Tu as grant honte et grant diffame,
« Quant tu me tiens ainsi vestüe
« Que je n'os aler par la rue. »
Lors pleure, non mie de cuer.
1460 Le mari li dit : « Doulce suer,
« Qu'avés vous qui ainsi plourés?
« Pourquoy ainsi vous acourés? »
— « Certes, sire, j'ai bien raison;
« Je demeur nue en la maison,
1465 « Et mes voisines sont ornées,
« Bien et noblement ordonnées.
« Se ce qu'a moy affiert eüsse,
« O les greigneurs estre deüsse;
« Si me convient ainsi remaindre,
1470 « Et semble que soye la maindre. »
Or est il doncques necessaire,
Que le mari li face faire
Robes, et joyaulx aprester;
Car il n'oseroit contrester,

1433 *M* premiere. — 1436 *M* ou en t. — 1440 *DM* premier; *F* voit o. — 1448 *A* soit il. — 1449 *C* quil. — 1450 *B* Que; *B* naist *CDM* neust (dans *C* ce vers est au bas de la page). — 1454 *C* rendent. — 1458 *C* seul noz, les autres nose; *CDM* omettent la. — 1462 *DMI* atournez. — 1464 *A* demeure n. en m. — 1465 *BCDLMF* aournees. — 1466 *A* Et bien et n. parees. — 1470 *F* je soit. — 1474 *F* ilz noseroient.

Fingentes mira;   faciunt hec livor et ira.
1105 Semper in alterius prosperitate dolet
Uxor, et injusto carpere dente solet.
Est livor nimius   mulierum; cuique videtur
Quod sua nobilius   semper vicina paretur.
Damnat ob hoc sponsum,   cui dicit : « Vir maledicte,
1110 « Ausa foras non sum   proficisci. » Postea ficte
Plorat. « Pulcra soror   mea », dicit vir, « quid habetis? »
— « In lare nuda moror;   vicinam quanque videtis
« Nostram nobiliter   ornatam; grandior esse
« Deberem, breviter,   ego sum minor. » Inde necesse
1115 Est, aut ut vestes uxori comparet ille,
Aut quod quottidie patiatur jurgia mille.

1109 *sponsum*, ms. *sponsam*.

1475 Pour ce que, s'il y avoit faulte,
La tençon trouveroit trop haulte.
De la chanvre et du lin estrange
Vourroit chascun jour faire change,
Et dit souvent, que c'est merveille,
1480 Qu'a sa voisine n'est pareille
Et que sa vache a meilleur pis ;
Ce dit quant ne scet dire pis.

Femmes, ce nous dit l'Escripture,
Sont toutes de froide nature.
1485 Le froit estreint, c'est chose clere ;
Doncques est toute femme avere
Et fondée sur avarice.
N'y a brehaigne ne nourrice
Qui soit point plus froide du masle.

1490 Lau nostre droit de femme parle,
Pour trop avere la tesmoingne.
Il ne luy chaut, mais qu'on luy doingne ;
De ceulx qu'elle tient en ses bras
Veult avoir l'argent et les dras,
1495 Voire de son appartenant ;
Ou ele est tele et si tenant,
Qu'autant se vouldroit esforcier
D'une pierre au doit escorchier
Com de tirer de sa gaïne
1500 Denier, maille ne poitevine.
Pour petit don consentira
Aux rogneus et escondira
Un noble et luy sera rebourse.
Elle aime mieulx la bonne bourse
1505 Que ne fait celuy qui bien l'aime

1476 *A* tourneroit bien h. *M* commenceroit h. — 1477 *A* De la tenchon et lien. — 1478 *F* pour ; *AB* eschange. — 1480 *BFI* Que. — 1482 — *D* (f° 61 v°) *rubr.* De auaricia. Comment femes sont auaricieuses et conuoiteuses. — 1486 *A* Or dont *B* Doncques *CDLMFI* Dont (*vers de 7 syllabes*). — 1489 *B* marbre. — 1490 *A* La ou le d. ; *F* des femmes. — 1491 *F* Pour cho. — 1497 *F* vauroit. — 1504 *M* m. aime. — 1505 *F* mieulx ; *A* b. aime.

Alterius lina   taxans canabumque gravatur,
Cum res vicina   semper melior videatur.
Fertilior seges est alienis semper in agris
1120   Vicinumque pecus grandius uber habet.

Frigida cum mulier natura debeat esse,
Et frigus stringat, est quod sit avara necesse ;
Quod sit avara scio. Sed dum bene discutio rem,
Hanc non invenies maribus fore frigidiorem.
1125   Jus iterum nostrum   testatur quod sit avara ;
Cor, pannos, ostrum   raperet si posset ; amara
Est ita, quod potius   digito lapis excoriatur,
Vah ! quam denarius   ex hac vel picta trahatur.
Pro dono modico   scabiosum nobiliori
1130 Prefert mendico,   prefert et munus honori ;
Dummodo sit dives barbarus, ille placet.
Dantis personam   non pensat, sed data dantis ;

f° 17 v°.

Après 1120, *rubr. Quod mulieres sunt cupide et auare*. — 1123 *sit*, ms. *sic*.

Et qui pour vray ami se claime.
Le don prent, du donnant n'a cure.
Telle est l'amour, elle mesure
Le don, combien il vault et poise,
1510 Du cuer de l'amant ne luy poise;
Doncques est elle convoiteuse.
Combien est avaricieuse,
La quinte part n'en puis retraire.
La femme scet l'art pour atraire
1515 Et pour les hommes attraper
Et pour leurs richesces haper.
Car se l'omme veult habiter
Avec femme pour deliter,
Quant elle sent la bourse plaine,
1520 Lors joyeusement se demaine;
Pour l'argent cent baisiers li donne,
Langue, reins, cuisses abandonne
Au jeu mouvoir et exciter.
Si n'en vueil plus cy reciter;
1525 Je ne vueil pas qu'on me mauldie
Pour parler de la ribauldie.
Fy, fy d'amours de fole femme,
Dont on pert corps, avoir et ame!
Fy de la delectation,

1506 *C omet* qui. — 1508 *CD* Tel; *C* et la m. — 1509 *F* Du don, *tous les autres* Le don. — 1510 *Tous les mss. ont* corps (*lat.* cor amantis). — 1512 *M* Combien que soit. — 1522 *M* La l.; *CDLMF* cuisse. — 1524 *A* Encor ne vueil tout r.; *F* ne v. cy pl. *M* Cy nen v. pl. r.

Ponderat illa bonam bursam plus quam cor amantis;
Non dantem, sed munus amat; metitur amorem
1135 Ex dono; quantum donat amatur amans.
Ambitionis ego mulierum dicere partem
Quintam non possum; fallaciter invenit artem
Femina qua cupidi carpat amantis opes.
Dum cevens peragit vir opus, sentire crumenam
1140 Ipsa viri satagit; quando scit eam fore plenam,
Tunc ea crissatur, operi quoque tota paratur;
Ut trahat argentum cum lingua basia centum
Donat, opusque citat, linguas et crura maritat;
Post stringit renes ficte suspiria dando.
1145 Sic laqueat juvenes nostrosque senes aliquando.
Et licet absurdum sit verbo dicere levi,
Clunes ungue levi scalpunt, [parat inde(?) cadurdum]
Ut virge socie respondeat illud, et hora
Hore leticie; non cessant, desuper ora.
1150 Inter denticulos simul utraque lingua salivam
Suggit, per modulos suggit, suggit recidivam
Ad linguam, dentes ceventis computat oris
Et barbam cum dente ferit sub spermatis horis.
Prompto post vino potus confertur utrinque
1155 More columbino. Sed cetera, lingua, relinque!

1147 Incomplet dans le ms. *Clunes ungue leui scalpunt;* un lecteur a ajouté *perat inde cardurdum* et a écrit au-dessus *cadurdum scalpunt ungue leui*. — 1152 *ceventis, ms.* tenentis.

1530 Qui tourne a condamnation!
La joye n'est que momentaine,
Perpetuelle en est la paine.
Il vault mieulx parler de Thobie.
Compains amis, or te chastie!
1535 Avise ce que tu estoupes!
Le feu gist dedens les estoupes,
De cruele mort et amere.
Tu vois bien que femme est avere;
Peu en y a qui bien ne vueille
1540 De son chier ami la despeuille.

Excuser me vueil en mes dis
Que des bonnes point ne mesdis
Ne n'ay voulenté de mesdire.
J'ameroye mieulx moy desdire
1545 Qu'estre haï pour fol langage.
Dieux le scet et j'en tens mon gage,
Qu'envers femmes je n'ay haïne
Ne rien n'en di par attaïne,
Fors pour mon propos coulourer.
1550 On ne pourroit trop honnourer
Les bonnes et les vertueuses.
S'aucunes en y a crueuses,
Qui usent de leur cruaulté,

Es autres a tant loyaulté
1555 Qu'a mal faire ne s'offreroient
Ne vilain cas ne souffreroient;
Mieulx ameroient a mourir
Que nul deshonneur encourir.
Se je ment, je vueil qu'en me bate.
1560 Il convient, puis que je translate,
Que je die ou que je me taise.
Pour ce suppli qu'il ne desplaise,
S'en c'est dittié suy recordans
Aucuns mos qui soient mordans.
1565 Car de moy ne procede mie.
N'y a denrée ne demie
Qui ne soit trouvée es histoires
Et es anciennes memoires.
Esbatu me suy au rimer,
1570 Si ne m'en doit on opprimer.

On dit femme luxurieuse :
Parole semble injurieuse,
A entendre de prime face.
Mais, sauve de toutes la grace,
1575 Il convient dire ce qu'on treuve.
Et pour ce que ne soit contreuve,
Exemple vous en sera mis.

1535 *ABCF* escoutes (escouttes) *DM* tu estoupes. — 1537 *A* De tres c. m. a.; *B* c. amort; *C* omet et. — 1538 *AB* amere. — 1540 — *D* (f° 62 v°) *rubr*. Comment il ne veult point mesdire daucunes. — 1546 *A* jentent *BFL* jen tens *C* jatens *DM* je tens. — 1547 *F* femme. — 1554 *F* de l. — 1555 *B* souffreroient; *CD omettent* ne s. (a. m. f. o.); *M* m. f. ne vouroyent. — 1558 *A* Qua. — 1559 *D* mabatte. — 1561 *A* Daucuns. — 1563 *Ll* procedent. — 1566 *A* desree *D* deniee *M* denier. — 1570 — *D* (f° 62 v°) *rubr*. Comment femmes sont luxurieuses. — 1572 *M* Pareille est a femme i. — 1574 *M* tous; *B* leur g. — 1575 *A* i. mettre. — 1576 *M* quon; *AM* ne sceit quon trueue; *C* qu'il ne s. controuue.

 Phy! meretricalis est iste modus coeundi
Non Thobyalis. Phy! delectatio mundi, f° 18 r°.
Que per momentum transis. Sed perpetuatur
Culpe tormentum cui mors sine fine jugatur.
1160 Cur sic ergo cupis, miser, ysse te sociare,
In cujus stuppis latet ignis mortis amare?
Donis semper hiat cupiens quitquid speculatur;
Femina que spoliat homines nonquam saciatur.

Après 1163 rubr. *Quod mulieres sunt luxuriose.*

La roïne Semiramis
Fist la loy a toutes commune,
1580 Que des femmes preïst chascune
Tel mari come il luy plairoit,
Et que ce faire leur lairoit
Sans excepter aucun degré.
A cautele le fist de gré,
1585 Si com l'istoire dit nous a ;
Car son propre fils espousa.
Fy ! ceste loy fu trop honteuse,
Orde, vil et incestueuse.
Et Pasiphe, qui fu roïne,
1590 Soubs un torel se mist souvine,
D'une vache de fust couverte.
Ce fu luxure trop apperte.
Ou simulacre d'une vache,
Ou il avoit une crevace,
1595 La mist Pasiphe sa jointure,
Pour souffrir du tor la pointure,
Aussi come une beste brute.
Raison pour pute la repute.
Sylla fist trop fole envaïe,
1600 Dont elle dut estre haïe
Et en tous lieux deshonnorée.
Pour Minos fu enamourée
Par fole ardeur et par meschief,
Qu'a son pere coupa le chief.
1605 Plus chaude estoit que feu de chaume.
Minos ot Sylle et le royaume.
Pour ce que Sylla fu crueuse,
Effrontée et luxurieuse
Et de perverse renommée,
1610 Est es perils de mer nommée.
Rage n'est de si chaude flamme
Qui attaingne chaleur de femme.
Plus aspre, plus fort est leur rage
Que mal de dens ne autre rage.
1615 Mirra ne doubta vitupere ;
Elle coucha avec son pere
Et souffri la couple charnele
Contre l'onnesté paternele.
Les filles Loth aussi pecherent ;
1620 Avecques leur pere coucherent.
Se Mirra jut avec son pere,

1580 *B* Qui d. f. prinst. — 1583 *B* exempter. — 1586 *M* Quant. — 1588 *B* vilz *ACF* vile. — *Vss.* 1589-1710 *manquent M* (*entre* f° 51 *et* f° 52). — 1590 *A* sous laine. — 1591 *manque F* ; *A* se fust. — 1596 *C* tour *F* tort. — 1598 *F* p. pitie. — 1600 *F* doubt. — 1607 *CDL omettent* que ; *B* sil le. — 1610 *CDL* Cest es p. *A* Et esperis *B* Es p. — 1611 *C* qui si ch. — 1613 *AB* et p. f. — 1614 *A* ou ; *AB* orage, *les autres* rage. — 1618 *A* fraternelle.

  Est sine restauro virtutis luxuriosa ;
1165 Juncta probat tauro Pasiphe demoniosa.
  Nec cape pro burda quod habens commota cadurda.
  Scilla patri secuit caput, ardens propter amorem
  Mynoïs, et tribuit illi genitoris honorem.
  Est dentis rabie calor asperior muliebris ;
1170 Pungendo varie frigit, tremulans quasi febris.
  Phy ! cum patre suo nondum se Mira veretur
  Commiscere ! Spuo nimis hoc, quia turpe videtur.
  Esse soror nescit vel se monstrare sororem
  Cauno juncta Biblis ; parit hunc Venus osa furorem
1175 De Phedre venere ; sermo quem do tibi vultis
  Necnon de multis aliis brevitate tacere.

1166 *cadurda*, ms. *cadurba*. — 1170 *febris*, ms. *fibris*. — 1174 *osa*, ms. *ausa*.

Si fist Biblis avec son frere ;
A paines m'en pourroie taire :
Canasse jut avec Macaire,
1625 Son frere charnelment reçut
Par luxure, qui la deçut.
Phedre, la fille au roi de Crete,
Ne fu pas en amours discrete :
Elle ama d'amour illicite ;
1630 Esprise fu pour Ypolite,
Fils de son mari Theseüs.
Quant du pot ot les tes eüs,
Congner se fist a son fillastre ;
Venus en fist fole marastre.
1635 Philis fist trop grant deablie ;
Si fole ne fu establie,
Si chetive, si forsenée,
Par luxure desordenée.
Trop honteusement se rendi,
1640 Quant pour Demophon se pendi.
Je ne sçay qui la faisoit pendre,
Fors qu'elle ne pooit attendre
Pour desespoir qui la menoit,
Et que son ami ne venoit.
1645 Neuf foys ala jusqu'a la roie,
Puis se pendi de sa courroie.
Dido, roïne de Cartage,

Refist aussi trop grant outrage
Pour Eneas, qui fu son hoste
1650 Et li avoit congné la coste.
Dido fist forment a blasmer.
Quant Eneas vit en la mer,
Qui s'en venoit en Lombardie,
Elle fu trop fole hardie.
1655 Toute grosse d'enfant sentant,
En criant et en lamentant
Par fole amour si se mua
Qu'a ses propres mains se tua
De l'espée qui fu Enée.
1660 Elle fu de fort heure née :
Maint exemple en puis amasser,
Dont pour briefté m'estuet passer.
Quiconques dit que les femelles
Portans tetines et mamelles
1665 Soient plus froides que les masles,
Perdre puist il bourse et escarles !
S'aucun en a determiné,
Il n'a pas tout examiné.
Car, par saint Acaire de Haspre,
1670 Leur chaleur est assés plus aspre
Et en plus grant ardeur se mue :
Femme soubs homme se remue.
Mais a present nous en taisons !

1623 *CD* paine. — 1624 *F* Canasses. — 1626 *B* la l. — 1630 *AB* par. — 1632 *D omet* tes. — 1643 *A* tenoit. — 1646 *F* a sa. — 1648 *B* Ne fist elle aussi g.; *F* rage. — 1652 *F omet* Eneas. — 1653 *B* se v. — 1655 *D* sentant denfant. — 1657 *CD* acqua (aqua). — 1660 *CDL* Sest (Cest) parmy le corps frappee. — 1661 *B* Mains exemples. — 1663 *CD* pucelles. — 1670 *F* La ch. — 1671 *F omet* Et. — 1671,72 *CD* mire : remire.

Sed certe Phillis   furibundior omnibus illis
Extitit et Dido,   quarum flet fata libido.

 Qui maribus cavit   yssas fore frigidiores,
1180 Nondum pensavit   perfecte judicio res ;
Quod patet, interius   cum femina testiculetur.
Hinc calet asperius   ac acrius inde movetur
Ignis, ad ardorem   calor excitat ipse calorem.

Après 1178, *rubr. Probat hic multis rationibus quod mulier sit luxuri[osi]or viro.* — 1179 *cavit*, ms. *canit.*

L'aucteur en met pluseurs raisons
1675 Et dit, que les femmes plus ardent
Et leur sanc plus souvent espardent
Que l'omme et plus tost ont desir
D'avecques le masle gesir.
Huguce meïsme l'afferme,
1680 Qu'elle desire plus le terme :
De *fos* en grec la femme nomme,
Car elle est plus ardant que l'omme,
Ou de *femur*, par femourailles.
Chaudes sont dedens les courailles
1685 Et moult aiment le jeu des cuisses.
Pren, que froides trouver les puisses :
L'umeur froide mal se digere;

Si a besoing celle matere
De purger par harigoter.
1690 Car besoing fait vieille troter;
Dont est plus aspre la luxure
Qui est causée de froidure.
Leur nature est moult fraile et feible
Et est de voirre plus endeible.
1695 Ovides dit, que femme est chaste,
Quant nul ne la requiert ne taste.
Attendu leur concupiscence
Le pape leur donne licence
De marier sans delayer,
1700 Pour le charnel treü payer,
Pour ce que ne peuent attendre

1676 *C* espandent. — 1681 *CD* De ses angret (engret). — 1683 *CD* Ou de se mour (mur) par se morailles. — 1688 *ABF* celle *CDM* telle. — 1689 *AB* pour.— 1693, 94 manquent *A*. — 1693 *B* froide et frelle; *F* folle. — 1694 *F* que voirre; *C* de vaine *D* de voine. — 1696 *D* et. — 1700 *A* desir *C* delit *BD* deu *F* treu.

Hoc etiam per Thiresiam, qui novit utrunque
1185 Sexum, directe concludo, per Ovidiumque :
Partior in nobis nec tam furiosa libido ;
Legitimum finem flamma virilis habet.
Ista de causa fortassis sub breviore
Tempore fructificat mulier generante calore.
f° 18 v°. 1190 Istaque preterea sentencia vera probatur
Per glosatorem nostrum, qui testificatur,
Quod mulier quam vir est certe fervidioris
Sanguinis; iccirco nubit citioribus horis.
Hoc etiam notat Eugutio, nam femina sumpsit
1195 A fos nomen, cum magis ardens ipsa viro sit.
Da, quod frigidior sit, censens proprietatem,
Luxuriosior est tamen hec ob frigiditatem,
Cum male digestus humor coitu mediante
Purgari cupiat; vel dic ut dicitur ante.
1200 Est vitro vitrea magis, Ovidius recitavit,
Quod dumtaxat ea casta est quam nemo rogavit.
Nam quod nature fragilis sit queque probatur
Papali jure, nubendi cum tribuatur,

1184 rubr. à la marge : *secunda ratio*. — 1190, id., *tertia ratio*. — 1194 id., *quarta ratio*. — 1196 id., *quinta ratio*. — 1200 id., *sexta ratio*. — 1201 Quod, ms. Que. — 1202 id., *septima ratio*.

LIVRE DEUXIÈME

      Gueres sans eulx donner ou vendre. 1715 Vaincre les convient par donner,
      Si croy je par mon jugement,   Car rien ne veulent pardonner;
      Que Perrete vit chastement,   Toutes sont vaincues par don.
1705 Combien que, par saint Dominique,   Se j'ay mal dit, j'en quier pardon.
      Soit felonesse et trop inique.   Les nonnains, les religieuses
                                     1720 Se tiennent pour trop precieuses
        Les femmes qui sont amoureuses,   Par leur espiritualté.
        Ont condicions merveilleuses.   Mais assés y a cruaulté,
      . Aux villages sont les moins fieres;   Pour ce que de char ont deffaulte.
1710 Pluseurs se donnent par prieres.   Peu en y a, basse ne haulte,
      Aus gentilx ne convient que place; 1725 En toute la religion,
      La noble voulentiers soulace,   Qui n'ait charnel affection
      Mais que soit en lieux convenables.   De soy conjoindre charnelment.
      Femmes de cité sont prenables;   Prouver le puis solemnelment

1706 — D (f° 65 v°) *rubr.* Comment les femmes ont diuerses conditions. — 1711 *M reprend* (f° 52 r°). — 1713 *C* quil; *CD* lieu. — 1716 *CDLM* Quant rien (*L* elles) ne v. donner.— 1718, 19 *CDM* dons : pardons.— 1722 *C* Mains; *CDM* de c.

    Sponsis defunctis,   mox fas mulieribus ipsis,
1205 Ne se dent cunctis,   in eis si fiat eclipsis.
    Quamvis cum sistro   vicus cauat, ista registro.
    Gallinis gallus   bis septem sufficit unus
    Sed ter quinque viri   non sufficiunt mulieri.
    Os vulve Salomon vocat insatiabile quippe,
1210 Fundo vulva caret, quamvis pateant ibi rippe.
    Esurit atque sitit fera bestia semper et hiscit
    Et lassata viris nondum saciata recessit.
    Ha! quitquid dicam   de luxuria mulierum,
    Per Christum verum!   Petram reor esse pudicam.
1215 Causa subest quare,   cum sit multum Petra nequam,
    Nec perpetrare   solet hoc scelus impia quequam.

    Sunt admirande mulieres conditionis:
    Ista loco, precibus favet altera, tertia donis.
    Agrestem precibus, civilem munere vinces,
1220   Illustrem sola commoditate loci.
    Nec transire volo   nostras dominas moniales
    Cum non absque dolo   fingant se spirituales,
    Cum sua religio   carnes nimis appetat atque
    Carnis consilio   carnem querat sitiatque.   f° 19 r°.

1205 *Ne,* ms. *De.* — 1207 *Gallinis,* ms. *Gallinus g.* — 1209 rubr. à la marge : *octava ratio.* — 1210 *Fundo,* ms. *Funda.* — Après 1216, rubr. *'Hic loquitur de monialibus et earum conditionibus.*

Par argument assés prouvable.
1730 Car tout aussi que le mouvable
Tent au fichié et le desire,
Et lait a bel, puis je bien dire,
Que toute char, en verité,
Desire la charnalité.
1735 Ce dit ne tenés pas a fable!
Toute chose quiert son semblable.
Qui fosses et palis feroit
Et les vaches enfermeroit,
Chacune vouldroit reparier
1740 Et retourner a son arrier.
Prenés la raison naturelle,
Et laissiés l'espirituelle.
Nonnains feingnent peres et meres,
Cousins, parens et suers et freres
1745 Languereus et en maladie.
Elles le font, quoy que l'on die,
Afin d'issir hors de leur cloistre,
Pour faire charnelment congnoistre
Leur *quoniam* et leur *quippe.*
1750 Tout est par elles dissipé;
Par le païs s'en vont esbattre.
Qui a elles se vuelt combattre,
Par elles sera confondus;
Mieulx sera plumés et tondus
1755 Que se les larrons le tenoient
Ou se les Bretons le prenoient.
Tousjours en avrés cinq pour une.
Ne vous priseront une prune,
Se vous ne leur donnés souvent;
1760 C'est l'usage de leur couvent.
Dons veult avoir la messagiere,
La maistresse et la chamberiere,
Et la matrone et la compaigne ;
Trop fols est qui s'y accompaigne.
1765 Au jour d'hui soubs turlupinage

1731 *CDL* Tant; *CD* enfiche. — 1732 *AB* lait et b. — 1734 *F* Ayme. — 1735 *CDFM* Cest a dire ne t. pas a. f. — 1737 *C* fousses et pallaiz; *DM* palus. — 1743 *F* Femmes. — 1752 *A* en elles; *A* embatre *B* esbatre. — 1755 *CD* concepuoient. — 1756 *M* tenoient. — 1758 *F* pas une p. — 1762 *M* omet et. — 1764 — *D* (f° 66 v°) De celles de religion.

1225 Plusque superstitio   carnem tamen appetit ipsis
    Carnibus. Ecce, scio,   quia carnis ibi fit eclipsis.
      Sicut gaudet yle   proprie forme sociata
    Ac simili simile,   sic hec caro compariata
    Carni; quippe virum   mulier desiderat ipsum,
1230 Sicut turpe bonum   querit, vel mobile fixum.
    Cum bene sint clause   cavea Pandione nate,
      Nititur in silvas   queque redire suas.
    Sic se more gerunt   monache; scis quomodo plaustra
    Nobilium querunt   dimittentes sua claustra.
1235 Patres et matres   se fingunt velle videre,
    Infirmos fratres   consanguineosque jacere,
    Ut sacient « quoniam »   cum « quippe » suis spaciantur
    Per totam patriam,   sic, sic quam sepe vagantur
    Extra claustra. Racha!   nullus predo spoliare
1240 Scit melius monacha,   tondere vel excoriare.
    Ecce per acta probo,   quia kara jocalia mere
    Pro fallace globo   fili procurat habere;

1238 *sic quam*, leçon du ms.; faut-il lire *fit quod ?*

Trouveroit on en tapinage
Envie, dol, ipocrisie,
Pensée par fraude brisie,
Especialment es beguines.
1770 D'ardoir ou feu d'amours sont dignes,
Car il n'est si jolie chose,
Quant leur burlette est bien desclose
Et elles sont bien a droit pointes
Et dessoubs large robe jointes.
1775 Plus sont simples et precieuses,
Et tant plus sont luxurieuses.
Elles font le catimini;
Mais, par le verbo Domini!
Elles cuevrent leur ribauldie

1780 Du mantel de papelardie.
Le beuf heent, le torel quierent,
On les fiert, et elles refierent;
On les harigote, on les luist;
Tout n'est pas or quanque reluist.
1785 Il a de bons estudians
Es religions mendians.
Ja soit ce qu'aucunes gens dient,
Qu'a leur seul proufit estudient,
Je considere qu'il sont hommes
1790 Naturels, aussi que nous sommes.
Pour ce n'ay voulenté de mordre
Sur les freres ne sur leur ordre.
Pour briefté atant m'en delivre,

1765 *C* Au jardin. — 1766 *A* Treuue len ou. — 1767 *C* duel *DM* dueil. — 1768 *B* Pense. — 1770 *A* Dardeur damours ilz sont bien d. — 1771 *A* peruerse. — 1773 *AB* Au jeu d'amour sont les plus cointes. — 1774 *F* rombe. — 1775 *CDMI* Plus s. et p. sont (font). — 1776 *CDMI* Tant plus luxurieuses sont. — 1777 *M* taquimini. — 1778 *A* verbum *BCDLMFI* vert boys; *ABM* domini *C* diminy *DL* demini. — 1781 *M* b. quierent le t. h. — 1783, 84 *sont intervertis dans B et C*. — 1783 *B* en leur lit. — 1784 *A* quanquil *C* tant qui; *B* renit. — 1786 *AF* religions, *les autres* religieux. — 1788 *AB* Que, *les autres* Qua. — 1793 *CDM* tant me d.

    Quam si supponas,   pro sola do tibi quinque
  Ejus matronas   socias, famulam Rotrhudinque.
1245 Donum queque suum   delicti nuntia queret.
  Nam plus quam fatuum   reputo qui talibus heret.

    Sub facie   tincta macie,   sub simplice veste
  Sunt hodie   fraus, invidie,   mentes inhoneste.
  Ergo tibi caveas   pro nostris, dico, beghignis!
1250 Infernalis eas   comburat pessimus ignis!
  Cum res describi   nequeat lascivior ulla
  Ipsis, quando sibi   reseratur carnea bulla.
  Nam populo quanto   reddunt se simpliciores,
  In ludo tanto   Veneris sunt fervidiores.
1255 Extra quatymini   faciunt sanctasque, sed intus
  Cordis vulpini   sunt; deest in corde jacinctus,
  Qui foris apparet.   Querunt spreto bove taurum,
  Qui sibi rus subaret.   Non est quitquid nitet aurum;   f° 19 v°.
  Decipiunt mundum,   diffamant religionem

Après 1246, rubr. : *De conditionibus beginarum loquitur hic et incidenter de quaestione mota inter prelatos et fratres.*

Combien que Mahieu, en son livre,
1795 En ait assés versifié,
Et leurs meurs diversifié.
Si fist maistre Jehan de Meun ;
Tous les reproucha un et un,
Ou chapitre de Faulx Semblant.
1800 Je m'en tais, si m'en vois amblant
Le chemin que j'ay commencié.
Je pourray bien estre tencié
Ou mauldit par inadvertence.
Je n'en puis mais se l'on me tence ;
1805 C'est pour bien quanque j'en diray ;
Cy après m'en escondiray.

1794 *D* mahon. *CDMI* Combien que maint en sont deffure.— 1797 *B* me heun.
— 1800 *C* me v. — 1802 *CDM* Jen; *C* pourroye. — 1803 *A* Et m. *B* On ma dit;
D mal dit. — 1803 *CD* mal aduertance *M* p. auertance. — 1806 *B* escouteray.
— *D* (f° 68 v°) *rubr.* Des vielles.

1260 Eludantque Deum,   lactant in corde drachonem,
Quamvis angelice   sint extra turtureeque,
Et quamvis etiam . verbis sit apostola queque.
   Queque sibi patrem cordatum vel jacobitam
Querit, sed reliquam non audeo scribere vitam.
1265 Unum dico tamen propter premissa notata,
Quod vicium duplex est religio simulata.
En Dominus maledicit eam dicendo sophistis
Pseudo-beghignis : « Ve ! [ve] vobis ! quippe tulistis
Vestras mercedes. »   Nec ob hoc intelligo, vite
1270 Quin sint nudipedes   laudabilis et Jacobite.
Vah ! sed prelatis   commissi limen ovilis
Cornibus elatis   satagunt invadere. Ni lis
Hec cesset, timeo,   ne propter jurgia mota
Deviet ac ideo   plebs fiat devia tota.
1275 Cur in simplicibus fidei non fiet eclipsis
Inter se fidei clipeis pugnantibus ipsis ?
Sed quitquid dicant fratres, infringere metas
Juris nolo, novos fatue sectando prophetas,
De quibus hic queritur agraria lex, quia vere
1280 Metas evellunt quas quondam jura dedere.
   Porro, quod ordo minor Jacobitaque decipiatur,
Omnis utriusque sexus jus testificatur.
   Sic etiam prohibet sua littera, que sibi pure
Non concessa fuit, sed salvo tradita jure.
1285 Omnia peccata semel anno confiteatur
Quisque sacerdoti proprio, nichil excipiatur.
Ergo, ni canon tuus excipiat memoratus,
Presbitero sua redde tuo, cui jure ligatus
Es ; ni reddideris,   dici tunc erro mereris.

1270 *sint*, ms. *sunt*. — 1271 *limen*, le ms. avait *lumen* ; un jambage a été
exponctué : *ovilis*, ms. *onilis*.

1290 Qui vadit plane   vadit sane ;   via juris
    Est ergo sana,   cum plana   sit et sine furis
    Insidiis. Sed iter aliud seducit euntes
    Qui confessores sibi querunt pretereuntes,   f° 20 r°.
    Ut non erubeant illis peccata fatendo.
1295 Iccirco mirum non est hic si reprehendo.
    Nam vir ut erubeat, peccata fatendo, statuta
    Est confessio, sic ut punctus post resoluta
    Crimina peccare jam denuo vir vereatur.
    Presertim proprius confessor si recolatur,
1300 Non ita de facili recidet, memor ipse prioris
    Consulti, per quem sumpsit prius arma vigoris.
       Maxima preterea pars est pudor attenuande
    Pene; quod multum pro vero censeo grande.
    Ergo sacerdotes proprios dimittere sanum
1305 Non est propter eos, immo fortasse prophanum.
       Cum tibi plana via tradatur certaque, quare
    Accipies aliam per quam poteris titubare ?
    Ergo, viam tutam juris jussumque sequaris
    Prelati proprii, ne forsan decipiaris
1310 Fratrum verba sequens, quos condemnare videtur
    Littera concessa sibi; qui bene puncta tuetur
    Predicat idque tenet Guillermus Masticonensis,
    Vir magnus, presul venerabilis Ambianensis,
    Qui prelatorum jus defendendo diebus
1315 Istis excellens, nitet in terris quasi Phebus.
       Plura sacramenta fore cum sit credere sanctum,
    Cur impetratur ab eis confessio tantum ?
    In promptu causa est, si fas est vera fateri ;
    Scire volunt secreta domus ac inde timeri
1320 Fratres; qui melius cibat epotatque, beatus
    Est ille, leviusque remittitur inde reatus,
    Ut retulere michi quidam, sed nescio plene,
    Utrum sit verum, tibi, lector, dicere nec ne.
       Qualiter in primis prelati janque crearunt
1325 Vos, fratres, scitis; susceperunt, decorarunt
    Et commiserunt se vobis et sua. Quare
    Ergo jura sua presumpsistis violare?
    Verius ergo Jacob quam Jacobus inde potestis   f° 20.v°.
    Dici, quippe quia Jacob, non Jacobus estis.
1330 Est igitur proprium Jacobinis nomen utrisque
    Fratribus a Jacob dictum, Jacob quia quisque.

1297 *resoluta?* ms. *reuoluta.* — 1310 *Fratrum.* ms. *Factum.* — 1330 ms. *nomen Jacobinis.*

Des vieilles ne me puis plus taire ;
Parler m'estuet de leur affaire.
Quant les femmes sont devenues
1810 Vieilles, ridées et chenues
Et perdent leur propre chaleur
Et sont de petite valeur,
Lors convoitent elles le joindre ;
Vieille savate se veult oindre.

1808 *B* Je parleray ; *A* me fault. — 1809 *A* si sont dentunez.— 1812 *D* petites. — 1813 *CD* conuient elles *LI* conuient il a elle (s) j. — 1814 *A* chauate *D* cauate.

Supplantatorem   Jacob hic interpretor apte,
Non luctatorem.   Precor, hec intellige caute.
Ut prelatorum   Jacob ipsi jus jacobitant,
1335 Sic curatorum   „chit !" emunt venduntque, maritant.
Procuratores   non invenio meliores.
Intrant sponte fores,   procurant pro libito res
Ac domini fiunt.   Hinc testamenta potentum
Omnia suscipiunt.   Sed si bisantia centum
1340 Milleque dantur eis,   ut egenis distribuantur,
Dant consanguineis   vel apud se cuncta morantur.
Excepto quod sex tunicas cum calceamentis
Octo dant, reliquis, ut dicitur, inde retentis.
O ! quitquid scribam, fratres, ego diligo multum
1345 Vos. Sed adulantis ostendere nescio vultum,
Et multo plus diligerem, nisi forsitan esset
Lis de qua tetigi. Dominum precor ut cito cesset.
Non vos, sed certe factum vestrum reprobavi
Instar amatoris veri, quia semper amavi
1350 Vos. Ideo lite   mota fore debeo tristis.
Ergo nolite   causari me super istis.
    Cepta prius, lector, audire nimis quia tardas,
Pseudo-papelardas   verbis, factisque renardas
Multas expertus,   tibi presens dogma ministro ;
1355 Ut bene sis certus,   experto crede magistro !
Este procul, vite tenues ! insigne pudoris
Absit ! ut inde status vestri minuatur honoris.
Ordo sive status   dici merito prohibetur
Secta, beghignatus   derisio cum reputetur ;
1360 Omnibus hec viciis   repleta cremabitur usque
In baratris Stigiis,   ubi desunt ordo statusque.

f° 21 r°.   Quamvis in vetula   proprius calor exulet, illa

1335 *curatorum*, ms. *curatorem*. — 1346 *Et*, ms. *Sed*. — *Le ms. met les vers 1358 à 61 avant les vers 1354 à 57*. — 1361 *baratris*, ms. *baratri*. — Après 1361 rubr. *de conditionibus vetularum*.

1815 Je n'en met hors gresle ne grosse.
Se la vieille estoit sur la fosse,
Qui de congner li parleroit,
Ses vielz os remuer feroit.
Prenés la vieille peaucelue
1820 Par sa hariquoque pelue,
Habondamment la ferés rire ;
C'est ce que vieille plus desire.
Sarre fu vieille et esdentée,
Ne sembloit pas entalentée
1825 De recevoir charnele couple.
Mais assés tost se rendi souple ;
Quand elle sçot qu'enfant avroit,
Dart de leësce la navroit.
Vieille rit quant elle suppose
1830 Qu'on li fera la bonne chose ;
C'est coustume de vieille femme,
Que, puis que vieillesce l'entame,

Elle seult les jeunes induire
Et au jeu d'amours introduire.
1835 Par ses dis et par sa parole
Les fait dancer a sa karole.
Aussi com le vieil chevalier,
Quant il est pansu et dalier,
Seult aux enfans ses armes rendre,
1840 Pour eulx adviser et apprendre,
Et les introduit et enseigne
A porter armes et enseigne,
Tout aussi la femme vieillette
Met au mestier mainte fillette,
1845 Et des siennes et des estranges,
Pour faire vanner en leurs granges,
Et les instruit en amourettes,
Pour livrer roses et florettes.
Et au besoing ne se veult faindre
1850 De dames aourner et paindre.

1815 C grasses ne g DFLMI grasse ne g. — 1818 C olz remirer. — 1820 BC haricoque. — 1821 B les D le. — 1823 B serre. — 1825 M charnel. — 1832 AB Et p. ; F omet que. — 1833 AB scet ; D la jeune ; C duire. — 1839 C Seul. — 1840 A Pour mieux l e fait darmes a. —1841 M entroduist. — 1842 Dans C à la marge. — 1843, 44 manquent M. — 1846 A venir a leurs gaiges ; D a l. ; CF granches. — 1847 M induit et amoneste. — 1848 M rose et florette. — 1850 AJ Des ; A danes B dances ; C aourer.

  Totaque sit tremula, tamen illius absque medulla
  Intus ovant ossa, crisari seque videntur,
1365 Dum sunt in fossa, sicut plerique fatentur.
  Si latus in fovea moriens anus ipsa teneret
  Lud carnis, ea nichilominus egra vigeret.
  Ut vetulam facias risus vultu dare leto,
  Per « quoniam » capias vel eam per « quippe » teneto.
1370 Audito quod conciperet post tempora Sarra,
  Edentata, senex, risit per muneris arra.
  Est consuetudo vetule post arma relicta
  Nos Veneris ludo submittere per sua dicta.
  Ut pueris arma sua dat miles veteranus,
1375 Militiamque docet, sic Thays anus, vetus anus,
  Filiolas proprias docet, edocet ac alienas,
  Carnis delicias ; quarum convertit habenas
  Ad ludum Veneris, citat, excitat, instruit, atque
  Sepe suis phaleris inopes armat, radiatque
1380 Picturis solitis, dominas docet esse maritis

1367 Ms. Lud carnis (?) — 1379 inopes, ms. inops.

Maintes novices soubs leur ombre
En sont deceües sans nombre,
Qui croyent leurs enseignemens,
Leurs fraudes et leurs oignemens,
1855 Ne fu pas celle grant renarde,
Qui par oignons et par moustarde
Faisoit sa chiennette plourer
Pour Galatée desflourer ?
Et disoit : « Ma chienne qui pleure
1860 « Doit bien haïr le jour et l'eure
« Que vers son ami fu si dure.
« Or voy quel tourment elle endure !
« Certes, elle estoit jouvencelle ;
« Ma fille fu et ma pucelle,
1865 « Et estoit Paquette nommée,
« De son ami forment amée.
« Il l'amoit jusques au mourir ;
« Mais elle n'y voult secourir,
« Neïs escouter sa priere ;
1870 « Vers luy fu despiteuse et fiere.

« Et pour ce Dieux ceste Paquette
« Mua en forme de chiennette.
« Galatée, bien t'en souvienne !
« Garde qu'ainsi ne t'en adviegne,
1875 « Ne sueffre que ton ami muire !
« Je te doy enseigner et duire.
« Dieux fist jadis de sa main belle
« Homme et femme, masle et femelle,
« Beauls instrumens leur apresta
1880 « Et d'ouvrer les admonesta,
« Pour faire la chose joyeuse.
« Fille, ne soyes orgueilleuse !
« Se le clergié en fait deffenso,
« C'est mal dit, qui a droit y pense.
1885 « Pourquoy dient il le contraire
« De la chose qu'il convient faire ?
« Il n'en y a nul, tant soit sage,
« Qui n'aint la coustume et l'usage
« De gesir avecques mouiller.
1890 « Il se vont tous nus despouiller,

1856 *BMI* oignemens ; *B* ou par m. ; *MI* et m. — 1857 *A* cheurette. — 1859 *A* cheurette *M* chiennette. — 1860 *B* air. — 1862 *B* el e. — 1864 *AB* estoit. — 1866 *M* Et de. — 1868 *M* Et ; *A* el ne le v. *B* elle ne v. ; *M* elle ne le v. — 1869 *M* Neis on sa p. ; *C* acouster sa prouayre. — 1872 *A* cheurette. — 1873 à 1876 *manquent CDFLMI*. — 1873 *B* te. — 1878 *C* pucelle. — 1881 *C* les chose joyeuse *DI* les choses joyeuses *M* la ch. si joyeuse. — 1882 *CI* Filles ; *D* ne soie o. ; *CI* orgueilleuses. — 1884 *A* maudit. — 1885 *CDF* eulx *ABM* il (ilz). — 1886 *AI* qui. — 1888 *CDM* Qui auant (*L* naint) *I* naist *F* naysmt. — 1889 *A* A soi couchier ; *B* g. auec sa m. — 1890 *CI* sen v. ; *M* se veult tout nuz ; *B* nuls *C* nulz.

Yssas. Usus anus   est iste modusque prophanus.
   Innumere per anum   mulieres decipiuntur,
Cujus enim vanum   decepte dogma secuntur.
   Nonne canem cepis pastam flevisse puelle
1385 Finxit anus, dicens : « Mulier fuit hec ; quia velle
« Noluit ipsa pati, sed ludum sprevit, amantis,
« Mutatur, formam sumens canis, Altitonantis
« Jussu. Filiola, timeo tibi ne sit ut isti,
« Pro te qui moritur, in eum quia dira fuisti.
1390 « Filia, nonne virum fecit Deus et mulierem
« Instrumentatos, facerent ut leticie rem ?
« Istud enim verbis clerus condemnat opus, sed
« Invenies nullum qui rem complere recuset,
« Solus cum sola, si fas est dicere verum.

1391 *ut*, ms. *vel*.

« Quant seul a seul veulent desduire ;
« Leur commandement ne doit nuire.
« Aux fais, non pas aux dis pren garde,
« Se je te ment, je vueil qu'en m'arde.
1895 « Ceste euvre n'est point reprouvée ;
« Ou seroit ceste loy trouvée ?
« On doit obeïr par droiture
« Aux commandemens de nature.
« Je te le di en verité,
1900 « Qu'il est pure necessité
« D'exercer euvre naturelle
« A jouvencel et a pucelle.
« Dieux a fait la porte du ventre
« Et veult que Priapus y entre.
1905 « S'il voulsist, ou la tenist close.
« Cy ne convient pas longue glose ;
« Ceste sentence est toute voire.
« Et d'autre part, c'est fort a croire
« Que Dieux, qui est pere de vie,
1910 « Condampnast l'amant pour l'amie.

« Ce seroit chose trop inique.
« Le cuer qui a amer s'applique
« Aime Dieux et tient en chierté.
« Mais il het orgueil et fierté.
1915 « Dieux aime le cuer amourable.
« Ceste chose est moult favourable.
« Pour ce ne la voist nul blasmant !
« Quant Dieux voit parjurer l'amant,
« Il rit et est plain de leesce.
1920 « Amour est droit fait de noblesce
« Et veult le cuer loial et ferme ;
« Le dit du poëte l'afferme.
« Fols est qui contre amour estrive.
« Lasse moi ! se ceste chetive
1925 « Eüst souffert com debonnaire
« Ce que son ami vouloit faire,
« Elle l'eüst remis en vie,
« Car belle estoit et eschevie.
« Or est chiennette devenue
1930 « Et pleure comme beste mue. »

1893 *M* au diz. — 1894 *AF* ten m. — 1895 *C* Cest ; *F* omet euure. — 1896 *A* telle. — 1900 *C* Qui. — 1901 *CDM* Dexercer a euure. — 1902 *F* jouuencelle. — 1903 *AB* bouche ; *F* de v. *D* ou v. — 1906 *BI* Si. — 1908 *F* nest fort *A* nest chose accroire ; *M* cest soit. — 1917 *ABCDM* voit ; *B* blament. — 1919, 20 *intervertis dans C*. — 1922 *B* pouete. — 1926 *B* mary. — 1927 *A* Elle fut demouree amee. — 1928 *H* eschemee *I* ieune et iolye. — 1929, 30 *manquent B*. — 1929 *A* cheurette.

1395 « Totus enim clerus amat amplexus mulierum.
« Sed magis inspicitur factum quam verba ; videtur
« Ergo, quod istud opus per clerum non prohibetur.
« Non est credendum, quod amicam propter amicum
« Condemnet Dominus, quoniam nimis esset iniquum,
1400 « Cum cor amorosum prediligat actor amoris,
« Scilicet ipse Deus, cum sit res ista favoris.
« Hujus amoris opus adeo fit nobile factum,
« Quod Deus ex alto perjuria ridet amantum.
« Nobilitas sub amore jacet, nil nobilitatis
1405 « Preter eum cor habet, ut dat sententia vatis.
« Proh dolor ! Hec misera, si passa fuisset amici
« Amplexus, nostri nunc esset flos ea vici.
« Et quia non, ille decessit et ista decora
« Heu ! canis efficitur, que deflet qualibet hora. »

1409 *qualibet*, ms. *quelibet*.

Quant la chose fu relatée,
Bien y entendi Galatée.
Incontinent son ami mande,
Si com la vieille le commande.
1935 De lui souffri le jeu d'amours,
Sans faire noise ne clamours.
Le varlet, plein de vasselage,
Lui osta lors son pucelage,
Et elle le voult bien, car elle
1940 Obeï à la maquerelle.
Après li fist on faire esture,
Et baignier dedens une cuve,
Pour les peaulx routes reparer
Et pour la roye mieulx arer.
1945 La vieille quist pluseurs racines
Et herbettes et medicines;

A Galatee en fist buvrage,
Afin que par son fol ouvrage
Ne peüst enfant concevoir.
1950 Grant paine mist au decevoir.
Ainsi les vieilles maquerelles
Scevent jouer de tels merelles
Et de pis faire ne se feingnent :
Les enfants es ventres esteingnent
1955 Et destournent que on n'engendre.
On les devroit ardoir en cendre.
Qui veult leur mauvaistié sçavoir,
Die, que proye veuille avoir.
La vieille s'en entremettra
1960 Et de querir la promettra.
Mais sachiés, s'il est qui la croye,
De soy meïsmes fera proye;

1932 Dans C à la marge. — 1935 A Et; M Le jeu souffrit. — 1936 M noises.
— 1938 B le p. — 1939 F voit D vost. — 1940 A sa m. — 1941 M len. — 1942
M queue — 1944 A les raiez C la ryne DI la royne (M roye); C orer I parer.
— 1946 A herbes et foros m. B herberie F herbes et m. M. hebettes. —
1951-56 manquent CDFLMI (dans I à partir de 1942). — 1955 B com les. —
1956 B ou prendre. — 1958 B Dieu qui proiere voult a. D Diz; A veult. —
1960 B Ou de q. les p.; D acquerir. — 1962 AB la p.

1410 Hinc vetule Galathea favet; quem diligit, illum
Postulat. Ecce venit. Petit illam, moxque sigillum
Ipse pudoris ei frangit. Post ista parantur
Balnea. Cum galla pelles rupte reparantur.
Herbas postque parat anus et medicamina plura,
1415 Que Galathea bibit pro vitanda genitura.
Sic nostre vetule consueverunt operari.
Ut verum fatear, deberent igne cremari,
Cum soleant pueros exponere clam mulierum
Furtive genitos, vel eos extinguere. Verum
1420 Plenius ut possis vetulas cognoscere, quedam
Sunt mediatrices, que promittent tibi predam
Ante fores promptam mendaciter, ut vice prede
Promisse, dum defuerit tibi, cuspide fede
Depunctus Veneris, te jungas taliter ipsis.
1425 Vix matri parcit promisse carnis eclipsis
Ardens vesana. Nam, deficiente puella
Promissa, sibi junxit anum deceptus ab illa

1414 *Herbas*, le ms. semble avoir *Herlus*.

Quant le cornart est eschaufé
Par la malice du maufé,
1965 Plongier le fera en son bac;
Car au besoin prent on vieil sac.
Leurs fais sont prouvés et sceüs.
Ovides en fu deceüs,
Qui cuida trouver jouvencelle.
1970 D'amours espris soubs la fourcelle,
Vint par nuit pour trouver le lit
Ou l'on luy promettoit delit;
Mais la vieille s'y supposa;
Ne sçay coment faire l'osa.
1975 Trompés en sont d'autres assés,
Mains maulx sont par vieilles brassés.
Avise toy, vieille lermeuse,
Pale, froncie, chacieuse,
Temps est d'amender ton usage;
1980 L'on compteroit en ton visage
Les ans que tu as a planté.
Dont te vient fole voulenté?
Retourner ne puet la jouvente;
Plus tost passe que vens ne vente.
1985 Huy laide, demain seras pire,
Car chascun jour ton fait empire.
Celer ne te pues par ointure,
Par oignement ne par painture.
Tu resembles par couleur fainte
1990 A l'ymage par dehors painte;
Par dedens est laide et obscure,
N'y a fors laideur et ordure.

Femme plus voulentiers devine

1963 *CD* conart, *F* canard. — 1964 *AF* le m. — 1966 *M* leur viez s. — 1967 *Dans C au bas de la page*. — 1968 *M* feu. — 1971 *M* tourner. — 1972 *M* On lui p. — 1973 *AB* si *F* se *DCM* soy. — 1976 *A* elles b. — 1978 *A* fronchie *BC* fronchiee; *B* et c.; *A* cachieuse. — 1979.80 *sont intervertis dans C*. — 1980 *D* a ton. — 1982 *CD* ten. — 1983 *CDMI* Recouurer ne peus (*M* puis); *A* ta j. — 1985 *A* Huy bien l. et d. p. — 1992 *A* ardeur. — *D* (f° 71 v°) *rubr*. Comment elles sestudient en sorceries.

    Naso. Fefellerunt vetule plures etiam me,
    Quas ego supposui, Veneris parens ego flamme.
1430 Unde dolens tibi confiteor, Deus alme! reatum
    Pretactum. Michi parce! precor, me redde piatum!
    Thays lipposa, facies tibi computat annos   f° 22 r°.
    Pallida, rugosa. Frustra queris tibi ramnos,
    Cum nequeat remeare semel transacta juventus.
1435 Immo dies in fata citi currunt, quasi ventus.
    Es modo turpis; eris cras turpior; inde sequenter
    Vilesces plus quottidie vertendo latenter.
    Ecce tamen jura priscorum sepe dierum
    Celat pictura, si fas est dicere verum.
1440 Instar depicte statue, [que] pulcra videtur
    Exterius, tamen interius deformis habetur.

    Plus vacat auguriis et deservit mulier quam
    Christi servitiis; hec ut sciat omnia, perquam
    Nititur; ecce rei cujuslibet initiale

Après 1441 *rubr*. *Qualiter mulieres studiose vacant sortilegiis*.

Que n'oit la parole divine.
1995 Toutes croient en sorceries
En augurs, en maqueleries.
Les choses a venir devinent,
Oncques de deviner ne finent
Par sort ou par chant des oysiaux;
2000 A tous maulx tendent leurs roisiaux,
Et aussi com par souhaidier
Tout ce qui puet nuire ou aidier
Veulent enseigner et s'en vantent.
Ainsi les foles gens enchantent
2005 Et les crapous vestent de robes
Et de draps par leurs faulses lobes,
Et fourment ymages de cire;
Au feu les font rostir et frire,
Pour les cuers des amans uller.
2010 Maulx feus leur puist les culs brusler!
Elles mettent en la paelle

Le vieil chat, a grise cotelle;
Au feu luy font les piés chaufer
Dedens a l'arain ou au fer,
2015 Bien lyé dessoubs une late.
Neron, Belgibus et Pilate
Et d'enfer la puissance toute
Aourent et n'en ont pas doubte.
Graces leur rendent et louanges
2020 Par caraudes et retrouenges.
De Sebille passent l'office,
Aux deables font sacrifice
De cornes de chievres bruslées,
Par fumées dissimulées
2025 Pour les deables esmouvoir.
Pour accomplir leur estouvoir,
Par les tombeaux emblent les corps
Des enfans et des hommes mors
Et en leurs entreilles repondent

1994 *A* nest *B* not. — 1996 *ADM* engins *B* augiers *C* anguis *FD* augurs. — 1999 *M* Par soit; *A* le ch.; *DM* champ; *AF* doyseaux *B* de o. — 2000 *C* les r.; *M* raisseaulx. — 2002 *B* omet qui; *BD* et aidier. — 2004 *F* bonnes. — 2005 *AM* crapoux *B* crapaux *C* crapons *D* crapos; *C* des r. — 2007 *CD* ymage. — 2008 *M* le f. — 2010 *C* Mau feu les p. *M* Maulx feu; *D* le p.; *B* leur cul. — 2011 *C* maitent. — 2013 *M* le f. — 2014 *AB* Dedensarain ou dedens fer; *L* omet a devant larain; *M* et. — 2015 *A* Tres b. lie soubz. — 2016 *A* burgibus *BDM* belgibus *F* belzibut. — 2018 *C* et nont *M* nen nont; *A* font. — 2020 *A* carauges *BCDM* careudes *F* cauraudes. — 2021 *M* passant loffices. — 2022 *A* Du deable *F* Au deable; *M* sacrefices. — 2027 *M* corbeaux. — 2029 *D* entraillent; *CDFM* respondent *I* sescondent.

1445 Tempus pensat, ei   tribuens omen speciale;
 Per cantus avium   dicit se scire futura,
 Sive per augurium,   que sunt bona, que nocitura.
 Vestit buffones,   formas cereque figurat,
 Quas ad carbones   volvit, cor amantis ut urat.
1450 Ustulat ipsa catum   sartagine Panthagrisonem,
 Orans Pylatum   cum Belgibut atque Neronem.
 Quasque potestates   baratri vocat. Arte Sibilla
 Callidior grates   dat eis cum laudibus illa,
 Demonibusque litat,   caprinis cornibus ustis,
1455 Quos sic invitat;   predatur corpora bustis
 Infantum, quorum clam visceribus latet unus
 Spiritus; unde viget anime nigromantia funus,

1456 *latet*, ms. *lator*.

2030 Maulvais esperis, qui respondent.
Au moustier emblent la sainte hoiste
Furtivement dedens la boiste.
Certes, vieilles font trop d'ennuys ;
Elles vont au gibet de nuys
2035 Prendre les cheveulx et la corde
Du pendu, c'est chose trop orde.
La mort de l'ame est avancie
Par leur faulse nigromancie.
Medée, ce dit le poëte,
2040 Jadis, fille du roy Æëte,
Fu sorciere et enchanteresse,
En magique fu grant maistresse :
Des herbes congnoissoit chascune
Et l'influence de la lune,
2045 Au mouton d'or fist la cloison,
Dont Jason conquist la toison.
Circes ouvra de la science

Dont on blesce la conscience.
Elle fist mainte derverie
2050 Par magique et par sorcerie.
Erictot, l'orde vieille sale,
De la bataille de Thessale,
Des gens de pluseurs nations
Enquist par conjurations,
2055 Lequel devoit vaintre a l'espée,
Ou Jules Cesar ou Pompée.
Elle faisoit la terre fendre,
Pour les respons d'enfer entendre.
On dit que la femme, sans fable,
2060 Scet plus un art que le deable.
Je croy qu'en dit bien de ce voir ;
Car une me voult decevoir,
Que je ne veuil pas accuser.
De ses pouldres me fist user,
2065 Charmées et envelimées,

2030 *manque A ; dans C rétabli au bas de la page.* — 2032 *B* Soustiuement. — 2038 *A* trop f. ; *B* force dingromencies *CDM* nigromancee. — 2039 *D* la poeste. — 2040 *A* de crethe *BF* de crete *L* roy creete *C* r. octe *D* r. oeste *M* r. cete. — 2045 *A* Du m. ; *AM* lachoison *BD* la choison. — 2049 *B* desuerie *C* druerie. — 2050 *F* omet et. — 2051 *A* Crittot *B* Eritto *M* Eniot *L* Erictot ; *A* tressalle. — 2054 *CD* tassale *L* thasselle *M* thesaille. — 2056 *D* julle. — 2061 *ABM* croy bien quon. — 2062 *M* veult. — 2065 *D* charnises *M* charmes ; *A seul* enuelimees, *les autres* enuenimees.

Altarisque sacrum furatur perditionis
Femina, suspensi laqueum crinesque latronis
1460 Surripit, ut per ea   magicum scelus experiatur.
Nonquid Medea   per terram quanque vagatur
Herbas experiens,   numerat sepeque luna
Artem quanque sciens ?   Est arte potentior una
Femina demonibus.   Nil callidius muliere.
1465 Ergo dogmatibus   que do tibi, lector, adhere.
   Ecce venenosis me quedam pessima dudum   f° 22 v°.
Uti pulveribus clam fecit. Me quoque nudum
Ignarum scalpsit pede talpe murilegique ;
Ut me deciperet, plantas decoxit inique.
1470 Quod scio testificor. Si queras que fuit illa,
Ecce, teneto fidem, quod non fuit hec Petronilla.
Non est sortilega mea Petra, nec ipsa venenis
Uti scit, quamvis laxis rixetur habenis.

1462 *numerata.* ms. numeratur.

De plusieurs especes limées,
Ou il avoit mainte recaupe ;
De pié de chat, de pié de taupe
M'aplanoya et atoucha
2070 Au lit, ou tout nu me coucha.
Te jur, par saint Martin de Pas,
Que Perrette ne fu ce pas.
  Vieilles chevauchent les balais
Par cours, par sales, par palais.
2075 Come vent s'en vont par le monde,
Au commandement dame Habonde.
Par fenestres, par huys, par portes
Entrent, ja ne seront si fortes,
Et se boutent par les crevaces,
2080 Et si n'y perent point les traces ;
Et par nuyt desfoulent les hommes,
Quant endormi sont en leurs sommes.
Faulsement veulent maintenir,
Qu'il n'est riens qui les puist tenir
2085 Quanqu'elles veulent entreprendre.

Feingnent et donnent a entendre
Qu'il avient par necessité
Et qu'ainsi est en verité ;
Et font les adevineresses,
2090 Aussi com se fussent deesses,
Des choses qui seront et furent.
Et en eulx vantant se parjurent,
Que par nuyt ont veü Dyenne
Plus noire qu'Ethyopienne,
2095 Grans compaignes et grans cohortes
Tant d'ommes com de femmes mortes,
Chevauchans parmi la champaigne,
Et ont esté en leur compaigne.
Par elles sont adevinées
2100 Les fortunes des destinées.
Elles se vantent de sçavoir,
Mais ja une n'en dira voir ;
Elles se vantent de garir
Et des maladies tarir ;
2105 Les choses perdues revelent,

2066 *D* liurees. — 2067 *A* maintez recaupez *BFM* recaupe *CD* recompe. — 2068 *M* Du p. ch du p. de coupe. — 2068 *D* piez de ch.; *A* picz de taupez ; *C* descot et de pompe *D* tompe. — 2069 *A* me toucha *M* acoucha. — 2071 *A* dezpas *BF* depas *CDM* le pas. — 2072 *A* fist. — *D* (f° 72 v°) *rubr.* De ce meismes. — 2074 *F* plais. — 2078 *AB* soient *CDFM* seront. — 2080 *A* omet si; *ACDF* apperent (apparent) *M* apparront *B* perent; *B* de t. — 2081 *BM* defolent. — 2082 *A* Quant se donnent es. — 2084 *B* peust. — 2085 *A* emprendre, *les autres* entreprendre. — 2086 *M* Faingnant. — 2088 *M* est est en v. — 2089 *M* amenistreresses. — 2090 *B* que ce.— 2092 *A* Entreulx se vantent; *C* ventent sespariurent. — 2095 *AM* compaignies; *A* et c. — 2096 *B* domme. — 2097 *B* Chevauchent. — 2098 *B* de leur c.; *M* congengne. — 2099 *B* Car; *I* abhominees. — 2100 *C* Les femmes; *A* et d. *M* les d.; *C* detinees. — 2102 *B* une ja nen. — 2103 *M* vantant. — 2104 *M* malades.

    Non michi sortilegas mulierum prosequar artes
1475 Cum totidem linguis sunt satis ora decem.
    Divinatrices se fingunt esse prophane
Quedam, dicentes de nocte videre Dyane
Innumeram turmam defunctorumque cohortes,
  Cum quibus, ut dicunt, equitant. Ut cuncta reportes
1480 Illarum ficta, cunctorum scire fatentur
Fatalem cursum, quare plerisque medentur
Sepeque subveniunt,   ut dicunt; furta revelant,
Perdita restituunt;   sed multos sepe querelant
Insontes. Alie secum dicuntur habere

Dont pluseurs chetifs se querellent.
On a pluseurs fois estrivé
Qu'elles ont deable privé
En une boiste ou en prison,
2110 Et dient par leur mesprison,
Que les choses seulent veoir
Ou en l'ongle ou en mireoir.
Ainsi folement prophetisent
Et les foles gens abetisent.
2115 Saül a enquerir s'amort
De Samuel après sa mort;
De sa demande obtint response,
Qui par femme lui fu esponse;
Ce fu une devineresse,
2120 Phitonisse et enchanteresse.

Briefment repeter me convient
Ce que j'ay dit, dont me souvient,
Pour mieulx ramener a memoire.
Bien est dit et bien fait a croire,
2125 Qu'en femmes a moult de reproche,
En fait, en dit, en cuer, en bouche;
Comment elles sont variables
Et comment elles sont mouvables,
Mains exemples avés eüs.
2130 Les plus grans en sont deceüs
Par leur art et par leur fallace.
Voulentiers plus briefment parlasse,
Mais leurs fais me convient descrire;
Ceste matiere le desire,
2135 Qui ne veult pas que je repose.
Assés est plus seüre chose
D'un serpent en son sein mucier
Qu'avec male femme embuschier.

2106 *M* grieuent — 2108 *M* deables. — 2109 *BF* boete *CM* boite. — 2112 *A* En un angle *B* En longle; *A* en un m.; *C* mirouoir *F* mirouer *M* mirouer. — 2113 *B* prophetirent. — 2114 *B* faulces g. abetirent ; *M* abetissent. — 2116 *M* daniel. — 2118 *M* Que. — 2120 *BC* Fitonisse *M* Fcconise. — *D* (f° 74 v°) *rubr.* Comment on doit celer les femmes. — 2124 *F* ay d. *C* Bien fait et dit et b. f. — 2125, 26 *B* reproches : bouches. — 2131 *AB* l. fait. — 2132 *M* pour br. — 2133 *F* fais le me c. — 2134 *M* maladie. — 1236 *M* Quassez; *B* plus est. — 2137 *B* muer.

1485 Pixide privatum Sathanam, quedamque videre
Pollice vel speculo quevis; ventura prophetant
Multe, perque suas sortes quasi cuncta monetant.
Per Phytonissam mote responsa loquele
Rex Saul accepit a defuncto Samuele.

1490 Nos ut decipiat   mulier, quasi semper hanelat.
Mobilis est, variat,   secreta viri male celat;
Est fallax corde,   quia nutrix proditionis;
Est fallax ore   quia mendax est nimis omnis;
Est fallax opere   paris est quia perditionis;
1495 Serpens est, temere   qu[a]m sub pannis tibi ponis.
Absit quod taceam,   fit apostata flos sapientum,
Deceptus per eam,   periereque milia centum.
Nonquid Aristotilem,   quamvis etate senilem,
Prelatos, proceres   deceperunt mulieres?

Après 1189 *rubr. Quod mulieres sunt fallaces mobiles et varie et secreta virorum male celant.*

Les barons et les grans prelas
2140 En ont maintes foys dit « he las ! »
Qui pourroit Homer seurmonter,
Ne pourroit il femme donter.
Elles pleurent quant elles veulent ;
Par oignons exciter se seulent.
2145 J'ay parlé du pelerinage,
Ou elles vont en tapinage ;
Par leurs fraudes, par leurs malices
De la char quierent les delices ;
Au retourner plaignent leurs plantes,
2150 Car en leurs membres sont dolentes.
A leurs maris dient merveilles
Des sacrifices et des veilles,
Mais chascune pas ne confesse
Comment elle a esté en presse.
2155 Las ! c'est au jour d'hui grant doleur
Que femmes plaines de foleur
Seigneurissent par leurs infames
Et seurmontent les preudes femmes.
Elles sont par tout bien venues,
2160 Et les preudes femmes sont nues.
Fy de jeunesce et de beaulté
Ou il n'a point de loyaulté !
Les males sont a redoubter ;
On ne devroit foy adjouster
2165 A rien que male femme die.
Quant homs sa femme repudie
On la corrige de son vice,
Elle fait tant par sa malice
Et tant de ses las luy fait tendre
2170 Que il ne scet auquel entendre.
Elle luy dit qu'elle est s'amie,
Que sans luy vivre ne puet mie,

2140 C ellas. — 2141 A en mer s. B oures C oms D ontes, *changé en* omes F les nues MI homme. — 2142 ABCDM doubter. — 2144 M oingnemens. — — 2148 *manque* B. — 2149 B les p. — 2154 D empresse. — 2158 BC preude femmes. — 2160 BM preude emmes (C preudes f.). — 2166 M omet homs. — 2169 A l. si sceit t. — 2170 B a quel.

f° 23 r°. 1500 Ergo, quis eripere   poterit se de mulierum
Nexibus et scelere,   quamvis procellat Homerum?
Nos fallunt sepe   lacrimis; ut presto parentur
Fletus, clam cepe   portant, ut sic lacrimentur,
Ut flerent, oculos   erudiere suos.
1505 Se vovisse vias   fingunt quandoque peregre,
Ut sic delicias   carnis querant; velut egre
Post redeunt, stare nequeunt,   desunt sibi plante ;
Membra dolent; hec ferre solent   plangentibus ante
Ipsas inde viris,   fictis de tramite miris
1510 Reliquias   vidisse sacras,   egisse vieque
Anfractus fingunt ;   et sunt   mendacia queque.
Prostibulis   latuere suis,   ubi supposite sunt.
Proh pudor! In mundo tales aliis modo presunt.
Ut dicam verum tibi, nulla fides adhiberi,
1515 Utpote fallaci, debet cuiquam mulieri.
Dicit enim, repedans ab adulterio, mulier : « Te,
« Vir predulcis, amo; quia tecum vivere, certe,

1506 *delicias*, ms. *delicitias*.

Et que leurs deux chars sont tout une, 2185 Qu'il n'y a nulle, tant soit digne,
Et qu'il ont par raison commune Qui n'ait la pensée maligne.
2175 Leurs deux corps ensemble tessus, Si tost que cest vice la mort,
Si comme j'ay dit cy dessus, Chascune desire la mort
Au chapitre de reveler De son mari par faulx usages,
Les secrès qu'en ne scet celer. 2190 Combien qu'ils soient bons et sages.
Les hommes scevent afoler Maintes en sont teles prouvées;
2180 Par baisier et par acoler En droit canon sont reprouvées
Et leur maltalent rapaisier; Et de tout office publique
De Judas donnent le baisier. Privées par leur fait inique.
De celles qui font avoutire 2195 Se la loy aucun bien teur donne,
Vous puis je hardiement dire, Ce n'est mie pour leur personne

2173 *M* omet leurs; *M* toutes. — 2175 *FM* texus. — 2176 *AB* com jay d. par cy d. — 2178 *B* que len nen puet *C* quon nen puet. — 2181 *M* Et par l.; *B* leurs mautalent. — 2185 *F* Qui. — 2187 *ABM* ce *F* sest. — 2189 *B* leurs mariz; *A* usage. — 2190 *A* quil soit bon et sage; *B* omet et. — 2191 *M* s. prises pr. — 2192 *F* resprouuees. — 2194 *F* Prince *M* Prinses p. leurs fais iniques. — 2196 *AB* par.

« Est michi sola salus. Nisi mecum vivere velles,
« Vivere non vellem. Scis, quod mea sunt tua; pelles,
1520 « Spiritus, ossa, caro, tua sum. Precor ergo, meus sis.
« Semper enim parere tuis sum dedita jussis.
« Velle tuum   fit velle meum. »   Sic fellea mellit
Yssa virum   per verba suum,   quem mecha fefellit.
Ecce, dat amplexus illi, dat basia Jude,
1525 Stringit eum jungendo sibi, dicens ea : « Tu de
« Me quid ages ? tibi semper ego studeo famulari. »
Vir pariter sibi jungit eam, qui credit amari
Hec per signa. Nimis sed fallunt heccine signa,
Cum sponsi mortem desideret ipsa maligna.
1530 Innumeras novi que decepere maritos
Iliis aliisque modis, nimia licet arte peritos.
    Mobilis et varius   sexus muliebris habetur,
Canonis ut proprius   textus perhibere videtur.
Actorem sequitur   jus, sicut ibi reperitur.
1535 Ergo per actorem   fas est ut dicta colorem.
Est [et] ubi legitur : varium et mutabile semper
Femina. « Semper, » ait, quia nonquam sive parumper
Perstat. Corde meo   repeto sub qualibet hora :
Pectore femineo   vernalis certior aura.

1532 *muliebris*, ms. *mulieris*. — 1539 *aura*, ms. *aura est*.

Ne ce n'est pas pour leur noblesce,
Ainçois est fait pour la feblesce
Du feminin sexe muable
2200 Et corrompu et flechissable.
En un estat point ne demeurent,
Mais ensemble rient et pleurent.
Si est fort chose, ce me semble,
De rire et de plourer ensemble ;
2205 A paines se peuent attraire
En un moment cil doy contraire.
L'aucteur qui fu de moy plus sage,
Dit, que c'est des femmes l'usage ;
Quant il leur plaist, leurs larmes feignent
2210 Et leurs yeulx a plourer enseignent ;
Car tel plour leur vient de foleur,
Non par force ne par doleur ;
Dont par dehors rire et plourer
Peuent ensemble demourer.
2215 Je te pri, qui cy estudies,
Qu'a femme tes secrès ne dies ;
D'exemples avras pleine hotte ;
Car si tost qu'il y a riote,
Qui son secret dit leur avroit,
2220 Toute la ville le sçavroit.
Tant y a de perils que nus
N'en diroit les maulx advenus.
Sanson, qui fu des fors du monde,
Fu blecié par fole faconde ;
2225 Par son parler fu fait avugle ;
En ce fu plus rude que bugle,

2197 *M* mie ; *B* par. — 2198 *AFM* par ; *CM* leur f. — 2199 *M* vice m. —
— 2200 *B* Et c. par fleichissable *A* Qui est c. par fle chable ; *D* flecenssable. —
2203 *M* fors. — 2204 *F* omet de. — 2206 *A* cez u. *B* sil dui *CD* cil doy *F* cil u.
M cil duy. — 2212 *F* non par d, — 2214 *M* Ne puent. — 2217 *M* Exemples a.
plaines hottes. — 2218 *M* riotes. — 2219 *M* dit li aroit. — 2222 *M* Ne. — 2225,
26 *intervertis dans 1.*

1540 Rursus ad officium publicum recipi prohibetur
Hec propter vicium, sicut per jura cavetur.
Si quid lex dat ei, non dat pro nobilitate
Sexus feminei, sed dat pro debilitate
Ipsius sexus, qui mox est undique flexus.
1545 Huc illuc trahitur mulier, quasi cera liquescens ;
Vult, non vult, queritur, in eodem nulla quiescens.
Multociens ridet simul et semel et lacrimatur.
Factum quisque videt, sed quomodo sit, dubitatur.
Dat ratio minime quod sese compatiantur
1550 Risus et lacrime, contraria cum videantur.
Sed solus dicit actor, quod femina flere
More suo didicit oculos. Sic in muliere
Est usus flere, non veri causa doloris.
Possunt ergo foris simul et semel ista manere.
1555 Scire cupit secreta viri ; timeatur, ut illa,
Ne, mota rixa, per eam sciat omnia villa
Ipsi detecta, cujus maledicta tacere
Lingua nequit. Specta, quot sic per eam periere !
Ah ! nil dicatur illi, cum sit male celans !
1560 Sampson cecatur sponse sua facta revelans.

Quant il son secret revela,
Dont sa femme l'eschevela.
Mieulx li venist estre teü ;
2230 Car se ses crins eüst eü,
Ses ennemis, qui le greverent
Et qui les deux yeux li creverent,
N'en peüssent a chief venir.
Sa langue ne pot retenir ;
2235 Tout dist a Dalida la blonde,
Tout dist a sa femme seconde;
Aux deux le dist, si fist que fol,
Le meschief l'en vint sur le col.
Micheas dit : « Garde ta bouche
2240 « Vers celle qui avec toy couche ;
« Garde bien, quant elle t'embrace,
« Que chose qui a celer face,
« Ne luy soit ja par toy nommée ! »
Ainsi le nous dit Tholomée,
2245 En Almageste, son beau livre,
Que de grans perils se delivre
L'omme qui sagement met paine
A ce que sa langue refraigne.
Uns homs s'en volt a l'essay mettre
2250 Et fist a sa femme promettre
Que loyaument le celeroit.
Elle jura que ce feroit.
Il luy dist : « Il m'est advenu,
« J'ay post un euf assés menu. »
2255 Elle traversa la chaucie,
Au matin, ains que fust chaucie.
A sa commere prist a dire :
« Je ne me puis tenir de rire !
« Mon mari de pondre ne cesse ;
2260 « Deux eufs a post; or, soit confesse ! »
L'autre s'en va a sa voisine
Querir du feu en la cuisine

2229 *AB* voulsist. — 2230 *AB* son crin *CDFM* ses crins *I* ses amis ; *A* eust encor eu; *M* sceu. — 2232 *manque D; CIM le remplacent par* Et par maintes fois le gaiterent; *F* ses d. — 2233 *B* Ne. — 2234 *M* tenir. — 2236 *DMI* Qui de trahisons ne fu (nestoit) pas monde (*I omet* pas). — 2237 *A* A deux *M* Aux autres. — 2238 *ACF* lui s. *BD* len v. *M* lui en v. — 2244 *B omet* nous. — 2246 *B* Qui des. — 2247 *M* Homme. — 2248 *D* Ad ce; *B* refrainne — *D* (f° 76 v°) *rubr.* Comment femme ne se puet taire de ce que on lui dit. — 2249 *AB* sen v. *CDFM* se v. — 2251 *M* leaulment. — 2252 *M* si f. — 2254 *AM* pont *B* pons *C* pot *DF* post. — 2255, 56 *CDFM* chaucie : chaucie *AB* chaussee (chaussiee) : chaussee. — 2257 *F* uoisine. — 2258 *manque F*. — 2260 *C* Des eulx; *F* son c. *I* sen c.

Micheas : « ab ea custodi sedulus oris
« Claustra tui, gremio que signo dormit amoris. »
Quidam scire volens utrum sua sponsa tacere
Posset, si quid ei narraret, primo monere
1565 Cepit eam, dicens, quod mirum diceret, ipsum
Ni manifestaret. Que jurat per crucifixum
Quod bene celabit. « Ovum posui » vir eidem
Inquit. Sponsa moram quasi nullam fecit ibidem;
Vicinam reperit dicens : « Scio mira, Sibilla. » —
1570 « Dic ! » — « Nequeo, cum sit secretum ». Se ligat illa,
Quod nulli dicet. — « Est hoc confessio ? » — « Certe,
Sic. » — « Meus ova duo posuit vir Petrus. » Aperte
Verba Sibilla serens loquitur de quatuor ovis.
Tertia bis quadruplat quarte. Spacio sine quovis
1575 Quarta bis octo duplat quinte. Sic multiplicatur

f° 24 r°.

Et luy dit : « Tu orras merveille,
« Lieve sus et si t'appareille !
2265 « Il a un home en ceste rue
« Qui pont les eufs comme une grue;
« Quatre eufs a post comme une soingne. »
La tierce doubla la mençoingne.
La chose tant se publia
2270 Et telement multiplia,
Qu'en luy mettoit des oufs cinquante,
Voire en la fin plus de soixante.

Un autre sage voult sçavoir,
Quel fiance il pourroit avoir.
2275 Son fait doit on perpetuer.
Il fist une truye tüer
Et la mist, a sa voulenté,
Dedens un sac ensanglanté,
Ou lardier, ou l'en met le lart.
2280 Pour veoir de sa femme l'art
Luy dist : « Suer, il m'est mescheü,

« Certes, je suy trop deceü,
« Se tu n'entens a moy celer. »
A conseil la voult appeler
2285 Et luy dist : « J'ai occis cest homme.
« Yvresce, qui les gens assomme,
« Par trop boire le me fist faire ;
« Pense de celer mon affaire. »
Elle luy promist et jura ;
2290 Mais assés tost se parjura.
Entr'eulx ot riote meüe,
Par quoy la chose fu sceüe.
Gueres de temps ne la cela;
A ses voisines revela
2295 Que son mari, le mescheant,
Avoit murdri un marcheant,
Et qu'il estoit dessoubs la queste.
Le juge en fist loial enqueste,
Si com estoit de son office.
2300 De la femme aperçut le vice
De sa langue mal afilée.

2263 *BM* merveilles. — 2264 *M* tappareilles. — *B intervertit* 2267, 68. —
2267 *B* Quant; *C* polz *M* pons; *A* comme cygoigne *B* une songe *CD* u. choigne
F u. soingne *M* u. segoigne. — 2268 *A* besoingne. — 2271 *A* Quon y mettoit. —
2272 *F* saixante. — *D* (f° 77 v°) *rubr*. De ce meismes. — 2273 *A* pouoit. — 2275
M len. — 2279 *B* larder. — 2281 *F* mest trop. — 2288 *CF* du c. *ABDM* de c. —
2291 *FM* y ot. — 2294 *B* son voisin el r. — 2295 *A* le tres m. *I* le fol m. (*tous
meschant*). — 2296 *FM* murdri *A* meurtry *BCD* murtry; *A* bon marchant. —
2297 *B* sagueste. — 2300 *A* perceust *M* apparut.

Huic ovum tandem, quod quelibet undique fatur :
« Vis audire nova ? Centum posuit Petrus ova. »
Qui sua secreta dicunt ergo mulieri
Cuiquam, sunt miseri, quia protinus inde repleta.
1580 Janque probare volens uxorem, qualiter illa
Celaret, quidam vir prudens, carne suilla
Membratim posita maculato sanguine sacco,
« Ecce virum », dixit, « occidi. Ve michi ! Bacco
« Deceptus feci. Factum celato, repone
1585 « Ipsum sub cista ! » Tandem post istud, agone
Inter eos orto, cautelose publicare
Factum cepit ea vicinis, exposita re
Quam sibi detexit vir. Sed, dum preses in ede
Ejus perquirit factum, mendacia fede
1590 Invenit uxoris, saccum carnemque suillam,

La truye trouva empilée
Dedens le sac ou estoit mise,
Et salée par bone guise.
2305 Lors fut la femme contempnée
Et par sa bourde condempnée
Comme jangleuse menteresse
Et mesdisant et tricheresse.
Quant Dieux a Pasques suscita,
2310 L'en demande qui l'excita,
Ne pour quelle raison c'estoit,
Que premiers se manifestoit
A femme qu'il ne fist a homme.

L'en dit, par saint Pierre de Rome,
2315 Que Dieux, qui est vraye science,
Scet des femmes la conscience,
Que telles sont que rien ne celent
Et que toutes choses revelent.
Dieux ne voult leur us oublier;
2320 Dont, pour soy faire publier,
Les femmes visita premieres;
Car de jangler sont coustumieres.

Par ce qu'ay dit poués sentir
Comment femmes scevent mentir.

2305 *B* contengnee. — 2308 *A* tencheresse *BM* tanceresse. — 2310 *B* demanda; *CDM* quil. — 2313 *F* lomme. — 2311 *AB* On d.; *A* que s. p.; *BDM* pere. — 2317 *A* qui r. — 2319 *M* leurs. — 2322 *D* (f° 78 v°) *rubr. Comment femme est forte en son oppinion.*

Propter quod damnat ac excommunicat illam
Expertus preses. Patet ergo, quod male celat
Facta viri mulier : quidum sua sepe revelat?
  Ecce solet queri,   quare Dominus mulieri
1595 Se prius ostendit   surgens in Paschate Lendit?
Ut certe verum   quod, cum mos sit mulierum
Cuncta revelare,   mox ut vivus publicetur,
Se premonstrare   mulieri velle videtur.
  Sic summus sapiens   detexit Samaritane
1600 Pleraque mira, sciens   quod diceret illico. Sane,
Hec se celare non possunt : subula sacco,
Bumbi aqua, cor femineum, mens devia Bacco.
Ergo, cum mulier, lector, celare nequit se,
Te non celabit. Mos est cujuslibet ysse.

1605   Est mendax adeo   quod, si non inveniatur
Presens, hec ideo   factum scelus inficiatur.
Visaque sepe negat,   flet, jurat, ut inde reatum
Mendax ipsa tegat;   quid dicat, in ore paratum
Mox habet; hec scelere   proprio quam sepe virumque
1610 Convincit, vere   Vetus atque Novum scit utrumque.
  Cum sit enim sermo   non intellectus inanis,
Hec ego confirmo,   verbis utens ego planis.

1602 *Bacco*, ms. *baco*. — *Après 1604 rubr. Quod mulieres sunt mendaces et sua propria delicta imponunt viris suis et eos inde convincunt.*

2325 Encor orrés un autre tour.
Un jalous dedens une tour
Gardoit sa femme bien serrée,
Fors tant que pas n'estoit ferrée.
Le jalous y fist troys huys faire,
2330 De cles y avoit treble paire ;
Mais en la fin fu deceü.
Il avoit a un soir beü
Et s'endormi après souper ;
C'est ce qui le fist encouper.
2335 Sa femme ses clefs luy embla ;
Avec son ami s'assembla,
Pour mener sa joliveté.
Il la tint a grant priveté
Et la reçut faisant grant joye.
2340 L'amant rit quant il tient sa proye ;
Avoir ne puet qui plus luy plaise ;
En despit du jalous la baise.

Le jalous petit sommeilla,
Car jalousie l'esveilla.
2345 Quant la chose luy fu apperte,
Moult courrouciés fu de sa perte,
Criant s'en vint a la fenestre
Et disoit : « Dieux ! que puet ce estre ?
« Femme, femme, ou es tu alée ?
2350 « Hors de la tour es avalée,
« Bien est prouvé ton avoutire ;
« Demain en souffreras martire. »
Lors revint la femme courant ;
A son mari dist en plourant :
2355 « Je vous pri, pour la Magdeleine,
« Que ne me faciés souffrir paine.
« Epargniés moy, je jureray
« Que plus ne vous courrouceray.
« Je n'ay pas vostre tour minée ;
2360 « Issue suy par destinée,

2325 *M* dun. — 2328 *Leçon de D; A* Fors que tant que pas *B* Fors tant quelle nestoit pas *F* Fors tant nestoit pas *C* Fors que tant pas ; *M* que nestoit pas. — 2330 *M* Des c. — 2336 *B* sen ala *D* semsemble (*corrigé en* sassembla). — 2338 *M* a sa p. — 2340 *AB* tient *CDFM* tint. — 2341 *CF* peeust *A* peult *BDM* puet. — 2345 *C omet* fu. — 2346 *manque B, qui a deux fois* 2347 ; *M* fu c. — 2347 *M* Quant. — 2348 *ABM* que puet ce *CD* ce que peust *F* que ce peut. — 2350 *A* est *B* tes. — 2352 *F* soufferras. — 2353 *M* sa f. — 2354 *M omet* mari ; *B* tout en p. — 2355 *A* par. — 2356 *M* faictes. — 2357 *M* je vous j.

    Quidam zelotipus,   sponse nitens fieri pus,
      In turri clave   cum trina clausit eandem,
1615 Quam servat prave,   dum dormiret ; quia tandem
      Claves furatur   et abit lasciva, paratur
      Ejus amans, plaudit   dans basia, conjuge spreto,
      Qui jam, completo   somno, mox hostia claudit
      Turris, bis clamans :   « Mulier, mulier maledicta !
1620 « Te sibi junxit amans,   cum sis ut adultera victa.
      « Fustibus affligi   per vicos cras faciam te.
      « Fiet quod tetigi   tibi consuetudine dante. »
      Lugens dicit ei   mulier : « Bone vir, miserere,
      « Heu ! miserere mei !   Sic possim sancta videre
1625 « Regna Dei, quod ero   tibi consors a modo grata.
      « Parce michi, quero,   miserere mei, quia fata
      « Huc me duxere,   michi parce tua pietate !
      « Istud enim vere   nulla feci levitate.
      « Ni parcas, summe   tibi dico, quod in puteum me

« Non mie par legiereté.
« Si ne me doit estre reté.
« Pour Dieu, ayés de moy merci,
« Ne me faites pas trouver cy !
2365 « S'en vous merci trouver ne puis,
« Je m'iray noier en ce puis. »
Il respont de felon courage,
Tout esmeü de fole rage :
« Ceans ne mettras pié ne main !
2370 « Je te ferai fuster demain ;
« Tu avras honte et amertume
« Selon la loy et la coustume. »
La nuyt estoit noire et obscure ;
Elle prist une pierre dure,
2375 Par dedens le puis la lança.
Adonc le mari s'avança,
Qui la cuidoit noiée ou morte.
Si tost qu'il fu hors de la porte,
Elle entra ens et l'uys ferma
2380 Et luy jura et afferma,

Qu'il comperroit celle envaïe.
Ne se tint pas pour esbaïe,
Aux guettes cria : « Sça venès!
« Haro ! c'est ribaut me prenés ! »
2385 Il fu pris et mis en prison.
Oncques mais ne fu si pris hom.
Sa simplesce le fist confondre,
Car il ne sçavoit que respondre ;
Si fu batu et escharni.
2390 Pour ce fait bon estre garni
Encontre celles qui deçoivent
Ceulx qui leurs mençongnes reçoivent.

Au propos vous diray cautele ;
Oncques mais n'oïstes autele.
2395 Clement trouva sa femme Berte
Dessoubs un prestre descouverte.
Le prestre l'avoit estoupée.
Clement tira sur eulx l'espée ;
Si leur convint laissier leur euvre.

2362 *F* griefte. — 2363 *F* ayons. — 2364 *M* omet pas. — 2365 *B* Sans v.; *C* nen p. — 2368 *CDFM* Tant est esmeu. — 2369 *FM* ne p. ne m. — 2375 *M* le l.; *I* gecta. — 2376 *I* hors saulta. — 2378 *F* que fu. — 2381 *AB* comperroit *CD* comparoit *FM* comparroit; *B* tel; *C* enaye. — 2383 *F* me cria. — 2384 *CF* Haron. — 2388 *CDMI* Quant. — 2390 *M* bon estoit. — 2392 *D* (v° 79 v°) *rubr.* De ce meismes. — 2394 *CDFMI* noistes (*MI* vous noystes) telle.

1630 « Mittam. » Que petram   capit, intus mittit eamque.
Ob noctem tetram   nequit hec vir cernere. Namque
Mersam credit eam; dolet inde nimis lacrimando.
Mox exit turrim, credens succurrere. Quando
Exiit, uxor clam turrim subit; hostia claudens
1635 Clamat : « hareu ! » voce magna vigiles vocat. Audens
Hinc accusat eum,   quod adulter sit. Stupefactus
Vir tacet; inde reum   dicunt ipsum fore. Tractus
Est ad judicium,   quem condemnat data ville
Lex et consilium.   Per vicos ceditur ille   f° 25 r°.
1640 Fustibus in girum   ductus, derisus ubique.
Sic sua sponsa virum   tractari fecit inique.
Firmiter istud habe,   lector, ne decipiaris
Feminea labe,   si vis meus esse scolaris.
    Hoc ad idem refero :   Clemens, uxore reperta

1631 *Namque*, ms. *Nanque*. — 1634 *Exiit*, ms. *Exit*. — 1637 *tacet*, ms. *iacut*. — 1643 *Feminea*, ms. *Femina*.

2400 Berthe sault sus et se recuevre,
Son mari prent et tient a force,
A peu les poings ne luy escorche.
Le prestre y aida toutesvois.
Elle crioit a haulte voix
2405 Sur Clement, qui fu bon et gent :
« Tenés mon mary, bonne gent,
« Hors du sens est et forsenés.
« Haro! pour Dieu bien le tenés !
« Il nous vouloit tous deux tuer;
2410 « Ne le laissiés esvertuer. »
Puis luy disoit : « Ha! mon seigneur,
« Qui oncques vit rage greigneur?
« Clement, la destre Dieu te tiengne!
« Doux amis, de Dieu te souviengne !
2415 « Ne sçay quelle forsennerie
« L'a mis en ceste desverie.
« N'a gueres que sages estoit.

« Cest prestre aide me prestoit;
« Pour moy aidier est cy venu,
2420 « Ou il me fust mal avenu. »
Berte, qui de croix se seignoit,
Devant ses voisines feingnoit
Ceste mençongne et ceste bourde,
Et en feingnant estoit si lourde
2425 Qu'a Clement ne lessoit mot dire.
L'un le boute, l'autre le tire,
Pris fu et a terre abatus,
Lyés et de verges batus.
Trois jours luy dura ceste haire.
2430 A force li convint paix faire ;
Tant doubtoit les coups de Bertain
Que tout pardonna pour certain.
Or voy, liseur, et fay memoire,
Qu'on ne doit pas aux femmes croire,
2435 Qui ainsi parjurent et mentent,

2400 *ABM* se r. *CD* le r.; *I* si le queure. — 2401 *B* print et tint. — 2402 *BDM* escorce. — 2403 *F* luy; *A* toutes foys *B* toute noiz *CDFM* toutesuois. — 2404 *MI* cria. — 2406 *C* bonnes gent. — 2407 *BC* forcenez. — 2408 *F* Haron *M* Haion ; *A* Prenez le et si le liez. — 2411 *M* d. aaa m. — 2413 *A* met ici vs. 2414. — 2414 *A* Jamais tel chose ne tavienne. — 2422 *DM* les v. — 2433 *A* Or va lisant. — 2434 *A* Que homs *B* Que on; *C* nen d.; *A* pas f. c. *B* pas femme. — 2436 — *D* (fº 80 vº) *rubr.* Comment elles sont orgueilleuses.

1645 Cum. G. presbitero,   trahit ensem, nomine Berta.
Vi tenet uxor eum,   vicinis ipsa vocatis
Clamitat : « Ecce meum   sponsum, domini, teneatis!
« Vult interficere   nos. Est furibundus et extra
« Sensum. Te regere   Christi velit undique dextra,
1650 « Kare marite bone!   Cur, cur michi, prava, maritum
« Auffers, Thesiphone,   nuper pre mille peritum? »
Coram vicinis fingit mendax, quod ibidem
Presbiter accessit, ut opem conferret eidem.
Nec licet inde loqui sponsum. Mox immo ligatus
1655 Est, et eum virgis castigat Berta, reatus
Sicque sue sponse mendacis vir luit iste.
Ne miser ergo sis, informes, lector, in hiis te.
Per triduum victus metuens C. verbera Berte,

1647 *Clamitat.* ms. *Clamittat.* — 1648 *Est,* ms. *Et.*

Dont pluseurs pleurent et lamentent.

    Orgueilleuses et effrontées
Et de grant orgueil seurmontées
Sont les femmes communement.
2440 Touchié en ay aucunement
Cy dessus, en aucuns chapitres,
Dont l'en trouvera bien les titres;
Si n'est besoin que les repete,
Pour ce que briefté me compete.
2445 Eve premiere s'orgueilli;
Si grant orgueil en soy cueilli
Que bien cuida estre deesse.

Des cieulx vouloit estre abeesse,
Et sur les estoiles voler;
2450 Son orgueil la fist affoler;
Par elle vint calamité
A toute sa posterité.
Sathan ses filles maria,
Au siecle les apparia.
2455 Orgueil fu marié aux femmes,
Dont orgueilleuses sont les dames.
Clergié espousa Simonie,
Par qui loyaulté est honnie.
Ipocrisie, avec ses signes,
2460 Est aux moines et aux beguines

2437 *B* effronciees. — 2440 *I* Bien lay dit; *CDFMI* au commencement. — 2443 *C* Sy nait; *A* que len (n *exponctué*) *C* qui les *D* que je les, *F* omet que. — 2445, 44 *intervertis dans M.* — 2445 *B* Que premierement *CDM* premier *F* a premiers sen orgueilli. — 2448 *B* cuda e. a.; *M* deesse. — 2449 *C* estelles veoir; *M* vouler. — 2451 *M* a la camite. — 2452 *B* prosperite. — 2454 *C* siege *D* sieche. — 2455 *D* mari; *M* au f. — 2456 *M* orgueilleuse. — 2460 *CD* Et; *AM* nonnains.

    Quitquid vult ipsa jurans affirmat aperte.

1660   Cum varie varier,   varians multiplico verba.
Est effrons mulier,   exlex, elata, superba.
Effrons Mirra fuit,   quia se conjungere patri
Hec non erubuit,   nec Biblis, fervida, fratri.
Loth subverterunt   fallaciter, ebrietate
1665 Effrontes, nate,   vah! cui se supposuerunt.
    Legem Pasyph[a]e   nature juraque fregit,
Dum stimulat riphe   Veneris, taurum sibi pegit.
Ardens Scilla suum genitorem decapitavit,
Et pueros Medea suos exlex jugulavit.
1670 En elata fuit   mulier, quando superare
Ipsa Deum voluit,   nitens super astra volare;
Eva, poli cupiens   fieri dea, fecit hanela,
Unde fit esuriens   illius tota sequela.

f° 25 v°.

    Ut quidam recitat sapiens, fastus dominabus
1675 Nubsit, et ypocrisis monachis necnon monacabus,
Fraus mercaturis, clero symonia, lupina

Après 1659 rubr. *Quod mulieres sunt effrontes exleges elate et superbe.* — 1666 *stimulat riphe,* ms. *stimulare ripe.* — Après 1673 id., *Hic loquitur matheololus de illis quibus dyabolus maritavit septem filias suas.*

Et aux autres religieus,
Qui se faingnent les precieus.
Rapine, qui est pillerie,
Prist a mari Chevalerie.
2465 Sacrelege est aux ahanniers
Et aux faulx laboureurs laniers.
Fraude, que l'on dit tricherie,
Se maria à Mercerie;
Les marcheans l'ont espousée
2470 Et sont mouillés de sa rousée.
Aux bourgois se coupla Usure.
L'autre fille, qui est Luxure,
N'est encor a nulluy donnée,
Mais a tous est abandonnée,
2475 Sans garder loy de mariage.
Luxure quiert son avantage
Et s'en va de sça et de la,
Car cil qui plus en donne l'a.

Or laissons cy des autres filles,
2480 Pareilles ne sont pas les billes,
Et traitons d'Orgueil seulement,
En procedant isnelement.
Femme orgueilleuse se deffourme
En delaissant sa propre fourme.
2485 Orgueil si la fait estrangier
Et la fait muer et changier.
Ahontée est et effrenée,
En ses cheveux ensafrenée.
Elle se paint et renouvelle,
2490 Pour mieulx paroir a estre belle.
En ses chambres, en pluseurs boistes
Trouveroit on ointures moites
Et choses de pluseurs couleurs.
Par orgueil fait trop de douleurs;
2495 Adjouster veult a sa personne;
Ne li souffist ce que Dieu donne.

2462 *C* si f.; *A* si p. — 2462 à 67 *manquent B*. — 2465 *AM* henniers *I* usuriers. — 2470 *D* mouillie de la r. — 2471 *C* vxure *M* lusure. — 2473 *C* encores; *AFM* nulli. — 2474 *F* tout. — 2478 — *D* (f° 81 v°) Comment femme se cointoye. — 2479 *B* lessions. — 2480 *B* nen; *A* villes. — 2482 *B* procedent. — 2487 *BM* Ahonte; *M* affrenee. — 2490 *A* ressembler estre *B* sembler e; *FM* omettent a. — 2491 *CI* sa chambre; *AB* maintez; *F* boetes. — 2494 *AB* Car; *A* font. — 2495 *F* fait en.

Nostris usura burgensibus, ipsa rapina
Militibus, sacrilegium cupidisque jugatur
Agricolis. Sathane sic filia queque locatur.
1680 Ipsa sibi nullum sponsum Venus appropiavit,
Immo venalis cum sit, se cuique jugavit.
    Dimissis aliis, tractat presens capitellum
Tantum de fastu, ceptum peragendo libellum.
    Transgrediens normam   nature femina nanque
1685 Deformat formam   propriam, defert aliamque;
Pingit se, croceat   peplum; vestis renovatur,
Ut super emineat   et pulcrior hec videatur.
Cujus enim thalami latebras si scire labores,
Pixidas invenies et rerum mille colores.
1690 Ultra dona Dei   sese pingendo figurat:
Hoc fastus dat ei,   qui non nisi talia curat.
Auctor enim dicit, et ego, lector, tibi promam:

1687 *super emineat*, ms. *seperemineat*.

Orgueil seurmonte toutes choses
Qui sont dessoubs le ciel encloses.
Femme orgueilleuse bien se monstre;
2500 Il n'est nul si orrible monstre.
Environ soy porte les signes
Qui a la Chimere sont dignes.
Car, s'elle est dame ou damoiselle,
Devers la queue semble oiselle.
2505 Vers sa queue maint mal serpente ;
Par la ressemble la serpente.
Devers la poitrine est lion ;
Il ne puet que n'y oublion,
Ou en port ou en aleüre.
2510 Elle a en sa cheveleüre
Maint estrange cheveul enté.
A accomplir sa voulenté
Court plus isnelement que lievre ;
Elle a cornes comme une chievre.
2515 C'est la barboire des chetifs,
Paour fait aus enfans petis.

Et se par fraude fait la simple,
Moult a d'orgueil dessoubs la guimple.
Par dehors monstre sa painture,
2520 Mais par dedens gist la pointure.
Crueuse est et escervelée ;
Elle frendist come une lée,
Qui est fumelle du sanglèr.
On ne la puet a point sangler.
2525 Femme est crueuse vrayement,
Ou l'Escripture vraye ment,
Qui conte ses iniquités.
Par femme fu decapités
Saint Jehan, qui Dieu baptisa
2530 Et qui de luy prophetisa.
Herodias le despisoit
Pour ce que verité disoit.
Par femme fu Josef lyés
Et en buyes humeliés
2535 En la prison, soubs Pharaon ;

2503 *B* celle. — 2504 *A* sa q. — 2505, 06 *manquent B*. — 2505 *F* A sa q.
m. m. charpente; *I* serpent. — 2506 *CDMI* a la; *I* serpent. — 2510 *M* cheua-
leure. — 2511 *M* autre ch.; *BF* cheueul *A* cheueil *CDM* cheual. — 2513 *AB* Plus
i. court : *AC* court *BDM* queurt *F* cueurt; *M* quun l. — 2515 *F* Sest. — 2517
CDI faint. — 2518 *F* simple. — 2519 *C* pointure. — 2520 *est dans C à la marge;
dans M* pointure *a été remplacé plus tard par* lordure. — 2521 *A* escheuellee
B esseruelee *CD* escheruelee. — 2522 *A* frandist *BF* frendist *CDM* frondist. —
2523 *A* dun sainglier *B* senglier *F* seingler. — 2524 *manque M*; *A* Et pert
quon la vueille sainglier *C* coinglier *D* seinglier *F* seingler. — *D* (f° 28 v°) *rubr*.
Comment femme est crueuse. — 2526 *AB* la vraie escripture. — 2527 *DM* toutes.
— 2531 *F* desprisoit. — 2533 *C* josehf, *M omet* josef. — 2534 *A* embri et h. —
2535 *F* Et en p.

Est cunctis fastus superatque superbia formam.
Est monstrum digna   reputari per sua signa :
1695 Per caudam ficta   fit avis, per cornua capra,
Larva peplis, picta   fit ymago, morsibus apra.

Femina crudelis   nimis est nimiumque scelesta.
Hec si scire velis,   exempla patent manifesta
Hic, quibus insistam.   Scelerose decapitari
1700 Fecit Baptistam,   sanctum Josephque ligari
Compedibus; per eam   pulsus Dominumque negavit

Après 1696 rubr. *Quod mulieres sunt crudeles et scelerose.*— 1701 *que negauit
semble avoir été ajouté plus tard par un correcteur, avec une encre très pâle.*

En la ville le sçara on.
Par femme fu saint Pierre mis
Entre les Juis ennemis.
Femme tant le contraria
2540 Que Dieu par trois fois renia.
Femme fist les clous, ce sachiés,
Dont Dieu fu en croix attachiés.
Medée, dont j'ay dit arriere,
Fu de ses deux enfans murtriere.
2545 Silla occist son propre pere ;
Ce fu cruaulté trop amere.
Gesabel refist grant folie :
De son regne chaça Helie
Et le banni hors de sa terre.
2550 Aux autres prophetes fist guerre,
Et aucuns en fist mettre a mort ;
Naboth fist lapider a tort ;
Contre luy quist faulx tesmoignage,
Pour lui tollir son heritage.
2555 Cil Naboth avoit une vigne,
Qui luy venoit de droite ligne ;

Au roy Achab la refusa.
Gesabel pour ce l'accusa
Que contre loy avoit esté
2560 Et contre royal majesté.
Lapidés fu cruelsement
Et occis par faulx jugement ;
Dont Helies, pour cest desroy,
Prophetisa la mort du roy,
2565 Comment les chiens son sang lechierent
Et en la vigne le cerchierent.
Dire ne puis n'articuler
De chascun fait particuler
De toutes les femmes crueuses,
2570 Qui sont a mal faire engigneuses.
Qui de leurs nouveaulx fais diroit,
Le liseur s'en esbaïroit.
Un petit icy m'en deporte.
Se la femme estoit aussi forte
2575 Et aussi vertueuse comme
L'en voit vertueus estre l'omme,
On ne pourroit durer a elle,

2536 *A* de saraon *B* le scaura on *C* le sera on *DM* le sara on *F* de la sara on *I* de samahon. — 2538 *AC* les j. ses e. — 2539 *A* Et f. le c. — 2540 *A* Tant que t. f. d. r. ; *M* omet par.— 2545 *B* mere.— 2547 *M* fist.— 2552 *C* Loboth *M* Laboth *D* Noboth. — 2553 *CDMI* fist. — 2555 *B* signe. — 2557 *A* athas *B* acas *C* abach *D* acab; *M* le r. — 2559 *ABF* luy. — 2560 *A* En crime de lese m. — 2563 *B* helias *M* elie ; *C* desfroy. — 2564 *B* seul le roy. — 2565 *C* bes son s. l. *D* les s. s. l. *I* les bestes s. s. — 2566 *F* sercherent. — 2567 *AB* ne entituler *CDFM* ne articuler. — 2568 *FM* particulier. — 2569 *M* omet les. — 2570 *C* dem. f.; *M* angoisseuses. — 2573 *C* me d. — 2575 *C* que homme. — 2576 *A* bien vertueux un homme ; *C* vertueuse.

    Petrus. Ne taceam dicenda, manu fabricavit
    Clavos, unde Deus fixus fuit in crucis ara,
    Sexus femineus. Mulierum gratia rara
f° 26 r°. 1705 Est. Medea suos pueros jugulavit iniqua,
    Quamvis innocuos, effrons, exlex, inimica.
    Istud Thesiphone scelus in muliere creavit,
    Per quod enim Progne proprium puerum jugulavit.
    Vel pro vite Naboth lapidari femina regis
 1710 Ipsum fecit, ad hoc inducto judice legis.
    Proh dolor! occidit semen regale probrose
    Atthalia, per hoc nitens regnare dolose.
    Quam mulier nemo certe crudelior esset,
    Vix aliquam demo, si fortis uti vir adesset;

Tant scet d'engin et de favelle.
Ce ne luy vient pas de nature
2580 Ne de Dieu ne de sa droiture.
Sathan, qu'on appelle Agrapart,
Y a mis le plus de sa part.
Tant est femme ireuse et mauvaise
Que de tous vices est fournaise.
2585 Ovides dit en ses doltrines :
Femmes sont a tous maulx enclines.
Ce qu'en disent les anciens
Querés la hors, non pas cyens.

  Si me pourroit on opposer
2590 Et au contraire proposer,
En blasmant ma conclusion,
Que je di grant illusion.
Car, s'aucunes femmes sont males,
Et perverses et ennormales,
2595 Ne s'en suit pas pour ce, que toutes
Soyent si crueuses et gloutes,
Ne que toutes soyent comprises

Generalment en leurs reprises.
L'oroison est trop mal sartie,
2600 Quant on conclut tout pour partie.
Logique seult redarguer
Ceste maniere d'arguer.
Neantmains ceste euvre presente,
Qui douleur en mon cuer presente,
2605 Ne veult souffrir que rien exclue,
Mais commande que je conclue
Tout oultre, jusques a la bonne,
Qu'il ne soit nulle femme bonne.
Salemon, en narracion,
2610 En fait une admiracion
Qui ceste matiere conforte :
« Qui pourroit trouver femme forte ? »
Aussi que s'on disoit en glose :
« Ce seroit impossible chose. »
2615 Puis qu'il le dit, je qu'en diroye?
Pourquoy ne m'en esbaïroye?
Encor dit-il oultre, qu'assés
Vault mieulx homs mauvais et quassés

2581 *B* acrappart. — 2583 *M* omet et. — 2587 *C* que; *AB* dirent. — 2588 *B* le; *CDM* ceans.— 2591 *B* blasment. — 2594 *A* anormales *C* abnormales. — 2595 *C* suient; *M* omet pas. — 2596 *C* cruouses et si g. — 2599 *DM* La raison; *CD* sartie, *les autres* sortie. — 2601 *B* seul; *C* tout r. — 2604 *dans C à la marge*; *C* a mon c; *B* pres ante. — 2607 *A* borne, *les autres* bonne. — 2608 *BF* Qui; *F* si b. — 2613 *AB* Ainsi com ce (sen) d. — 2617 *ADM* Encores; *AM* omettent que. — 2618 *B* Vaulx.

1715 Qua ratione puto   quod ei vis sit resecata.
    Sit submersa luto,   suspensa vel excoriata,
    Ingenium natura tamen vice posse paravit,
    Illi supplet in hac, quod in illa parte negavit.
    Armat enim lingua miranter et ingeniose
1720 Arteque multimoda, nos ut vincat scelerose.
    Sed forsan natura sibi tot non dedit artes
    Immo Sathan, satagens hic interponere partes.
    Non est ira super iram prave mulieris,
    Ut Scriptura refert. Et si plures tibi queris
1725 Testes, testis in his textus datur Ovidianus :
    Feminee faciunt ad scelus omne manus.
    Quod facere ausa est non ausa est [mea] scribere dextra.
    Ergo, quod restat hic nondum quere sed, extra.

1727 *mea* n'est pas dans le ms.

Que femme, quant elle fait bien.
2620 Dont n'est femme qui vaille rien;
Je n'en quier autres instrumens.
· Or laissons tous ces argumens !
Je procede en pluseurs manieres.
De lieux et de raisons plenieres
2625 Suy armés et fortifiés.
Avec ce suy edifiés
Sur exemples et sur moyens.
Escoutés, si orrés moy ens.
Bien a lieu ce que je vous preuve.
2630 Que la femme, si com l'en treuve,
Desçut tous les plus grans du monde ;
J'ay raison sur quoy je me fonde.
Se les plus grans sont deceüs,
Donecques sont les meneurs cheüs ;
2635 L'en dit en la rue ou je mains,
Que le plus en porte le mains.
Qui furent les plus grans seigneurs?
Qui oï parler de greigneurs
De Salemon et d'Aristote?
2640 Ne leur valut une escharbote
Sens, ne richesce, ne raison.
Tous furent mis hors de saison;
Par femmes furent seurmontés,
Deceüs, vaincus et dontés.
2645 Les lieux et la similitude,
Dont l'en scet user en l'estude,
Qui pour armer mon cembel yssent,
Mon propos forment embellissent.

Las ! je parlasse noblement ;
2650 Mais je suy menés telement

Et troublés par forsenerie,
Qui me point par sa desverie,
Que merveille est que puis durer,
Tant ay de maulx a endurer.
2655 Toutesvois, de mon sens ombrage
Ay fait des femmes cest ouvrage
Aux heures qu'ay eü loisir ;
Qui glaine, il ne puet pas choisir.
Afin que plus pleniereemnt
2660 Vous appere et plus clerement
De ma doctrine, que je baille,
Selon les poetes vous taille
Exemples, dont je vueil user,
Qui ne sont pas à refuser.
2665 Par les exemples nous vivons,
Quant du temps passé escrivons ;
Exemples nous font souvenir
De parler du temps a venir.
Dieu nous chastie en ses paroles
2670 Par exemples de paraboles.
Exemple, pour integument,
Est une espece d'argument,
En logique souvent usée,
Dont l'oroison est excusée.
2675 Pour ce, qui veult a droit plaidier,
D'exemples se convient aidier ;
On s'en aide en parlement ;
Car souvent et notablement
Eschéent choses advenues
2680 Et par exemples retenues.
Pour ce conclurrai par logique ;
Le droit aussi a ce s'applique,
Qu'on voit souvent continuer.

2621 *A* nul autre instrument. — 2622 *C* Et l. — 2626 *CDFM* Et avec ce (se).
— 2628 *M* Esc. moy si o. e. — 2631 *A* Dessus tous les sages. — 2632 *C*
menffonde. — 2634 *F* le sont; *B* les menuz *I* sur les menus. — 2636 *Quelques
mss.* en porte, *d'autres* emporte. — 2637, 38 *intervertis dans M.* — 2638 *BF* de,
les autres des. — 2639 *B* psalmon. — 2640 *A* valu *BM* valut *CDFI* vault; *A* pas
une escorce. — 2641 *M omet le premier* ne. — 2644 *M* doubtés. — 2645 *M* lions
et leurs s.— 2646 *B* seult; *AB* en estude.— 2647 *CDFMI* amer (aimer); *I* moult
chambellissent. — 2653 *CDFM* meruueilles; *F omet* est. — 2655 *A* Toutesfoys
B Toutevoies *CDFM* Toutesvoies. — 2657 *F* que jay; *A* eu en l. — 2658 *A*
glaigne *C* glaine *BDF* glenne *M* glane; *M omet* pas. — 2662 *F* je t. — 2663
CDM Exemple; *M* d. vueil je. — 2667 *B* fait. — 2668 *M* Du p. — 2669 *B* de ses
p. — 2673, 74 *manquent M.* — 2675 *M* quil. — 2676 *AB* lui c. — 2677 *M* Len;
CD se. — 2681 *A* conclurron *B* conclusons. — 2682 *A* d. canon; *ABC* ad *DFM* a.

Dont puis je bien insinuer,
2685 Que qui d'un mesfait est veüs,
De pluseurs en est mescreüs.
Par Cafurne sont toutes femmes
En toutes leurs causes infames
Et reprouvées, par nature,
2690 Et par droit, et par escripture
Des poetes d'antiquités,
Qui de ce se sont acquités.
Preuve de droit n'est point requise,
Qui puet prouver par autre guise,
2695 Mesmement en chose notoire.
Si conclu, a fin peremptoire,
Qu'il appert bien par les premisses
Ce que dessus ay dit des ysses.
Le fait a quoy je me rapporte
2700 Mon propos soustient et conforte.
Nuls homs ne pourroit mettre en rimes
Tous les vices ne tous les crimes
Des femmes vivans soubs la lune.
Qui en trouveroit de mil une
2705 Poursuyvant d'aucun bien la trace,

Ce seroit especial grace;
Car il n'advint un tel miracle
Puis le temps l'empereur Eracle.

Es femmes, ou temps qui or dure,
2710 Voit on gloutonnie et ordure,
Qui les corrompent et mehaignent;
Et de querir pas ne se faignent
Choses a eulx delicieuses;
Ne leur chault, se sont somptueuses;
2715 Tant sont gloutes et dissolutes
Que par outrage sont polutes,
Qui leur fait puïr dens et bouche.
En femme n'a plus grant reprouche
Que de soy par vin enivrer;
2720 Yvre femme se veult livrer
A tous ceulx qui en veulent prendre.
Le vin la fait vomir et rendre.
Se d'ommes avoit un millier,
Tous les lerroit hurtebillier.
2725 Femmes yvres sont toutes teles;
Aux riotes muevent leurs eles

2687 *B* caph (*le reste en blanc*) *F* calfurne *I* cohuettes. — 2690 *F* lescripture.
— 2691 *B* dautentiquites. — 2692 *M* equites. — 2695 *C* nottaire. — 2696 *B* conclut; *B* partemptoire. — 2697 *M* omet appert. — 2698 *M* est dit. — 2699 *B* en q.; *F* men r. — 2702 *M* leurs c. — 2706 *A* despecial *B* de e. — 2708 *F* de lempereur. — *D* (f° 86 r°) *rubr.* De gula. Comment femme veult a sa volente.
— 2709 *M* omet ou temps qui; *CD* endure. — 2714 *AB* silz *C* ce s. — 2715 *A* dissolues. — 2716 *M* Car; *A* pollues. — 2722 *C* voulmir. — 2724 *B* larroit; *A* heurtebillier *BCD* hurtebillier *F* huy tetiller *M* vrtebillier. — 2726 *CI* mainent.

Fex immunditie gula; devorat os, et olere
1730 Sic solet. Ingluvie quid turpius in muliere?
Corpus sicque sua venalia queque gulosa
Exponit fatua, sibi querens deliciosa.
Vix narrare scio, nec epistola nostra perorat,
Quam turpi vicio mulier vinosa laborat.
1735 Propter vina calet, et ad ipsa sequentia currit;
Nauseat ebrietas, gula deliciosa ligurrit;
Ebria cum fuerit, socii si sint ibi mille,
Quisque receptus erit, non curat an iste vel ille.
Ad rixas alam movet, ostendit pudibunda
1740 Cunctis cuncta palam, clamosa velut furibunda.

f° 26 v°.

Après 1728 *rubr.* De ingluvie mulierum. — 1730 Sic, ms. Htc.

Et le vaissel honteus descuevrent :
En tous leurs fais folement euvrent.
Nices sont et desordenées
2730 Et crient comme forsenées.
Femme dit : « Je puis assés boire,
« J'ay grant vaissel et grant ciboire ;
« Se j'ai beü, je pisseray
« Par dessoubs, quant au pis seray. »
2735 De gloutonnie vient luxure,
Quant on en prent oultre mesure.
C'est ce qui fait l'avoir despendre,
Et les maladies engendre,
Et les guerres et les descors,
2740 Que pluseurs comperent des corps.
Gloutonnie dort par paresce ;
De son accort se tient yvresce,
Qui les hommes destruit et gaste ;

La santé tolt et la mort haste,
2745 Et les fait ors comme pourceaux.
Ses disciples sont larronceaux,
Et murtriers, et les femmes foles ;
Il fait bon fuïr ses escoles.
Caton dit pour yvresce seule :
2750 « Ne fay pas plaisir a ta gueule,
« Qui est amye de ton ventre ! »
Le vin nuyt quant trop en y entre.
Yvresce fait les mains trembler
Et les vertus du corps embler ;
2755 Et si fait le foie pourrir
Et les mauvais vices nourrir.
Ma Perrete n'est pas yvrongne,
Mais encontre moy souvent grongne.

Femmes sont pareceuses, certes,

2727 *C* descueuent. — 2729 *CDM* Et n. — 2734 *A* puis. — 2736 *C* nen p. — 2740 *CD* temperent. — 2741 *AB* dort *CDMI* dont ; *M* yuresse. — 2742 *M* paresse. — 2744 *C* tout *D* toult, les *aultres* tolt. — 2748 *A* ces e. *BF* ses *CD* les *M* leur *I* leurs. — 2749 *C* toute s. — 2750 *F* pas le p. — 2752 *A* y en e. *BF* en y *CDMI* omettent en. — 2755 *F* omet si. — 2758 *A seul* encontre, *les autres* contre. — *D* (fº 87 vº) *rubr*. Comment femmes sont enclines a leurs volentez. — 2759 *CDM* p. toutes *I* gloutes.

« Sat potare queo, »   dicit mulier, « spaciosum
« Subtus vas habeo,   per quod bene mingere possum. »
    Crapula luxurie   bellique nepharia mater,
Cujus amicitie   sunt pinguia fercula. Crater
1745 Vinosus frigit   homines, consumit, et illos
Ad nichilum redigit,   proprios facit esse suillos
Discipulos, fures,   murdritores, meretrices.
Hoc precor abjures   delictum, quod maledices.
Indulgere gule   noli, que ventris amica,
1750 Unde manus tremule   fiunt, epar usta mirica.
    Hoc non inficitur vicio conjunx mea Petra ;
Ni rixaretur, certe transcenderet ethra
In reliquis, nisi quod turpis nimis esse videtur.
Dogma tamen, non forma decens regnare meretur.

1755 Accidie famula,   mulier bene vivere nescit,
    Immo, malis patula,   mala, pejor, pessima crescit,

1749 *amica*, le ms. ajoute *est*. — Après 1754 *rubr*. *Quod mulieres sunt accidiose et prone ad malefaciendum et pigre ad bene faciendum*.

2760 Mais a mal faire sont apertes.
Femme mauvaise devient pire,
Tresmauvaise, tousjours empire.
Tout dire me seroit griefté,
Si m'en passeray pour briefté.
2765 Femme n'est pas en ce point sage;
Courir ne scet qu'a son dommage.
La loy dit, si com je le sens,
Que la femme n'a pas le sens,
Ne son amour en soy enclose,
2770 Mais par dehors en l'ueil repose.
A l'ueil dehors son honneur baille,
Mais au garder convient qu'il faille;
Car folie son ueil engroisse.
Tant dit, que cuer de voirre froisse

2775 Par sa jangle et par sa parole;
En tous ses fais est nice et fole.
Il n'est nul bien que femme face;
Ainçois le destruit et efface.
Par femmes sourdent maintes guerres
2780 Et homicides par les terres;
Les chastiaux sont ars et pillés
Et les povres gens essillés.
Il n'est pas de mil guerres une,
Si com scet chascun et chascune,
2785 Qui par femme ne se commence
Et par sa mauvaise semence.
C'est la mere de tout orage;
Tout mal en vient et toute rage.
Plus aigrement point que serpente;

2760 *CD* appertes toutes *I* prestes toutes (*M* s. apertes). — 2761 *M* omet douient. — 2763 *M* briefte. — 2764 *C* me p. *M* Qui diroit la verite. — 2765 *M* nest point en ce s. — 2766 *B* Couurir; *D* sert. — 2767 *CDFM* omettent le. — 2768 *M* omet la. — 2769 *F* englose. — 2770 manque *D*; *A* ou loeil *B* en soy. — 2772 *M* aille. — 2773 *M* fole amour; *M* engrasse. — 2774 *M* Tant dire; *M* verre. — 2778 *A* destraint. — 2780 *CDM* p. les guerres. — 2781 *A* Chastiaux en sout. — 2782 *AB* bonnes g. — 2786 *M* omet sa. — 2787 *C* le m.; *FM* mer; *M* erage. — 2789 *A* asprement.

    Deteriorando   semper. Sed non modo pando
    Hic ego materiam   totam, brevis ut tibi fiam.
    Ad sua nam didicit   incommoda currere queque.
1760 Sicut lex dicit,   rem qui considerat eque,
    Non habet interius   sensum proprium nec amorem
    Yssa, sed exterius,   oculo, cui tradit honorem
    Stulta suum; sed eum   male custodit, quia vana
    Multa refert; vitreum   cor frangunt visa prophana.
1765 Femina nulla bona   facit, immo quod adnichilentur
    Nititur; est propria   viciis, cum cuncta patrentur
    Et vigeant per eam   mala; res est pessima rerum.
    Sic Dominum videam,   quod ego puto dicere verum.
    Heu! per eam guerre   veniunt, homines moriuntur,
1770 Vastantur terre,   comburi castra leguntur.
    In guerris mille certe vix una movetur,
    O! quin principium mulier maledicta probetur
    Motivum; testis,   quia novi, certus ego sum.
    Est mater pestis;   per eam viget omne probrosum;   (f° 27 r°.

1763 *suum*, ms. *sum*. — 1772 : *Motivum*, ms. *Motium*.

2790 Nul n'est pres qui ne s'en repente.
　　　Amis, amis! retien, retien!
　　　Ne la pren pas pour dire tien!
　　　Saches qu'il est vray et croy m'en, que,
　　　Se toute la mer estoit enque,
2795 Et terre, a champ et par chemin,
　　　Estoit papier et parchemin,
　　　Et tous les bois estoyent plumes,
　　　Pour faire notes et volumes,
　　　Et tous ceulx qui scevent escrire,
2800 Aussi tost que l'en pourroit dire
　　　Escrivoyent, sans reposer,
　　　Ne pourroyent il exposer,
　　　Escrire ne ramentevoir,
　　　Signifier ne concevoir
2805 Tous les maulx ne tous les diffames
　　　Que l'en pourroit trouver en femmes.

　　　Aucuns sont fols et tant mesprennent
　　　Que femmes espousent et prennent;
　　　C'est pour leur nom continuer
2810 En cest monde et perpetuer
　　　D'eulx et de leurs hoirs la memoire.
　　　Mais ils sont plains de vaine gloire.
　　　Certes, j'ameroie mieulx vivre
　　　Joyeus et de femme delivre,
2815 Que mon mariage plourer
　　　Pour faire mon nom demourer.

2790 *A* prez *B* pris; *ABC* quil. — 2792 *M* le; *B* prins *CDF* prens. — 2793 *A* Sacez *B* Certes. — 2795 *AB* t. et ch. (*B* champs) et le (*B* li) ch.; *CD* omettent et. — 2796 *manque C*; *B* Estoyent. — 2800 *AB* t. com. — 2801 *CM* Escripsoient. — 2802 *BC* porroit il. — 2805 *C* omet tous. — 2806 *CDM* es f. — *D* (f° 88 r°) *rubr*. Comment il reprent ceulx qui se marient.—2807, 08 *CDM* mesprendent : pendent. — 2816 *C* nom nom d.

1775 Est modus iste suus;　gravius quam vipera pungit.
　　Ergo fit fatuus　mulierem qui sibi jungit.
　　　Ne pereas temere,　tibi per predicta medere,
　　Lector, et intuere　mala que sunt in muliere.
　　　Femina corpus, opes, animam, vim, lumina, voces,
1780 Destruit, adnichilat, necat, eripit, orbat, acerbat.
　　Si foret incaustum mare, pagina terra, nemusque
　　Penne, quisque sciens bene scribere scriberet usque,
　　Non tamen exprimeret muliebre scelus facinusque.
　　Quod facere ausa est non ausa est [mea] scribere dextra.
1785 Ergo quod restat hic nondum quere, sed extra.

　　Ducunt uxores quidam nimis infatuati,
　　Ut sua perpetuent in mundo nomina nati
　　Ipsorum. Sed ad hoc trahit illos gloria vana,
　　Per quam falluntur, cum sit res ista prophana.
1790　Vivere jocundus mallem sine conjuge, vere,
　　Quam, lugens in conjugio, post nomen habere.
　　Quid michi post mortem de nomine, cum sit inane
　　Tale michi nomen? Sed, ne me quottidiane

1780 *orbat*, ms. *orbit*. — 1784 *mea*, cf. 1727. — Après 1785 rubr. : *Nititur illos redarguere qui ducunt uxores ut sua nomina per futuros suos liberos perpetuent.*

Voir est, que tel espousera
　　　Qui ne scet quel son nom sera;
　　　Car la gloire du nom est vaine,
2820　Mais la mort est a tous certaine.
　　　Si s'en marient tels soixante
　　　Qui ja n'avront n'enfant n'enfante;
　　　Et tels enfans avoir pourront
　　　Qui dedens brief temps se mourront;
2825　De ce ne voist nul estrivant!
　　　Ou tant feront a leur vivant,
　　　Par fortune dure et amere,
　　　Qu'il courrouceront pere et mere,
　　　Et que leur bonne renommée
2830　Sera par leurs fais diffamée,
　　　Et leur bon nom sera grevé.
　　　Doncques n'est homs point relevé

　　　Qui son nom sur ses enfans fonde;
　　　A un fil pent l'eür du monde.
2835　Quand on oyt souner la baucloche,
　　　Le cuer ou corps defrit et loche.
　　　L'en n'ose lever ueil ne chiere,
　　　Que aucun meschief ne se fiere
　　　Es enfans, qui sont par la ville;
2840　Des perils y a plus de mille.
　　　Tousjours y a cremours et doubte,
　　　Que le deable ne s'y boute,
　　　Et que les enfans ne mesfacent,
　　　Ou que chevaulx ne les esquassent,
2845　Ou que par male conjecture
　　　Ne leur viengne male aventure,
　　　Ou aucune maleürté;
　　　Dont n'y a point de seürté.

2820 *C* tout c. — 2821 *F* marïe. — 2822 *BC* a. enfant; *I* enfans; *B* ne fante. — 2823 *C* tel. — 2825 *BCDM* voit *I* voi n. escrivant; *C* escripuant. — 2828 *B* courroucent. — 2832 *C* point homs. — 2834 *A* p. trestout le m.; *C* filz peult. — 2836 *B* Les cuers; *A* au c. lui frit. — 2837 *AB* On; *F* luel. — 2838 *AB* si f' — 2839 *A* vont, *les autres* sont. — 2841 *BI* cremeur. — 2844 *AB* escachent *C* enchassent *DM* eschacent *F* esquassent *I* desfacent. — 2845 *AC* conietture *B* couuerture *I* coniointure. — 2847 *CDM* aucun; *FI* maleurete *D* maleeurte. — 2848 *B* ni a il; *C* sainete.

　　Excrucient rixe, bene debeo premeditari,
1795 Hac nece cum nequeat mors sevior ulla notari.
　　　Esto, quod uxorer; nullos fortassis habebo
　　Natos; sed constat, quod semper pace carebo.
　　　Pono quod pueros habeam; cras forte peribunt,
　　Aut, me vivente, forsan committere quibunt
1800 Unde meum nomen felix erit adnichilatum.
　　In pueris ergo non sentio me relevatum,
　　Querendo nomen,　cum filo pendeat omen.
　　Si banni campana sonet, si forte tumultus
　　In villa fuerit, statim cadet hinc tibi vultus,
1805 Et turbatus eris, pueros credendo fuisse
　　Illic; si fuerint pueri tis forsitan ysse,
　　Ne peccent semper dubitabis; nil tibi vallum,
　　Hoc cum furari soleat se more catallum.
　　Sic nonquam certe vives in pace. Caveto
1810 Ergo ne sponsam ducas, hoc dogmate spreto.

f° 27 v°.

1807, 08 cf. vs. 1886, 87.

Prenés a escouter respit,
2850 N'ayés pas ces dis en despit.

Pourquoy veult hom enfans avoir?
Les enfans desirent l'avoir
Et les richesces de leur pere.
Je ne puis celer qu'il n'appere,
2855 Comment enquierent de l'aage,
Pour prendre aprés luy le paage,
Et comment les choses convoitent,
Et par quels poins il en esploitent.
Ce qui est acquis a grant cure
2860 Despendent, et petit leur dure;
Tout gastent, et ne leur souvient
Comment est acquis et dont vient;
Il considerent peu la paine.
Il vaut mieulx, c'est chose certaine,
2865 Estre sans enfans et sans femme
Que pour eulx perdre corps et ame.
Qui avroit sa devocion
De faire hoirs par adoption,
Il en pourroit trouver amis
2870 Plus que tel qui son cuer a mis
En ses propres hoirs; et c'ert ains
Que de ses enfans fust certains
Comment après sa mort feront,
Ne comment il se porteront.
2875 Chascun fils vouldroit que son pere

2850 B ce dit I ces mots. — D (f° 89 r°) rubr. Comment il reprent ceulx qui se marient. — 2853 F la richesse. — 2855, 56 manquent A. — 2555 B e. ils. — 2856 la leçon adoptée est dans B; F omet prendre; CDFM omettent le; DM paraige. — 2857 A Comment l. ch. ils c.; C la chose. — 2858 A les c. C omet en. — 2859 F que. — 2863 AB Pou en c. la p. — 2866 F perdre p. eux. — 2868 B adition. — 2870 C que. — 2871 A et iert B ciert; I tous soudains. — 2873, 74 B feroit; porteroit.

Cur uxoratur vir? Causa prolis, ut ipsi
Nati succedant? Nam, sicut ego tibi scripsi,
Filius ante diem patrios inquirit honores,
Et partas a patre suo longo studio res
1815 Sepius expendit cito post mortem genitoris
Acquirentis eas, patris immemor ipse laboris.
 Est etenim melius sine conjuge proleque stare
Quam propter pueros animam corpusque necare.
Eris in acquestu satis equius est, quod amicum
1820 Heredem faciam michi, Petrum vel Framericum,
Prudentem, certum, fidum quoque, quam Gilebertum
Natum forte meum, de quo non est michi certum,
Quid post me faciet, qui, pro sibi jure futuro,
Vellet quod morerer cras forsan funere duro.
1825 Absalon, insurgens armis contra genitorem,
Illi surripere sceptri temptavit honorem.

Après 1810 rubr. : *Redarguit illos qui ducunt uxores ut sui liberi sibi succedant.* — 1816 *Acquirentis,* ms. *Acquirens.* — 1822 *est michi certum,* ms. *mi certum* (un trou dans le vélin a empêché le copiste d'écrire *michi*).

Mourust demain de mort amere,
Posé qu'il soit ou povre ou riche.
Se riches est, sachiés sans triche,
Que plus vouldroit sa mort sans doubte,
2880 Pour avoir sa richesce toute.
S'il est povre et n'ait de quoy vivre,
Il en vouldroit estre delivre,
Afin que rien du sien n'y baille.
Il en y a peu qui rien vaille,
2885 En quelque cas qu'on en puist dire.
En l'Escripture poués lire :
« J'ai fils nourris et eslevés ;
« Par eulx suy despis et grevés. »
Absalon moult se desroya ;
2890 David son pere guerroya,
Tollir lui voult sceptre et couronne,

En vituperant sa personne ;
Ne fu pas fils, ains fu tirant.
David le plainst en souspirant,
2895 Quant il fu mort par son outrage ;
Dont fait bon fuïr mariage.
Se ta femme par aventure
Ne puet avoir a nourreture
Enfans ne de toy concevoir,
2900 Saches que, pour toy decevoir,
Ainsi que par enchantement,
Te donra faulx enfantement
Et l'emblera et changera,
Dont tes hoirs desheritera.
2905 Et se les aucuns veulent dire,
Pour leur niceté escondire,

2881 *AF* nait *BCDM* na. — 2883 *B* du s. riens ; *AB* ne b. — 2885 *C* com y peult. — 2887 *A* esleus et ; *CDM* aleuez *F* elleuez. — 2889 *BC* desioia. — 2890 *B* Dauis. — 2891 *B* commoigne. — 2894 *tous les mss. ont* plaint. — 2898 *BC* norriture. — 2899 *C* ne te dois. — 2901 *AB* com. — 2904 *B* Tous ; *C* ces. — *D* (f° 90 r°) *rubr.* De ce meismes.

In quovis casu pueri mortem genitorum
Optant, si patres locupletes sint, ut eorum
Res habeant, et, si patribus victus sit eclipsis,
1830 Ne victum tribuant et ne sit dedecus ipsis.
 Audi scripturam! Quis enim [nunc] dicere posset
Plenius? En legitur : « Enutrivi pueros, sed
Me sprevere. » Sibi non enutrit pater agnos,
Immo lupos rabidos, non natos, immo tirannos,
1835 Cum puer ante diem patrios inquirat in annos.
Esto, quod pueros uxor non possit habere,
Partum furtivum tunc supponit tibi vere,
Auffert jusque tuis heredibus. Ergo, caveto
Ne capias aliquam, presenti dogmate spreto.

1840 Hanc uxorandi reddunt quidam rationem : f° 28 r°.
Solus homo nichil est ; uxor servit. Sed agonem
Ignorant et onus lacrimosum connubiale,
Quod satis est gravius quam tormentum stigiale.

1831 *nunc* n'est pas dans le ms. — 1834 *rabidos,* ms. *rapidos.* — 1835 *inquirat.* ms. *incurrat.* — Après 1839 *rubr.* : *Redarguit illos qui ducunt uxores ut ipse uxores eis famulentur.*

Que mariage est necessaire,
Et que seuls homs ne puet rien faire,
Et que les femmes font besongne,
2910 Cils qui ce dit petit ressoingne
Les tourmens, les maulx et les luites
Dont les males femmes sont duites.
Chascun y quiert sa propre mort;
Trop est fol qui ne se remort,
2915 Qu'un garçon mieulx le serviroit
Que femme qui le despiroit.
Femme ne se veult asservir
Qu'elle daigne l'omme servir,
Au mains se ce n'est par faintise.
2920 Et si est commune la guise
Que, quant un varlet ne veult faire
Service qui bien doye plaire,

Hors sera mis et deboutés.
Mais la femme, point n'en doubtés,
2925 Vouldra tousjours estre maistresse,
Car il n'est mais nulle Lucresse.
Il convient que l'omme s'en fuie
Contre fumiere, femme et pluie.
Fuy les perils, ou tu me croyes,
2930 Que tu ne soies mis es broyes.

Et qui prent femme par amour,
Après en sourt mainte clamour,
Et tristesce et male aventure;
Car pour la chaleur de luxure
2935 Ne se doit faire compaignie,
Fors pour cause d'avoir lignie,
Et pour foy, et pour serement.

2910 B Ce qui. — 2914 A sy v. — 2916 B despiseroit. — 2917 CDM ne se v. tant a. — 2918 A daignast; CDM homme. — 2919 B omet ce. — 2921 AB un v. CDFM omettent un (7 syllabes) I le v. — 2922 F omet bien. — 2924 AB ne d. — 2926 F meis. — 2928 AB fumee C fumier; B f. de f. — 2929, 30 manquent A. — D (f° 90 v°) rubr. De ce meismes. — 2933 BF maulauenture. — 2935, 36 F compaignee : lignee. — 2937 B par f. et par s.

   O! quam falluntur, querentes hoc sibi funus!
1845 Nunne vident quod eis melius famulabitur unus
Garcio, quam conjunx? Quia nupta viro famulari
Tancito contemnit mulier, satagens dominari.
   Si qua cliens faciat que displiceant michi sero,
Expello mane, famulumque novum michi quero.
1850 Sed mulier nupta non sic exponitur. Immo
Expellit potius, quamvis mitissima primo.
   Namque virum pluvia, conjunx et fumus ab ede
Expellunt propria. Quia vera loquor, michi crede,
Tuque pericla fuge, vel, sicut lugeo, luge.

1855   Errat qui ducit uxorem propter amorem
Heroicum, Veneris consumptivumque calorem.
Unde solet tristes eventus copula talis
Sortiri, cum non Veneris spe connubialis
Debeat accessus fieri, sed prolis amore,
1860 Amplexu fidei, sacramentique favore,
Ut sequar hic jura, nobis licet aspera, dura.

1852 *Namque*, ms. *Nunc*. Cf. vs. 682. — 1854 *pericla*, ms. *pericula*. — Après 1854 rubr. : *Redarguit illos qui ducti amoris heroyci ardore uxorant.*

Et se les drois trop asprement
Poingnent les gens en mariage,
2940 Toutesvois bien experi ay je
Que Dieux het autant come usure
Ceulx qui se couplent par luxure.
Par bon exemple en avés arre,
Comment tous les sept maris Sarre
2945 Le deable un a un hapa.
Mais Thobies en eschapa,
Qui se maria chastement
Et se porta honnestement.
Folie est de soy marier,
2950 Car on n'y puet droit charier.

Hors du sens est et enragiés

Li homs qui est encouragiés
D'espouser femme pour beauté.
On doit noter en loyaulté,
2955 Comment une fievre defface
De belle femme voult et face,
Et ne dure que certain temps.
Aussi com la flour du printemps
Pert sa beauté et petit dure,
2960 Quant est blecie de froidure,
Ou pluie ou tourbillon la casse,
La beauté de femme tost passe,
A enfanter ont grans douleurs;
Les oingnemens et les couleurs
2965 Rident leurs frons et leurs visages.
Certes, li homs n'est mie sages

2910 *A* Toutesfoys, *les autres* Toutes voies. — 2912 *AB* Cil qui se complaint; *B* pour. — 2943 *C* bonne; *AB* erre. — 2944 *B* serre. — 2945 *B* Li diables; *CDFM* un et autre h.; *I* frappa. — 2946 *ABDM* thobie *CF* thobies. — 2950 — *D* (f° 91 r°) *rubr.* Comment il reprent ceulx qui se marient pour la beaulté delles. — 2952 *B* horageux. — 2952 *B* encourageus. — 2956 *AF* voult *B* viz *C* vilz *DMI* vis. — 2958 *F* de p. — 2960 *C* elle est. — 2961 *CDFM* le c. — 2962 *F* trop. — 2964 *B* oignoiemens. — 2965 *M* Rigent; *CDM* leurs couleurs; *M* et visaiges.

Odit eum Dominus proprio qui, fine relicto,
Uxorem ducit stimulo Veneris maledicto.
Unde viros Sarre septem demon jugulavit,
1865 Quos ipsi caste Veneris spes associavit.
Thobias mansit, quia recte junctus eidem
Ipsaque Thobie; pudor hic utriusque fit idem.
Heu! cur uxorem jungis tibi, vir, Veneris spe,
Que sub momento transit? Sed prelia vispe
1870 Nupte perpetua sunt, assiduique labores
Conjugii, pene juges fletusque, dolores.

Est insensatus qui pretextu muliebris
Forme ducit eam, quam protinus unica febris
Extirpat modica. Vernalem comparo florem
1875 Forme feminee, quia perdunt ista decorem
Obice permodica. Statim flos deliciosus,
Frigore marcescit, pluvia vel turbine rosus;
Sic mulier variis morbis, partu puerorum
Ne furtivorum, faciei peste colorum.
1880 Ergo tibi caveas! Argo licet Argior esses,

f° 28 v°.

Après 1871, *rubr.* : *Redarguit illos qui ducunt uxores propter earum pulcritudinem.*

Qui veult belle femme garder,
Puis qu'elle veult paindre et farder.
Ulixes bel l'appellera
2970 Par faconde la flattera ;
Hector, pour avoir druerie,
Monstrera sa chevalerie ;
Le riche, pour s'amour avoir,
Lui offrera de son avoir ;
2975 Et Narcissus entour ira,
Pour sa beauté l'envaïra.
Chascun mettra grant paine au prendre ;
Dont par assault la convient rendre.
Qui avroit tous les yeulx Argus,
2980 Si y seroit il redargus.
On ne s'en scet a quoy aherdre ;
De son gré se lait femme perdre ;
Puis qu'elle consent bien qu'on l'emble,
On ne la puet garder, ce semble ;
2985 Rien n'y vault palis ne closture ;
Amours vaint et passe nature.
Mainte femme est par dehors belle,
Qui par dedens n'est mie tele,
Car aucun vice la laidist.
2990 Par ce que dessus vous ay dit
Verrés bien se c'est voir ou bourde,
Et la fin sur quoy je me hourde.
Si doubt qu'aux asnes ne presente
Cest dit et ceste euvre presente.

2995 Pluseurs pour les atournemens
Et pour les grans aournemens
Des femmes sont trop deceüs.
Quant il les ont aux yeulx veüs,
Tant les convoitent que c'est rage,

2968 *I* et se v. — 2969 *I* Ung homme vieil; *A* en parlera *B* la parlera *CDFMI* lapellera. — 2971 *CDM omettent* auoir *I* Et h. pour sa d. — 2972 *CD* Monstra. — 2974 *C* offerra. — 2976 *B* lenuenaira *A* samie aura *C* lenuoyera *D* enueyra *F* lenuaira *M* lennirera *I* lenyurera. — 2977 *CDM* a p. — 2980 *CDFMI omettent* y; *I* tout r. — 2981 *C* nen se scot. — 2982 *A* lait *B* laist *CDFM* laisse; *B* le l. — 2983 *C* que bien on. — 2984 *B* garde. — 2985 *C* pallis, *changé en* palais. — 2989 *A* v. veu le dit; *CDFM* laidit. — 2991 *B* ce cest vraÿ. — 2992 *B* pour quoy. — 2994 *CDM* a ceste (*C* cest) euvre. — *D* (f° 92 r° *rubr*. Comment il reprent ceulx qui souffrent de leurs femmes. — 2995 *A* par; *F* leurs. — 2996 *F* leurs.

Non servabis eam. Verbis instabit Ulixes,
Pandet militias Hector, pres dona, sophistam
Narcisus formam. Quis enim custodiet istam,
Dic michi! contra tot accensos prorsus amore ?
1885 Presertim cum latro sui sit femina more.
Ut serves illam, nil proficiet tibi vallum,
Hoc cum furari soleat se more catallum.
Quere supra que deficiunt isti capitello ;
Sed timeo, ne dogma meum dem forsan asello.

1890 Nonnullos rabies   invadit, sic et ocellus
      Fallit, quod facies putas muliebreque vellus
      In tantum cupiunt, quod, decepti, mulieres
      Ipsas accipiunt.   Erras, si talibus heres.

1887 cf. 1806,07. — Après 1889, rubr. : *Redarguit illos qui credunt ornatibus mulierum deceptivis de quibus hic loquitur.*

3000 Et les prennent par mariage.
C'est erreur qui n'a frain ne bride.
Peu leur souvient des dis Ovide,
Comment les femmes par leurs trompes,
Par or, par pierres et par pompes,
3005 Dont elles font leur couverture,
Donnent aux chetifs ouverture,
Qui les deçoit plus qu'a moitié :
Ne scevent qu'ils ont convoitié.
Qui des femmes le voir recite,
3010 Le corps est la part plus petite ;
Car elles quierent doreüres
Et estranges cheveleüres

Et de vair et de gris pelices,
Bien pourfilées de letices,
3015 Cornes et fronteau bien poli;
Le plus chier est le plus joli.
Les maris en sont affolés.
Leurs sollers portent decollés,
Agus devant a la poulaine,
3020 Affaitiés de bourre ou de laine;
C'est pour elles faire congnier.
Elles font moult a ressoingnier,
Quant on les voit ainsi cornues.
Et qui les tenroit en corps nues,
3025 Adont pourroit il, sans mentir,

3007 *B* decoiuent. — 3011 *C* de roures *D* deroures. — 3012 *M* cheuoleures. — 3013 *C* vaires *D* vairs *I* vers; *A* grans pelichez; *F* Et estranges et grises plisses. — 3014 *M* dediletes. — 3015 *A* frontail *D* fronteaux *BCFM* fronteau; *tous* poli. — 3016 *AB* Le p. chier et le p. joli. — 3017 *A* Leurs. — 3018 *B* sollez; *B* sont escolletez; *A* colletez. — 3023 *B* fere elles c. — 3024 *B* verroit.

Nec credas fictis ornamentis mulierum
1895 Aut larvis pictis. Si fas est dicere verum,
Auferimur cultu, gemmis auroque reguntur
Omnia; nam textu multo meliora leguntur
Circumvicina capitis, pars dicitur unde
Yssa sui minima, formam rapiens aliunde.
1900 Cornua sumit, habens caput auri celte politum;
Uxor ob hoc labens depauperat ipsa maritum.
Querit pellicium de grisis de variisque,
Si mansum proprium deberet vendere quisque.
Hinc ne forte cadat, aurem super hoc michi tradat.
1905 Fert decollatos sotulares et laqueatos,
Ipsius natos quasi cum pede, fertque foratos ;
Ut totum redigas in scriptis, more virorum
Extensas caligas fert, quod non credo decorum,
Cum nimis horrere certe vir debeat illam,
1910 Aspiciens opere Petrum censens Petronillam;
Quippe videtur ei vir subtus sic caligata
Femina, curvata supraque fere speciei,
Cum sit cornuta, larve fit ymagine capta.
Hec pro demonibus capiendis, ut reor, apta
1915 Cornua dum video, faciem putam, sotulares
Et caligas, abeo frendens, spuo, sublevo nares.

f° 29 r°.

Leurs vices veoir et sentir.
Elles veulent qu'en les reveste
De nouvel a chascune feste.
Joyaulx veulent renouveler,
3030 Couronner ou enchapeler.
Si veult chascune de rechief
Avoir un nouveau cuevrechief,
Ceintures d'argent entaillées,
Bien dorées ou esmaillées,
3035 A Noël ou a Pentecouste.
Ceste folie souvent couste
Plus que le mari ne gaaingne,
Et de son avoir le mehaingne.
La femme ses joyaulx apporte,
3040 Pour soy monstrer devant sa porte,

Pour apparoir belle et jolie,
Dedens ses ournemens polie.
Mais ceulx sont fols qui les polissent.
Mieulx leur feüst qu'il leur tolissent.
3045 Les joyaulx sont occasion
De faire fornificacion ;
Car, quant la femme est mal vestue,
Talent n'a d'aler par la rue ;
En sa maison se tient enclose ;
3050 Elle en vault mieulx, qui dire l'ose,
Et est plus meüre et plus simple
Soubs povre cote ou povre guimple,
Combien que soit de fourme belle :
Vertus gist en povre cotele.
3055 Femme qui veult souvent aler

3027 B con. — 3030 I Leurs couronnes au chapellier; A et eschappeler B ou en chappeler CDFM ou chappeler. — 3031 B veullent. — 3032 M Et auoir n. CD de nouuiau; C couerchief. — 3034 AB et e. CDFM ou. — 3035 CDF Au n.; A et; C au p. — 3037 AB son m. — 3040 A dedens B dehors. — 3042 F aournemens. — 3044 ABCDM fust (feust) F voulsist; CD que l. M que les leurs. — 3050 A elle v.; mss. que (B omet que); I bien d. — 3051 CDFM Et elle; CD meur.

  Cur homo non vitat foveam que plena ruinis
Est et cum geminis se cornibus hermofroditat?
Quolibet in festo vestes sibi vult renovare,
1920 Quas nisi vir presto paret, incipit hunc jugulare
Litigiis. Caudam gerit hec retro, more volucris;
Ut totum claudam, prefert bombicina lucris
Sponsi, pepla sua, torques, aurique coronas,
Cujus et ingenua vittasque, monilia, zonas
1925 Membratas auro ; pro talibus evacuatur
Toto thesauro statim vir et adnichilatur.
  Cur polit uxorem vir vestibus ? Ut videatur
Pulcrior ante forem. Certe nimis infatuatur.
Illam prostituit, mechandi dans sibi causam ;
1930 Consulo, quod teneat sine vestibus in lare clausam.
Continet in sacco mulier, quamvis speciosa,
Simplicior monacho ; sed in auro luxuriosa
Est. Petram malo cum sacco solus habere,
Quam cum cindallo profugam non posse tenere.
1935 Ad ludos consueta foras exire frequenter
Yssa nequit fore casta diu ; probat esse patenter
Egrediens Jacob ad Sichem filia Dina,

1919 *Quolibet*, ms. *Quoslibet*.

Aux jeux, caroler et baler,
Ne puet estre longuement chaste,
Car Venus de trop pres la haste.
A Sichem, la bonne cité,
3060 Aloit a la festivité
Une jouvencele benigne ;
Par son nom fu nommée Digne,
Fille Jacob le patriarche.
Grans maulx en vinrent en la marche;
3065 Car elle y fu despucelée.
Quant la chose fu revelée
A Jacob et a son lignage,
Il en advint si grant dommage

Que cele cité desmolirent
3070 Et les citoyens en occirent.
On suelt brusler du chat la pel
Pour ce que, s'il vient à l'appel
De ceulx qui les chas embler seulent,
Que pour la peau point ne le veulent.
3075 Qui des femmes ainsi feroit
Et leurs peliçons brusleroit,
Leurs queues, leurs dras et leurs cornes,
Assés en seroient plus mornes,
A bien faire plus curieuses
3080 Et assés moins luxurieuses ;
Des cornes ne feroient moes

3056 *F* Souuent karoler. — 3059 *B* noble. — 3060 *M* a f. — 3061 *DFMI* benigne *ABC* beguine. — 3062 *tous les mss.* digne. — 3064 *F* a la m. — 3070 *CDFM omettent* en. — 3071 *C* On saut; *A* d. ch. b.; *C* lappel *F* peil. — 3072 *CDM* ce quil v.; *C* a la pel. — 3079 *A* Et a b. f. p. soigneuses· *B* Et en bien faiz plus curieuses. — 3079, 80 *sont intervertis dans B.* — 3081, 82 *F* moues : roues.

Que corrupta fuit; fit sepius ista ruina.
    Cunctam murilegi   comburit rustica pellem,
1940 Ne pro pelle legi   possit. Nam sic ego vellem
Caudatas vestes,   torques cum cornibus uri,
Luxurie testes,   per quas occasio furi,
Instructo Venere,   datur, ut tales mulieres
Sponsis substrahere   nitantur. Tam varie res
1945 Se gerit; ut capitur   hic qui capit, hoc aperitur
Multa per exempla.   Per vicos ruraque templa
Spectatum veniunt,   veniunt ut ibi videantur ;
Et capte capiunt,   laqueantes illaqueantur;
Dum spectant lesos oculos, leduntur et ipsi.
1950 Ergo precor, lector, intellige quid tibi scripsi.
Inspectas ostendit avis Junonia pennas;
Sic mulier, per quam captus tua damna perennas.
    Instar enim corvi prius exoculant mulieres
Nos, post excerebrant, prout ostendunt liquide res.
1955 Heu! cur inspicimus ipsas? dico tibi, dico,
Quod nos inficiunt visu, similes basilico.
    Sepe fefellerunt me parisiensia colla,
Angelici vultus, capitis radiosa corolla
Aurea, fallaces crines, alemannica vela,
1960 Vestis respondens capiti, dulcisque loquela,
Pes brevis et simplex oculus ; deceptus in istis

f° 29 v°.

1958 *Angelici,* ms. *Anglici.*

Ne de leurs grans queues les roes,
Ainsi que le paon suelt faire.
Prenés du corbel exemplaire,
3085 Qui d'autruy plumes se para,
Mais en la fin le compara.
Quant le roy la lobe entendi,
A chascun ses plumes rendi ;
Le corbel fu lors despouillés
3090 Et demoura noirs et souillés.
Aussi mainte femme a corps bel
En ce ressemble le corbel :
Après baisier et solacier
Veult aux gens les yeulx esrachier.

3095 Femme de vestement parée
A un fumier est comparée
Qui de noif fait sa couverture :
Au descouvrir appert l'ordure.

Qui prent femme pour ses deniers
3100 Ne pour les biens de ses greniers,
Ne pour sa richesce briefment,
Je di, que il peche griefment
Contre la loy des mariages,
Qui ne furent pas par les sages
3105 Establis pour telle besongne,
Si comme le droit le tesmoingne.

3085 *M* dautres. — 3087 *B* le r. lyon e. — 3088 *M* chose. — 3089 *AB* corbeau *CD* corbeil; *CDFM* omettent lors (*M* si fu). — 3090 *A* nu. — 3091 *AB* Ainsi; *A* au c. — 3094 *B* le cuer; *AF* esrachier *BCD* arrachier *M* erachier. — 3095 *F* vestemens. — 3096 *AB* Est a un f. — 3097 *A* vert a la c.; *M* omet fait. — 3098 *B* Et a d. pert ordure. — *D* (f° 91 v°) *rubr*. De se marier par convoitise. — 3102 *A* tres g.

Quamplures tetigi; sceleris memor areo tristis.
   Femina cornici poliens se par reputatur,
Que, sumptis pennis alienis, ut videatur,
1965 Coram rege suo finxit se nobiliorem
Inter aves alias. Rex inquit : « scire volo rem. »
Cujus enim jussu sibi pennas queque resumpsit,
Quo facto, cornix nigra turpis nuda remansit.
   Si sibi sumat ovis vellus, bombex variique
1970 Que mulieri dant, erit hec turpissima cuique.
   Ergo superbit in hiis   poliens se femina frustra,
Urtice similis,   dum desunt ipsa ligustra.
   Vestibus ornata   mulier nive stercus opertum
Est ; cum, sublata   nive, vile sit id quod apertum
1975 Est, utrinque veto   ne credas vestibus ejus ;
   Quod si, me spreto,   facias, dic, quid tibi pejus ?

f° 30 r°.
   Uxorem si quis spe sola denariorum
Accipit, in legem committit conjugiorum,
Que non ad dictum finem stabilita fuere,
1980 Ut per nostra potes manifeste jura videre.
   Illum preterea servum dico reputandum,

Après 1976, *rubr*. : *Redarguit illos qui capiunt uxores propter earum divitias.*

Cils est serfs, a verité dire,
Qui fait sa condicion pire.
Qui pour deniers vent sa noblesce,
3110 Drois est que servage le blesce.
Qui pert liberté et franchise,
Il fait trop male convoitise ;
Pour serf et chetif le repute
Le lien de sa servitute.
3115 Mieulx luy venist a estal vendre
Sa char qu'en servitute rendre
A bataillier et a tencier,
Et tousjours a recommencier.
Caton t'en dit bel exemplaire :

3120 Ne pren pas femme pour douaire.
On ne puet souffrir riche femme ;
- Chascun jour a pois et a drame
Vouldra ses richesces nombrer.
Il se fait mauvais aombrer
3125 Dessoubs l'ombre de sa reprouche ;
Car quant on lieve et quant on couche,
Pour noise mouvoir tencera
Et son avoir reprouchera,
Et dira, de felon courage :
3130 « D'avoir un duc en mariage
« Estoie digne et assés riche.
« Or ay je joué a la briche,

3107 B Sil. — 3108 Dans C ce vers est à la marge. — 3109 A pert ; M denier.
— 3112 F mal. — 3113 CI se r. — 3114 CDFM omettent sa l Du l. de grant s. ;
BM seruitude. — 3115 CD le v. ; A vaulsist. — 3116 A qua s. tendre. — 3119
AB Chaton ; CD condit M en dit ; CD belle. — 3122 AF drame BDM dragme
C dramgne. — 3124 CD le f. ; F a ombrer. — 3125 CD d. ombre ; F se r. — 3126
C omet Car ; F omet le second quant ; A Quant son se l. et on se c. ; M ou quant.

Cum propter precium nommorum participandum
Vendi procuret. Sed quid prosunt sibi gaze,
Cum libertatem totaliter abdicet a se ?
1985 Servus enim factus, proprie vir nil habet, unde
Nil habet iste miser, qui respicit ista profunde.
Qui libertatem vendit, ve ! ve ! sibi mille ;
Esset ei melius quod stallo venderet ille
Corpoream carnem, quia, si foret ista comesta,
1990 Extunc ulterius pateretur nulla molesta.
Sed modo quottidie   rixis bellisque voratur,
Idque quod est hodie   grave, cras gravius renovatur.
 Intolerabilius nichil est quam femina dives,
Quapropter, [secum] tanquam cum tigride vives
1995 Si ducas illam ; sua quottidie numerabit,
Preponendo tuis, rixando teque vorabit.
Dicet : « eram sat digna duci cuidam sociari
« Divitiis, etiam regioni predominari.
« Heu ! quantum doleo, quia cujusdam miseri sum
2000 « Conjunx. Avertit michi cecans passio visum,
« Hunc michi dum duxi. Proprie sum femina querens
« Propria damna mea, tarde post perdita merens.

1994 *secum* provient de l'annotateur ; *tigride*, ms. *trigide*.

« Quant a un chetif suy couplée ;
« Ma veüe fu bien troublée ;
3135 « J'ay quis mon dommage et ma perte ;
« On me doit bien appeler Berte. »
Pour fole se tient, et puis pleure,
Et en riotant maudit l'eure.

Mais, par saint Acaire de Haspre,
3140 Je ne croy qu'il soit riens plus aspre
De povre femme qui fait sault.
Car, quant elle se voit en hault,
Plus que la riche est orgueilleuse
De tigre, et d'aspis plus crueuse ;
3145 Trop se desroye et trop estrive.
Ne pren pas dont femme chetive ;
Povre femme est trop de mal estre ;

Contre toy levera palestre.
En reprouchant et par injure
3150 Dira : « Mauvais ! par ton usure
« Cuides tu avoir segnourie,
« Se je suy d'usure nourrie ?
« Fi ! j'aim mieulx vivre et vestement
« Querir pour moy honnestement
3155 « Et gangner ma vie a filer,
« Que les richesces empiler
« Et servir comme chamberiere.
« Fi ! fi ! chetif, va t'en arriere !
« Fi ! je cuidoye estre honorée
3160 « Pour toy, or suy au doy monstrée ;
« Je ne quier jamais ainsi vivre ;
« Se Dieu plaist, j'en seray delivre.
« Certes, a bon droit suy blasmée,

3135, 36 *intervertis dans F.* — 3138 — D (f° 96 v°) *rubr.* Comme on ne se marie a poure femme. — 3139 *M* acare. — 3140 *M* Je croy quil ne. — 1341 *BF* Que ; *A* quant f. s. — 3144 *A* dapis. — 3145 *AB* desree. — 3146 *CD* doncques. — 3147 *ABDM* de trop mal *CF* trop de m. — 3148 *B* lieuora ; *M* la teste. — 3150 *CDM* pour. — 3152 *C* onsmes *F* dusures. — 3154 *A* Pour m. tenir *B* Pour moi q. — 3155 *B omet* a. — 3160 *A* suis deshonoree. — 3162 *C* seroye.

« Ve michi ! quid feci ? Fatuissima sum mulierum.
« Comburi merui, si fas est dicere verum. »

2005 Asperius nichil [est] humili, dum surgit in altum ;
Quare fastidit faciens paupercula saltum
Divite multo plus ; truculentior aspide surda,
Lites multiplicat. Inopi te non igitur da !
Dicet enim turba[ta], tibi surgente palestra :
2010 « Vultis preferri michi propter fenora vestra,
« Pessime seductor ? Malo michi querere victum,
« Per vicos ville lucrari, nens et amictum,
« Quam vos cum vestris usuris, et famulari
« Semper ut ancilla. Phy ! credebam venerari
2015 « Propter vos. Sed me monstrant omnes digito. Nam
« Vellem non fieri ; quonam sic vixero, quonam ?
« Criminior merito, derisio jam populo sum
« Propter fenus olens vestrum, letale, probrosum.
« Dat michi gens dorsum. » — Vel dicet forsitan : « eque

Après 2004 *rubr. Hic monet virum divitem ne ducat uxorem pauperem.* — 2005 *Asperius,* ms. *Aspperius ; est* n'est pas dans le ms. — 2009 *turbata* (?) lo ms. a *turba.* — 2010 *preferri,* ms. *proferri.* — 2017 ms. *Criminior* (?) *et merito.*

« Pour ton usure diffamée ;
3165 « Toute la gent le dos me tourne,
« N'en puis mais se suy triste et mourne.
« Nos biens deüssent communs estre,
« Et tu en veulx faire le maistre
« Et mettre tout a ton usage.
3170 « Quant je te pris en mariage,
« Se j'avoye peu de finance,
« Toutesvois ma personne franche
« Valoit trop plus que ta richesce.
« Je vif avec toy en tristesce.
3175 « L'en met bien les choses a pris ;
« Mais, si com droit nous a apris,
« Denier ne puet par nule guise
« Soy comparer contre franchise.
« D'autre part, peu proufiteroit
3180 « Avoir, qui ne le garderoit.

« La femme doit avoir la garde
« Des choses, qui droit y regarde.
« La vertu gist et la maistrise
« A bien garder la chose acquise.
3185 « Et quant on voit croistre l'avoir,
« La femme en doit le los avoir.
« Doncques, plus ne me despités,
« Ne tences ne suppedités !
« Certes, n'en souffreroye mie
3190 « De vous denrée ne demie ;
« Si vous en souffrés, et passés !
« Car je vail mieulx que vous assés.
« Et ainçois que je vous preïsse,
« J'eüsse eü, se je voulsisse,
3195 « Autre, qui plus riches estoit,
« Et qui d'amour m'admonnestoit.
« Mais a luy point ne consentoye,

3166 *B* sen s. *C* si s. *D* se je s. — 3169 *ABC* a *DFMI* en. — 3170 *A* a m. — 3171 *C* fustance *D* finete *C* omet te. — 3172 *A* Toutesfoiz *B* Toutevoies *CDFM* Toutesuoyes. — 3174 *A* suys. — 3175 *C* omet bien. — 3177 *M* en n. — 3183-3242 (60 *vers*, 1 *feuillet*) *manquent dans M.* — 3188 *F* Nent ; *A* Ne toutes *C* tenches *D* tenche ; *C* ne ne ; *CD* despittez. — 3189 *F* je nen ; *A* ne. — 3190 *C* donnez ne d. *D* donner, *qui a été changé en* danree. — 3191 *tous les mss. ont* Si. — 3193 *C* prise. — 3196 *A* damour *BCDFI* dauoir ; *CD omettent* me.

2020 « Inter nos post conjugium debent bona queque
« Distribui ; quamvis fuerint mea pauca diebus
« Preteritis, persona tamen vestris mea rebus
« Preferri meruit ; gazis magis intitulatur
« Libera persona, sicut jus testificatur.
2025 « Nommis personam non possumus appreciari,
« Sed res sub precio bene possunt enumerari. »
Rursus : « conjugii paulisper vel minime res
« Prodessent, illas nisi servarent mulieres.
« Non minor est virtus quam querere parta tueri.
2030 « Si res convaleant, detur laus hinc mulieri.
« Ergo, nolite me rixis suppeditare !
« Non paterer. Valeo plus quam vos, exposita re.
« Ditior alter erat cui primo juncta fuissem,
« Vos, maledicte miser, dimittere si voluissem.
2035 « Non ego dives eram, sed me fortuna beavit
« In tantum, quod me majoribus equiparavit. »
Ecce, suo moriente viro, minime gemebunda,

« Pour ce que, se riche n'estoye,
« Fortune m'a beneürée
3200 « Et aux plus grans equiparée. »
Ainsi en son orgueil se vante
L'orde, chetive, mescheante.
Et se mort vient son mari prendre,
Un autre en quiert, sans plus attendre;
3205 Ja n'en fera duel, mal feu l'arde !
Non plus que fist ceste paillarde
Que le chevalier tant amoit;
Amie et dame la clamoit.
Elle en orgueil multiplia,
3210 Son bon mari tost oublia
Et le desfouï et pendi.
Retien bien ce que je t'en di !

Je te pri, pour sauver ton ame,
Que tu n'espouses jeune femme,
3215 Car il y a tant de perils
Que pluseurs en sont ja peris.
Encor te puis je tesmoingnier,
Vieille fait plus a ressoingnier.
Se tu es jeunes, la vieillotte
3220 T'esmouvera souvent riote ;
D'autres sera en jalousie,
C'est rieule de vieille moisie.
Se des jeunes regardes une,
Elle jurra, la mate brune,
3225 Que tu as mis ton cuer en elle.
Je le sçay bien par Perrenelle.
Dont, que tu viengnes ou que voises,

3198 *CDI* Par ce que; *I* assez riche estoye; *AB* si. — 3200 *C* equeparce *I* ecomparce. — 3204 *C* entendre. — 3205 *C* ne f.; *F* mau feu. — 3208 *C* cle moit. — 3212 *D* jen ten. — (f° 96 r°) *rubr.* Comment jeune homme ne preigne vielle. — 3213 *B* Je pri; *CF* ten p. *AD* te p. — 3215, 16 *ABCD* perilz.; perilz. — 3217 *C* Encores. — 3220 *A* Tesmouuera *B* Te monstrera *CDFI* Te meinera (menera). — 3222 *F* la rieule; *A* regle. — 3224 *A* mate brune *B* mathe b. *CDF* matebrune. — 3227 *AB* dont tu v. et on tu v.; *D omet* tu.

Statim consuevit ad vota volare secunda.
Pluribus exemplis jam castigare potes te,
2040 Militis insontis suspensi conjuge teste;
Nuper ob ignotum quem militis uxor amavit,
Ut furcis sponsum suspenderet, extumulavit,
Quamvis hec pectrix pauperrima, quando
Miles eam duxit, sicut supra tibi pando.

f° 31 r°. 2045   Deprecor, ut juvenem   sponsam tibi jungere vites
Multo plusque senem ;   sunt omnes in sene lites.
Da, quod sis juvenis et sponsa senex, morieris
In rixis, quia mos est antique mulieris
Semper rixari. Nam, si quam respicis, illam
2050 Mox te diligere finget. Scio per Petronillam.
Vadas vel venias de templo, quitquid agas, te
Dicet mechari, licet optes vivere caste;
Totam scire viam causasque vie volet illa;
Sed tibi non credet, ut nec michi vult Petronilla,
2055 Que nimis injuste condemnat me super istis;

Après 2044 rubr. *Monet virum juvenem ne ducat uxorem senem.*

Tousjours avras tençons et noises.
Se tu venoyes d'oïr messe,
3230 Dira la vieille felonnesse,
Que du bordel ou d'avoutire
Venras. N'est ce pas grant martire
Pour toy, quant tu sces qu'elle ment?
Car tu dois vivre chastement.
3235 L'Escripture sans varier
Dit, que cause de marier
Est pour avoir posterité.
Dont dois tu bien, en verité,
Eschever que vieille ne prengnes;
3240 Car steriles sont et brehaignes.
D'autre part, il convient mesure
Encontre l'ardeur de luxure.
Pour ce saint Pol, discret et sage,
Loe en ses dis le mariage.
3245 Se de prendre vieille te hastes,
Certes, tu ne pues vivre chastes;
Ne sçay comment le puisses faire;
Car le coït est necessaire,
Et si est naturelle chose.
3250 Et quant est de moy, je suppose,
Que fort est de vieille envaïr;
L'en y treuve trop a haïr,
A reprouchier et a blasmer.
Comment la pourroit on amer?
3255 Quant on puet trouver jouvencelle
Debonnaire, plaisant et belle,
Et qui de rioter n'a cure,
C'est violence de nature
De laissier jeune et vieille prendre.
3260 Autant se vault au Sathan rendre
Et estre en sa subjection.
Et se je te fay mention
De la vieille, qu'en doit maudire,

3232 *C* pas ce. — 3234 *C* Car doyes. — 3237 *CD* amour, *dans D* amour *a été changé en* auoir. — 3241 *B* y c. — 3242 *M* reprend. — 3245 *C* vueille *D* vieilles ; *DI* haste. — 3246 *B* nen p.; *DI* chaste. — 3247 *A* ou tu le puisses f.; *BM* puisse. — 3248 *I* plaisir *A* cohir *B* cohu *CDM* cohit. — 3249 *M* sil. — 3252 *A* assez; *B* de h. — 3253 *M* Et a r. et h. — 3258 *M* volente. 3259 *C* de v. — 3260 *F* Au Sathan se v. au s. r. — 3261 *B* omet sa. — 3265 *C* que len.

Cum nichil inde queam, quare nimis est ea tristis.
    Ut Scriptura refert, uxorem ducere prolis
Spe debes; ergo, vetulam tibi jungere nolis.
Rursus, ut evites Veneris contagia fede,
2060 Laudat conjugium tibi Paulus. Sed michi crede!
Nam si ducis anum, jam quomodo castus homo sis,
Certe non video, vel secum quomodo prosis.
Sicut enim bene scis, est naturale coire,
    Non cum quacumque, quia cum sene non nisi mire.
2065 Qualiter aggrederer turpem vetulam, cinerosam,
Dum possum reperire michi juvenem speciosam?
Ipsi nature fieret violentia quedam,
    Si, vitans juvenem, vetulam caperem michi fedam.
Es, si te jungas Sathane, fatuissimus ipsi.
2070 Hoc tibi de turpi dico quod de sene scripsi,

2064 *quia* (?) *est dans le ms.* — 2070 *rubr. à la marge*, hic a simili loquitur de uxore turpi.

De la laide vueil autant dire,
3265 Excepté, qu'on puet bien sçavoir,
Que laide puet enfans avoir,
Selon raison: quoy qu'il y entre,
L'enfantement ensuyt le ventre.
Souvent voit on, c'est chose clere,
3270 Que l'enfant ressemble a la mere;
Et pour ce, qui tout peseroit
Jamais laide n'espouseroit,
Se riche n'est par aventure;
Trop fols est qui y met sa cure;
3275 Qui la prent, il est un droit bugle,
Elle n'affiert fors qu'a avugle.

Se la femme est en sa jeunesce,
Et tu soyes pres de vieillesce,
Je te pri a genouls ployés,
3280 Que ne soyes si desvoyés
Que tu espouses jouvencelle;
Se tu la prens, ce sera celle
Qui demandera le paage

De la debte du mariage,
3285 Et sera de luxure plaine,
Et tu n'avras lors nerf ne vaine
Qui tende; et ne soit nuls qui cuide
Qu'en puist payer de bourse vuide.
Se tu n'as de quoy satisfaire,
3290 Les deux yeulx te voulroit hors traire.
Et se tu du faire t'esforces,
Tu perdras temps et sens et forces
Et trouveras finance vile,
Puis que te fauldra la cheville.
3295 De ton meschief ne te di mains:
Tu descroistras comme pimains;
Du dos te retraira l'espine,
En fin avras courbe l'eschine,
Et vivras a mauvaise chiere;
3300 Pleurs, doleurs, la mort et la biere
Te venront après assaillir;
Ad ce ne pourras tu faillir.
Se ta jeune femme ne treuve
En toy ce qu'elle veult et reuve,

3266 *CDFM* Laide p. lais (*F* les) enfans a. — 3271 *AC* penseroit. — 3273 *B* Ne r. — 3274 *C* on est. — 3276 *A* nappert *M* nafier; *AB* qua un a. *CF* fors que av. *DM* fors qua av. — *D* (f° 97 v°) *rubr.* Comment homme se praigne jeune femme. — 3278 *C* de toi; *A* en ta. — 3280 *E* tu ne v. — 3281 *A* point ne tacointes de telle. — 3282 *CD* omettent ce; *B* elle *I* telle. — 3283 *ABF* payage. — 3287 *A* Qui y tende soit nul qui die. — 3288 *A* Quon puist prendre en bourse vuidie; *B* peust. — 3289 *B* na. — 3290 *M* vouldras; *AB* bien t. — 3291 *A* du f. tu. — 3292 *B* En p.; *CDFM* t. sens et f. — 3294 *C* omet que; *F* Puys que perdras la ch. — 3296 *B* descroiras *C* descroiteras *D* descroisteras; *A* comment par mains. — 3297 *M* Au doy *CD* Du doit; *B* retraire *C* restrera *M* recitura.

    Excepto partu; pueros dans est Arethusa,
    Nec michi sub tenebris supponitur ipsa Medusa.
      Si fuerit juvenis mulier, tu forte senex sis,
    Ne capias illam, genibus tibi supplico flexis.
2075 Debita conjugii petit illa, libidine plena,
    Sed quid ei solvat penitus vacuata crumena
      Non habet, obque tuum nisum tibi subtrahet illa
    Sensus et vires tibi deficiente cavilla.
    Pigmeus in fine fies, dorsi tibi spina
2080 Curvata, venient luctus, plaudet libitina.

Après 2072 *rubr. Monet virum senem ne ducat uxorem juvenem.* — 2077 *nisum* (?), ms. *visum.* — 2079 ms. *Pigmens.*

3305 Ou s'en toy a deffault de sperme,
Elle ne prendra pas long terme
De querir lieu pour soy esbatre.
O ses voisines troys ou quatre
Se voueront par les eglises,
3310 Et procurront estre soumises
Repostement par les bordeaux.
Tu n'en tenras pas les cordeaux,
Car aux festes vouldra aler,
Pour veoir dancer et baler ;
3315 Ou son cousin, ou sa cousine,
Ou sa commere en sa gesine
Faindra malade et languereuse.
En tels fais sera cauteleuse,
Pour trouver faulse occasion
3320 De faire fornicacion.
Les ribauls jeunes et testus

Sont souvent nourris et vestus
Aux cousts et despens du bon homme.
Encor y a pis en la somme :
3325 Les maris maintes foys nourrissent
Les enfans qui viennent et yssent
D'autruy fait et d'autruy semence,
Et sont trop mal deceüs en ce
Qu'il les cuident de mariage
3330 Et succedent en l'eritage,
Par quoy les drois hoirs sont changiés,
Desheritės et estrangiės
Et fraudés par tel malefice,
En leur grant grief et prejudice.
3335 Et pour ce que ce fait a croire
A perpetuelle memoire,
Je te pri que il te souviengne,
Que semblable ne t'en aviengne.

3307 *AB* lieu. — 3308 *C* Ou s. — 3309 *A* vouera *B* Se en yront *I* Sentreuerront; *A* ces e. — 3310 *B* procuront *CD* procureront. — 3311 *B* Respoustement. — 3313 *M* vouldras — 3314 *A* veir; *B* dencier. — 3315 *A* A son cousin a s. — 3316 *AB* ou sa cousine *C* ou sa wesine *DFMI* en sa gesine. — 3317 *B* ou l. — 3318 *M* ces f. — 3321 *F* leurs. — 3323 *B* Aux et d. *CDM* Aux coulx (coux) *F* Au coust. — 3324 *BC* y a il *D* Encores y a. — 3328 *CD* En sont *AB* omettent trop. — 3329 *CDF* Qui. — 3330 *AB* a heritage. — 3333 *AB* Et deffraudes par tel (*B* leur) malice. — 3334 *F* grant et grief p. — 3335 *F* soit. — 3336 *CDF* En p. — 3337 *DFMI* ten s. — 3338 *A* Que le s. ne tauienne; *F* ten. — *D* (f° 98 v°) *rubr.* De ce mesmes.

Preterea juvenis, si fiat carnis eclipsis,
Vicinas trahit unanimes, trahitur vel ab ipsis.
Ecce videre vovent loca sancta monasteriorum,
Ut valeant intrare lares clam prostibulorum ;
2085 Sive theatrales fingunt se velle videre
Ludos ; commatres fingunt quandoque jacere,
Aut consanguineas infirmas, ut sibi mechos
Querendi causas habeant, quos quottidie, quos,
Sumptis cautelis istis, jungunt sibi mire.
2090 Sed, quod deterius fit, oportet sepe nutrire
Sponsos ipsarum pueros, quos non genuerunt,
Utpote conjugio natos, qui postea querunt
More putativis patribus succedere, more
Succedunt et eis, ac defraudantur honore
2095 Heredes proprii. Ne sit tibi spurius heres,
Consulo ne capias hujuscemodi mulieres.

2088 *causas*, ms. *causam*.

Se deux jeunes l'un l'autre prendent,
3340 En peu de temps leurs biens despendent,
Et cuident que par aventure
Leur richesce tousjours leur dure.
Leurs choses sont mal demenées,
Mal faites et mal ordenées ;
3345 Car ils entendent a oyseuse :
L'un est felon, l'autre noiseuse.
Se le mari assés ne livre
De ce qu'il convient pour leur vivre,
Ou s'il ne puet bien besongnier
3350 A sa jeune femme congnier,
Toute s'en va par avoutire ;
A faire sa voulenté tire.
Lors par paroles tençons croissent,
Et s'entrebatent et desfroissent,
3355 En tourment gastent leur jeunesce,
Par folie et par leur simplesce.
Autres raisons vous en ay dites,
Lesquelles sont dessus escrites,
Pourquoy cils est fols, ce me semble,
3360 Qui a mariage s'assemble
En jeunesce et adolescence
Et du fait ne connoist l'essence.

Et se vieuls une vieille prent,
N'est merveille s'on l'en reprent ;
3365 Car c'est contre droit et l'usage
De vieillesce et de mariage.
Je ne sçay a quel fin il pense ;
Car en ces deux cas fait offense :
La vieillesce, triste et obscure,
3370 D'acoler et baisier n'a cure,
Et si ne puet avoir lignie,
Ou lit marital provignie.
Ainsi ne puet vieil homme prendre
La vieille femme sans offendre.
3375 De marier ne sont pas dignes,

3340 *A* le leur d. *B* les b. — 3343 *F* Les. — 3345 *B* contendent. — 3348 *CDM* ce qui leur c. (*dans M le second* leur *a été effacé*). — 3350 *A* O sa j. f. au couchier *I* j. f. compaignier. — 3351 *C* Toult *DIM* Tout; *I* sen yra. — 3355 *F* degastent; *B* leurs jeunesses. — 3356 *F* leur f.; *B* folies; *F* par s.; *B* leurs simplesses. — 3360 *AB* par m.; *CDFMI* a m. — 3362 *CD* Se; *B* lensence *C* la e. D leessence *I* linstance. — 3364 *F* le r. *C* se nen repent *M* sil sen repent. — 3365 *AB* Contre dr. et contre. — 3366 *B* omet et. — 3367 *CD* y pense. — 3369 *A* La vieillotte. — 3371 *A* ometsi *M* sil. — 3372 *F* En l.; *A* l. naturel *AI* proginie. — 3375 *C* vielle prendre.

Si juvenis juvenem sibi junxerit, ecce domi res
Protinus expendunt, credentes quod sibi vires
Gazarum non deficiant ; sua sunt male gesta,
2100 Otia cum querant ; res est etiam manifesta
Quod, nequeunte viro vel victu deficiente,
Uxor adulterium committit mecha repente.
Tunc veniunt verba, tunc verbera ; jurgia crescunt,
Extunc in rixis tam vir quam sponsa senescunt.
2105 Sunt alie plures rationes quas tibi scripsi,
Quare stultus erit vir si se junxerit ipsi.
  Porro, senex si ducat anum, procedit inique
Jura senectutis offendens conjugiique.
Non amat amplexus vel basia mesta senectus,
2110 Aut partus, quos conjugii dare vult tibi lectus.
Ergo, senex, nolito senem tibi jungere ; dignus
Non est conjugio, fieri debet inde cachinnus.

Ils ont trop seches les eschines.
Pour ce fait on charivari
De vieille femme et vieil mari.

　　Posons, que noble femme eüsses
3380 Espousée, et vilain feüsses,
Elle sera grande de port
Et voulra faire son deport.
Mais tu trouveras adès pis ;
Tu seras moqués et despis.
3385 Et quant lassée revendra,
Bien servir la te convendra,
Laver les piés et descroter,
La queue du seurcot froter
Et porter, s'elle le commande,
3390 Ou tu avras maulvaise offrande.

Et ne te voulra embracier,
Mais te sçara bien menacier,
Et te fauldra agenouiller.
Garde toy de tele mouiller.
3395 De tel mariage tenir
Ne pourroit il bien advenir.
Qui pis est, de propre nature
Quiert du jeu des reins l'aventure ;
Il ne convient que lieu trouver ;
3400 Le compaignon scet bien rouver
Et admonnester qu'il luy face,
Se trouver peuent lieu et place.

　　Or soit que tu, de noble herage,
Prengnes vilaine en mariage ;
3405 Ceste couple sera blasmee

3378 *B* et de v. m. — 3379 *BC* vielz *F* vieuls. — *D* (fº 99 vº) *rubr.* Comment villain ne preigne noble femme. — 3382 *F* sans d. — 3383 *B* assez p. — 3384 *M* moquies. — 3385 *CI* lasse ; *I* a lostel viendra. — 3388 *M* Et la q. ; *B* sercot *C* seurcost. — 3391 *A* Ne te v. pas e. — 3392 *F* te s. b. *M* bien te s. ; *A* te vouldra. — 3396 *A* Il nen p. nul b. venir. — 3399 *M* Il nen c. — 3401 *M* qui. — 3402 *F* De trouuer prendre l. ; *B* puet l. ne p. — *D* (fº 100 rº) *rubr.* De ce mesmes. — 3403 *A* hoirage. — 3404 *A* Prenez ; *B* villaines ; *AF* a *BCD* en.

　　Ponatur, quod sit uxor tua nobilis et tu
　　Quidam villanus ; erit hec grandissima gestu,
2115 Spernet et illudet te semper, eritque necesse
　　Quod sibi sis servus plantasque laves sibi fesse ;
　　Necnon vasa domus caudamque supertunicalis
　　Ejus portabis. Absit tibi femina talis !
　　Inferet ipsa minas, feriet nisi cesseris, hec te
2120 Exclamans : « Genua michi, pessime rustice, flecte ! »
　　Perpetuas generant connubia talia lites
　　Eventusque malos. Ergo sic ducere vites.
　　　　O, quid deterius ? est naturaliter illa
　　Sic data : mechatur ; fallit tamen in Petronilla.
2125 Renum more jocum　　cupit omnis nobilis yssa ;
　　Est sat habere locum,　　socium citat et monet ipsa.
　　　　Esto, quod uxor sit de vili stipite nata,
　　Tu quoque de magno ; reprobabitur inde creata
　　Perpetuo proles et diffamabitur ; ergo

fº 32 rº.

Après 2112 *rubr. Monet virum agrestem ne ducat uxorem nobilem et contrarium.* — 2125 ms. *Rerum.* — 2126 *socium,* ms. *secum.*

Et ta lignie diffamée,
Et tu en seras deboutés,
Mains prisiés et mains escoutés;
Dont tes choses degasteras
3410 Et souvent les dissiperas,
Afin que tes hoirs n'y succedent.
Par pluseurs voyes en procedent
Et viennent courrous et dommages;
Si s'en doit garder qui est sages.

3415 Et s'aucun si bien se marie
Qu'a sa pareille s'aparie,
Rien n'y vault ceste parité.
Qui en diroit la verité,
Il n'y a si bon que la fuite,
3420 Car, quant il viennent à la luite,
Il tencent après le delit
Qu'en doit prendre dedens le lit.
Lors guerres et riotes sourdent,
Et par ire ensemble bouhourdent;
3425 A descort tourne la concorde,

Et mainent dure vie et orde.
L'ami se courrouce a s'amie,
Et elle luy est enemie.
Pour ce cest ditié te conseille
3430 Que pareille ne despareille,
Jeune, vieille, noble ou vilaine,
Ne Proserpine ne Helaine,
Laide ne belle, povre ou riche,
Sage, folle, large ne chiche
3435 N'espouses, car cil quiert sa mort
Qui a prendre femme s'amort.

En ma pensée pecheroie
Et trop griefment la bleceroie,
Se par ceste admonition
3440 Ne faisoye inhibition
Que, pour chose que tu veïsses,
Jamais la femme ne preïsses
Qui de ses enfans ait la charge.
Car par sa conscience large
3445 Les biens de son mari soustrait,

3408 *C* acoustes. — 3412 *B* y procedent. — 3414 *D* (f° 100 v°) *rubr*. De lestat de mariage. — 3416 *B* se marie *M* sappareille. — 3419 *M* de la f. — 3425 *C* le c. — 3429 *A* ce te di et te c. *B* omet ce. — 3430 *B* na d. — 3431 *C* ou n. — 3432 *A* ne chastelaine *C* elaine *F* eleyne. — 3434 *B* ou ch. — 3436 — *D* (f° 101 r°) *rubr*. Comment femme a le cuer a ses enffans. — 3438 *A* greueroie *B* guerioye *CDFM* bleceroie. — 3439 *M* celle. — 3441 *C* par. — 3443 *A* eust.

2130 Tuque repulsus eris, positus, datus undique tergo.
Ecce, pares paribus si jungam, nil paritati
Prebebit paritas; sed erunt in agone jugati.
Est vis tanta chori, quod lites mox oriuntur,
Anteque concordes discordes efficiuntur.
2135 Ergo, nec equalem nec inequalem tibi debes
Jungere; si jungas, certe mortem tibi prebes.

Peccarem graviter, nisi te per scripta monerem,
Ut cinctam pueris nullam caperes mulierem.
Subtrahitur per eam substancia tota mariti,
2140 Datque suis pueris, que semper dedita liti

2133 *tanta*, ms. *tanto*.— Après 2136 *rubr. Monet virum non habentem pueros ne ducat uxorem habentem pueros.*

Aux enfans les donne et tous trait
Pour eulx, et est abandonnée
A hutin et pour tençon née.
Se tu dis mot, elle faindra
3450 Et a ses enfans s'en plaindra,
Que tu avras ce dit pour eulx.
Par tous les meschiefs temporeus
Ne puet homs estre plus desers.
Se ne veuls a eulx estre sers,
3455 Encontre toy se leverout,
Riote et guerre mouveront.
Pluseurs en sont mors et peris,
Causans les mauvais esperis,
Qui la femme prennent en cure,
3460 Dont la pestilence procure.
Deux foys, trois foys, et puis la quarte,
D'abondant mande ceste carte,
Qu'a tele femme ne te joingnes.

Tu as droit, se tu la ressoingnes.
3465 Esprise de mauvais tison
Te dira : « Fi ! fi ! chetifs hom,
« Certes, je ne suy mie bonne,
« Quant j'ay conjointe ma personne
« Avec toy, pour moy asservir.
3470 « Tu n'es pas digne de servir
« Le fils de mon premier mari. »
Tant dira « avant ! » et « hari ! »
Que ses enfans te fouleront
Et maugré tien te troubleront.
3475 Vueilles, non vueilles, serviras
Les enfans, ou tu languiras.
Si te pri, requier et conseil,
Que tu croyes a mon conseil,
Ou je te jur, et sans mentir,
3480 Tart en venras au repentir
Et n'en avras jamais restor,

3446 *B* et attrait. — 3448 *A* A tenchon et prohutinee. — 3450 *A* Et puis a s. e. dira *B* le dira. — 3452 *BCF* Pour *ADM* Par. — 3453 *FM* estre homs. — 3454 *M* veult. — 3456 *A* Et riote tesmouueront; *M* guerres; *B* te menront. — 3458 *A* Car sans *BF* Causans *C* Tousiours *DI* Tancons *M* Tencons. — 3470 *B* dignes pour. — 3472 *M* ary. — 3473 *A* taffolleront *B* te folleront. — 3475 *A* ou non tu s. *BC* ou non v. *D* vueille ou non vueille. — 3479 *A* jure s. m. — 3480 *A* Tost *B* Tu ten vendras. — 3481 *F* omet en; *BM* retour *CI* restour. — 3481, 82 manquent *A*.

Est. Si quid loqueris, finget te dicere propter
Ipsos. Quocirca moneo bis te, moneo ter,
Ne capias illam, quia, ni vir eis famuletur,
Insurgunt in eum. Sic tandem guerra movetur,
2145 Qua mota plures inconstanter periere,
Hanc procurante cladem prava muliere.

f° 32 v°.

« Phy ! maledicte miser ! » dicet mulier : « bona non sum ;
« Me tibi commiscens crucior merito, michi sponsum
« Dum refero primum, cui re vera famulari
2150 « Nondum dignus eras. Cur ergo suis dominari
« Attemptas pueris ? » Calcabunt, prave miser, te,
Tuque, velis nolis, illis famulabere certe !
Credas ergo michi, tibi consulo, poscoque, lector,
Vel tu succumbes, licet esses fortis ut Hector.

2146 cladem; ms. claudem; l'*u* a été exponctué.

Et feüsses fort comme Hector.

S'enfans as, et ta femme nus
N'en a, soyent grans ou menus,
3485 Tel art et engin trouvera
Que loin de toy les chacera.
Car par nature les marrastres
Heent et rongent leurs fillastres
Et les souhaident en la mer.
3490 Tes enfans sçara bien blasmer,
Et dira, que quanqu'il feront
Est mal fait, et qu'il embleront
Les choses qu'en pert à l'ostel ;
Elle leur portera los tel.
3495 S'il a deffault en la richesce,
Elle dira que par eulx est ce,
Ja soit ce qu'elle le soustraye
Et emble tout ; c'est chose vraye.
Ainsi deçoit par traïson
3500 L'omme qui la croit sans raison.

Se de toy ta femme seconde
A enfans pour amour du monde,
Puis que de toy concevera,
Par fauls art te decevera.
3505 Tes enfans, qui premier sont nés,
Seront mors et empoisonnés
Par venin ou par autre voye,
Afin que temps et heure voye
Que les siens puissent succeder

3482 *M* son c.; *BM* une tour. — *D* (f° 102 r°) *rubr.* Comment homme qui ait enffans ne preigne femme qui en ait. — 3483 *A* Senfans, *les autres* enfans. — 3485-3515 (61 *vers, un feuillet*) manquent *M*. — 3491 *C* quanque quil. — 3492 *C* et qui le lambleront. — 3493 *B* par lostel. — 3497 *F* los s. — 3499 *F* descript. — 3500 — *D* (f° 102 r°) *rubr.* Comment la marrastre est ennemie au fillastre. — 3502 *C* lamour. — 3503 *A* Conceu aura. — 3504 *A* son f. art; *B* elle te. — 3505 *CD* que *A* premiers. — 3506 *F* emprisonnes.

2155 Esto, quod pueros habeas et femina nullos,
Artem queret ea, per quam procul effuget illos
A te ; privignos quia naturaliter odit
Queque noverca suos, ut scribitur, ipsaque rodit
Illos ; quitquid agant, reputat semper male gestum ;
2160 Ut condemnet eis patrem, reddendo scelestum,
Imponit sibi furta domus. Et si sit eclipsis
Vel defectus opum, pueris imponitur ipsis,
Quamvis furetur et totum substrahat ista.
Hoc Tays imponit privignis arte sophista,
2165 Cui vir enim credit, nulla motus ratione,
Utputa deceptus uxoris proditione.

Ex te si pueros conceperit yssa secunda,
Ecce suos sepe privignos arte profunda
Herbis aut virus interficit, ut tibi nati
2170 Ejus succedant, in rebus pretitulati.

Après 2154 *rubr. Monet virum habentem pueros ne ducat uxorem nullos pueros habentem.* — 2160 *condemnet, ms. condemnat.* — Après 2166 *Qualiter noverca se habet erga prevignos* (sic) *suos.*

3510 A toy et aux biens proceder,
A titre de succession.
Note ceste deception !
Et s'il advient par aventure,
Qu'en la marris selon nature
3515 Ta femme ne puist concevoir,
Lors te voulra plus decevoir
Par faindre fauls enfantement,
Qu'elle mettra secretement.
Trotule, ou l'emperris de Rome,
3520 Es secrès qu'elle mist en somme,
Dit qu'on doit les femmes doubter,
Et qu'on n'y doit foy adjouster.
Car tant fort leurs fillastres heent
Qu'a eulx murdrir tendent et beent.
3525 C'est merveille de trouver que

La fole marrastre noverque
Fait a son mari fauls eschange
Et aime mieulx que un estrange
D'Escoce ou d'autre nacion
3530 Ait des biens dominacion
Que ceulx ausquels ils appartiennent.
Presque toutes ceste part tiennent.

Se des enfans avés chascun
Deux ou trois, ou tu n'en as qu'un,
3535 Nés par avant votre alliance,
N'ayes de paix nulle fiance.
Chascuns les siens porter voulra ;
Ta femme souvent t'assaulra,
Car toutes teles espousailles
3540 Engendrent tençons et batailles.

3510 *Dans C ce vers est à la marge.* — 3514 *A* Que la marris *B* Quant la marris. — 3515 *B* pourra. — 3519 *A* Tirtule lemperris *B* Trocule; *F* ou lemperris *BCD* ou lempereur. — 3523 *A* haient. — 3524 *CDF* temptent; *A* baient. — 3525 *CDF* grant m. *AB omettent* grant. — 3526 *A* La fille; *B* neuorque. — 3532 — (f° 103 r°) *rubr. Comment se chascun a des enffans quilz ne peuent durer ensemble.* — 3534 *A* Ou d. ou tr. ou nen a quung.

Et si fortasse partus sit nescia matrix,
Mendax fingit eum; quedam probat induperatrix
Quondam Romana quod nulla fides adhiberi
Contra privignos ipsi debet mulieri.
2175 Miror enim, miror, mallet succedere Scotum
Ipsa noverca viro, quam privignum sibi notum.

Pono quod pueros habeatis, scilicet ante   f° 33 r°.
Vestrum fedus, uterque suos. Re testificante
Id patet ex dictis quod pena minor stigialis
2180 Est incunctanter quam desponsatio talis.
Et quia causa patet, ideo non prosequor. Ergo,
Ergo tibi caveas, nec des mea dogmata tergo.

Esto, quod nullos pueros possitis habere ;
Jugiter inter vos crescet lis amodo, vere,
2185 Cum soleat plerumque suos genitura parentes

Après 2176 rubr. *Monet ne vir habens pueros ducat uxorem habentem pueros.* — 2179 Id patet(?), ms. *Est pater.* — Après 2182 rubr. *Qualiter conjuges se habent qui nullos possunt habere pueros.*

La cause est assés apparant ;
Pluseurs en puis traire a garant.

Et se vous avés de l'avoir,
Et enfans ne poués avoir,
3545 A rioter commencerés.
Et quant ensemble tencerés,
Se courroux vous met a malaise,
Ne trouverés qui vous rapaise,
Ne qui guarisse l'encloüre
3550 D'entre vous ; car l'engendreüre
Seult pere et mere rapaisier,
Par acoler et par baisier,
Et ramener a bon courage.
Après venront ceulx du lignage ;
3555 De sengnourir s'entremettront,

Et tantost discorde y mettront,
Mesmement ceulx de par la femme.
N'y avra celuy qui n'entame
La cause, et voulront proceder :
3560 Chascun cuidera succeder.
Se povre gent sont et merdaille,
Chascun jour averas bataille ;
Dont tes choses seront vendues
Et tes richesces despendues,
3565 Et cesseras de gaaingner.
Par ce se puet hom mehaingner
Et tourner a chetivoison,
Ne ja n'avra de bien foison.
Par tous poins te puet apparoir,
3570 Soit sans lignie, ou soit par hoir,
Que mariage est chose dure ;

3542 — *D* (f° 103 r°) *rubr.* Comment ceulx du lignaige seignorir quant ilz nont des enffans. — 3546 *M reprend* ; *C* couchieres *DM* coucheres. — 3547 *F* Ce ; *BCDM* a m. *AF* en m. ; *M* mesaise. — 3548 *B* repaise *M* apaise. — 3549 *D* lencleure (*dans D un correcteur a ajouté* o) *ABF* lencloueure *M* lenclocure. — 3551 *M* apaisier. — 3554 *C* vouldront. — 3555 *M* Densengnier. — 3556 *Leçon de A ; B* Et discordence y mettront *CDFMI* Et la d. y m. — 3557 *M* Meismes. — 3558 *F* nentenme *C* natayne. — 3559 *AB* vouldroit *C* vaudront *DM* vauldront. — 3560 *AB* y vouldra. — 3561 *B omet* gent. — 3563,64 *manquent A.* — 3562 *B* auras la b. *C* en auras *DFM* auras b. — 3563 *C* ses *M* ces ; *A* venues. — 3564 *C* ses. — 3567 *F* tournera *CD* trouuer. — 3568 *BM* nauras, *les autres* naura ; *A* des b. *AB* biens. — 3570 *A* Ou s. par l. ou par h. ; *B* l. ou sans hoir ; *F omet* ou.

Turbatos sedare, ligans pare federe mentes,
Unanimesque facit. Sed si desit genitura,
Jam non est qui sedet eos. Nam jurgia plura
Inter eos pugneque solent ex more creari.
2190 Ecce viri consanguinei satagunt dominari,
Multoplus ysse. Quis enim succedere rebus
Debet, et in quantum ? Fit cunctis pugna diebus.
Expenduntur opes, lucra cessant, curaque rerum ;
Sic etenim fiunt inopes in fine dierum.
2195 Hic que deficiunt in predictis capitellis,
Queras. Sed monitis fieri nolito rebellis !
In nullo latere,   lector, potes ergo videre,
Quin sit contrahere   res pessima cum muliere.

Trop point et trop longuement dure.

Posons que tu malades soyes,
Et ta femme voist par les voyes,
3575 Toute haitie et toute saine;
Neantmains toute la semaine
Ne demourras tu sans tençon;
Huy et demain recommence on.
Ta femme dira en huant :
3580 « Cest her contrefait le truant;
« S'il vouloit, bien se leveroit,
« Son mal moult peu le greveroit.
« Qui gouvernera ma maison?
« Il n'est pas de gesir saison.
3585 « Que feront nos enfans petis? »
Ainsi seras tu abetis.
Pose que tu soyes si fades,
Si enfermes et si malades
Que ne te puisses soustenir ;
3590 Quoy qu'a l'ostel doye advenir,
La cure sur toy en mettra
Ne point ne s'en entremettra ;
Et se la nourrice a deffaulte,
Elle fera la noise haulte
3595 Et les enfans fera plourer.
Tu as perilleus demourer
En ton lit, ainsi amusés,
Ne ja n'en seras excusés.
C'est merveille qu'homs si grevés
3600 Puet jamais estre relevés,
Et qu'il ne muert incontinent,
En tel meschief si eminent.
Et s'elle est malade ou enferme,
Tien ceste sentence pour ferme :
3605 Devant elle t'estuet seoir
Et diligemment pourveoir.

3572 — D (f° 104 r°) *rubr.* Comment femme saine trait son mary malade. —
3574 BM voit. — 3576 C sa s. — 3578 CFM *omettent* et; CDM recommencon.
— 3579 CDF huyant. — 3580 FMI ver, *les autres* her. — 3582 CMbien p.;
B lui g. — 3586 BF abestis ACDM abetis. — 3587 A bien f.; B sagés. — 3590
C qu'en DM que; B doya aduenir; D deuenir. — 3594 CDMI *omettent* la; M si h.
— 3601 M qui. — 3602 M cest; BDFM eminent AC ennuyant. — D (f° 104 v°)
rubr. Comment la femme malade trait son mary sain. — 3603 B sel.

Pone quod infirmus fueris, conjunx tua sana.
2200 Non tamen inde minor erit ejus quottidiana
Lis, quoniam dicet : « Herus infirmabitur iste?
« Hercle! truantisat. Si vellet, surgeret is. » Te
Sic infestabit ; curam dabit hec tibi rerum
Hospicii, quamvis jaceas; mos est mulierum.
2205 « Quis reget hanc edem? Quid agent pueri, miser, isti?
« Non intromittam me plus, per vulnera Christi. »
Clamabit nutrix, aliquo sibi deficiente,
Plorabunt pueri, ruet in te sponsa repente,
Si quid eis desit; non excusabere lecto
2210 Instantis morbi. Miror mirando profecto,
Qualiter evadit infirmus sic agitatus,
Quin mox intereat ex omni parte gravatus.

Forsitan infirma sic sit; nisi sederis ante
Ipsam continue, nisi secum febricitante

Après 2198 *rubr. Qualiter mulier sana tractat virum egrum. Et qualiter
ipsa infirma tractat virum suum.* — 2202 truantisat (?) ms. trutaunisat. —
2213 sic, ms. sit.

S'elle a fievres ou continues,
Il convient que tu continues
A faire chose qui luy plaise,
3610 Pour la demener a son aise,
En luy disant : « Amie chiere,
« Par amours, faites bonne chiere !
« Certes, de vostre mal me poise. »
Il te faut apaisier la noise,
3615 Et blandir par dis et par fais;
Tu ne seras ja si parfais
Qu'a gré puisses continuer.
Et dira : « Il me veult tuer ! »
Et maudira a haute alaine,
3620 Aussi bien que s'elle estoit saine.
Dieu scet, quant Perrette est enferme,
Je n'y met long jour ne long terme.
Je fay mes veus et mes promesses,
Dire oroisons et chanter messes,
3625 En offrant de bouche et de main
Que seray pelerin demain.
Je di pour elle, a jointes paumes,
La paternostre et les sept psaumes,
Et la soustien en mon giron,
3630 Quant elle souffle au chauderon.
Ainsi la convient aourer,
Servir, obeïr, et plourer
Aussi bien com s'elle fust morte.
Celle contenance m'est forte.
3635 Car s'on me voit plourer de l'ueil,
Le cuer n'en fait mie grand dueil,
Mais voulroit, qu'en l'eure prouchaine
Mourust de male mort soudaine.

Se tu dors et ta femme veille,
3640 Paine mettra qu'elle t'esveille.
En crachant fera sa complainte,

3609 *B* quil. — 3618 *B* faut. — 3620 *B* sel. — 3627 *FM* palmes. — 3628 *A* patenostrez *F* patenostre *BCD* pater nostre; *C* saulmes *FM* psalmes. — 3630 *B* ou. — 3631 *CD* le; *M* aourner. — 3633 *F* Ainsi. — 3634 *B* nest *C* men est. — 3635 *C* se men v.; *M* ne v. — 3638 *M* subtaine. — *D* (f° 105 r°) *rubr.* Comment la femme pense au fait de son mary. — 3641 *D* tranchant (*avec r exponctué*); *M omet* sa.

2215 Plangens condoleas, nisi sit domus absque tumultu
Et bene provisa, nisi complaceas sibi vultu,
Verbis et factis, rixabitur et maledicet.
« Vult interficere miser hic me, » perfida dicet,
Ac si sana foret, semper rixabitur illa.
2220 Nam si vera loquor conjunx mea scit Petronilla.
Ut Deus huic egre   parcat facio mea vota
Quod vadam peregre   cras ad loca sacra remota;
Postea cum genibus flexis, junctis ego palmis
Dico *Pater noster,* cum septem *credo*que psalmis.
2225 In calato lumbum teneo sibi, semper adorans
Hanc infirmantem, velut esset mortua plorans.
Sed michi cor ridet, quamvis oculus lacrimetur.
Quid mirum ? vellem quod morte mala moreretur.

Si dormis, et ea vigilet, te non patietur
2230 Ultro dormire; stertet, vel ut egra queretur,

2225 *lumbum,* ms. *bombum.* — Après 2228 rubr. *Cum vir dormit et mulier vigillat, vel econtra, qualiter mulier tunc tractat ipsum virum.*

Et dira par parole fainte,
Que tu songes, ou que tu roufles, 3660
Ou que du vent par dessoubs souffles;
3645 Ou du coute te hurtera
Et contre toy se tournera,
Et, en dissimulant le fait,
Se dort, et ne scet qu'elle fait;
Puis roufle ou muet quelque riote,
3650 Et ses bras ou ses cuisses frote,
Ou de la cure de vos choses
Parle, afin que point ne reposes.
Et s'elle dort et tu l'esveilles,
Elle te chantera tes veilles;
3655 Au reveiller forsennera,
Sur toy tout le mal tournera.
Certes, je n'os esternuer,
Mon pié ne ma main remuer,

Tant craing la noise et la meslée,
3660 Qui souvent est vers moy meslée.
Maintes nuis, par tel estormir,
Ay trespassées sans dormir,
Car faculté pas n'en avoie
Certes, puis que femme sçavoie.
3665 Soit en mangeant ou en bevant,
Ou en couchant ou en levant,
Vaincus seras et en balance
Par ta moullier et par sa lance.

Se tu tais, elle parlera,
3670 Contre toy se revelera,
Et dira : « En nom du deable,
« Je doy avoir mal agreable,
« Quant cil vassauls parler ne daigne;
« Male goute en ses dens le preigne !

— 3644 *M* que tu d. v. de d. — 3645 *CD* de couste *F* coude; *AB* boutera. —
3646 *D* retournera. — 3647 *B* omet Et; *F* elle fait. — 3648 *F* omet et. — 3649
A ronflera et meult r.; — 3650 *M* Ou s. b.; *A* et s. c. *A* a s. c. — 3652 *A* omet
point. — 3654 *B* telz v. *ACDF* tes. — 3655 *Fl* Quau. — 3659, 60 *manquent M*.
— 3661 *CDM* Mainte nuict. — 3662 *M* trespasser; *B* trespasse s. point d. — 3664 *F*
sau oie. — 3666 *A* En allant ou en retournant. — 3667 *B* ou. — 3668 — *D* (f° 105
v°) *rubr.* Comment femme trait son mary quant il se tait. — 3669 *A* te t. *BDF*
tu te t. *CM* tu tais; *A* plaidera. — 3670 *A* rebellera. — 3671 *B* ou n. — 3673 *A*
Ce vassal *B* Cest vassault; *AB* quant p. — 3674 *A* La m. g.; *AB* es d.

Aut faciet flere pueros, rixasve movebit,
Vel circa vestras res te curare monebit.
His aliisque modis te nequiter evigilabit.
Si forsan vigiles, ea dormiat, exoculabit
2235 Te, si fortassis aliquatenus evigiletur.
Quitquid agas, totum scelus in te regredietur.
Ecce meum removere pędem formido manumque,
Stertere vel flare; ruit in me propter utrumque
Importuna Petra. Jam nescio qualiter illi
2240 Deservire queam; patiuntur sepe capilli.
In quocumque statu sis, potes aut comedas tu,
Sic agitatus eris, convictus conjugis astu.
Pono quod taceas; infestabit super his te
Sponsa. « Loquetur herus, in nomine demonis, iste
2245 « Nonne michi? Nequit ipse suos dentes aperire.
« Ecce precor quod possit eos mala gutta ferire.
« Is maledicatur! cor habet tam triste, molestum,

3675 « Dire ne veult chose que j'oye ;
« Il n'a en luy solas ne joye.
« Je voy bien que tant ne me prise
« Qu'il doint response ne reprise.
« Certes, si scet il assés guile,
3680 « Et comme un jay parle en la ville.
« Fi du trubert ! rien n'en donroye. »
Ainsi femme l'omme guerroye
Et ne le prise une flammesche.
Son bien en tous cas luy empesche.
3685 Bien le doy sçavoir par la moye ;
Je pour ses fais souvent lermoye.
 Se tu parles, ta femme est preste
De mouvoir tençon et moleste ;
Tes paroles diffamera
3690 Et tous tes dis reprouvera :
Aigre est plus que sangler ne lée,
Voire plus que la Babelée,
Qui de poisson est venderesse,
A Paris, et grant tenceresse.

3695 Se tu maines deduit et joye,

Ta femme point ne te conjoye,
Mais dira que Sathans est nés,
Que tu es fols ou forsenés,
Et qu'il a en enfer grant feste.
3700 « Ce seroit chose plus honneste
« De nos besongnes procurer,
« Qu'il laisse tout par moy curer,
« Que de jangler ne de chanter ! »
Et dira : « Bien me puis vanter
3705 « Que je soustien tout le mesnage.
« On scet bien par le voisinage
« Que rien n'y fait cest idiote.
« Je n'en puis mais, se je riote.
« Quel deable ainsi le domaine ?
3710 « Sa chançon est de merde plaine.
« C'est signe qu'il nous mescherra,
« Ou que ceste maison cherra. »
Et se tu penses par tristesce,
Lors te dira la traïtresse,
3715 Que de male heure tu fus nés,
Et que tu es infortunés,
Et que toute la maison troubles,

3678 *A* me d. r. ou r. — 3680 *B* Si c. *CD* Et contre ; *BF omettent* la ; *M* par ville. — 3682 *M* mestroie. — 3684 *B* lieux. — 3685 *CDFMI* pour. — 3686 *Leçon de AB, CDFM omettent* Je ; *CD* la riuoie. — *D* (f° 106 v°) *rubr.* Comment elle le traite quant il parle. — 3687 *M omet* est. — 3688 *B* tencons on. — 3690 *A* reprouchera. — 3691 *CDFM omettent* est. — 3694 — *D* (f° 106 r°) *rubr.* Comment elle le traite quand il fait aucune chose. — 3696 *M* conroye. — 3699 *M omet* grant. — 3702 *C* Qui laise. — 3703 *M* venter. — 3705 *C* soustient. — 3706 *F* On le s. b. *AB* Ce scet on ; *C* wesinaige. — 3707 *B* ceste. — 3711 *AB* quil *CD* qui *F* que. — 3713 *C* chantes *D* pense. — 3714 *M* traistesse. — 3715 *B* mal ; *FM omettent* tu ; *AB* tu fu *CD* fu tu *M* h. fu n.

« Quod non est in eo sermo, risus, neque festum. »
Aut tibi dicet : « herus hic me non appreciatur
2250 « Tantum, quod michi det responsum sive loquatur.
« Attamen in villa loquitur quasi graculus unus.
« Nil de te, truberte, darem, licet ipse tribunus
« Esses. Phy ! te non decerno valere favillam. »
Qualiter yssa loqui scit, novi per Petronillam.
2255 His aliisque modis semper rixabitur. Esto
Forte quod ipse velis fari, mox ore molesto
Insurget contra te, diffamans tua verba
Et reprobans, instar apri frendens, et acerba.

Et mouvera ses tençons doubles :
« He Dieux ! que je vous doy haïr !
3720 « Je ne vous doy pas beneïr,
« Qui tel mari m'avés donné.
« De foudre soit il estonné !
« Bien puis dire : chetive ! lasse !
« Voulentiers a vous en parlasse.
3725 « Il porte visage de brode ;
« Plus est felon que nul Herode,
« Et plain de male tirannie.
« Trop suis avecques luy honnie,
« Et trop m'en puis desconforter ;
3730 « Deables l'en puissent porter !
« Car on ne pourroit trouver pire.
« Il rechigne, tant est plain d'ire,
« Et s'en fault peu que il ne crieve.
« Mourir puist il en heure brieve ! »
3735 Se tu respons mot ne demi,
Oncques si cruel ennemi
Ne trouvas comme elle sera.
Aux ongles t'esgratignera.
Ainsi ay je esté attrappés,
3740 Riotés, battus et frappés.
On a rompu pluseurs queloingnes
Sur mon dos et dessus mes loingnes.
Se tu veuls a ta femme faire
Le beau jeu, pour amour attraire,
3745 Ce que voulras refusera,
Et en plaignant s'excusera :
« Souffrés vous ? »—« Je n'y ay pensée,
« J'aim mieulx dormir, je suy lassée.»
En faisant la bonne meschine,
3750 Toutesvois se mettra souvine,

Et la cheville en la crevace,
Et souffrera bien qu'on luy face,
Disant : « Or vous delivrés, sire ! »
Ja soit ce que le fait desire ;
3755 Et se rendera amoureuse,
En contrefaisant la honteuse,
Et le jeu des rains blasmera,
Disant que point ne l'amera,
Et que c'est laide et fole chose ;
3760 Ne scet comment hom faire l'ose,
Et ne croit qu'a nulluy pleüst ;
« Se Dieux establi ne l'eüst,
« Bien deüst tel chose desplaire ;
« Mais il convient ses commans faire ;
3765 « Pour ce estuet que je l'endure ;
« Autrement n'en eüsse cure. »
Certes, elle ment, la mauvaise,
Car il n'est riens qui tant li plaise.
Nature le veult et commande ;
3770 Charnalité la char demande.
Quant le jeu sera mis a fin,
Ja n'avrés esté si affin,
S'elle n'est bien courbée et pointe,
Que tençon n'ayés par la pointe
3775 Du temps, par avant et depuis.
Las ! que feray, quant je ne puis
Ne bien ne mal au jeu jouer ?
Forjurer m'estuet et vouer,
Vueille ou non vueille, le retraire,
3780 Car le jeu ne me doit mais plaire ;
Ma verge ploie, et les deux cuides,
Ou bourses, sont plates et vuides.
Aux dames ne me puis deduire ;

3719 C Et d.; AF vous d. BCDM je me d. — 3722 M sondre. — 3728 AB Je suis; CD avec. — 3730 AB len p. emporter F le p. emporter. — 3735 B Il. — 3738 M te estranglera. — 3741 M quenoilles. — 3742 A Dessus m. d. et sur F Sus; M et sur. — D (f° 107 r°) rubr. Comment la femme refuse ce que son mary veult. — 3743 A Et se v.; F plaire. — 3744 CDM traire. — 3745 CDFM vouldra. — 3750 A Toutesfoiz B Touteuois CD Toutesuoies M Touteuoyes. — 3752 M quil l. f. — 3754 dans C placé après 3756. — 3755 Tous les mss. rendra; A r. bien a. — 3756 M Entrefaisant. — 3758 M En disant. — 3759 M sale et laide. — 3760 A sceis. — 3761 A Je ne croy M croy BC croist. — 3763 M plaire. — 3764 manque M. — 3765 A conuient B estuet il F estoit. — 3773 M jointe. — 3778 AF Foriurer BC Fors jurer D Feur M Foir; A me faut C me tuet. — 3779 omet le. — 3780 C men. — 3781 AB La; M plaie; D cuilles. — 3782 ACFM Ou D Es B Quon b.

Leur deduit ne me fait que nuire.
3785 Je suy faibles et mal garnis,
Au doy monstrés et escharnis.
Entre elles dient : « Veci l'omme
« Qu'il n'a si chetif jusqu'a Rome. »
Perrette m'occist et estrangle
3790 Par sa riote et par sa jangle ;
Souvent enmy le vis me crache,
Mes cheveulx desront et esrache ;
Et quant je fuy, celle Perrette
Gette après moy mainte pierrette.

3795 Femme fait moult a ressoingner.
Car, quant tu voulras besoingner,
Quanque feras, tout luy desplaist ;
Elle trouvera adès plait
Et reprouchera ton affaire,
3800 Que tu ne dois pas ainsi faire.

Se rien ne fais, elle tempeste
Et dit que tu ne quiers que feste,
Et que tu ne dois reposer.
Après sçara bien opposer
3805 De tes petis enfans la charge,
« Las ! » ce dira elle, « car je
« Port de tout cest ostel la cure.
« Lasse, chetive creature !
« He Dieux ! pourquoy fus je oncques née ?
3810 « Certes, je suy mal assenée ;
« Mon chetif mari rien ne fait. »
Ainsi de parole et de fait
Te dampnera en mainte guise,
Et te monstrera sa maistrise,
3815 Et en seant et en estant
Sera en tous poins contrestant.
Qui femme prent, de quelque taille,
Il ne puet faillir a bataille.

3784 *M* omet me. — 3788 *B* Il ; *C* chetilz ; *CD* jusques *F* dycy a. — 3792 *CDFM* yeulx ; *BCD* arrache *M* errache. — 3793 *ABF* suis ; *AB* deuant p. — 3794 — *D* (f° 108 r°) *rubr.* Comment femme fait moult a ressoingnier. — 3796 *CD* vondras. — 3797 *CDF* moult l. d. — 3806 *A* Lors te d. quelle la charge ; *B* Lasse *CDFM* Las. — 3807 *A* Porte de lostel et la c. *B* Car je port de cest ; *CDFM* Prens ; *C* tout de c. o. — 3811 *M* scet. — 3816 *F* de t. p. — 3817 Leçon de *AB* ; *CDFM* prent a bataille. — 3818 *M* Il nest chose plus veritaible.

Si facias aliquid, totum sibi displicet atque
2260 Id non debere fieri dicit reprobatque.
Et si fortassis nil feceris, ecce molesta
Inde tibi fiet, non vult requiem neque festa.
Dicet : « Vestra domus minimis pueris onerata ;
« Hospicii curam totam gero. Cur ego nata,
2265 « Heu ! Deus, ipsa fui ? nichil infelix facit iste. »
His aliisque modis condemnabit super his te.
Stando, sedendo tibi, comedendo, bibendo rebellis
Uxor erit ; fore non poteris secum sine bellis.
Ergo non capias uxorem, te precor, illa
2270 Ne pereas ; cunctis exemplum sit Petronilla.

Après 2258 rubr. *Si vir aliquid faciat vel si nichil faciat qualiter uxor sua tractat ipsum virum.* — 2267 *Stando,* ms. *Stanto.*

LIVRE DEUXIÈME.

Doncques te vueil de cuer prier,
3820 Que te tiengnes de marier
Avec femme, a moustier n'a temple.
A ma Perrette pren exemple,
Et te garde de tels perils,
Afin que ne soyes peris.
3825 Car en maison ou en cuysine,
Se mes enfans ou ma voisine,
Ou mes varlés ou ma nourrice
Font chose desplaisant ou nice,
Leur mesfait, leur iniquité
3830 Revient sur moy, en verité ;
Quelque tourbillon qui l'esmeuve,
Ma moullier occasion treuve
De moy tencier et rioter.
Tels choses font bien à noter,
3835 Qu'on ne face dont on se dueille.
Combien que droit debouter vueille
Force moyennant autre force,
De revengier point ne m'esforce.
Tant redoubt ma femme rebelle
3840 Que sa force point ne repelle.
Je suppli a Dieu qu'il requiere
Les trieves, que plus ne me fiere.
Rien ne me vault le contrester
Aux maulx qu'elle scet aprester ;
3845 Contre moy frondist et rechigne,
Mes cheveulx a rebours me pigne,
Enflée de grant felonnie,
Par cruaulté et tirannie.
Plus amere que feuille d'yerre
3850 Et plus dure est que fer ne pierre ;
On ne la puet amoloyer

Par eaue ne par feu ployer.
L'en dit qu'il n'est si grant orage
Com de torment de mariage.
3855 En escrit le puet on trouver,
Et par cest exemple prouver,
Qu'on ne doit pas tenir a fable.
Jadis un mire et un deable
En un chemin s'entrecontrerent,
3860 Et par serement fiancerent
A tenir bonne compaignie.
Mainte personne est mehaingnie
Par la flamme de convoitise,
Qui les chetifs art et atise.
3865 Le mire voult acompaigner
Au deable pour gaaingner.
Entr'eulx firent un covenant,
Si comme j'en suy souvenant,
Que le mauvais entrer devoit
3870 Dedens le corps que il grevoit,
Es personnes bonnes et saines ;
Par les entrailles, par les veines,
Et par tout les faisoit fumer,
Frendir, tressaillir, escumer,
3875 Par tourment de forsennerie
Et par art de deablerie,
Afin qu'il eussent argent
Par avarice, qui art gent.
Et quant le mire ilec venroit,
3880 Le mauvais en paix se tenroit,
Et istroit hors a sa requeste.
Quant entrés furent en leur queste,
Ainsi com leur chemin aloient
Et de pluseurs choses parloient,

3819 *M* Dont; *CD* Doncques de ce v.; *D* du c. — 3821 *B* na m. ne t. *C* ne a m. ne t. — 3824 *B* repris. — 3825 *M* et en. — 3831 *F* q. les mueue. — 3834 *A* molt a n. — 3838 *M* reuenchier. — 3839 *CDM* doubt. — 3840 *B* rebelle. — 3842 *A* tresuez. — 3843 *CDM* cest e. — 3844 *F* me s. — 3845 *B* frendist; *C* rechenigne *M* rechine. — 3846 *M* pieigne. — 3850 *AB* omettent est; *M* est d. — *D* (f° 109 v°) *rubr.*). Comment il preuue quil nest nul si grant tourment comme de mariage. — 3853 *CDM* rage. — 3856 *CDM* ceste. — 3857 *C* Que nen *D* Que ne. — 3860 *A* leur serment *B* leurs seremens; *A* jurerent. — 3863 *C* famble. — 3865 *CDF* veult *AB* volt. — 3867 *F* omet un. — 3868 *CDM* je; *M* en s. — 3870 *M* greueroit. — 3871 *F* En p. — 3872 *F* et par. — 3873 *F* p. trestout. — 3874 *M* Frondir; *CD* et escumer. — 3877 *AB* de largent. — 3883 *B* que leur.

3885 Le mire demande au deable,
Quel tourment est plus tourmentable
Et plus cruel a soustenir.
Le mauvais ne se pot tenir
Qu'il ne deïst de son affaire.
3890 « Certes », dist-il, « on ne puet faire
« Si grief tourment a creature,
« En enfer n' en prison obscure,
« Com de lien de mariage.
« C'est rage passant toute rage,
3895 « C'est martire plus que martire,
« Tousjours perseverant atire.
« Mariés suy, pour ce le sçay,
« Car j'en ay esté a l'essay.
« En enfer desplaist moult forment,
3900 « Mais il n'y a si grief tourment
« Com le tourment connubial.
« Sathan, Belsebut, Belial,
« Ne la flamme qui tant ahenne
« Les damnés ou feu de gehenne,
3905 « Ne sont pas tant espoëntable.
« En lit ne hors lit ne a table
« Ne puet li mariés durer;
« Il a trop dur a endurer.
« Je le sçay par experience;
3910 « Si te jur par ma conscience,
« J'ameroye mieulx en enfer,
« Lyés en buyes et en fer,
« Souffrir la plus crueuse flamme,
« Que retourner avec ma femme. »
3915   Or advint que ces deux vassauls
Firent pluseurs mauvais assauls;
Pluseurs personnes ahennerent

Et pluseurs aussi en sanerent,
Et gaingnerent a voulenté
3920 Or et argent a grant plenté.
En la fin le mauvais deable,
Tricheur, fraudeur et decevable,
Querant du mire la ruïne,
Entra ou corps d'une roïne.
3925 Tantost a terre l'adenta
Et moult griefment la tourmenta.
On l'oït de moult loing crier.
Lors vint on le mire prier,
Qu'il se penast d'elle curer.
3930 Car, se ce pouoit procurer,
Bien souls seroit et bien payés.
Le mire ne s'est esmayés,
Ains promist de sa santé rendre.
Le roy dist qu'il le feroit pendre,
3935 S'il en failloit a jour prefix,
Et jura par le crucefix,
Qu'autrement n'en eschaperoit.
Le mire dist qu'il en feroit
Tant que ja n'en seroit repris.
3940 Quant accordé orent le pris,
Le mire ala au compaignon.
Bas parla au mauvais gaignon,
Et dist : « Is hors de ceste dame,
« Sans la blecier de corps ne d'ame ! »
3945 Il respondi que non feroit,
Et qu'encor la tourmenteroit.
« Non feras ! » ce disoit le mire,
« Tu ne me dois pas escondire,
« Quo tu n'yesces hors maintenant,
3950 « Car tu le m'as en covenant.

3885 *M* demanda. — 3887 *F* crueulx. — 3888 *M* Le deable; *CD* sen p. —
3893 *AB* Que; *DF* Comme; *A* le l. — 3896 *AB* Perseverant t. empire (*A* en
pire) *CDFM* Tousjours p. atire. — 3897 *FM* suy, *les autres* fu. — 3898 *C* en
lessai. — 3900 *A* dur. — 3901 *A* Comment t. *B* Que le. — 3903 *F* Non; *CD*
ahanne. — 3904 *C* Jehanne *D* gehanne. — 3905 *FM* point; *C* espoanteable. —
3906 *AB* l. dehors; *A* dehors ne a la t. — 3907 *CDM* le mary; li mariez *est
dans B*. — 3909 *B* lesperience. — 3911 *C* Jameray. — 3912 *A* bunez *B* buinnes
C et brayes. — 3918 *F* aussi pl. — 3922 *C* Trischant fraudeulx et d. — 3923 *B*
Quirent. — 3927 *manque M*. — 3928 *M* on v. le m.; *A* voult; *C* ou m. —
3929 *B* ne p.; *M* de la c., *les autres* delle c. — 3932 *CD* ne sert; *CDM* s. de
riens e. — 3935 *A* falloit; *C* au j.; *A* preciz. — 3941 *M* omet au. — 3943 *DM*
his h. — 3944 *M* b. corps ne ame. — 3947 *F* ce dit. — 3949 *F* omet hors.

LIVRE DEUXIÈME.

« Fay tost ! si avray mon salaire. »
Le mauvais n'en vouloit rien faire.
Le mire fu moult esbaï,
Et vit bien qu'il estoit traï.
3955 Le mauvais dist : « Saches de voir,
« Je ving cy pour toy decevoir ;
« C'est mon office de mal faire,
« Car je suy a tout bien contraire ;
« Se je puis, tu seras pendu. »
3960 Quant le mire l'a entendu,
Si l'en pesa moult durement.
Lors luy fist un conjurement,
De par Dieu ; mais peu luy valoit,
Car au deable n'en chaloit.
3965 Lors se pensa le dolent mire,
Qui tristes estoit et plein d'ire,
Comment se garderoit de mort.
En sa pensée se remort,
Que le mauvais dit luy avoit,
3970 Comment par espreuve sçavoit
Lequel tourment est plus crueus.
Le mire, comme vertueus,
Pensa du mauvais tarier.
Pour le honnir par marier,
3975 Quist une femme bien ornée,
Bien vestue et bien atornée,
Et fist tant qu'il ot mainte paire
D'instrumens pour grant noise faire :
Muses, tabours, bacins, paelles,
3980 Nacayres, trompes et vïelles ;
De jongleeurs se voult garnir
Pour son compaignon escharnir.
Puis vint a luy et dist : « Is hors !

« Trop as esté dedens ce corps.
3985 « Tu me cuides faire mourir,
« Mais j'ay qui me vient secourir.
« Is hors ! ou tu iras a perte ;
« Meschief te vient, c'est chose aperte.
« Vecy ta femme que j'amaine,
3990 « Pour te faire doleur et paine,
« Car d'entrer avec toy s'assent ;
« Pour mon meschief en aras cent. »
Il fist les instrumens sonner,
A paine y oïst on tonner ;
3995 Lors le mauvais ala doubtant ;
En ullant et en sangloutant
Pria le mire a laide chiere
Que sa femme menast arriere.
« Treschier compaing, par ta noblesce,
4000 « Oste moy ceste deablesse !
« Ne la laisse pas a moy jôindre !
« Tourment ne me pourroit plus poindre ;
« Certes, de double mort mourroie,
« Ne endurer ne le pourroie.
4005 « Je me mariay de male heure,
« Flamme d'enfer, qui tout deveure,
« Dont j'ay apris la pestilence,
« Est plus souef par excellence
« A endurer et plus paisible,
4010 « Mains tourmentant et mains orrible
« Que n'est paine de mariage.
« S'il n'y avoit fors le servage,
« Ne sçay je comment on l'endure,
« Si n'ay de mariage cure.
4015 « J'aim mieulx moy a tousjours offrir
« A tous tourmens d'enfer souffrir

3952 *C* ne v. ; *CDF* voult (volt) *M* vot. — 3956 *B* vien. — 3958 *F* tous biens. — 3960 *CDM* Et q. (*dans M* Et *a été biffé*). — 3961 *M* lempesa. — 3964 *C* nen achailloit *D* nen en chaloit *F* ne enchaloit. — 3965 *M* sen p. ; *ABF* dolent m. *CDM* doyen m. — 3966 *AB* dolent estoit. — 3970 *C* esprouue. — 3971 *C* estoit. — 3973 *C* tairer. — 3975 *CDF* aornee. — 3978 *B* omet grant. *M* noise grant f. — 3980 *M* Naqueres. — 3981 *B* jangleur. — 3983 *C* viens h. *DM* his h. — 3984 *B* le c. — 3985, 86 *manquent A*. — 3985 *B* cuidoies. — 3987 *CDM* His h. ; *CDM* apperte. — 3989 *B* Veez cy ; *M* qne je tameine. — 3990 *CDM* toy f. meschief. — 3996 *A* hurlant *B* hullant *CD* ullant *M* volant *F* wllant. — 3998 *B* enmenast. — 3999 *CM* compaignon. — 4001 *B* laisses. — 4004 *B* Je ; *A* la p. — 4005 *F* maleure *B* mal h. — 4009 *M* est p. p. ; *B* mains p. ; *M* paisibles. — 4010 *M* horribles. — 4012 *F* Si. — 4015 *B* Jay m.

« Que mariage; il n'est mors tele;
« Trop est la bataille mortele.
« Pour ce te pri que tu te cesses
4020 « Et hors de cy aler me laisses. »
Il yssi hors et s'en ala
Droit en enfer, car il a la,
Si come il disoit, mains de paine.
La roïne demoura saine,
4025 Et le mauvais s'esvanouï,
Dont le mire s'en esjouï.
Ce que j'ay dit assés tesmoingne
Que le deable moult ressoingne
Mariage et forment le doubte;
4030 Si ne sçay pourquoy hom s'y boute,
Ne comment soy marier ose;
Car il n'est si terrible chose;
Pluseurs exemples en sçavés,
Avec ceulx que dessus avés.
4035 O tu qui femme espouseras,
Je te demant que tu feras,
Se tu la fais de l'ostel dame.

Quant elle sera sur l'escame,
Ne te prisera un festu,
4040 Mais voulra que la serves tu.
Et se tu veuls faire le maistre,
Sans riote ne pourras estre,
Et dira qu'on ne la croit mie.
Tençon aras et escremie.
4045 Et se partout va franchement
Esbatre et sans empeschement,
La nature tousjours l'atire
A luxure par avoutire.
S'en la constraint a demourer
4050 A l'ostel, elle seult plourer
Et crier par fainte parole,
En disant : « suy je femme fole,
« Qu'en ne me laist aler esbatre?
« Certes, en vain se puet debatre
4055 « Mon mari de moy cy tenir;
« Grant mal en pourra advenir.
« Je feray sa pensée vaine. »
Qui femme garde, il pert sa paine.

4017 B Qua m.; F mors, les autres mort. — 4018 AB cruelle. — 4019, 20 C cesse; lesse. — 4021 F r. ainsy; A r. d. bien s.; B r. d. lors s. — 4025 C m. senz esvanoy D sen e. — 4029 B et moult f. — 4030 A sceiz; A par ou len si b.; B on; C se b. — 4031 CD omettent soy; D soy; D sose. — 4034 — D (f° 113 v°) rubr. Comment ceulx qui se marient ont pluseurs inconueniens. — 4036 A demant BCDF demand M demans. — 4038 AB leschame. — 4039 B priseras. — 4040 B vouldras; CDF le s. M la serue. — 4043 C que ne; CD le c. — 4044 A a lescremie B a escremie CDFM et e. — 4046 B omet et. — 4047 BC latire ADFM la tire. — 4049 CD omettent a M de d. — 4053 CD Quant M Quon; C lait. — 4057 F Jen f.; M Je scay. — 4058 F omet il.

Hic si quam ducas, quid ages, si feceris illam
Hospitii dominam? De te mox ipsa favillam
Non dabit, immo volet quod semper ei famuleris.
Pono quod hospicii non sit pus yssa vel eris;
2275 Dans rixas dicet quod ei non creditur. Esto
Undique quod possit spaciari libera, presto
f° 34 v°   Fiet adultera. Si fuerit fortasse coacta,
Flebit enim clamando : « Deus meus ! En ego facta
« Sum meretrix? Cur me sic custodire maritus
2280 « Nititur? » Uxorem servans vir arat sibi litus,

Après 2270 rubr. Hic ducit(?) virum volentem uxorari ad multa inconvenientia si uxorem ducat.

Autant vaut arer la riviere.
4060 Haye, mur, porte n'estriviere,
Buye ne cep, fer ne closture,
Ne puet contrester a nature ;
Car tel chatel se laisse embler,
Quant a autre puet assembler,
4065 Pour accomplir son appetit.
Ne tien pas ce fait a petit !
Or di doncques que tu feras
Quant tu en tel estat seras ;
Car tout au mieulx qu'il te venra,
4070 Com moy plourer te convenra.

Et se tu en veuls prendre aucune,
Je lo, soit blanche, bise ou brune,
Que d'une seule ne te payes,
Mais que pour une cent en ayes.

4075 S'omme a seule femme s'alie,
De mille chayennes se lie.
Qui des femmes a un millier,
Lors ne le puet on essillier ;
Franchement vit, tousjours est siens
4080 Par la franchise de ses biens.
Nature ne te crea mie
Pour faire seule compaignie
A une femme seulement.
Mais tu fus creés telement
4085 Com je diray, se tu m'escoutes :
Toutes pour tous, et tous pour toutes.
Salemon assés le nous preuve.
Des sains peres aussi l'en treuve,
Qu'aucuns pluseurs femmes eslurent,
4090 Et que trop mieulx que nous valurent.
Et Ovides nous admonneste

4061 *A* Huis *B* Lin *C* Bui *D* Buy (e *a été ajouté plus tard*) *M* huy; *C* sept *D* cept *M* sep. — 4063 *BCDF* telz (tels); *B* chastelz *C* catelz *D* cautelles *F* chasteuls *M* chastel; *A* leisse *BDF* laist *CM* lait. — 4064 *C* pour a. — 4068 *F* cel *CD omettent* tel, *dans D* cest *a été ajouté plus tard*. — 4070 — *D* (f° 114 r°) *rubr.* Comment il en vault mieulx avoir pluseurs que une. — 4071 *B omet* en; *F* prennent; *M* une. — 4072 *F* Jenne; *F* ou bise; *M* bise bl. — 4075 *A* Somme *C* Se homme *BF* Se homs *D* Se hom; *C* alie. — 4076 *B* A m. *A* De cent mille; *C* nulle chaine. — 4077 *BD* de f. — *ACF* des. — 4078 *CDM omettent* ne, *dans D ajouté après*. — 4079 *B* des siens *C omet* est. — 4087 *B omet* nous *A* le te p. — 4088 *M* le treuue. — 4089 *B* esleurent *M* eslirent. — 4091 *F* le n.

Hoc est, perdit opus. Nil prosunt ostia, vallum,
Vel compes, quia se furatur tale catallum.
Dic ergo, quid ages? Nescis, quia, quitquid agatur,
Sic vel sic, semper lugebis, ut ante probatur.

2285 Ducere si cupias aliquam, me consule spreto,
Non unam capias, sed centum, lector, habeto !
Femina millenis hominem ligat una cathenis ;
Si quis habet mille, nullas habet ; est suus ille.
Ut fieres socius non te natura creavit
2290 Ysse solius, sed propter quanque paravit
Te, si sufficeres. Salomon satis ista probavit.
Sic etiam quidam sancti patres habuerunt
Plures, qui multo plus quam nos tunc valuerunt.
Et monet Ovidius quod nos plures habeamus,

Après 2284 *rubr. Hic probat quod certius est habere* [multas] *mulieres quam unam solam.* — 2288 *nullas, ms.* Millas.

Et enhorte par sa requeste
Que pluseurs amies ayons ;
Pour une ne nous delayons.
4095 Or vois tu que c'est grant outrage
De prendre femme a mariage.
Qu'en diras? a quoy estudies?
N'espouse pas, ayes amies !
Se tu es de fraisle nature,
4100 Voye trouveras plus seüre
D'en avoir cent, que une seule ;
N'en tien compte ne que d'esteule !
Et se tu es fors, je te loue
Ne te boutes pas en la boue,
4105 A une n'a pluseurs n'abites ;
Par moy te soyent entredites,
Car es courtieulx gist la serpente ;
Nuls n'est près qui ne s'en repente.
Cy me vueil un peu reposer ;
4110 Car qui tous voulroit exposer
Les maulx du sexe femenin,

Sans nombre y trouveroit venin.
Nature nous enseigne et monstre
Que chascune femme est droit monstre,
4115 Et qu'elle sueffre en soy deffault ;
A ce point de preuve ne fault
Que pour monstre ne soit monstrée.
L'en dit que femme est engendrée
Sans consentement de nature.
4120 Le philosophe en l'escripture
Le tesmoingne assés clerement,
En son livre, et dit telement :
Lors que nature s'envaïst
A ouvrer, elle s'esbaïst
4125 Forment quant son erreur regarde,
Et rougist quant elle y prent garde.
Femme est hermafrodite monstre,
Et pour chimere se demonstre
Par ses cornes et par sa queue,
4130 Plus grande que paon ne peue.
Dont de monstre porte l'enseigne,

4095 *BM* voy *C* voist. — 4096 *CD* en m. — 4098 *C* Nespouses. — 4099 *B* fraide *F* fraele. — 4101 *AB* dune s. — 4102 *BD* Ne; *A* descaille *B* destueule. — 4104 *ADF* te boute. — 4106 *AB* contredittes *C* introduittes *DF* entredictes. — 4107 *CD* en; *AB* courtilz *CD* courtieulx *F* courtieuls *M* courtis. — 4109 *AB* Si men. — 4110 *B* tout. — 4114 *A* omelest; *F* un m. — 4116 *A* En ce *B* Ad ce; *AB* de p. point ne f. — 4117 *AF* monstrer. — 4125 *CDM* se esmahit. — 4127 *A* trop horrible m. *B* hermo frodite *D* hermoditte. — 4128 *B* simere. — 4130 *B* grant *F* grandes. — 4131 *A* du *B* dun.

2295 Ne nos unius   laqueet damnabilis hamus.
        Que major rages   quam sponsam ducere? Dicas
        Ergo michi, quid ages?   Non uxorem sed amicas,
        Lector, habe, fragilis, quia tutius est tibi vere
        Centum quam solam, sicut prefertur, habere.
2300   Una tamen pluresque tibi, si sis bene fortis,
        Interdicantur, quoniam latet anguis in ortis.
        Hic ego sisto, quia   contagia sunt mulierum
        Innumerabilia,   si fas est dicere verum,
        Monstrum natura mulierem cum fateatur.
2305 Ergo, que mira, defectus si patiatur?
        Constat quod monstrum sit femina, cum generetur
        Preter consensum nature, sicut habetur
        Limpidius per philosophum. Natura stupescit,
        Errorem speculando suum, speculansque rubescit.
2310 Rursus se cauda cum cornibus hermafroditat;

2310 *cauda*, ms. *caudam.*

Si comme cest ditié l'enseigne.

Et s'aucun qui des femmes die
Tout generalment en mesdie
4135 L'en tient, quoy que chascune face,
Aucunes d'especial grace
Desservent bien honneur et los.
C'est contre droit, se dire l'os ;
Il n'est nulle si grant merveille ;
4140 Leur sexe point ne s'appareille
A estre bonnes n'a bien faire,
Mais est enclin tout au contraire.
Et se Perrette est laide et sale,
Jangleuse, tenceresse et male

4145 Plus que je ne sçaroye dire,
Ne mon dit n'y pourroit souffire,
Toutesvoies vit chastement,
Sans reprouche et honnestement,
Fors tant que la truis trop inique,
4150 Et en tençant deabolique,
Et a moy tourmenter isnelle.
Les gens la nomment Perrenelle ;
Mais je puis jurer par saint Pierre,
Qu'elle est plus dure d'une pierre,
4155 Car goute ne la puet caver,
Eaue amollir, ne fer haver.
Par ses tençons vif en friture,
Et me met a desconfiture.

4132 — *D* (fº 115 rº) *rubr*. Comment lacteur sexcuse daucune chose. — 4134 *AB* Tout g. *F* Qui *CDM* Et. — 4135 *C* Lont ; *M* tien. — 4136 *C* Aucun. — 4138 *D* et d. *F* ce. — 4144 *B* tauxeresse. — 4145 *C* pourroye. — 4146 *F* men. — 4153 *C* je ne p. ; *B* nommer. — 4155 *B* La g. ; *A* puiz. — 4156 *A* Ne amolier ne muer ; *B* feu *F* fer *CD* fort. — 4157 *B* sens. — 4158 — *D* (fº 45 vº) *rubr*. Cy fine le second liure.

Est igitur monstrum, prout hec sententia dictat.   fº 35 rº.

   Quitquid dicam de   mulieribus in generali,
Quedam laudande   sunt ex dono speciali,
Sexus contra jus,   sed mirum nescio majus.
2315   O, quamvis Petra   turpis sit et impia plus quam
Ista sonent metra   mea, nescitur tamen usquam
Femina casta magis ;   nichil huic, nisi quod sit iniqua
Et turpis ; plagis   aliis caret hec inimica.
Ne vim diminuam   Petre, voco versibus illam
2320 His Petram, quanquam   vocet ipsam gens Petronillam.
Cum Petronilla   tanquam petra dura sit illa,
Dicitur a petra   recte, cum sit petra, Petra,
Immo petra petrior,   quia gutta petra cavatur,
Sed per quam crucior   Petra nunquam mollificatur.
2325 Cum manibus geminis   contra me quando movet se,
Montibus alpinis   vellem, vel longius esse.
Nil adversus eam   michi prosunt ensis et umbo ;
Semper succumbo,   vel ei dimitto plateam.

Après 2311 *rubr*. *Hic excusat se dicens quod ea que prescripsit non vendicant sibi locum in omnibus mulieribus.*

LIVRE TROISIÈME

Bien voy la bataille aprestée,
Contre moy souvent arrestée.
Vaincus suy, si m'estuet gesir,
Et de repos ay grant desir
5 Car souvent fiert sur moy et maille
Bataille après autre bataille.
Tençons, riotes et menaces
Sans cesser chieent en mes naces,
Qui me tourmentent nuyt et jour.
10 Nulle heure ne suy a sejour;
Soit en seant ou en estant,
J'ay tousjours des batailles tant,
En tous poins, contre Perrenelle;
Vers moy est adverse et rebelle.
15 Mal traitiés et mal demenés
Est homs, et de fort heure nós,
Qui avec moullier se marie;
Car sa femme trop le tarie
Et le perturbe en mainte guise,
20 Dont par trioloces le debrise.
Je croy qu'il n'est riens si contraire
Com de mariage contraire.
Si n'en puis pas tout expliquer,
Car mon sens n'y sçay appliquer;
25 La voix me fault et la science,
Et presque, par impacience,
Suy desvoyés et mal senés
Sça et la, com mal ordenés;
Sueffre douleur cottidien,
30 Empeschiés de mauvais lien,
Si n'en puis mais, se je m'esmay;
Pour Dieu, vous pri, espargniés moy!

D seul une rubrique : Cy commence le IIIe liure. — 3 M me fault. — 5 F s. m. f.; CDM omettent fiert; M omet et. — 6 M omet autre. — 15 A ordonnes. — 19 M proturbe. — 24 F puis. — 25 B fuit. — 28 B assenez ACD ordonnez. — 30 A suys de mal l. — 31 F ne; CDM men. — 32 — D (f° 116 v°) rubr. Comment il parle de la vision qui lui aduint en dormant et comment dieu sapparut a lui.

    Bella michi video,   crebrissima bella parantur;
2330 Sed victus jaceo,   quia bellis accumulantur
    Bella, sibi sociant   rixas rixeque minose,
    Heu! que me cruciant   de nocte dieque dolose.
    Stando, sedendo michi,   comedendo, bibendo rebellis
    Est Petra; non didici   fore per punctum sine bellis.
2335 Uxor multimode   sponsum perturbat, et ejus
    Tristes sunt ode.   Nil quam sic vivere pejus
    Est, cujus genera   non omnia discutio, cum
    Sit michi, re vera,   dolor et penuria vocum.
    Mille modis varior;   quasi devius et male sanus
2340 Huc illuc gradior;   dolor est hic quottidianus.
    Plurima digna lini   scribo, tractatus inique.
    Ergo mei domini   michi parcant hi sociique.

Après 2328 rubr. *Hic incipit tertia pars lamentationum matheoluli.* — 2333 *Stando*; le copiste avait écrit ici encore (cf. 2267) *stanto*; mais il a lui-même changé le *t* en *d*.

Ainsi que je me complaingnoye
Et de plaindre ne me faingnoye,
35 Si com cy dessus dit vous ay,
En mon lit un peu reposay.
Et quant dormir prist son paage,
Vint uns homs de meür aage,
Qui s'apparut en fourme tele
40 Qu'oncques fils d'omme n'ot si belle,
Douls en parole et gracieus,
En tout plaisans et precieus,
Dont la maison resplendissoit
De clarté, qui de luy yssoit.
45 Et disoit mieulx qu'oncques mais hom :
« La paix soit en ceste maison
« A tousjours pardurablement,
« Et a toy, fils, semblablement !
« Fils, je t'aim. Vien sça ! j'ay envie
50 « De moustrer la voye de vie

« A toy par legiere dottrine.
« Se ta douleur encor ne fine,
« Ayes en toy bonne esperance
« Et de ton saulvement fiance.
55 « La voye des cieulx t'est ouverte
« Et escrite par ta desserte. »
Quant je vi celle grant lumiere,
Tout esbaï cheï arriere.
Au cheoir point ne me grevay
60 Et assés tost me relevay ;
Et, au premier estat remis,
De parler me suis entremis.
« Qui es tu ? » di je, « ton nom di ! »
A trempéement respondi :
65 « Je suy ton Dieu, et si me poise
« Que j'ay de tes douleurs la noise.
« S'il te plaist, oy que je diray,
« Enten a moy ! Grant desir ay

35 *DM omettent cy*. — 37 *A olt pris son nage*. — 38 *A h. meur de bon a.*;
B meurs F grant. — 39 *F sapparoit*. — 42 *BF plaisant*. — 45 *C que m. o.*;
B hon. — 49 *A taim bien*; *C vien ca je taim et ay e., M omet je taim*. — 50 *M De toy m*. — 51 *M Et par l*. — 52 *B te d.*; *C encores F en toy*. — 57 *C voy M vis*;
F ceste. — 58 *C cheis*. — 64 *F me r.* — 66 *CDFM Quant B Que*; *C jay oy*. —
67 *M oy je te d*.

Cum nuper quererer, ut tangitur ante, quievi   f° 35 v°.
In lecto, somno mox deditus ; ecce vir evi
2345 Maturi patet in somnis, forma speciosus
Pre natis hominum, sermone placens, preciosus
In cunctis ; cuj[us] miro splendore repleta
Est domus. Inquit : « Pax huic sit domui, sine meta
« Temporis, atque tibi, fili, quem diligo ! Veni,
2350 « Ut monstrare viam vite valeam tibi leni
« Dogmate. Pena licet tibi sit perplexa dolorum,
« Spem retine, cum sit salvans via stricta polorum. »
Previsa luce magna cecidi stupefactus
Ad terram. Sed post surgens, ad prima redactus,
2355 Sic loquor : « Ipse, qui[s] es michi dicas. » Ille modeste
Respondet : « Deus ecce tuus sum. Tolle moleste
« Vocis luctisones ululatus ! Si placet, audi

Après 2342 rubr. *Hic loquitur matheolulus de visione sua et qualiter locutus est cum deo in sompnis suis*. — 2347 *cujus, ms. cui*. — 2350 *monstrare ms. moustrare*. — ibid. *leni. ms. leui*. — 2355 *quis. ms. qui*.

« De toy enseigner tele chose
70 « Que ma porte ne te soit close
« Après ta mort, et que ne soyes
« Desheritès de mes grans joyes,
« Et qu'eschever puisses les paines
« Qui sont crueuses et grevaines.
75 Adonc de parole pleniere
L'arguay en ceste maniere.

Ha, Dieux ! que je me doy bien plaindre
De toy ; ainsi ne puet remaindre
Que mes plains ne te doye dire.
80 Je suy plains de courroux et d'ire.
Raison m'admonneste et atise
Et la cure que j'en ay prise.
De parler ne me puis tenir.
Tu sces quanqu'il est a venir
85 Des le commencement du monde,
Du ciel et d'abisme parfonde.
Tu congnois biens, pour maulx destruire,
Tout ce qui puet aidier et nuire
Tu congnois, soubs quelque fortune.
90 De toutes choses n'est il une,
Temps, espace, moment ne heure,
Que tu ne voies pas desseure.
Ne creas tu pas la mouiller,
Qui fait plourer et yeulx mouiller ?
95 Compaigne fu du premier homme ;
Tantost le deçut par la pomme,
Comme fole et mal enformée.
Las ! de quel heure fu formée
Qui trop fu et dure et amere,
100 Com Silla, ingrate a son pere !
Tu n'y comptes pas une feve.
Adam crei folement Eve ;
Si en dois endurer les paines.

69 *M* tel ch. — 76 *B* Languiray. — 77-191 (125 vers = *deux feuillets*) *manquent M*. — 77 *C* doye. — *D* (f° 117 v°) Coment il parle a dieu pour quoy il establi mariage. — 80 *F* clamours. — 82 *C* je ne prise. — 84 *B* quant quil *C* tant quil. — 85 *B* lencommencement. — 86 *C* du bisme. — 87 *ABCD* bien *F* biens ; *CDI* mieulx ; *I* descripre. — 88 *FI* ou n. — 89 *B* Tu congnois s. *ACDF* Congnois soubs (7 *syllabes*). — 91 *B* moumens. — 92 *C* omet ne. — 93 *A* congnois tu. — 97 *BC* male *F* mal ; *C* enfermee. — 99 *CF* Que ; *BCDF* omettent le premier et (qui est dans *A*). — 100 *C* omet a. — 102 *B* crut *CF* crey. — 103 Tous les mss. doit, *mais le latin a* feras.

« Que dicam, mea ne tibi possit janua claudi
« Post mortem, sic ne pena crucieris acerba. »
2360 Mox loquor ut sequitur ; sunt ista sequentia verba.

O Deus ! ut mire jam de te conquerar, ire
Me stimulant, ratio suadet michi, sumptaque cura.
Nunquid ab initio mundi scis queque futura ?
Que bona, que mala, que possunt prodesse, nocere,
2365 Nosti sub quaque fortuna ; nulla latere
Possunt te spacia. Mulierem nunne creasti,
Proh dolor ! ut socia revelans fieret prothoplasti ?
Ha ! sed formata socium mox decipit illa,
Utque fit ingrata Niso sua filia Scilla.
2370 Penas ergo feras, Adam si credidit Eve,

Après 2360 rubr. *Hic alloquitur deum et ipsum mirabiliter increpat super hoc quod constituit matrimonium*. — 2367 *reuelans* (?) *est dans le ms*. — 2369 *Utque*, ms. *Atque*.

J'en suy si mal meü qu'a paines
105 En puet mon cuer devenir souple.
Quant tu li donnas tele couple,
Preveans les choses futures
Et les diverses aventures,
Sur toy doit tourner la penance,
110 Car tu en feïs l'ordenance.
Pourquoy as tu donné au monde
La mort, ou tout tourment habonde,
Par le premerain mariage ?
Tu sçavoies bien quele rage
115 Y cheoit et quele malice.
Tu congnoissoies bien le vice.
S'il en estoit a mon vouloir,
Tu t'en pourroies bien douloir,
Se je t'avoie a justicier
120 Des biens de l'omme apeticier.
A ton plaisir en disposas.
Las ! pourquoy publier osas
Que l'omme laissast pere et mere
Pour femme, qui luy est amere ?
125 En la fosse de mort se boute,

S'il ne puet vaincre la mort toute.
Le marié muert de mort sure
Par femme et sa cruel morsure.
Je cuit que ta croix vertueuse
130 Ne te fu oncques si crueuse.
Mains hommes par tes paraboles
As seduis et par tes paroles ;
Et si sçavoyes le proverbe
Du serpent qui se muce en l'erbe !
135 — « Chier fils, dist il, ne pleure pas !
« Ceste paine n'est qu'un trespas
« Que sueffre ton corps miserable.
« Ce n'est pas paine intollerable.
« Paines passeront et mourront ;
140 « Les joyes des cieulx demourront,
« Les queles j'ay a toy promis
« Et a tous mes loyaulx amis. »
— Sire, pourquoy ne ploureroye,
Puis que ma mort repeteroye ?
145 De Lazaron plouras la mort,
Et ma grant misere m'amort

104 *C* Je ; *F* omet si. — 105 *C* part. — 107 *A* Premier sur les *C* Prouneans *I* Prenant ; *D* omet les ; *CD* ch. dessus f. *I* sus f. — 110 *D* Quant ; *C* omet en ; *B* fis *C* as fait. — 112 *A* peril. — 113 *C* premier. — 116 *CD* congnoisses *F* congnoescoys — 126 *ABCD* Sil *F* Si ; *F* vainc. — 127 *B* morsure. — 130 *CDF* omettent te. — 132 *B* si duiz. — 134 — *D* (f° 118 v°) Comment dieu luy respont.

Cui talem dederas,   ventura sciens fore. Ve, ve !
Hec, Deus, ergo tibi,   qui rem sic disposuisti,
Debent asscribi.   Mundo cur ergo dedisti
Mortem, conjugium   primum qui tale futurum
2375 Prenosti vicium ?   Nimis hoc esset tibi durum,
Si pro velle meo   possem te justiciare.
Heu ! mirum video,   cur ausus es hoc publicare
Quod vir propter eam   patrem matremque relinquat,
Cum cadat in foveam   mortis, mortem nisi vincat
2380 Mors. Nam morte perit   uxoratus vir amara,
Nec puto quod fuerit   tibi dira magis crucis ara.
O ! decepisti   multos propter tua verba.
Numquid novisti,   quoniam latet anguis in herba ?

f° 36 r°.

2377 *es*, ms. *est*. — Après 2383 rubr. *hic iterato deum increpat super institutione matrimonii.*

A lamenter et a plourer.
Si ne puis sans plours demourer,
Et si ne doy estre repris,
150 Se plus qu'un autre m'aim et pris.
Oultre, s'aucun est mescheant,
Tu pues relever le cheant.
Dont en vain voulsis labourer
Pour le frere Marthe plourer ;
155 De ce fus tu fols et novisses ;
Encor vesquist, se tu voulsisses,
Et encor eüst ou corps l'ame.
N'est merveille, se je t'en blasme.
Mais j'ay de plourer juste cause ;
160 Sans tourment ne suy nulle pause.
Mort suy par la desloial ysse,
Et estranglés par sa malice.
Las pour moi ! tant me sens grever
Qu'on ne m'en pourroit relever,
165 Pour vouloir ne pour souhaidier.
Tu meïsmes n'y pues aidier.

Qui pis est, tu as establie
Trop merveilleuse deablie.
Ne sçay comment faire l'osas ;

170 Car tu deïs et imposas,
Puis qu'hom se sueffre a marier,
Qu'il ne doit jamais varier,
Ne laissier, ne guerpir sa femme,
Pour souffrir, jusqu'au partir l'ame,
175 Combien qu'elle soit felonnesse.
Se dire loist, quel raison est ce ?
Tes commandemens nous empeschent,
Et tes enseignemens nous blescent.
Tu, qui cest erreur ordenas,
180 Pourquoy tel avantage en as
Que tu ne voulsis femme prendre
Ne toy en mariage rendre,
Aussi com nous mariés sommes,
Qui tant y portons de griefs sommes
185 Certes, se mariés feüsses,
Tel chose establie n'eüsses,
Mais tu eüsses ordené
Que tout homme de mere né
Peüst laissier son mariage
190 Sans souffrir des femmes l'outrage,
Et desjoindre tout quittement.
Ha, Dieux ! tu sces bien qui te ment.
Je diray, puis que j'ay en bouche,

150 *C* main *F* maime. — 156 *C* Encores vesqui. — 158 *F* Sest. — 160 *AB* Sans plourer ; *B* ne fais. — 163 *B* me sens tant. — 164 *C* nen men. — 165 *B* valoir. — 166 — *D* (f° 119 r°) Comment il parle a dieu de mariage. — 169 *C* losseis *F* loses. — 170 *C* imposeis *F* imposes. — 171 *F* oms ; *AB omettent* a. — 176 *F* Sy ; *B* los ; *B* esse. — 183 *CF* Aussy que. — 184 *A* de ce faix p. les s. *C* portans. — 192 *F* He. — 193 *F* Jen. d.

  Quod scelus est gravius, statuis, sed nescio quare,
2385 Ut nequeat socius uxoris vir variare,
  Quamvis impia sit nimiumque viro truculenta.
  Dicere si fas sit, tua ledunt nos documenta.
  Hunc, Deus, errorem predictum qui statuisti,
  Heu ! cur uxorem, sicut nos, non habuisti ?
2390 Proh dolor ! uxorem si, sicut nos, habuisses,
  Hanc, pro vero, rem nunquam sic tu statuisses,
  Sed, quod ab uxore posset pro velle maritus
  Disjungi quittus. Dicam, michi cum sit in ore,
  Nescio si temere, non ausus, Christe, fuisti

2384 *Quod*, ms. *Quid*. — 2385 *socius*, ms. *socijs*. — 2387 *sit*, ms. *est*. — 2388 Ce vers, omis d'abord, a été restitué à la marge par le copiste lui-même.

Ne sçay se folie me touche :
195 Certes, tu ne fus si hardis
D'espouser femme, mais tardis.
Oncques toy marier n'osas.
Pourquoy? Car assés supposas,
Se tu en prenoies aucune,
200 Tant seroit plaine de rancune,
De paradis te chasseroit
Par force et hors t'en bouteroit.
Mais tu preveïs le dommage ;
Si eschevas le mariage,
205 Pour ce qu'en la fin n'en plourasses
Et en exil ne demourasses.
Car tu n'avoyes pas fiance
En la douloureuse alliance.
N'est merveille, se tu doubtas
210 Et ou peril ne te boutas.
Eve te cuida enchanter,
Les cieulx tollir et supplanter.
Se ta fille te deceüt,

Ta femme trop pis fait eüst.
215 Eschauldés craint eaue chauffée ;
Aussi doubtas tu la maufée.
O Dieux ! qui fu pris et liés
Et pour femme crucifiés,
En croix de ton sanc arrousée,
220 Se femme eüsses espousée,
Tu sces les maulx qui t'en venissent,
Et, par les tourmens qui en yssent,
Qu'elle vouldroit estre maistresse
Des cieulx et de ta forteresse,
225 Et que hors t'en vouldroit bouter.
Pour ce eüs cause de doubter,
Car, voulsisses, ou non voulsisses,
Convenist que tu obeïsses
A ses commans de bouche et d'yeulx ;
230 Ja soit ce que tu soyes dieux,
N'i peüsses tu contrester,
Ne par devant elle arrester,
Pour ses tençons et pour sa rage.

195 *M reprend* (f° 92). — 198 *A* Pour ce que a.; *B* Pourquoy tu a. — 202 *F* te; *B* getteroit. — 203 *A* encremis *C* prouueis. — 205 *B* laffin; *M* ne p. — 206 *C* eux exil. — 210 *C* au p. *DM* en p. — 211 *FDM* Que. — 212 *A* Des. — 213 *BF* deceust. — 214 *AB omettent* trop; *A* en eust *B* teust; *I* mieulx faire le sceut. — 215 *C* creingent; *M* chaudee. — 217 *C* Et. — 219 *C* crucifielz. — 221 *B* omet t; *M* tant v. — 226 *BCF* Pour ce eus *DM* Pour ce oz. — 229 *M* deux. — 230 *A* Et toy qui est souuerain dieux.

2395 Uxorem capere.   Quare ? quia disposuisti
Quod, si quam caperes,   expelleret a paradiso
Te. Sic, previso   damno, ne postea fleres
Exul, cavisti   conjungere te mulieri
Federe tam tristi,   si fas est ista fateri.
2400 Cum supplantare tibi celum nisa sit Eva,
Non ego miror, si timuisti federa seva
Uxoris, quoniam, si filia fecerit ista,
Certe, multo plus fecisset sponsa sophista.
Excaturisantes nimis undas Iesus abhorret,
2405 Atque semel tostus raro se postea torret.
Ergo, cum fueris crucifixus per mulieris
Factum, nil mirum si nullam ducere queris.
Scis bene quod, si quam caperes, mox esse magistra
Celorum vellet, te forsan pelleret extra.

2407 *nil mirum*, ms. *nimirum*.

Pourquoy dont louas mariage,
235 Qu'on doit tant haïr et despire
Qu'il n'est riens en ce monde pire?

Se tu ne voulsis femme prendre,
Et bien te gardas de mesprendre,
Pourquoy tele loy ne nous bailles
240 Comme pour toy meïsmes tailles?
Entre nous, mariés, dison
Que c'est signe de traïson,
Quant la loy, que tu publias,
Et dont par tes dis nous lias,
245 Ne sueffres, ne tu n'en as cure.
Ce n'est pas euvre de droiture.
Pourquoy establis tu les choses
Que tu meïsmes faire n'oses?

Pour injustes en es tenus
250 Par les maulx par toy advenus.
Assés appert ce que j'obice;
Se tu ouvrasses de justice,
Tes estatus bien amendasses,
Aux autres ja ne commandasses
255 Ce que a toy ne voulsis faire,
Quant le sces nuisant et contraire.
Tu sces que droit ainsi disoit :
Ne fay aux autres rien que soit,
Que pour toy mesmes ne feïsses !
260 Ne baille que tu ne preïsses!
Eschieve chose dommagable,
Et enseigne la prouﬁtable !
Tu n'as pas de cest droit usé,
Si n'en es pas bien excusé.

232 *A* deuant icelle. — 234 *M* doncques loas. — 235 *C* Quant. — 239 *M* celle. — 243 *B* ta; *B* oblias. — 246 *manque F.* — 247 *B* establi *M* estaibli. — 248 *CDM* toy. — 249, 50 *intervertis dans CDM; C* y es t. *D* est. — 250 *CDM* Pour; *A* pour ce. — 251 *M A* ce appert en ce. — 253 *B* status *C* instatus. — 254 *CDFM* nen. — 255 *F* qua; *M* non v.; *B* voulsisse. — 258 *CF* qui s. — 259 *B* Que tu meisme ne f.; *M* meismes. — 259, 60 *manquent D.* — 260 *manque C; B* b. riens; *M* Et qua nulli mal ne deisses. — 262 *CDFM* le p. — 261 *C* as *M* est. — *D* (f° 121 r°) Comment il conseille que on les preigne a lessay.

f° 36 v°

2410 Quippe necesse suis esset te plectere jussis,
Velles vel nolles, et, quamvis ipse Deus sis,
Attamen obstare non posses littibus ejus.
Ergo, conjugium cur laudas? Nil puto pejus.

Ducere cum nolis aliquam, cur quam tibi ponis
2415 Legem filiolis non tradis? Proditionis
Est signum, quando legem quam janque tulisti
In nos, non pateris in te. Cur hoc statuisti?
Heu! nimis injustum concludo, Deus, super his te,
Quanquam robustum. Ratio patet hic, quia juste
2420 Si processisses, aliis nonquam statuisses
Quod tibi nolebas fieri nocuumque sciebas.
En jus novisti quod verbo consonat isti :
Hec facias aliis que scis tibi commoda; nulli
Fac que facta tibi perniciosa times.

Après 2413 *rubr. Hic nititur matheolulus deum redarguere sicut prius.* — 2421 *nocuumque.* ms. *nociuumque.*

265 Unde locus, que on ne treuve
A prendre femme point d'espreuve,
Si com au buef ou au cheval,
Quant on le veult vendre en ce val.
Car nostre droit assés tesmoingne :
270 Com plus a peril en besoingne,
Tant plus fault ouvrer sagement,
Plus soutilment, plus cautement,
Pour la deception oster.
Cest exemple en puet on noter :
275 Qui chat en sac achate et prent,
N'est merveille s'il s'en repent.
Aussi est il de femme voir.
On ne se puet plus decevoir
Que du prendre sans regarder.
280 Assés mieulx seroit du tarder.
Las! pluseurs en sont deceüs
Qui, s'ils eüssent bien veüs,
Jusques ou fons, les saintuaires,
Il ne les aourassent guaires.
285 Qui un cheval achateroit,
A son avis l'esprouveroit,
Et convenroit qu'il l'essayast,
Ainçois que denier en payast.
S'il ne plaisoit après le prendre,
290 Le pourroit il tantost revendre.
Des femmes n'est pas telement.
Je ne parle pas seulement
Des povres, mais de la contesse,
Et sans aucune espargner. Et se
295 Gens mariés vendre peüssent
L'un l'autre, et licence en eüssent,
Je te pourroye demander,
Qui voulroit plus tost marchander,

265 *B* omet ne. — 267 *BM* a. b.; *M* on a c. — 268 *C* les. — 272 *F* cautelment *BCD* caultement *AM* cautement. — 274 *B* omet en. — 275 *B* sac en fat; *C* enchate *BF* achete. — 276 *C* sil nen sen r.; *A* se il; *AB* mesprent. — 278 *C* sen p. — 283 *B* en f. *F* au f. — 281 *BF* gueres *AC* guaires *M* gaires. — 290 *B* apres ; *M* vendre. — 291 *F* nest il. — 294 *La leçon adoptée est dans DF; AB omettent* Et; *B* en esp. auc.; *AM* est ce *B* esse *C* estre. — 295 *AB* Se g. — 296 *F* que l.; *C* puissance.

2425 Unde locus, quod non uxor ducenda probatur,
Sicut bos et equus; cum, sicut scis, caveatur,
In nostro jure, quod, ubi magis est metuendum,
Circunspectius est, ne decipiatur, agendum.
Comparat in sacco catum, te testificante,
2430 Qui capit uxorem, nisi circumspexerit ante.
Heu! quot decepti sunt qui non deciperentur,
Primitus uxores si funditus inspicerentur,
Sicut equus, qui sedulitate probatur emendo,
Quem si forsan emo, statim pro velle revendo.
2435 Non loquor hic solum de paupere, sed comitissa.
Pono quod uxorem vir vendere posset, et yssa
Ipsum. Quis citius istorum distraheretur,
Quero. Sed inde, quia responsio plana videtur,
Hanc dimitto. Tamen tibi dico quod una ducentos

— Après 2424, rubr., *probat deo quod uxor ducenda potius debet probari quam equus emendus et de hoc plenius superdicitur*. — 2426, pour le premier *sicut* le ms. a *sicus*. — 2437 *Quis*, ms. *Quid*.

Ou les femmes ou les maris?
300 On le sçaroit bien a Paris;
Plus clere est que jour a midi
La response; mais icy di
Que, pour achater a grans sommes,
Une femme aroit deux cens hommes,
305 Ou trois cens en aroit la riche;
N'en seroit avere né chiche;
Tant prendroit de la mercerie,
Plaine en seroit sa bercherie.
Les lassés au marchié vendroit,
310 Et les bons ouvriers retendroit.
Las! je sçay bien, comment qu'il aille,
Qu'on me donroit pour une maille;
Car je ne puis en chascun moys
Labourer qu'une seule foys.
315 Et, pour desclarier l'oscurté,
Je di que plus ont de durté

Les mariés que ceulx du cloistre.
Assés est legier a congnoistre.
Car, qui entre en religion
320 Un an a de provision.
Nous n'avons pas si long respit;
Dont il semble que par despit
Tu nous voulsisses decevoir.
Qui vouldroit dire de ce voir,
325 C'est droit signe de traïson.
Oncques ne fu plus traïs hom
Que tu les mariés traïs,
Dont tu dois bien estre haïs.
Tu es cause de nostre perte;
330 La raison en est bien apperte.
Puis que le canon ne s'accorde
Des moines a ceulx de nostre ordre,
L'ordre n'est pas par tout gardé,
Car en droit nous est retardé.

301 *A* Il est p. c.; *F* clerc; *ABCDM* cler. — 302 *A* Responce met yci et di; *F* mait. — 304 *M* aroit cent h. — 307 *M* en p. — 308 *B* omet en; *FM* bergerie *BC* bercherie *A* lhebergerie. — 309 *AB* lassez *F* lasses *CDM* laches; *C* ou en. — 312 *C* men d.; *M* Que je seroye donne pour u. m. — 314. — *D* (f° 122 r°) Comment il loe les mariez plus que les moynes. — 315 *A* declarier *BD* declairer *C* declerer *F* desclarier *M* declarer. — 323 *C* Se n. — 326-688 (362 vers) manquent *A*. — 327, 28 intervertis dans *C*.

2440 Yssa viros emeret dives, vel forte trecentos.
Semper ovile suum plenum, si posset, haberet;
Lentos detraheret, operosos hec retineret.
Cum semel in mense michi sit res dura vacasse
Ludo carnali, pro solo traderer asse.

2445 Cum nimis asperius sit claustri religione
Connubiale jugum, monachato qua ratione
Annus confertur, non nobis, experiendi
Asperitatis onus? Modus est nos decipiendi,
Immo, si vera loquor, est hoc traditionis
2450 Signum. Causa, Deus, es nostre perditionis.
Hic cum claustralis canon nostro decacordo
Discordet, sequitur quod non sit in omnibus ordo.
Hoc tamen est contra cujusdam philosophantis

2444 *traderer*, ms. *tradere*. — Après 2444, rubr. *probat deo quod conjugati potius debent habere annum probationis quam monachi*.

335 Le philosophe voult prouver
Qu'on doit par tout ordre trouver.
Dieux! trop es envers nous mesfais;
Je ne me congnois en tes fais,
340 C'est merveille de ton affaire,
Excepté que nous, conjoins hommes,
De pire condicion sommes
Entre tous les estas du monde.
Di, di moy, qui sur ce te fonde,
345 Pourquoy mes tu ainsi les choses,
Ne pourquoy ainsi les disposes
Sans ordre et ce devant derriere,
Du mouvement de ta maniere?
Il n'y a cy point de raison.
350 Quant ceulx de la cloistral maison
Ont un an, pour eulx pourveoir,
Que ne l'avons nous, pour veoir
Se mariage deüst plaire?
Nulle raison n'y pues attraire.
355 Aussi, selon la loy humaine,
Qui achate vache mal saine
Ou beuf qui chiet en maladie,
Mais qu'a son marcheant le die,
Six mois a d'espace du rendre,
360 Et le vendeur la doit reprendre.
Doncques doit bien six mois avoir
Cils qui prent femme, pour sçavoir
S'il la veult laissier ou tenir;
Car en ce puet il advenir
365 Plus grans perils, sans comparer,
Que beuf ou cheval comparer.
Pour ce ne s'y doit nul conjoindre,

335 *B* veult. — 337 *C* est trop. — 338 *C* ces f. — 339 *manque M.* — 340 *B* Ne me cognois. — 341 *M omet* conjoins. — 343 *B* En trestous. — 345 *B* met. — 347,48 *manquent M.* — 349 *C* point cy; *M omet* cy. — 352 *M omet* nous. — 354 *M* puis. — *D* (f° 122 v°). Comment il preuue que action retributiue doit mieulx estre en mariage que en autre contrat. — 359 *M* jours; *B omet* d. — 360 *C* le d. — 363 *F répète* Pour scauoir. — 366 *B* Qua; *F* buefs ou cheuaulx; *M* vache; *B* achater. — 367 *C* ce que.

Verba, quod ordo sit in cunctis testificantis.
2455 In factis me, Christe, tuis mire stupefactum
Sentio. Nescio quid sit agendum sive quid actum,
Excepto quod nos pejoris conditionis
Inter cuncta sumus. Dic, dic, cur res ita ponis,
Hoc est, disponis non ordine, sed vice versa,
2460 Ex solo motu? Ratio perit, est ea mersa,
Quando claustrales, non nos, habere probandi
Annum. Que ratio posset super hoc michi pandi?

Pro bove morboso redhibendo sex michi dantur
Menses, ut leges humane testificantur.
2465 Ergo, sex menses vel tempus majus habere
Certe vir debet redhibenda pro muliere,
Cum vitio multo damnabiliore laboret
Hec quam bos. Igitur sibi jungi nullus odoret.

Après 2462, rubr. *Probat deo quod actio redebitoria potius debet sibi locum vendicare in matrimonio quam in alio tractatu.*

S'il ne scet qu'il puet oindre ou poindre.
Nous pouons et beufs et lions
370 Subjuguer, se nous voulions ;
Mais nous ne pouons donter femmes,
Qui portent flammesches et flammes
Et sont dragons et serpentelles,
Par engins et par leurs cauteles.

375 Et se, pour més dis abaissier,
Respons, que je puis bien laissier
Femme pour raison d'avoutire,
Ce n'est pas la fin ou je tire.
Car je ne suy point relevés
380 De ce dont je me sens grevés
Es autres poins enormement.
Ceulx qui y pensent fortement
T'en blasment, et ils ont droiture.

Femme tenceresse est plus dure
385 Que celle qui fait avoutire.
Un noble aucteur le scet bien dire,
Que pis vault femme felonnesse
Que tigre ne que lionesse,
Et est plus male et plus inique.
390 Dont, se la femme qui fornique,
Est pour son meffait redibée,
Plus fort raison est exhibée
A delaissier la tenceresse.
Trop nuit sa langue jangleresse,
395 Si com dessus est recité.
Toutesvoyes, en verité,
Fole femme fait trop de crimes ;
Qui tous les pourroit mettre en rimes ?
Par avoutire est corrompue
400 La foy, et droiture rompue.

368 *F* qui ; *B* doie *M* puist. — 369 *CDFM* omettent le premier et ; *B* buef ; *CDM* homs (oms). — 370 *C* subiuguier *M* subvingnier ; *CDFM* voulons *AB* voulions. — 371 *M* doubter ; *B* femme. — 372 *B* porte flamesses et fleme. — 375 *M* apaisier. — 377 *M* par. — 380 *B* Dont forment ; *M* sent. — 381 *M* Et autres. — 382 *BFDM* forment *C* fortment. — 383 *C* Tant blamer *DM* Tout b. — 385 *C* telle *BF* celle. — 386 *C* entendeur *DM* dotteur ; *M* sot. — 391 *DM* s. fait. — 395 *M* Et c. — 398 *M* toutes l. p. ; *B* vouldroit. — 400 *B* La foy *CDF* La femme et *M* Femme est ; *DM* de d.

Quippe domare boves nos possumus atque leones,
2470 Sed non flammigeras uxores, immo dracones.
　　　Si dicas : « immo, bene post annum redhibetur,
Si sit adultera », quid ad nos ? cum non relevetur
In reliquis Iesus enormiter ipse vir. Unde
Culpant te mire qui pensant ista profunde.
2475 Vir multo gravius cruciatur sub muliere
Nequam quam mecha. Non est ferior fera vere
Quam mulier nequam, sicut quidam notat actor ;
Uxor iniqua satis est orba tigride pejor.
　　　Ergo, si mecha propter vitium redhibetur,
2480 Multo plus nequam redhiberi posse videtur.
Mecha virum comit, nequam trahit ungue capillos.
Quam pugnis cedi mallem decies fore wilhos.
Peccans mecha tamen committit crimina plura :
Mechatur perjura, fidem frangit, quia jura

2471 *immo*, ms. *Junio*. — 2482 *wilhos*, ms. *wihos*.

De promesse de mariage.
Encor y a plus grant dommage,
Car il s'en ensuit homicide.
La femme occist l'ame et incide
405 Par avoutire et par luxure,
Si com tesmoingne l'Escripture.
Larrecin y a trop appert ;
L'espeus le chatel qu'il a pert
Par le larrecin de sa femme.
410 Ainsi met deux crimes sur s'ame,
Quant de son gré veult estre emblée,
Et, par desloial assemblée,
Emble et reçoit d'autruy semence
Fruit dont faulse ligne commence ;
415 De couple illicite procede,
Et encontre raison succede.
D'autre part y a laide usure ;
Puis que pluseurs hommes procure
Et quiert, je di que ceste queste

420 Est usuraire et deshonneste ;
Car a un seul se doit tenir
Et en chasteté contenir.
Droit pour sacrilege repute
Femme qui ainsi se fait pute ;
425 Sa foy est pollute et estainte ;
En soustrayant la chose sainte
Et le sacre connubial,
Contre le dit imperial
Son sacrement fraint et viole.
430 Après est traïteuse et fole ;
Traïtrement son espeus baise,
Non pas pour ce qu'a elle plaise,
Mais guette, aussi com la couleuvre,
Qui en l'erbe se muce et cuevre,
435 Pour poindre l'omme en traïson.
Il y a trop de mesprison
En femme qui fait avoutire ;
Car corps et ame li empire.

401 *C et de m.* — 403 *M sen suit.* — 408 *C chastel M chaste; C qui; M appert;* — 410 *CF son a.* — 411 *B lignie CDM ligne (D semble avoir eu lignee) F lignee.* — 415 *C illicide.* — 419 *M cert.* — 420 *C husurriere M usure et de honneste.* — 423 *M par par s.* — 425 *C Sy f. DM Cy est; M soy; M poulute; C estrainte.* — 431 *B Traistrement C Traitement DM Traitteusement F Traistement.* — 432 *B pas ce quelle lui p. M qualele p.* — 433 *B ainsi; BC couleure.* — 434 *BCF cueuure M queuure.* — 435 *M prendre.* — 436 *CDFM omettent y.*

2485 Conjugii violat; homicida fit hec, quia, teste
Scriptura, perimit animam spiritumque sceleste
Attentat; furans se sponso, more catallum
Hoc se furatur; nil prosunt ostia, vallum ;
Furaturque thoro genituram, turpeque funus
2490 Perpetrat, unius cum debeat esse vir unus ;
Ergo, si plures querat mulier, reputatur
Funebris hic questus. Iterum ratione probatur
Mechans sacrilega, quia sacrum connubiale
Polluit et violat ; contempnens imperiale
2495 Preceptum Domini, perpenditur esse superba.
Basiat hecque virum, tamen insidiatur in herba
Anguis clam pungens, quod signum proditionis
Est. Et quid plura? Nam pessima mecha fit omnis.

2486 *spiritumque,* ms. *futurumque.* — 2488 *Hoc.* ms. *Hec.* — 2495 *superba,* ms. *superbi.* — 2496 ms. *perditionis.*

Avoutire est capital crime,
440 Si com la loy le nous exprime,
Et, si com je l'ay entendu,
Le transigier est deffendu
Sur tel crime et sur tel pechié
Dont corps de femme est entechié
445 Qui saint mariage pollue.
Mais ma fin est, que je conclue, —
Quoy qu'on die des femmes baudes,
Plaines de baras et de fraudes,
Et qui forment sont a blasmer, —
450 Que l'omme treuve plus d'amer
En femme perverse et inique
Qu'en celle qui du corps fornique.
Se l'omme est deceüs et pris
Oultre moitié de juste pris,
455 Il requiert le commun aïde,
Afin que le droit luy aïde.
Droit veult oster la decevance
Et n'a cure d'autruy grevance.
Et se tu cest droit ne veuls faire,
460 A toy meïsmes es contraire.
Combien que soyes roys paisibles,
Tes commans ne sont pas loisibles.
Par toy sont sans paix et en guerre
Pluseurs mariages sur terre.
465 Ce vient par ta deception.
Or met autre solution !
Se tu dis : « se l'omme est eüs,
« Posé que il soit deceüs,
« Aussi bien est la femme eüe
470 « Et tout aussi bien deceüe »,
Non est, non certes, quoy qu'on die.
Ceste convention n'est mie
De la mesme condicion
Que contrat de vendicion,

447 C com F con DM que d. — 448 B barat. — 457 DM v. estre. — 458 M nature ; M autri. — 461 CDFM Comme tu s. — 462 B sy s. pas. — 463 C omet toy ; F sant s. p.; B en paix ; C omet et ; M guerres. — 464 B soubz t. — 465 CDM omettent ta. — 466 B lautrui. — 467 I que lomme ; B cheuz C euz I reus. — 469, 70 manquent CDMI (tout le passage manque A cf. 326). — 469 B crue. — 470 B pareillement. — 471 B Non pas c. ; M omet le second non. — 472 B conionction.

Crimen adulterii reputant leges capitale,
2500 Nec sopire potest facinus translatio tale,
Utpote cum crimen enorme nimis reputetur
Istud. Transigere super hoc ideo prohibetur.
At, quitquid dicam, certe, crudelior ipsi
Est nequam quam mecha viro, sicut tibi scripsi.

2505 Hic ultra medium precii cum decipiatur
Vir, cur auxilium juris commune negatur
Hic ? Si dixeris ista tuis procedere jussis,
Jam contrarius es tibi, cum rex pacificus sis,
Ipsaque conjugia sine pace. Solutio detur
2510 Altera. Si dicas quod, sicut habet vir, habetur,
Iccirco non est ejusdem conditionis
Hec conventio quam contractus venditionis
Aut alius ? lege conjunx non utitur illa ;

2503 .lt, ms. O. — Après 2504, rubr. : *Probat deo quod decepto ultra dimidium justi pretii debet potius vendicare sibi locum in matrimonio quam in alio tractu.*

475 D'achat, d'emprunt ou de louage.
De ceste loy ne de l'usage
Ne peuent user mariés
Vers celles ou il sont liés.
Joins sont par plus forte cheville;
480 Pareille n'en est pas la bille.
Oultre, je demande, si comme
On lie la femme avec l'omme,......
Pourquoy tant se diversifie
Qu'en son mari point ne se fie?
485 Se tu dis, par raison commune,
Que la char d'eulx deux soit tout une,
Par lien de dilection,
Si com nous dit la sanction,
Tu nous deçois apertement,
490 Et qui ce te dit, il te ment.
Car les choses qui tant varient,
Ensemble tant ne s'apparient

Qu'on les puist tout un reputer.
Si puis bien tes dis confuter :
495 Deux contraires, si com m'en semble,
Ne conviennent pas tout ensemble.
Tu ne m'y sces dire response.
Or t'en va donc et si t'esconse !
Je te pri qu'a moy n'en estrives
500 Et que tel plait plus ne poursuives.
Mieulx vault delaissier sa folie
Et passer sa melancolie,
Que soustenir chose dampnable
Ne nourrir fait mal convenable.

505   He, Dieux ! je doy bien dire « las ! »
Quant, par le conseil des prelas,
On peut delaissier et demettre,
Changier, ou hors de sa main mettre
Prouvendes, cures et eglises.

477 *F* les m. — 478 *B* ou sont mariez. — 479 *B* Joings par leur f. ch. — 480 *B* omet en. — 481 *C'est la leçon de B (A manque ici) CDMFI* Oultre je requier que sy comme. — 482 *B* avecques. — 486 *B* Se; *B* omet deux; *CDFM* sont. — 490 *B* omet te. — 491 *M* Que l. ch. — 493 *CDFM* Com; *B* peust tant r. — 495 *CDFM* si c. moy s. — 496 *B* Ne peuent conuenir c. — 497 *C* me s. — 498 *C* tescoute. — 504 — *D* (f° 125 v°) *rubr.* Comment il parle des prelas et du clergie.

Quippe ligantior est qua jungitur ipsa cavilla.
2515   Contra, sicut vir ac uxor utrinque ligantur,
Sic alias pacti? cur hic diversificantur
Ergo? Si dicas : « eadem caro vir reputatur
Cum muliere sua », sicut tua testificatur
Sanctio, falleris et fallis, cum tam varie res
2520 Non possint ut idem reputari. Quod michi queres
Ergo responsum nescis. Ergo michi cedas,
Ortor, et a scelere pretacto presto recedas.
Est multo melius facinus dimittere ceptum,
Quam factum nutrire suum, quando sit ineptum.
2525   Uxores possunt dimitti spirituales,
Consultis saltem prelatis, parrochiales

2515 *ligantur*, le ms. a *lingantur*, mais l'*n* a été exponctué. — 2518 *testificatur*, ms. *testificantur*. — 2521 les trois derniers mots de ce vers semblent avoir été ajoutés plus tard, mais par le copiste lui-même. — Après 2524 rubr. *Probat deo quod quemadmodum uxores spirituales possunt dimitti ita et potius carnales uxores Et poste(a) invehitur in clerum se male regentem.*

510 Et puis qu'ainsi en sont hors mises
　　Les femmes espirituelles,
　　Pourquoy ne puet on les charnelles
　　Ainsi laissier ou resigner?
　　Raison puis pour moy assigner :
515 Mieulx que la char vault l'esperit;
　　Car on l'aime mieulx et cherist,
　　Et est pardurable, sans terme.
　　Aussi est la couple plus ferme
　　Du lien esperituel
520 Que celle du lien charnel,
　　Si com droit canon le tesmoingne;
　　Dont mains soluble est la besongne.
　　Et se je lais parroisse et cure,
　　Mieulx puis laissier ma femme dure.
525 Di, pourquoy non? di, supplanteur!
　　Certes, tu es un enchanteur.
　　Dieux, pourquoy le te celeroye?

　　Pourquoy a toy n'en parleroye?
　　Par toy est ma mort engendrée.
530 Tu joues de boiste encendrée;
　　Aux mariés la pouldre changes,
　　Mais les clergiés ne fais estranges
　　De tes biens; par ta tricherie
　　Est leur secte amée et chérie.
535 Las! un clerc qui rien ne sçavra,
　　Cinq prouvendes ou six avra,
　　Ou ja ne fera residence;
　　Dont li vient ceste providence?
　　Les bourdeaulx suit et ens se boute,
540 Et mettra sa pensée toute
　　En desduit de chiens et d'oiseaux;
　　Ressembler veult aux damoiseaux.
　　Ainsi est l'eglise servie;
　　Car par tout le cours de sa vie
545 Ne chantera pour toy deux notes.

513 C resoingnier. — 516 F seul cherist, les autres cherit. — 523 B se laisse C je lez F je lais. — 525 M Dy moy p.; B p. on dit C p. nen dy. — 530 B boete; F en cendree. — 532 M le clergies. — 534 CDFM Leur secte est. — 543 M ton eglise. — 544 F tous les c.

　　　　Scilicet ecclesie. Carnales ergo videtur
　　Dimitti posse, quia quam caro major habetur
　　Spiritus. Est ergo valida ratione necesse,
2530 Ejus conjugium quam carnis firmius esse.
　　　　Canone testante, carnali spirituale
　　Fortius est vinclum, minus ergo solubile tale.
　　　　Ergo, parrochie sicut dimittere curam
　　Possum, sic immo levius sponsam michi duram.
2535 Vel cur non? Igitur, Deus, incantator es unus,
　　Heu! Cur celarem tibi, cum dederis michi funus?
　　　　Ex uxoratis lusisti de cinerosa
　　Pixide, non clero; monstrant tua facta dolosa,
　　Proh pudor! Unde locus, quod clericus unus habebit
2540 Prebendas quinque, vel sex, nec ibi residebit,
　　Sed, per scorta vagans, mimos aviumque volatus
　　Diliget atque canum cursus, mundi laqueatus
　　Visco, cujus in his spes est et ventris in olla,
　　Qui vix per totam vitam dicet tibi : sol, la.

2532 *vinclum*, ms. *vinculum*. — 2535 *cur*, ms. *quare*. — 2538 *Monstrant*, ms. *moustrant*.

Je ne sçay pourquoy tu ne notes
Qu'aux autres fais extorsion?
Car d'une seule porcion,
Que tu donnes a un tel maistre,
550 Pourroit on nourrir et repaistre
Cent povres qui ont indigence.
Et le clerc est en negligence;
Rien ne donne au peuple menu,
Combien qu'il soit a ce tenu.
555   Crucefix, regarde et advise
A quels gens et en quele guise
Tes biens ordonnes et espars.
Blasmés en es de toutes pars.
Pour le clergié tous tes biens gardes,
560 Et nous, mariés, ne regardes.
Nous vivons en pleurs et en paine,
Nostre vie est de douleur plaine,
Et le clergié vit a grant joye;
Sur nous prent sans labour la proye;
565 Nous, mariés, chetivement
Vivons, en tous poins tristement,
Et le clergié vit sans tristesce,

Et tous temps est plains de leesce.
J'ay grant merveille du clergié,
570 En quel estat l'as hebergié.
Où s'esbaïst qui l'a meü.
S'un povre clerc est pourveü
Tant qu'il viengne a estat de pape,
Orgueilleus sera soubs sa chape,
575 Et si espris de vaine gloire
Qu'il n'avra recort ne memoire
Dont il veura, ne de sa vie;
N'a si pervers jusqu'a Pavie.
Il sera plain d'ambicion,
580 Et de pire condicion
Que le riche homme ne seroit;
Un riche a mains s'en passeroit.
Pourquoy devient povre orgueilleus,
Ne despiteus, ne merveilleus?
585 Ne sçay dont orgueil le seurmonte?
Si tost comme en haut degré monte
Et sa fortune multeplie,
Se le povre homme li supplie,
Il luy fera l'oreille sourde.

547 *BC* extorcion. — 552 *C* omet Et. — 554 *F* omet soit; *BC* ad. — 556 *BC* quelx; *CDM* quel. — 559 *B* les b. — 563 *DM* en g. — 564 *Le texte adopté est dans CDFM; B* Pour n. p. son l. et p. — 568 *B* t. jours. — 569 *M* de. — 576 *B* recors. — 578 *DM* Ne s.; *BC* paruers iusques. — 582 *CDM* riche homme; *CDM* es p. — 586 *F* omet tost. — 587 *M* la f. — 588 *B* le s. *C* lui s. *F* li s.

2545 Pasceret unius mendicos portio mille.   f° 28 v°.
Nil tamen inde, licet sit debitor, erogat ille.
Qualiter ergo bona tua disponis, crucifixe?
Omnia das clero, sed nos non respicis ipse.
Vivimus in pena, fletu, nimioque dolore;
2550 Sed clerus gaudens comedit, bibit, absque labore.
Tristamur miseri per temporis omnia puncta,
Letatur clerus felix per tempora cuncta.
   Miror de clero. Pono quod subveniatur
Cuidam clericulo tantum, quod promoveatur
2555 Ad papale decus. Tamen, immemor ipse prioris
Vite sive status, quam dives deterioris
Conditionis erit mendicis. Improbo saltum
Unde superbit homo; qui sic surrexit in altum

2554 *clericulo*, ms. *cleridico*, changé par l'annotateur en *clerico*.

590 Tu sces bien que ce n'est pas bourde.
　　Escouter ne le daignera;
　　Le dos contre luy tournera.
　　Du temps passé ne luy souvient,
　　Grant reverence luy convient;
595 N'y vault rien feal acointance,
　　Paix, ne amour, ne congnoissance.
　　Il cuide, tant est desreés,
　　Qu'il soit tout de nouvel creés.
　　Dieux! pourquoy le clergié fortunes
600 De tes biens, que pour eulx aünes,
　　Qu'il despendent si folement?
　　De nous ne curent nullement;
　　Il mainent vie deshonneste,
　　Le pié nous tiennent sur la teste.
605 Par eulx nous laisses lapider,
　　Et estrangler et embrider.
　　En labour usons nostre vie,
　　Pour nous et pour nostre mesnie;
　　Chascuns mariés y labeure;
610 Si ne nous sequeurs en nulle heure;
　　Et pour ce appert notoirement,
　　Que plus grant loyer voirement
　　A le clergié de vie oiseuse,
　　Que nous de paine besongneuse.
615 Tu ne prises pas un tabour
　　Les paines de nostre labour.
　　Tu obeïs a leurs demandes;
　　De bons vins, de bonnes viandes
　　Usent, et vestent les bons dras,
620 Et chevauchent les chevaulx gras.
　　Par les bordeaulx voulentiers hantent,
　　Au moustier ne lisent ne chantent.
　　Certes, qui au clergié diroit
　　Ses euvres, il en rougiroit
625 Plus que savetier ne sueur.

591 *CDFM omettent* lui. — 590 *M* quil nest. — 596 *CDFM omettent le premier* ne. — 605 *M* Pour; *B* lessiez *C* laissons. — 606 *C* estranglier. — 608 *CB* mesnie *F* meisnye. — 610 *B* Et si ne n. s. nul h. — 618 *B* omet vins; *B* et de b. — 619 *M* de b. — 622 *M* ne ne ch. — 623 *M* a cl. — 625 *C* chauciet *D* chaucie *F* chaucier *M* chausse; *M* de couleur.

　　　Aures obturat, audito paupere, dorsum
2560 Vertens; quid fuerit non cogitat ipse retrorsum.
　　Precedens socialis amor jam nil operatur,
　　Nil nathale solum; penitus novus ipse creatur.
　　Cur ita fortunas ergo clerum, tua qui tam
　　Turpiter expendit, recipit, tradit quoque, vitam
2565 Inde nimis reprobam ducens, et nos lapidari
　　Permittis, quamvis insontes, vel jugulari.
　　　In mundo, nostri vescentes pane laboris,
　　Vivimus, ut sancti tradunt; nullis tamen horis
　　Nobis succurris; ergo majora mereri
2570 Premia quam nostras penas patet otia cleri,
　　Pinguia que comedunt et potant optima vina,
　　Quadrupedes latos equitant et scorta supina.
　　　Si clerus saperet　quid agit, nimis inde ruberet.
　　Plebis sudores　potat, comeditque labores.

2566 *insontes,* ms. *insortes.* — 2571 Ce vers se trouve dans le ms. entre 2577 et 2578; un renvoi indique sa vraie place.

Il boit du peuple la sueur ;
Griefment se mesfait et mesprent,
Quant leur labeur mangue et prent.
La viande devient puant
630 Qu'il prennent sur la gent suant.
Il sont trop pires que les vers,
Qui bien en entendroit les vers ;
Les vers manguent la charongne,
Mais le clergié nous ronge et rongne.
635 Le clergié nous mangust tous vis,
Char et sanc, tant est allouvis ;
Et si n'est qui nous y sequeure.
Char et sanc destruit et deveure
Encontre les drois de nature ;
640 De rien qu'il face ne prens cure.
Las ! di que le clergié feroit,
Quant nostre labeur cesseroit ?

Vivre ne pourroit de rousée ;
Que feroit, la gorge arousée
645 Des viandes plus delitables
De quoy on puist servir aux tables ?
Comment se pourroit contenir ?
Chault ne froit ne puet soustenir,
N'il ne se pourroit traveillier
650 A labourer ne a veillier.
Le peuple tout fait et tout livre,
Et si ne puet durer ne vivre
Qu'il ne soit tousjours tempestés
Et par le clergié molestés.
655 Le clergié ne quiert achoison
Fors que d'avoir deniers foison.
On seult jadis du clergié dire,
Que richesces vouloit despire
Et du corps les oiseuses vaines,

628 *BC* labour ; *B* et m. ; *C* manguet *DM* mangut *F* mangust. — 629 *M* La-mendedement. — 630 *M* Qui ; *C* prendrent s. les gens. — 632 *M* omet en. — 633 *C* omet vers ; *C* les ; *B* charorgne. — 634 *BM* runge. — 635 *B* mengue *CDM* manguent *F* mangust. — 637 *M* omet y. — 640 *C* qui f. ; *C* pren *les autres mss.* prent. — 641 *C* omet le. — 643 *M* debousee. — 644 *BC* a Rosee *D* de Rosee. — 646 *CDFM* puet *B* puist. — 649 *M* Ny ne sen. — 652 *M* et v. — 655 *CDM* On scet. — 657 *B* En. — 658 *M* riche.

2575 O ! quales dat ei fedus cibus ille sapores !
Nos vivos comedit, carnem cum sanguine, clerus.
Esset enim minus horrendum sibi sumere verus,
Ut manducaret. Defuncta cadavera vermes
Manducant ; sed nos vivos invadit, inermes
2580 Devorat et comedit, nature provida jura
Offendens, clerus ; quid agat non est tibi cura.
Ve clero ! Quis enim, plebis cessante labore,
Sustentaret eum, cum puro vivere rore
Nesciat ? Immo cibos sibi delectabiliores
2585 Procurat pro posse ; tamen inde calores
Aut frigus portare nequit vel tedia questus.
Plebs hec sola facit ; clerus tamen inde molestus
Non minus est illi ; si fas est ista fateri,
Tota vacat circa nommos intentio cleri.
2590 Olim sprevit opes et corporis otia vana
Propter scire tuus clerus, reputando prophana

2590 *corporis, ms. corpus.*

660 Et souffrir grans travaulx et paines,
Pour acquerir vraye science.
Or est de large conscience ;
Qui plus de deniers accumule
En plus hault degré s'intitule.
665 Mieulx aiment les mars et les livres
Qu'il ne font saint Marc et ses livres,
Et une piece de saumon
Que la science Salemon ;
Et pour un cheval, s'en li donne,
670 Fera tort a mainte personne :
Nul pour cheval ne pour jument
Ne doit faire faulx jugement.
Le clergié ne prise une escorce
Les armes Hector ne la force
675 De Sanson ; ailleurs estudient ;
Toutes sciences repudient
Fors celle de philopecune ;
La gist leur pensée commune.
Sens ne force n'est que bruïne ;
680 Pecune est du monde roïne ;
Elle donne lignage et fourme,
Elle deffait, elle deffourme ;
En regnant par son pouoir donne
Empire, royaume et couronne.
685 Certes, tu n'es pas demidieux ;
Car le denier vault assés mieulx ;
Il est roy et souverain sire,
Il tolt et oste ton empire.
Qui es tu ? di, qui te rassote ?
690 Dors tu ? ou tu es ydiote.
Qui a ce souffrir te conseille ?
J'ay de ton clergié grant merveille ;
En quel ordre s'est il tournés ?
Com chevalier s'est atournés,
695 Et si est clerc par ses prouvendes,

660 *CDFM* souffroit *B* souffrir. — 663 *C* acumutle. — 664 *B* furtitule *M* surtitule. — 666 *M* ne s. l. — 668 *BC* s. de ; *B* salmon. — 673 *C* escorche. — 674 *F omet* armes. — 675 *B* sacon. — 677 *C* Fors de. — 679 *B* ruine *CF* bruyne. — 682 *manque M*. — 684 *B* ou c. — 686 *CDM* derrain. — 688 *BCD* tost *FI* toult *M* ta oste. — 689 *A reprend ici ; M* ta r. — 691,92 *manquent M*. — 693 *M omet* il. — 694 *CDM* est. — 695 *F* pour.

Hec. Sed nunc facmna(?) sicut scis ; intitulantur
Libre quam libri, marche quam Marchus, amantur
Frustaque salmonis   plus quam sermo Salomonis.
2595 Sepeque propter equum   damnat clerus tuus equum.
O ! quem frangit equus   missus, non est eques equus,
Cum nec equo nec equa   frangi mens debeat equa.
Nil vim Samsonis, nil Hectoris arma, studere,
Scire, nitere, modo sine nommis credo valere,
2600 Cum genus et formam regina Pecunia donet,
Deponat, statuat, regat, imperet atque coronet.
Certe, semideus hodie non es, quia nommus
Abstulit imperium tibi, cum sit rex modo summus,
Princeps et dominus, cui servit terraque tota.
2605 Quid sis ignoro. Dormis vel stas ydiota.
Miror de clero, miror cujus reputetur
Ordinis ? Ornatu miles testante videtur,
Divitiis laicus, prebendis clericus ; unde,

2592 le ms. a distinctement *facmna*. — 2594 *frustaque*, ms. *frustraque*, ibid. *salmonis*, ms. *salomonis*, mais l'*o* a été exponctué. — 2605 *sis*, ms. *sit*.

Ja soit ce que tu ne les vendes ;
Il est lay par marcheandises,
Car il achate et vent eglises.
Dont mes merveilles se parfont,
700 Quant je y pense bien parfont :
Com chevalier armes ne porte,
Mais de tout travail se deporte ;
Comme lay ne veult labourer,
N'il ne veult chanter n'aourer,
705 Ne preëschier ne sermonner,
Ne du sien aux povres donner.
Di dont du clergié qu'il fera,
Ne comment ressuscitera,
En quel estat et en quel ordre?
710 Si com saint Bernart le recorde,
Leur orgueil, qui dedens eulx souffle,
Et vole plus haut d'une escouffle,
Les tresbuschera sans salus
Dedens les infernaulx palus.

715 Illeuc n'est point ordre tenu
Pour le grant ne pour le menu ;
Tous iront par illusion,
Par durable confusion.

Tu nous as fais et rachetés
720 Et des paines d'enfer getés,
Les trespassés et les presens ;
Tu n'as cure de faulx presens,
Tu n'es pas des maulx recepteur,
Ne des personnes accepteur.
725 Doncques appert que nous subournes,
Se pour clergié le dos nous tournes.
Tu ne nous dois arriere mettre,
Car, si com tesmoingne la lettre,
Simples es et indivisibles.
730 En t'amour, qu'ont les gens paisibles,
Doit avoir parfaite union,
Sans part et sans division ;

696 *M* omet tu; *B* nes. — 697 *M* pour m. — 700 *B* je y regarde en font; *F* parfond *C* par fond. — 701 *M* portes. — 701 *M* Ny ne; *B* ny ouurer *M* ne onurer. — 708 *CDFM* Comment il ; *C* se r. — 711 *M* Lorgueil qui d. s. — 712 *F* dun *BCDM* dune. — 717 *M* Tout yont; *CDM* pour i.; *C* illuxion. — 718 *C* Pardura. — *D* (f° 130 r°) *rubr.* De ce meismes. — 719 *B* Tous; *B* achetez. — 724 *M* de p. — 725 *B* surbournes *C* bournes *DM* sorbournes *F* subournes.

Et non immerito, miror mirando profunde,
2610 Cum non ut miles belli gerat arma, laboret
Ut laicus, cantet nec predicet, eroget, oret
Ut status exposcit. In quo, dic, ergo resurget
Ordine cujus enim vesana superbia turget?
In Stigiis, sicut Bernardus testificatur,
2615 In quibus ordo deest, confusio perpetuatur.   f° 39 v°.

Nos tua factura sumus omnes, et pariter nos
Ipse redemisti, defunctos atque modernos.
Tu nec es acceptor personarum. Patet ergo
Quod propter clerum non debes nos dare tergo.
2620 Indivisibilis ac simplex esse probaris ;
Ergo tuus non debet amor fore particularis
Et divisibilis ; nec habet magis et minus in se

Après 2615 *rubr. Nititur deum redarguere super hoc quod plus videtur diligere clericos quam laicos.*

Car en soy n'a ne plus ne mains.
Hé! Dieux, qui en ta gloire mains,
735 Certes, t'amour n'est pas mouvable;
Doncques est chose assés prouvable,
Que tu nous dois tous egaument
Amer par amour loiaument;
Tu ne dois amer plus que nous
740 Les prelas, qu'on sert a genous;
Et se t'amour, au vray congnoistre,
Pouoit amendrir ou acroistre,
Si comme es fais des hommes vois,
Si di je que cy toutesvois
745 Tu procedes iniquement.
Tu es justes, et justement
Tu dois tous les justes amer
Et les garder sans entamer.
Pourquoy aimes tu seulement
750 Les prelas? Tu sces quelement
Sont injustes et dissolus.
Par toy, qui es Deüs solus,
Tu leur donnes trop grant maistrise;
En grant peril en est t'Eglise.
755 Las! tes estatus nous deçoivent;
Les prelas gouverner nous doivent
Et garder en sedulité,
Et enseigner la verité
Par sermons et sains exemplaires.
760 Mais il nous sont du tout contraires;
De nul besoing ne nous sequeurent,
Mais nous et le nostre deveurent.
Il contrefont saint Pol l'apostre
Et preeschent la patenostre
765 Aucune foys en leur parole;
Mais leur vie mauvaise et fole
Nous monstre exemple de deable.
Le fait en est assés creable;

733 *AB* toy. — 734 *manque C.* — 735 *CDM* pas assez prouuable. — 738 *C* pour autour. — 739 *M* nous d.; *CDM* plus amer. — 740 *C* com. — 742 *C* Pourroit amenderir et croistre. — 744 *B* toute voys. — 746-49 *manquent F.* — 752 *B* es deulx s. *F* es es deux s. *ACDM* es deus s. *I* Par eulx nauras ung bon salus. — 755,56 *intervertis dans M, l'ordre a été rétabli par des signes.* — 757 *AB* sodalite. — 759 *C* seremens et sains contraires *DM* sermens et sans contraires. — 761 *M A* nul. — 764 *B* Et vont preschant la patrenostre; *M* paternostre. — 765 *C* Aucunes.— 767 *CDM* monstrent; *M* exemples dedeables.— 768 *M* creables.

Tis deitatis amor, quia non es mobilis ipse.
Ergo diligere debes equaliter omnes,
2625 Et non plus quam nos prelatos vispiliones.
Da quod possit amor tuus augeri minuique,
Juxta facta viri, tamen hic procedis inique,
Utpote, cum justus sis, ergo non nisi justos
Debes diligere, quorum debes fore custos.
2630 Cur ergo tantum prelatos diligis istos,
Quos scis injustos? Et cur statuis Trimegistos,
Heu! qui nos regere debent cum sedulitate,
Verbis, exemplis sanctisque, sed immoderate
Nos et nostra vorant? Paulus sermone putantur,
2635 Vah! sed demonibus exemplis equiparantur.
Si plebs se regeret   exemplo pontificali,
Statim corrueret,   custodi tradita tali.

2630 *prelatos, ms. prelatis.*

LIVRE TROISIÈME. 181

  Cils est bien sours qui goutte n'oit.
770 Se le peuple se gouvernoit
  Jouste l'exemple des prelas,
  Tantost cherroit dedens le las
  Qui se bailleroit en leur garde.
  Tu es fols, qui droit y regarde.
775 Le fol mist, si comme il me semble,
  Le chat et le flaon ensemble,
  Si que plus seür demourassent,
  Que les souris ne le mangassent.
  Quant le chat du flaon tasta,
780 Il le manga tout et gasta,
  Sans nettoier et sans parer.
  Le chat puet on bien comparer
  A ces prelas desordonnés
  Que tu as sur nous ordonnés,
785 Pour nous garder et enseigner.
  Tu ne nous pues plus mehaigner;
  Car il ravissent tout et prendent;
  A riens fors qu'a piller ne tendent.
  Tu nous dis que tu es bons paistre;
790 C'est honte au pasteur et au maistre,
  Quant tu sueffres ta bergerie
  Devourer par tel louverie.
  Nous sommes ton fouc et tes bestes;
  Si nous dois garder de molestes
795 Et d'autres choses dommagables.
  Les prelas sont loups ravissables,
  Que tu as pastours esleüs
  Sur nous; si sommes deceüs.
  Car il gastent tout et destruisent,
800 Et les plus mittrés plus nous nuisent
  Et font plus de maulx et de troubles.
  Combien qu'ils ayent cornes doubles,
  De quoy le chief Moÿse cuevres,
  Tes prelas monstrent par leurs euvres
805 Nature de beste sauvage,
  Puis qu'il font a ton fouc dommage.

769 *M* sourt. — 771 *M* lexemples. — 772 *B* le bas *CDM* les las. — 775 *M* must. — 777 *I* demourast. — 778 *I* la s.; *M* les; *I* mangast. — 779 *AB* du f. *CDFM* le f. — 780 *CDM omettent* le. — 781 *DM* netaier. — 782 *B omet* bien. — 786 *C* puis. — 787 *B* prirent *C* pendent. — 788 *CDFM* nentendent. — 790 *C* paistrer. — 791 *M* souffres. — 792 *B* ton fons *CDFM* ton font. — 794 *C* nous garde. — 796 *C* loulx. — 797 *M* es pasteur. — 798 *B* dont s. — 800 *A* Tant sont p. m. *B* Tant p. sont m. *CD* murtres *M* mrtres. — 803 *CDFM* moyses. — 804 *DF* Tes *BCM* Telz *A* Tez. — 806 *F omet* a ton fouc *BDM* ton font *C* tout font.

  Es fatuo similis, qui cum flatone reclusit
   Murilegum, propter mures securior ut sit,
2640 Quem mox consumpsit totum custos catus. Isti
  Comparo murilego prelatos, quos statuisti
  Nostros custodes, quia nos pro posse vorare
  Undique nituntur, sicut patet exposita re.
   Pastor es, ut dicis, bonus. Est ergo tibi vile,
2645 Quando vorare lupos proprium permittis ovile.
  Grex tuus ecce sumus, prelati quippe lupi stant,
  Quos elegisti pastores, cuncta trucidant,
  Et plus corniferi; nam, quamvis cornua bina
  Portent in more Moysi, natura ferina   f° 40 r°.
2650 Est tamen ipsorum, quod monstrat opus; quia vere
  Cornibus elatis infinitos necuere.
   De primis loquor hic tantummodo, qui lupiores,

Par ceulx aux cornes eslevées
Sont tes brebiettes grevées.
Pluseurs en ont fait estrangler,
840 Quant il les peuent enangler.
Mais, par saint Pierre de Beauvais,
Je ne parle que des mauvais,
Qui plus tollent et plus ravissent
Que les loups qui hors des bois yssent.
815 Car des bons ne doit nuls mesdire,
Ne par envie ne par ire.

Qui tes fais considere, a certes,
Tu nous essilles et desertes;
Tu fais tout ce devant derriere,
820 Contre l'ordonnance premiere,
Sans garder l'ordre de droiture.
Lieu n'y a, raison, ne nature,
Quant femme seignourist sur homme ;
Elle le deüst servir comme
825 Son chief, et faire obeïssance.
L'omme est le chief, et la puissance
Sur la femme lui appartient.
Ta sanction celle part tient.
Doncques, a droit jugier et dire,
830 Femme ne se doit escondire
Qu'envers son homme n'obeïsse ;
Car tenue y est chascune ysse,
Ne nul pouoir de soy ne treuve,
Si com l'Escripture le preuve ;
835 A l'omme en est la poesté ;
Mais elle y a bien pou esté ;
Dont il convient qu'elle obeïsse,
Ou d'avec luy s'en voist et ysse
Tu fourmas la premiere mere
840 Du costé d'Adam, nostre pere,
Afin de luy faire subside,

808 *C* telz berbeites. — 810 *F* il en ont fait; *BF* en angler. — 811 *B* biauvais. — 814 *DFM omettent* hors; *C* du b. — 816 *M* pour e. — *D* (f° 132 r°) *rubr.* Comment il blasme dieu de ce quil laisse femme seignourir sur homme. — 818 *C* Et. — 819 *M omet* tout. — 821 *CDM* g. ordre. — 823 *F* lome. — 828 *M* telle p. — 829 *B* deuez iugier. — 830 *M* contredire. — 831 *C* Quen enuers; *DM* s. mary. — 832 *A* t. est ch. en ce. — 833-838 *manquent dans A et B*. — 836 *CDM* po este. — 837 *FDM omettent* il. — 838 *M* voit. — 840 *M* Au c.; *CDM* mon p. — 841 *B* succide *C* subcide.

Hercle! lupis nemoris sunt et damnabiliores.

  Ecce, tuum qui pensat opus, mirabiliter te
2655 Condemnat, quia cuncta facis versa vice. Certe,
  Ut verum fatear, ordo subvertitur omnis;
  Jura vacant, natura jacet, limes rationis
  Obstruitur, cum sponsa viro nunc predominetur,
  Cui tamen, ut capiti, parens servire tenetur.
2660 Ysse vir caput est, sicut tua sanctio prebet.
  Ergo viro parere suo pessundata debet.
  Posse sui, teste Scriptura, non habet yssa,
  Immo vir. Ergo viro nisi pareat, ardeat ipsa!
  Ex Ade latere mulierem constituisti,
2665 Huic ut subsidium faceret, serviret et isti.
  Ergo viro servire suo ratione ligatur

Après 2653, *rubr. Hic mirabiliter culpat deum super hoc quod permittit mulierem predominari viro.*

Bien, plaisir, service et aïde.
Dont est la femme humiliée
Et a l'omme servir liée.
845 Di donc, pourquoy elle domine
Sur l'omme et le destruit et mine?
Pourquoy sueffres tu tel contraire?
Autre raison y puis bien traire :
Les decrès nous dient, en somme,
850 Que la femme est subgiette a l'omme.
Mais, qui au cler l'esprouveroit
Tout le contraire trouveroit;
Car sur l'omme a la seignourie;
Quoy qu'elle face, pleure ou rie,
855 Il n'ose les joes mouvoir;
Souffrir l'estuet par estouvoir,
Si com j'ay dessus recité.
Dont j'ay merveille, en verité,
Comment femme, qui doit le chief
860 Avoir couvert de cuevrechief
Ou d'autre simple couverture,

Et qui par les drois de nature,
Quant elle voit homme venir,
Vergongneuse se doit tenir,
865 En signe que bien li souvient
D'Eve, et que servir la convient, —
Se muet, et qui la puet tempter,
Ne comment elle ose attempter
Que celle qui doit estre serve
870 Ose presumer qu'on la serve,
Et s'efforce de seignourir
Sur l'omme et d'offense encourir.
Jadis souloit estre autrement.
Car la femme au commencement
875 Estoit par simplesce velée.
Descouverte ou eschevelée
Est maintenant, et cornes porte
Par grant fierté, qui luy enhorte,
Ne l'omme ne prise un festu.
880 Hé! Dieux, pourquoy le sueffres tu?
Pourquoy ainsi les femmes hauces?

812 B Bon; F seruir. — 844 A a luy bien s. — 848 BDM puis ACF pues. — 851 M le prouueroit. — 852 F y t. — 856 AB le fault. — 859 B Comme. — 862 F Et que. — 863 à 923 (un feuillet) manquent M. — 866 C qui s.; B et que s. luy c. — 868 C elle coument. — 874 B Que. — 875 B voellee C velee F voilee. — 877 B Mais orendroit les c. — 878 B enorte C ennorte.

Uxor. Cur ergo pateris quod predominatur?
    Preterea constat fore subjectam mulierem
    Per decreta viro. Sed qui pensat liquide rem,
2670 Hec dominatur ei, quia vir muliere tonante
    Non audet removere genas, ut dicitur ante.
    Miror ego mirans miranter de muliere,
    Que per jura caput velatum debet habere,
    In signum quod ea, mare viso, mente profunda
2675 Evam dum recolit, fieri debet verecunda.
    Qualiter attentat vel presumit dominari
    Que debet, sicut jam profertur, famulari?
    O! que janque tulit in signum simplicitatis
    Frontem velatam, modo cornua fert feritatis.
2680 Et cur hec pateris, scelus exaltans mulierum?
    Desipis aut dormis, si fas est dicere verum.

2681 *Desipis*, le ms. a *Dissipis*, mais l'annotateur écrit à la marge *aliter desipis*.

Pourquoy leurs mauvaistiés exauces?
Endormis es, ou tu rassotes,
Puis que les drois aux hommes ostes. 905

885 En Genesis dit l'Escripture
Que, quant l'omme a desconfiture
Par conseil de femme pecha,
Dont sa franchise despeça,
Tu deïs que femme seroit
890 Subgiette a l'omme, et que feroit
A tousjours son commandement.
Des lors perpetuellement
La meïs en subjection;
Or a la domination.
895 Si te rent sur ce mençongner.
Femme fait trop a ressoingner;
L'omme la croit et obeïst.
Qui la verité t'en deïst,
Il semble que tu n'oses mie
900 Contrester a tel ennemie
Ne contredire a ses reprouches;
Ou il semble que tu l'approuches

Comme fols et ses fais regardes,
Et en sa folie la gardes.
Si di que, qui a droit y pense,
En tes euvres a grant offense,
Et te condempnent a merveilles.
Tu fais les choses despareilles;
Et quanque tu fais a reproche,
910 Dire l'estuet, car ce me touche.
Je di oultre que tu deïs,
Et en paraboles meïs,
Que nuls homs, tant soit sage maistre,
Ne puet de tes disciples estre,
915 Se biens et femme tous ne laisse
Et renonce a quanqu'il possesse.
Doncques, qui veult ta part tenir
Et ton disciple devenir,
Convient il que il laist sa femme,
920 Selon tes dis, pour sauver s'ame.
Voy que de femme retenir
Ne puet fors que mal advenir,
Et le laissier est seürté,
Sauvement et beneürté;

882 *B* leur mauuaistie essauces. — 884 *F* aux femmes; *C* hostes. — *D* (f° 133 v°). De ce meismes. — 888 *AC* despecha; *BF* despeca. — 891, 92 *A* A tousjours pardurablement Son command tout entierement. — 892 *CF* perpetuelment. — 893 *C* Et la; *CF* mis. — 894 *F* Ore. — 895 *CDF* ten ren; *B* mensonger *F* mensongier *C* mencongier. — 897 *C* omet la; *C* croist. — 900 *BF* telle. — 911-76, *voir le texte latin correspondant* 2855-2880. — 912 *B* parabolle; *C* paroles te meis. — 913 *C* saiges. — 914 *B* omet de tes *C* ne tes; *B* estres. — 915 *C* De; *CDF* femme et biens: *F* et tout *CD* tout; *CD* me l. — 916 *C* tant quil. — 917 *CF* Dont. — 918 *F* tes disciples *BC* ton disciple. — 919 *B* laisse *C* lait. — 920 *CF* son ame. — 921 *A* dez *BF* de *ACD* des femmes. — 922 *B* p. que tout m. — 923 *C* les l. — 924 *M reprend* (f° 104).

f° 40 v°.

Scribitur in Genesi, nec credo quod inficieris,
Quod, cum peccasset vir consilio mulieris,
Dixisti quod perpetuo subjecta mariti
2685 Imperio mulier esset. Sed dedita liti
Reddit mendacem super hiis te, cum dominetur
Ipsa viro, qui paret ei. Sic ergo videtur
Vel quod non audes obstare probris mulieris,
Vel tanquam fatuus illius facta tueris.
2690 Hercle! tuum qui pensat opus, mirabiliter te
Condemnat. Sic, quitquid agis, reprobabile certe.

925 C'est le prouffit, evidemment.
Aussi disons nous vulgament
Du deable achater ou prendre :
On le doit laissier ou revendre.
Femme est Sathan; assés le preuve
930 Qui les dis de Socrates treuve,
Quant de sa femme nous raconte,
Qui luy faisoit ennuy et honte;
Il congnut ses fais detestables,
Si dist que femmes sont deables.
935   Caton, qui en sçavoit la geste,
Dit que, quant femme fait moleste,
On ne la doit pas retenir.
Sa sentence fait a tenir.
Caton, qui jugoit sagement,
940 N'eüst pas fait tel jugement,
S'il n'en sceüst l'occasion.
Dont ay je assés probacion,
Puis que chascune est rioteuse
Et, si com j'ay dit, molesteuse,
945 Doncques la doit on rediber.
Plus fort raison vueil exhiber :
Qui se marie, il est eschieux
De la sainte cene des cieux,
Et n'y puet aler bonnement,
950 Se sainte Escripture ne ment.
Hé! Dieux, com je suy forsené!

Se tu as ainsi ordené
Mariage com je remort,
Tu es cause de nostre mort.
955 Mors sommes en corps et en ame :
Le corps est tourmenté par femme,
L'ame ne puet a toy aler,
Pour monter ne pour avaler.
Comment iroit? Elle est bannie
960 De toy et de ta compaignie.
Car qui est mariés par prestre,
Il ne puet tes disciples estre,
N'il ne sera ja ostelés
Avec ceulx qui sont appelés
965 A la cene de paradis.
Tu brassas nostre mort jadis.
Dont je me complaing a toy, Dieux,
Ou tu dors, ou tu es trop vieulx.
Tu ne fais pas droit egaument,
970 Aux conjoins especiaument.
C'est par vieillesce ou par enfance
Que tu establis l'ordonnance
De cest mariage haï.
Certes, je suy trop esbaï
975 De toy, Crist, qu'issi te mesfais;
Je ne me congnois en tes fais.

Par tes drois, par ton tesmoingnage

925 *F* Sest; *M* euidaument. — 926 *BCDM* vulgament *A* egaulment *F* vulgament. — 928 *C* remendre. — 929 *F* treuue. — 930 *F* omet de; *M* satrates. — 933 *A* deceptablez *B* estables *CDFM* detestables. — 940 *A* Et qui en ses dits point ne ment. — 941 *F* Si. — 942 *CDFM* Doncques. — 945 *B* Quon les doit par droit r.; *C* redoubter *M* redebter. — 946 *CDM* veult. — 947 *A* m. est deceus *B* cheuz. — 948 *AF* cene *B* sainct eue; *CD* sene *M* sanne. — 949 *C*. omet n. — 950 *DM* la s. e. — 951 *A* fortune. — 955 *BDM* ames. — 956 *B* tourmentes; *BM* femmes. — 957 *M* nen p. — 958 *B* deualer. — 959 *B* Comme yroit elle elle est b. *CDM* Comment mort; *DF* omettent est *M* est elle. — 963 *B* omet ja. — 965 *M* senne. — 967 *B* plains *ADMF* plaing *C* complaing; *A* fort a toi. — 969 *BCF* esgaument. — 970 *DM* especialement. — 972 *A* en feis. — 974 *C* hebay. — 975 *AB* qui si *CDM* qui ainsi *F* qui cy. — 976 — *D* (f° 135 v°) Comment il oppose contre le premier bien de mariaige.

Quamvis conjugii tria sint bona per tua jura,
  Scilicet ipsa fides, sacramentum, genitura,
    Non tamen ista placent expertis talia, quippe

Après 2691 rubr. *Hic opponit contra tria bona coniugii et primo contra primum.* — 2694 *expertis,* ms. *experitis;* le premier *i* semble avoir été exponctué.

Tu mes trois biens en mariage :
Tu y mes foy par serement ;
980 Le secont bien est sacrement,
Et le tiers est engendreüre.
Mais il n'y a chose seüre
Ne plaisant a homme qui vive,
Car il n'y a ne fons ne rive.
985 Et quant je plus y considere,
Plus y voy meschief et misere.
Primo, sauve ta reverence,
Il n'y a foy ne conscience
En mariés, soit il, soit elle.
990 Tant le masle com la femelle
Ne tend fors a l'autre destruire.
Exemples ay pour moy instruire,
Comment on doit femme doubter,
Et qu'on n'y doit foy adjouster.
995 N'y a si simple de visage

Qui, par coustume et par usage,
De son mari la mort ne vueille,
Et machine dont il se dueille.
Et pour ce ne les doit on croire.
1000 De Job ay assés en memoire,
Quant sa pestilence souffroit,
Et en souffrant a toy s'offroit,
Que sa femme, par felonie,
Par contraire et par ironie,
1005 Luy disoit qu'il te beneïst ;
Afin que brief sa mort veïst.
Fols est qui en femme se fie.
Bersabée nous signifie
Leur estat par son avoutire,
1010 Dont Urias reçut martire ;
Sur David, ou livre des Roys,
Sont bien notés ces grans desroys.
Dire puet on male chançon

978 *F* mis. — 979 *F* mis. — 980 *CDFM omettent* bien ; *DM* La seconde est. — 983 *B* plus p. — 987 *B* Puis *M* Prins. — 989 *C* Es m. *M* Aux m. — 991 *A* Car l'un ne t. *M* Nebcent f. lun lautre ; *F* fors qua. — 992 *M* Cest c. — 993 *CF* femmes. — 995 *B* ne si sage. — 996 *B* omet le second par. — 999 *M* le d. — 1000 *M* onet en. — 1006 *ABCDM* que b. *F* quen brief. — 1010 *B* uras *CDM* uias. — 1011 mss. Sur dauid, *I* Dist dauid. — 1012 *B* Dont ; *F* ces *BCDM* ses.

2695 Cum predicta vacent fondo nec sint ibi rippe,
Quanto conjugium jam plus considero, tanto
Id plus detestor ; tibi firmiter ista creanto.
Nulla fides est conjugium, per verba periti,
Cum vacet excitio vir conjugis, illa mariti.
2700 Quitquid de nobis notet, in mulieribus ipsis
Est fidei penitus universalis eclipsis.
Nulla fides hodie mulieribus est adhibenda,
Cum, turtur facie, sit vipera corde timenda
Yssa, viri sitiens mortem, quem tractat inique.
2705 Non est ergo sciens qui se dat, credit eique.
Uxor Job « Domino benedic, et mox morieris ! »
Inquit ; id est « maledic ! » Est ergo fides mulieris
Nulla ; quod Urie monstravit Bethsabee, dum
Crimen cum rege commisit adultera fedum.
2710 Dalida Samsonis probat ipsarum mulierum
Perfidiam. Res est mulier falsissima rerum.
Si propter sponsum pectrix fieret comitissa,

De Dalida, femme Sanson.
1015 Bien esprouva la tricherie,
La fraude et la baraterie
Des femmes qui ne craingnent honte.
S'une truande espouse un conte,
De sa mort pronostiquera,
1020 Pensant qui son mari sera
Après luy par noces nouvelles.
On voit bien que toutes sont teles.
A grant mauvaistié entendi
Celle qui son mari pendi,
1025 Et si mourut il pour s'amour
En faisant pour elle clamour.
On lit en un livre ancien
D'Ypocras le physicien,
Qui la char de truie manga :
1030 Sa femme griefment s'en venga ;
Par sa coulpe le fist mourir,
Oncques ne luy voult secourir.
Une qui son mari lavoit,
Et qui en haïne l'avoit,
1035 S'avisa de trop grant meschief :
En lavant luy coupa le chief ;
Ne sçay comment s'en enhardi,
Car pour son mesfait on l'ardi.
Une autre, de Dampierre née,
1040 Com desloial et effrenée
Fist murtrir son mari par nuyt.
Pour ce que mauvaise char nuyt
Elle fu par jugement arse
Et pour son crime au vent esparse.
1045 Pluseurs en a en cest païs

1014 *CDM* dalida *BF* dalide. — 1015 *DM* approuua. — 1019 *F* Dem m. — 1020 *M* que. — 1022 *M* dit. — 1026 *A* delle grant c. — 1027 *B* En; *DM* en l.; *C* enchian. — 1032 *B* lui *C* le v. *F* se v. — 1035 *AB* Dune congnee a g. m.; 1035, 36 *intervertis dans AB*. — 1037 *B* si en hardy. — 1038 *mss.* par; *C* enhardy *DM* enardi. — 1039 *B* dedens perre *C* Dompierre *F* Donpierre. — 1040 *A* forsennee *D* affrenee *M* effrayee. — *Entre* 1041 *et* 1042 *B seul intercale* 6 *vers* : Aussi reflst la mareschalle De Paris la cité notable Un abhominable delit Car son mari dedens son lit A ses deux mains escartella Et puis en saine le porta. — 1042 *manque F.* — 1044 *B* euure; *B* esperse.

In dubio non sum quin mox pronosticet ipsa
Corde viri mortem, quantum sit femina munda,
2715 Premittens sortem cum quo per vota secunda
Post jungi poterit ; mulier semper nova querit.
Nunquid ob ignotum, quem militis uxor amavit,
Ut furcis sponsum suspenderet, extumulavit?
Attamen iste sue mulieris propter amorem
2720 Mortuus est, ejus quia viderat ipse cruorem.
Nequiter Ypocratem sua sponsa fefellit, ac illa
Interfecit eum crissanti carne suilla.
Ecce diu non est, quedam, quam vidimus uri,
Sponso quem lauit secuit caput, ausa securi.
2725 Una suum de nocte virum fecit jugulari,
De Domnipetra, quam vidimus igne cremari.
Innumeras alias sponsos etiam necuisse
Constat in hac patria, quarum stupor est meminisse.
Ergo, si qua fides hodie sit conjugiorum,
2730 Non mulieri des ; venit hec ex parte virorum.

f° 41 r°.

2721 *ac,* ms. *at.*

Par qui leurs maris sont traïs.
Plus n'en diray en ceste page;
Mais s'on trouvoit en mariage
Aucun bien, foy ou loyauté,
1050 Il vient par especiauté
Des hommes, qui en juge a point,
Car es femmes n'en y a point.

Quiconques a fait mariage
Pour avoir enfans et lignage,
1055 Certes, il fist, je n'en doubt mie,
Grant prejudice a la lignie;
Car plus peüst multiplier
Sans lyen que par le lier.
Sans mariage continue
1060 S'espece toute beste mue,
Et toute plante ou herbe engendre
Sans mariage son droit gendre.

Si n'en puis mais se je varie
Quant nostre espece se marie.
1065 Mesmement que les sages dient
Que les choses plus expedient
Qu'en puet faire par voye brieve,
Et la meilleur voye mains grieve.
Dont, s'il te voulsist agreer,
1070 Tu peüsses chascun creer
Sans mariage et sans promesse,
N'y convenist lyen ne messe.
Di donc, pourquoy ne le feïs,
Et pourquoy tu estableïs
1075 Le mariage pour lignie?
Raison n'est pas a droit lignie;
Car mariage fait plourer,
Gemir, pener et labourer.
Nul n'en sçay de sens si paré
1080 Qu'il respondist a cest *quare*.

1050 B espalute C esparalité F espyciaulte DM espiciaulte. — 1051 F jugent.
— 1052 D (fº 136 vº). Comment il oppose contre le second bien qui est engendreure. — 1054 M mesnage. — 1057 B Trop pl.; F puet on DM puet m. —
1058 M lier; CDFM omettent le. — 1059 M Sen. — 1060 R Despece DFM Son
espece. — 1061 CDFM omettent Et; CDM en herbe. — 1064 F Se n. — 1065 F
quar. — 1067 I Quant sont faictes; DM p. une b. — 1068 B moins F mais.
— 1069 F si. — 1073 B Si. — 1074 CDFM omettent tu. — 1079 F nen; A ne
sceis si bien p. — 1080 B Quil CF Qui.

Quisquis conjugium statuit prolis generande
Spe, prejudicium fecit, sicut scio, grande
Proli, cum plures essent vinclo resoluto
Conjugii quam sint ipso remanente statuto.
2735 En sine conjugio brutorum continuatur
Plantarumque genus; nostrum cur ergo jugatur?
Quod breviore via fieri valet aut meliore,
Non opus est facere discrimine cum graviore.
Ergo, cum nutu solo quoscunque creare
2740 Et sine conjugio posses, dicas michi quare
Flebile conjugium causa prolis statuisti?
Non est qui plene *quare* respondeat isti.

Après 2730, rubr. *Hic opponit contra secundum bonum*. — 2733 *vinclo*,
ms. *vinculo*. — 2737 *meliore*, ms. *meliora*.

En ne m'a pas creé nature
Pour une seule creature.
Nennil, elle est a tous commune,
Elle fait chascun pour chascune ;
1085 Tousjours se veult esvertuer
D'omme et femme continuer.
Si m'en vueil a toy desgorgier.
Je di que contre droit forgier
Le mariage t'esforças,
1090 Et que contre droit grant force as
Et encontre le droit des peres.
Car, combien qu'il sueffrent miseres
Et paine pour leur nourreture,
Le fils voulroit de sa nature
1095 Que son beau pere mourëust,
Afin que sa richesce eüst.
Cham, le fils Noé, regarda

Son pere, qui mal se garda ;
Ses patrouilles vist descouvertes
1100 Entre ses deux jambes ouvertes,
De couverture mal garni.
Si le moqua et escharni.
Que diray je ? On lit plainement
En l'Escripture qui ne ment :
1105 « Les enfans que j'ay esnourris
« Desirent que soye pourris.
« Je les nourris, il me despitent
« Ne ma vie oncques ne respitent. »
Le fils n'a repos ne sejour
1110 Qu'il n'enquiere souvent le jour,
Le temps et les ans de son pere,
Desirant que sa mort appere.
Et sont plus convoiteus que singes ;
A paines donnent eulx draps linges

1081 *A* Or ne *B* On ne *CF* En ne *DM* Enne *I* Tu ne nas. — 1083 *F* Nenni. — 1087 *C* me v.; *C* deschargier. — 1088 *CF* Je te dy. — 1089 *C* tu e *F* et efforsas *DM* te esforcas. — 1090 *DM* omettent que. — 1091 *B* contre. — 1092 *M* Que c. — 1093 *M* peines. — 1095 *B* si mourust *DM* mourust. — 1097 *C* de n.; *B* Noel. — 1098 *M* se q. — 1103 *B* Quen diroye je *C* diroy ge *DFM* diroye on l. — 1105 *B* je ay nourris. — 1106 *F* je s. p. — 1107, 08 *manquent A*. — 1107 *B* nourri. — 1110 *DM* Qui; *CDFM* ne q.; *DM* quierent.— 1112 *C* as pere. — 1114 *A* d. ilz drapz lingez *B* eulx draps linges *C* eulx ne d. ne l. *DF* eulx d. ne l. *I* ils nuls linges.

Ut conjunx fierem non me natura creavit
Petre solius; sed propter quenque paravit
2745 Quanque, genus cupiens hominum sic continuare.
Ergo tribus contra jus conjugium fabricare
Nisus es, et contra jus ipsorum genitorum ;
Qui licet exponant se penis exiliorum
Pro pueris, pueri vellent tamen ut morerentur
2750 Patres, propter opes, ut eas post assequerentur.
    Aspiciens pudibunda patris nudata sui Cham   f° 41 v°.
Risit deridens illum. Quid plus tibi dicam?
Scripturam sequor hic. Quis enim michi dicere posset
Plenius? En legitur : « Enutrivi pueros, sed
2755 « Me sprevere ». Sibi non enutrit pater agnos,
Immo lupos rabidos, non natos, immo tirannos.
Filius ante diem patrios inquirit in annos
Vixque sepulture defuncto vult dare pannos

2756 *rabidos*, ms. *rapidos*. — 2757 *inquirit*, ms. *incurrit*.

1115 Pour leurs peres ensevelir.
Si ne doit pas trop embellir
Que le pere tant leur estuye
Que pour ses enfans se destruye.
Tant plus a acquerir s'amort,
1120 Et tant plus desirent sa mort,
Pour avoir les biens qu'il amasse,
Dont après font mainte caue grasse.
S'il est povres, on le deboute ;
Adont voulroit l'enfant sans doubte
1125 Que son pere geüst en biere,
Pour ce qu'a vivre ne li quiere.
S'il est vieux, lors desplaist sa vie.
On luy dit : « Ne mourra il mie ?
« C'est grant honte quant il vit tant. »
1130 Ainsi le va on despitant.
    Jadis soubs Salemon, le roy,
Deux jouvenceaux par grant desroy
Fisrent leur pere deffouïr ;
Tout mort, si est dur a ouïr,
1135 Encontre un arbre le dreçerent
Et de sayettes le percerent,
Tout droit au cuer, pour experir
Qui pourroit au plus prés ferir.
Certes, mieulx seroit du sien vendre
1140 Et en bons usages despendre
Que pour mauvais hoir mettre en queste.
Quant le pere pour eulx acqueste,
Pereceux les fait devenir ;
Envis peuent a bien venir.

1115 *B* leur pere. — 1116 *B* embelir. — 1117 *C* estudie. — 1119 *CDM* deubte. — 1127 *M* viel ; *B* leur. — 1128 *BCF* dist. — 1130 *les mss. ont* on *l* len. — 1133 *DM* desoir. — 1134 *DM* il est d. — 1137 *M omet* au cuer. — 1138 *B* p. droit. — 1141 *B* Qui ; *AB* hoir *CDF* hoirs. *M* hers. — 1143 *M* le f. — 1144 *CF* Enuix.

    Juraque funerea patri. Cur pro genitura
2760 Destruit ergo pater se totum ? Cum sibi plura
Querit, tanto plus mortem desiderat ejus
Filius, ut teneat patris assis perpetue jus.
    In quocunque statu genitor sit, pres vel egenus,
Filius ipsius mortem cupit ; ut puta, plenus
2765 Nommis si fuerit, ut ei succedat in ipsis ;
Si pauper, ne pascat eum, dum fiet eclipsis,
Aut ne mendico patre dedecus huic pariatur.
« Quantum vivet ? » ait puer, « iste senex moriatur ! »
Sub Salomone duos juvenes lego pro patris asse
2770 Ejus certatim corpus jaculando forasse.
    Ve pueris ! Mallem quod quidam Scotus haberet
Feuda, catalla mea, bene dum tamen hec retineret,
Quam proprius natus, nisi se gereret sapienter.
Est miser, est fatuus, aliquid quicunque scienter
2775 Heredi pravo dimittit. Sed sua vendat
Ortor, et inde bonis juxta sua facta rependat.
    Reddit enim segnes pueros spes ipsa futuri
Assis, qui forsan essent alias valituri.
    Dux Nerbonensis Emericus ob hanc rationem
2780 Non voluit conferre suam pueris regionem ;
Immo remota dedit. Hoc fecit ut inde vigerent,

2764 *puta*, ms. *plura*. — 2767 *pariatur*, ms. *patiatur*. — 2779 *Emericus*, ms. *Eymericus*.

1145 Oncques Aymery de Narbonne
Ne voult a ses fils donner bonne
De ses biens patrimoniaus;
Dont les enfans Narboniaus
Alerent ailleurs conquester
1150 Et eulx a bien faire apprester.
Se tu es Dieux, le tout poissant,
Si com a moy est congnoissant,
J'ay cause de toy opposer.
Pourquoy laisses tu supposer
1155 Les choses, contre verité,
Aux usages de la cité,
Que le peuple fait par simplesce?
Respon moi, quel jugement est ce?
Goutte n'y voy; dont n'es tu sage

1160 Quant tu laisses droit pour usage.

L'usage aux lois met ceste clause,
Que sans congnoissance de cause
Ne doit nul faire jugement.
Le droit fault quant le juge ment.
1165 Usage tout par tout a nom;
Loy escrite ne droit canon
N'y vault rien. Las! c'est grant dommage.
Tout est moderé par usage.
Qu'y vault la loy de l'empereur,
1170 Puis qu'usage en est modereur?
Avec usage y a coustume,
Qui contre droit souvent presume.
On le voit es successions;
Assés y a d'abusions,
1175 Quant est a user d'ainsneesce.
Cest usage vient de simplesce.

1145 *CFM* Nerbonne. — 1150 *CDFM* a eulx b. f. — 1151 *F* et t. *M omet* le. — 1152 *AB* est *CDFM* es. — 1159 *B* voys *C* voix *DMF* vois; *M* tu es saiges. — 1160 à 1218 (*un feuillet*) manquent *M*. — 1160 *F* Quar. — 1161 *F* met aux lais. — 1161 *C* car. — 1165 *B omet le premier* tout. — 1167 *C* oustraige. — 1169 *BC* Qui *F* Que. — 1175 *B* danneesse *C* daisnoesche *F* dainneesce.

  Certi quod modicum, nisi lucrarentur, haberent.
   Si Deus es, sicut dicis michi, qualiter orbis
  Supponi pateris res ipsas usibus orbis,
2785 Quos plebs inducit simplex? Te judico cecum,
  Ipsum cum subdi permittas usibus equum. f° 42 r°.
  « Usus dat » laici dicunt, alia ratione
  Non allegata, sine cause cognitione.
  Ve legi scripte! proprium lex scripta valorem
2790 Amisit, quando dedit usibus ipsa vigorem.
  Quid prosunt leges quas edidit induperator?
  Quid jus canonicum? Judex est et moderator
  In cunctis usus, quamvis a simplice fusus.
   Hec tibi dico stupens de consuetudine que dat
2795 Assem prenatis, cum postnatos ea ledat
  Nequiter. Ecce sumus ab eodem nos patre mille
  Fratres laudandi; prenatus, sit licet ille
  Mancus et insipiens, patri succedit, ac ejus
  As genitoris erit, reprobandum per patrie jus.
2800 Jus? Maledico jus; quia tam reprobabilis usus,
  Dici re vera non debet jus, sed abusus.
  Propter enim primum nulla ratione secundum
  Exheredari puerum licet; immo secundum

2788 *sine,* ms. *siue.*

Et diversement se varie.
La benoite vierge Marie,
Quant Joseph prist a mariage,
1180 Ne l'espousa pas pour usage,
Qu'elle en deüst enfans avoir.
Si pouons veoir et sçavoir
Que d'autres s'en marie assés
Qui sont vieux, fraisles et cassés,
1185 Et se mettent en compaignie
Sans esperance de lignie.
Lignie dont n'est pas la cause
De quoy mariage se cause;
Car souvent s'en fait alliance
1190 Sans avoir d'enfans esperance.

Afin qu'aucun ne me reprengne
Et que contre loy ne mesprengne,
Je ne vueil frivoles trouver,
Ne je ne vueil pas reprouver
1195 Le sacrement de mariage.
Mais je requier en mon courage,
Pourquoy foïs cest sacrement
Tel et poingnant si asprement
Par griefté et par violence ?
1200 De luy vient toute pestilence,
Tençons, batailles et riotes ;
Et oultre a chascun mari ostes
La joye du souper roial,
De la cene celestial ;
1205 Les mariés n'y sont habiles,
Si com dient les evangiles.
Un qui fu appelés jadis
A la cene de paradis,
Respondi : « Je n'y puis venir,
1210 « Car femme me fait retenir.
« Mariage m'a fait souper,

1177 *B* marie. — 1179 *B* pr. Joseph en m. — 1180 *F* le prist; *B* par *CF* pour. — 1181 *C* omet en. — 1183 *C* se m. — 1184 *B* foibles. — 1188 *F* Dont le. — 1189 *B* on f.; *C* allyaultre. — 1190 — *D* (f° 139 r°) Comment il oppose contre le tiers bien de mariage qui est sacrement. — 1191, 92 *B* reprenne ; mesprenne. — 1194 *C* ny v. — 1197 *F* fois. — 1200 *B* ma f. — 1211 *A* soper *B* souper *CDF* chouper *I* soupper.

Quod pueri faciunt, sibi debent jura paterna
2805 Distribui, quitquid det consuetudo moderna.
 Virgo beata Joseph nupsit [sine] prolis habende
Spe, nubuntque senes ipsa sibi deficiente.
Ergo conjugii spes prolis non reputatur
Initiale bonum, preter quam sepe creatur.

2810 Nolo conjugii sacramentum reprobare,
Devius a lege ne dicar. Sed peto, quare
Hoc sacramentum fit tam grave, tam violentum ?
Ecce parit bella, rixas, lamenta, flagella,
Ac uxoratis est interdicta polorum
2815 Cena; quod ostendo verbis euuangeliorum.
« Uxorem duxi », respondit janque vocatus
Ad cenam. Sequitur post ista quod ipse cibatus
Non erit in cena vite, tanquam reprobatus.

2806 *sine* n'est pas dans le ms. primitif; ce mot a été ajouté après, au-dessus de *prolis*. — Après 2809 rubr. *hic opponit contra tertium bonum conjugii*.

« Si ne puis aler au souper. »
Si s'ensuit, puis qu'il y failli,
Chascun est ainsi mal bailli.
1215 Les autres aler n'y pourront ;
Sans gouster la cene mourront.
Grant douleur doit avoir illa
Pour celuy qui establi l'a.
Doncques est ma raison prouvable
1220 Que le mariage est dampnable,
Puisqu'Evangile ainsi l'afferme.
Une autre raison y a ferme,
Qui appert assés manifeste.
Pose que Pierre face feste
1225 De Sarre, que par amours aime,
Et par mariage la claime.
La chose mue ; et pourquoy est ce ?
Car Sarre devient felonnesse
Vers Pierre par dis et par fais,
1230 N'il ne sera ja si parfais
Qu'après trois jours, par sa priere,
Ne voulsist qu'il geüst en biere.
Et se point ne se marioit
Et il se jouoit et rioit
1235 Sans le mariage parfaire,
Elle li seroit debonnaire.
Doncques di je que mariage
Est dampnable par son ouvrage.
Du lit marital vient le vice
1240 Qui nous appreuve la malice.
En n'est pas nature si vile
Que seulement creast Sebile
Pour Werry, ne Werry pour elle,
Ne moy aussi pour Perrenelle.
1245 Quant les gens ensemble apparie,
Chascun pour chascune approprie.
Mais mariage est au contraire :

1213 *AB* il ; *C* lui f. — 1214 *A* Que lez autrez sont *B* Quainsi soit ch. *CDF* Chascun est ainsi. — 1216 *A* goust *BF* gouter ; *AF* de la c. — 1217 *B* il la *C* ylla *AF* y la. — 1219 *M reprend* (f° 108). — 1222 *F* Un ; *tous les mss.* afferme *I* a ferme. — 1223 *DM* Que ; *M* magnifeste. — 1224 *A* Pense. — 1230 *CDM* Nul. — 1232 *C* qui. — 1233, 34 *F* marioist : rioist. — 1234 *DM omettent* il. — 1238 *A* oultrage. — 1240 *M* le m. — 1241 *AM* Or. — 1243 *AB* henry ne henry. — 1245 *A* les gouts ; *CDM* apparient. — 1246 *CDM* apparient.

Ad cenam magnam velut iste venire nequivit,
2820 Sic nequeunt alii ; doleat qui sic stabilivit.   f° 42 v°.
Ergo probo quod sit damnabile nubere, teste
Scriptura [sacra.] Patet hoc alias manifeste.
Pono quod Petrus Sarram ducat per amores,
Ac e converso ; celebrato conjugio res
2825 Statim mutatur, quia Sarra fit impia Petro
Verbis et factis, et eum mox esse feretro
Post triduum vellet. Nos possumus ergo videre
Hoc ex conjugio facto procedere vere.
Ergo conjugium merito damnabile dico,
2830 Unde suo Sarra sic adversatur amico.
Extra conjugium   cum mitis Petra probetur,
Ergo thori vicium,   cum post sit iniqua, videtur.
Nondum distincte fecit natura Sibillam
Propter Werricum, sed propter quemlibet illam
2835 Ac istam mixtim, me non magis appropriato

2828 *vere*, ms. *mere*. — 2834 Pour le second *propter,* le ms. a *proper*.

Le seul veult a la seule traire;
Dont nature est forment contrainte
1250 Et souvent troublée et estainte ;
Retourner veult a sa franchise ;
Et quant n'y puet estre remise,
Lors muet riotes et discorde,
Reprouches et tençons recorde;
1255 Dont tant que mariage dure
Litigieux est par nature,
Il n'est chose plus destruisant,
Tant mauvaise ne si nuisant.
Pourquoy donc le feïs ainsi?
1260 Certes, tu ne pechas ains si;
Les choses a venir sçavoyes
Et tout devant tes yeulx avoyes,
Et le proufit et le dommage
De toute chose en tout aage.

1265 Tu sces que la chose causée
Respont et est appropriée
A la cause, et tu es cause.
Or, respon donc a ceste clause :
Puis qu'on te dit de paix acteur
1270 Et de tranquillité facteur,
Pourquoy feïs tu commencier
Les mariages pour tencier?
Paix vient de toy, a toy veult traire,
Et mariage est au contraire,
1275 Mariage est plein d'escremie;
Doncques ne le feïs tu mie.
  Le plus des gens dient et tiennent
Que mariages d'enfer viennent,
Pour ce qu'il sont demonieus,
1280 Rioteus et litigieus.
  Se tu es bon parfaitement,

1248 *manque C*. — 1249 *C* contraire. — 1253 *A* Viennent *C* meut *F* met *DM* vient; *F* d. et r.; *DM* discordes.— 1259 *ABDM* doncques: *ABCDM* fais; *C* f. tu; *D* le f. donc. — 1260 *C* peches; *A* oncq si *DM* oncques ainsi. — 1261 *F* auenir *ABCD* aduenir. — 1262 *BC* tant; *AB* vcoyes. — 1264 *DM* toutes choses; *BDM* en ton. — 1265 *M* tarisee. — 1267 *tous les mss.* et tu es c. (*hiatus*). — 1269 *C* com; *DFM* aucteur. — 1270 *C* faitteur. — 1274 *F* au m. est c. — 1275 *C* destreuille. — 1276 *à* 1334 (*un feuillet*) *manquent M*. — 1276 *C* lui; *F* fais. — 1277 *ACD* de g.

Petre quam Sarre. Sed conjugio celebrato
Solus debetur soli, naturaque mire
Inde coartata turbatur vultque redire
Ad libertatem; que dum nequit inde movere,
2840 Scisma solet tristis, rixas et bella fovere.
Ergo conjugium natura litigiosum
Est incunctanter, nichil est magis excitiosum.
Ipsum cur igitur fecisti? Nunne sciebas
Inde sequens damnum, qui cuncta futura videbas?
2845 Cause causatum respondet et appropriatur.
Ergo, cum pacis actor sis, ut recitatur,
A te non veniunt connubia litigiosa,
Vah! sed ab inferno, cum sint hec demoniosa.
  Si sis perfecte   bonus, in te sunt bona cuncta.
2850 Ergo per hoc recte   probo, cum non sit tibi juncta

2847 *litigiosi, ms. ligiosa, ti a été ajouté après.*

A arguer directement,
Toutes choses sont en toy bonnes
Ne de toy rien mauvais ne donnes.
1285 Doncques puis je assés bien prouver
Qu'on ne pourroit en toy trouver
Que si faintement te prouvasses
Que le mariage trouvasses,
Ne qu'avec l'espeus l'espousée

1290 Feüst oncques par toy posée
Par contrainte de mariage
Contre le naturel usage,
Pour ce que c'est chose mauvaise.
Se j'argue, ne te desplaise.
1295 Tant me merveil de ton affaire
Que ma langue ne se puet taire.

1283 *A* a t. — 1286 *A* a t. — 1287 *B* faittement. — 1290 *A* Y fust o. pour t. — 1292 *C* natural. — 1293 *C* ce soit *F* sest. — 1295 *B* merueille; *C* son. — 1296 *C* male. — *D* (f° 141 r°) Comment il veut redarguer dieu en ses fais en voulant prouuer que nous deuons estre tous sauuez excepte les femmes.

Conjunx, conjungi non esse bonum mulieri
Conjugio. Si vis ergo tua facta tueri,
Dic cur conjugium fecisti curque bonum sit?
Ut sileat mea lingua loquax, si scandala prumpsit.
2855 Discipulus nequit esse tuus, te testificante,
Res ac uxorem nisi qui dimiserit ante.
Ergo patet quod, qui vult discipulus tuus esse,
Est quod dimittat sponsam, te teste, necesse.
Ergo vir uxorem dimittat per tua dicta.
2860 Ecce retenta virum damnat, beat ipsa relicta.
Preterea nostra vulgaris regula prebet :
« Qui Sathanam duxit, Sathanam dimittere debet. »
Quid plus? Ad cenam magnam nequit ipse jugatus,
Sacra scriptura testante, venire vocatus,
2865 Hoc est, ad vite   cenam sanctis stabilite.
Si sic, conjugium cur ergo constituisti?
Mortis enim nostre statuendo causa fuisti.
Corporis ac anime, supple. Rixis cruciatur
Corpus, et hinc anima, quia tecum non sociatur.
2870 Qualiter illa tibi sociabitur? Ecce jugatus
Discipulus tuus esse nequit, nec adire vocatus
Mensam celestem. Mors ergo nostra, Deus, stas.
Desipis aut dormis; facit hoc, ut credo, vetustas;
Etas decrepita redit ad sensum puerilem,
2875 Decrescens. Ideo, puero magis indico vilem
Decrepitum; crescit   puer, is semper nichilescit.
Non equo nos judicio, Deus, afficis. Immo

f° 43 r°.

2855 rubr. à la marge, *probat quod viri volentes deo servire debent uxores suas dimittere*. — 2855 à 2880, voir le texte français correspondant plus haut, pages 181-185, vss 911-975. — 2860 *virum*, ms. *vir*. — 2876 ms. *nichil iscit*.

En merveillant ay grant merveille,
Merveilleusement me traveille
De tes merveilles que j'oy dire;
1300 A toy blasmer me contraint ire.
Car, comme tu soyes tenus
A tous saulver, grans et menus,
Pourquoy nous, pecheeurs, menaces
Et nous condempnes et enlaces
1305 Sans fin a pardurable paine
Pour une coulpe momentaine?
La paine, qui droit veult compter,
Ne doit le mesfait seurmonter.
Pourquoy sommes nous telement
1310 Tourmentés pardurablement
Pour pechié petit et legier?
On doit les paines allegier;
Raison veult qu'on les apetice.
Dont n'est ce pas vraye justice,
1315 Quant la punicion excede.
Je me merveil dont ce procede.
De ton propre sanc rachetés
Nous as et des paines getés;
Dont appert que saulver nous doives
1320 Et qu'en ta gloire nous reçoives,
Ainsi com j'enten proprement;
Faire le dois, ou autrement
Ta redemption seroit vaine,
Se nous ne delivroit de paine.
1325 Car les pechiés qui nous tenroient,
A la mort d'enfer nous menroient.

1305 *C* en. — 1306 *C* momaintayne. — 1315 *C* hcrode. — 1316 *B* je. — 1318 *C* poines. — 1319 *C* deuoyez. — 1321 *C* que je tens. — 1323 *C* banye. — 1324 *AF* ne nous; *A* deliuroiez.

Peccasti graviter statuens connubia primo.
In factis, te, Christe, tuis video stupefactum.
2880 Non pensas quid agis, quid agendum sitve quid actum.

Mirus ego miror, mire mirans tua mira,
Que facis. Ut culpem te me mirabilis ira
Cogit miranter. Nec mirum; cum tenearis
Omnes salvare, cur condemnare minaris
2885 Nos peccatores, et condemnas sine fine
Pro momentali culpa? que causa ruine?
Non debet pena nostrum superare reatum.
f° 43 v°. Cur ergo pro labe levi jugem cruciatum
Imponis, cum pena minor fore debeat? [Unde]
2890 Istud procedat miror mirando profunde.
Ecce redemisti proprio nos sanguine; quare
Constat, quod debes nos omnes salvificare.
Posset enim fieri tua ficta redemptio, vana,
Si nos protrahere possent peccata prophana
2895 Ad baratri mortem; nimium fatuusque fuisses,

Après 2880 rubr., *hic nititur deum redarguere in factis suis nitens probare omnes debere salvari excepto genere mulierum.* — 2881 ego, ms. ergo. — 2889 *Unde* n'est pas dans le ms.; l'annotateur n'a rien changé au texte. — 2893 *ficta*, ms. *facta*.

Or as tu pour nous contresté.
Tu eüsses trop fols esté
De toy pour nous en croix offrir
1330 Et des paines de mort souffrir,
Se tu souffroies de rechief
Que mort nous meïst a meschief ;
Ta redemption seroit fainte.
Mais la mort fu par toy estainte.
1335 Car s'elle pouoit revenir
Et nous en ses tourmens tenir,
Tousjours nous seroit ennemie ;
L'omme par toy ne seroit mie
Rachetés bien souffisamment.
1340 Ainsi appert evidemment
Que saulvés sommes par ta grace.
Et oultre, en poursuivant ma trace,
Nous avons vraye congnoissance
Que ton vouloir et ta poissance
1345 Tout un se joint et apparie
Et ne se muet ne ne varie,

Et est tout une mesme chose.
Si conclu plainement, sans glose :
Tu pues, doncques le veuls tu faire ;
1350 Et tout ce qui t'est voluntaire
Demeure perdurablement ;
Car durable est plus noblement
Ton vouloir, fichié par droiture,
Que ce qui a certain temps dure ;
1355 Car le fichié est plus durable
Que le corruptible mouvable.
Tu nous pues tous saintifier
Et en ta gloire edifier.
Doncques le veuls tu et voulras
1360 Selon raison, ja n'en faulras.
Ton vouloir ne puet nul oster ;
Si puis bien conclure et noter
Que par toy sommes vrayement
Tous saulvés necessairement.
1365 Et se tu dis que nos pechiés,
Desquels nous sommes empeschiés,

1328 *A* Tu par. — 1331 *B* derrechief. — 1334 *B* p. tout. — 1335 *M reprend* (f° 107). — 1337 *C* en e. — 1339, 40 *ABC* -aument *ou* aulment *DF* -amment. — 1341 *manque D.* — 1345 *DM omettent* un. — 1346 *C* ne se v. — 1347 *B* glose. — 1348 *B* conclus. — 1349 *BDI* pere *CM* peres ; *B* donc ; *A* se le v. f.; *CDM* les v. t. f. — 1350 *DM* ce qui est cest *B omet* t. — 1351 *AB* Demourer. — 1352 *C* y es. — 1353 *M* p. nature. — 1354 *M omet* a c. — 1356 *B* corriptible. — 1357 *C* esdiffier. — 1362 *F* noter *BCDM* notter. — 1361 *B* Tu sauues. — 1366 *AB* Dont nous pouons estre entechies (*B* entechez).

Si dire morti te nos redimendo dedisses,
Denuo si sineres, extincta morte, perire
Nos. Nam, si posset jam mors destructa redire,
Hercle ! redemptus homo non esset sufficienter.
2900 Quod nos salvati simus, liquet ergo patenter.
Constat enim quod idem cum posse tuo reputatur
Velle tuum, quod non est mobile nec variatur.
Quod potes ergo vis, et quod vis permanet ipsum,
Cum sit enim supra tempus durabile fixum
2905 Velle tuum. Sed nos potes omnes sanctificare ;
Ergo vis semperque voles hoc, exposita re.
Frustrari sed velle tuum nequit. Ergo necesse
Est, si vera loquor, nos salvos jugiter esse.
Si dicat quis quod nos damnant crimina nostra,

2906 semperque, le ms. a l'abréviation de *quod*, qu'il sépare de *semper*.

Que Dieux het et veult contempner,
Nous font a tousjours condempner,
J'argue que tu ne veuls mie
1370 Mort du pecheeur, mais la vie,
Ne tu ne veuls pas qu'il perisse,
Mais qu'il vive et se convertisse.
Les mauvais, qui font les mesfais,
Ne peuent emposchier tes fais,
1375 N'obvier a ta voulenté;
Car pouoir et vouloir enté
As a nostre salvation
Sans point de variation.
Doncques est il necessité
1380 De tous saulver, en verité,
Non obstant quelque empeschement.
A tousjours pardurablement
Nous fu faite ta grace plaine,
Non pas a temps ne a sepmaine.
1385 Acteur es de durable vie;

La mort pardurable, amortie,
Doit par toy estre regetée,
Qui nostre vie as rachetée.
Comme tu soyes pardurable,
1390 Aussi ta grace secourable
Nous doit durer semblablement
A tousjours, pardurablement.
Puis qu'il te plaist nous relever,
Rien ne nous puet jamais grever.
1395 D'autre part, tu es le bon paistre;
Pour saulver ton fouc voulsis naistre
Et en la croix mort soustenir,
Quant pastour voulsis devenir.
Si dois relever tes berbis
1400 Et rappeler par les herbis,
S'aucunes en vois esgarées,
Que par toy soyent reparées.
Tu doys leur salut pourchacier
Et les loups arriere chacier

1367 A condampner C condempner. — 1368 F A t. n. f.; A contempner. — 1371 A Et que ne v. — 1378 C varication. — 1381 B Obstant; CD quelconques M quelx conques. — 1385 M omet es. — 1387 B rachetee M regrettee. — 1395 M bons. — 1396 AB s. ton sanc C s. et pour nous DM sauuer tous (tout) v.; C mettre. — 1401 M Saucum; M esgares. — 1402 M pour toy s. reppares. — 1404 M leups.

2910 Que Deus, et non nos, odit, mox arguo contra :
Tu non vis mortem peccatorum sed eorum
Vitam. Sed facta certe nequeunt reproborum
Tollere velle tuum, variabile quod nequit esse.
Ergo salvari cunctos concludo necesse,
2915 Ipsorum scelerum non impediente cathena.
Rursus facta fuit tua nobis gratia plena
Et non ad tempus. Tu vite jugis es actor;
Mortis perpetue fore debes ergo rejactor.
Cum sis eternus, similis tibi gratia semper
2920 Ergo durabit, cujus relevamur opem per.
Si pro nobis es, quis contra nos? Relevare
Cum nos ergo velis, poterunt nos nulla gravare.
f° 44 r°.   Porro bonus pastor es, qui te supposuisti
Morti nanque crucis, quam pro grege sustinuisti.
2925 Ergo tuas vigilanter oves debes revocare,

2917 ad a été ajouté après. — 2920 *relevamur*, ms. *reuelamur*.

1405 Aux chiens, au baston, a la voix :
S'une en perist, et tu la vois,
Tu li dois tantost secourir ;
Car se bergier laisse mourir
Une berbis par sa simplesce,
1410 Par son deffaut, par sa peresce,
Droit dit qu'il est tenu du rendre,
Ou cas qu'il la pourroit defendre,
Non obstans Argus empeschans.
Et puis que le bergier des champs
1415 Est pour la rendre convenu,
Encor y es tu plus tenu,
Qui tout vois et sur tous as tour,
Et qui es souverain pastour.
Doncques s'ensuit il vrayement,
1420 Puis que tu pues le saulvement

De ton fouc et de tes oueilles,
Que saulver les doyes et vueilles.
Se ta pitié ne te remort,
Tu es cause de nostre mort.
1425 Mais quoy qu'on die de nous, hommes,
Qui en estat de saulver sommes,
Je ne cuide pas que de femme
Puisses avoir ne sauver l'ame.
Car tu sces par raison apperte
1430 Qu'elle est cause de nostre perte
Et de ta mort occasion.
Doncques a sa salvacion
Ne dois encliner nullement.
Et quant au jour du jugement
1435 Que Adam ressuscitera,
En son corps tout entier sera,

1405 *A* Au chien; *F* bastons. — 1406 *M* Se une p.; *C* emprist; *BC* voix. —
1408 *F* le b. — 1409 *M* omet sa. — 1410 *C* et p. — 1411 *CDM* de r. — 1412 *B*
pouoit *DM* pouuoit. — 1414 *AB* Puys donc *M* Et que le. — 1415 *B* Et. — 1416
B Encores; *AB* mieulx t. — 1117 *BCDI* a t. — 1417, 18 *manquent M*. — 1421
AM sang *C* front; *A* oyellez *C* orailles *DM* oreilles (*corrigé dans D*). — 1422
M qui; *CF* tu; *CDM* dois. — 1425 *C* com; *C* noz. — 1431 *DM* de j. — 1435
CDF lors r. — 1436 *F* entrer fera.

Si profugas ipsas videas, baculoque fugare
Et canibus, cum voce, lupos; quia, si moriatur
Desidia pastoris ovis, de jure ligatur
Reddere pastor eam, presertim quando potest is
2930 Illam salvare. Quare, cum pastor agrestis
Jam teneatur ad hoc, multo magis ipse teneris.
Quidni? cuncta vides et summus pastor haberis.
Ergo tuum salvare gregem cum mox tibi possis,
Ni facias, sequitur quod mortis causa sue sis.
2935 O! quitquid dicam de nobis, de muliere
Vix aut non [hoc] posse puto fieri, quia vere,
Jam si salvares illam, que perditionis
Nostre causa fuit mortisque tue, rationis
Judex non esses. Igitur concludere possum
2940 Quod nimis esset eam salvari quippe probrosum.
  Ecce resurget Adam, si fas est dicere verum,
Integer. Ergo genus evanescit mulierum,
Ade de costa factum. Non integer esset

2935 rubr. à la marge, *probat mulieres salvari non posse*.

Adonc le gendre femenin,
Si com j'ay dit, plain de venin,
Tout au neant revertira
1440 Et ainsi s'esvanouira.
Car qui autrement le feroit,
Adam par entier ne seroit ;
Se sa coste n'estoit remise
En son lieu, ou elle fu prise,
1445 De quoy femme formas jadis
En ton terrestre paradis,
Dont puis li veas le sentier,
Adam ne seroit pas entier.
Mais, sa coste restituée,
1450 Femme sera destituée.
Ainsi saulvée ne sera
Ne ja ne ressuscitera.
Las ! tres doulx Dieux et tres poissant,
De mon erreur suy congnoissant ;
1455 Bien croy qu'en parlant ay erré ;

Mai j'ay le cuer forment serré.
Ire me constraint et douleur.
S'il y a en mes dis foleur,
Espargne moy, glorieus Dieux !
1460 Soyes debonnaires et pieus
A m'ame triste et desvoyée
Si que par toy soit ravoyée ;
Daigne par ta grace benigne
Que de toy veoir soye digne.
1465 Vrais Dieux, ayes de moy mercy !
Si doulens suy que je muer cy. —

« Mon fils, enten que je vueil dire.
Oste toy de courroux et d'ire,
Se pour moy sueffres et endures
1470 Grieftés et tourmens et laidures,
Dont tu me fais si grant clamour.
Remembre toy que pour l'amour
De mon peuple, qu'amay forment,

1437 *F* Tout le q. — 1439 *F* nyent. — 1442 *F* pas entrer ne feroit; *C* ny s.; *M* feroit. — 1443 *CI* la c. — 1444 *B* corps. — 1447 *C* de l.; *BC* luy *F* li. — 1451 *C* sa mere. — 1459 *B* Espargnez. — 1460 *B* Et soyes. — 1461 *A* piteux *BF* preux *C* preulx *DMI* pieux. — 1462 *C* omet que; *C* renuoyee. — 1463 *B* begnine *C* begnigne. — 1464 *B* soies. — 1466 *B* doulans *C* doulent; *AB* muir *C* meurs *DM* mueurs *F* muer. — *Rubrique dans C* (fº 122 vº) *D* (fº 144 vº) *F* (fº 56 vº) : Response de dieu aux argumens. Comment (*F* Et c.) il (*omis par F*) conforta les maries ; *rien dans AB*; *une miniature dans M*. — 1468 *A* Oste de t. c. et i. — 1469 *A* griefs t. et tres grans l. — 1470 *CDM* omettent le premier et. — 1471 *F* cy *M* cy si. — 1473 *AB* quamay *CDM* quayme *F* quamoye.

Hic, si costa sibi, de qua fit femina, deesset.
2945 Sed mulier facta si plene restituatur
Costa viro, sequitur quod femina destituatur.
Ergo nec fiet ea salva nec ipsa resurget.
Heu ! loquor hic errans, sed ad id mirabilis urget
Me dolor ; est anima mea, proh dolor ! avia, tristis.
2950 Ergo, benigne Deus ! michi parce, precor, super istis. —

Audi quid dicam tibi, fili ! nec movearis,
Si quos propter me cruciatus nunc patiaris.
Que tormenta tuli,   scis, fili, propter amorem
Janque mei populi,   quam penam quemque dolorem :

Après 2950 rubr. *hic loquitur deus matheolulo et ostendit ei quod bonum est uxorari propter bonum patientie et incidenter loquitur de incarnatione et passione et aliis dei operibus.*

Enduray grief paine et torment :
1475 Je fuy batus, je fuy crachiés
Et cloufichiés et atachiés ;
En la croix dreciés et pendus,
Par piés et par mains estendus,
Souffrir me convint jusqu'a mort.
1480 Et ma pitié a ce s'amort
Que par ma mort je rendi vie
A Adam et a sa lignie.
Ainsi que besoing en estoit
Et qu'amour le m'admonnestoit,
1485 Qui mon piteus cuer assoupli,
J'ay mon covenant accompli,
Certains signes en pues avoir.
Et se mon procès veuls sçavoir
Et la cause du racheter,
1490 Il te fault l'oreille aprester
Et le cuer, pour bien retenir,
Afin qu'il t'en puist souvenir.

Quant des palais celestiens
Feïs les angeles citoyens,
1495 Et je les oi fais et creés,
Lucifer fu si desreés
Et tel penser en soy cueilli,
Que contre moy s'enorgueilli
Et ne voult estre obeïssant.
1500 Plus que soleil resplendissant,
Ses cornes contre moy leva ;
Mais son orgueil moult le greva.
Il dist que si hault se verroit
Que dessus aquilon serroit,
1505 Et dist qu'a moy seroit semblable,
Com toutpoissant et pardurable.
Mais assés tost se desbucha
Et en tenebres trebucha,
Hors de lumiere souveraine,
1510 Sça jus en douleur et en paine.
En enfer trebucha sans doubte

1474 *F* griefs. — 1475 *B* fay *CDM* suy *F* fuy ; *B* et detranchez. — 1476 *BC* Et cloux fichies *D* Et a clouz f. *M* Et clofichies. — 1477 *C* drechies. — 1479 *BC* conuient ; *B* jusques ; *C* la mort. — 1480 *C* ad. — 1481 *B* Qui ; *B* rendray. — 1485 *M* cuer piteux ; *C* assupli. — 1486 *M* conuent. — 1487 *M* Certes ; *B* scauoir. — 1492 — *D* (f° 145 r°) *rubr.* Comment lucifer ne voult faire obeissance. — 1494 *BCF* Fis ; *B* anges *C* angels *M* angies. — 1495 *B* omet je ; *BF* eu *C* eus *DM* os. — 1496 *M* cy. — 1497 *M* t. parler ; *C* cueillit. — 1500 *B* Puis ; *BCDMF* le s. *A* seul omet le. — 1502 *M* li g. — 1504 *FM* seuls serroit, les autres seroit. — 1506 *B* prouuable. — 1507 *F* rebuscha. — 1510 *A* Cha.

2955 Verbera cum sputis, figi clavis preacutis ;
In cruce post moriens vitam sibi morte redemi.
Siccine [non] debebat Ade mors noxia demi ?   f° 44 v°.
Sicut opus fuerat, ita res processit ad actum ;
Precedens etiam volui complereque pactum.
2960 Processum si scire meum cupis et redimendi
Causam, ferventer appone cor hec retinendi.
  Civibus angelicis, me disponente, creatis,
Lucifer, insurgens fastu, sumpsit feritatis
Cornua contra me ; fulgentior isteque Phebo :
2965 « Assumam partes aquilonis, ibique sedebo, »
Inquit, « eroque Deo similis totaliter. » Unde

2956 *debebat*, ms. *dobebat*.

Et luy et sa sequele toute ;
Tant fu fols et oultrecuidiés.
Quant je vi les sieges vuidiés
1515 De la celeste mansion,
Lors fonday mon entention
Au raemplir et reparer.
Si formay, pour equiparer
Au dechiet, comme souverain,
1520 De ma main l'omme primerain.
Un tout seul fruit luy deffendi,
Mais pour ingrates se rendi,
Et, si tost qu'il fu mariés
Et avec femme appariés,
1525 Il mua sa condicion
Par orgueil, plain d'ambicion.
Car l'ennemy qui offensa,
Si com j'ay dit, assés pensa
Qu'homs la perte restabliroit
1530 Et que les sieges rempliroit

Es cieulx, en pardurable vie ;
Dont sur l'omme ot si grant envie
Que par sa femme le deçut,
Qui tel orgueil en soy reçut
1535 Que deesse cuida bien estre
Et moy bouter hors de mon estre.
Mal temptée mal s'apresta,
Et son mari admonnesta
Tant qu'il gousterent de la pomme
1540 Que j'avoye entredit a l'omme.
A mon commant desobeïrent
Tant qu'en chetiveté cheïrent ;
De tout honneur furent privés
Et au port d'enfer arrivés.
1545 Adam et sa lignie toute
Aloit en enfer a grant route.
Tous y aloient a desroy,
Sans espargnier conte ne roy,
Ne prophete ne patriarche,

1512 *M* li. — 1513 *M* oultrecuides. — 1514 *M* wides. — 1515 *M* mencion.
— 1517 *BC* raemplir *DM* reamplir *F* remplir; *BC* et au. — 1522 *B* il p.
ingrat; *CDM* p. ingrate *F* p. ingrates. — 1527 *M* li o. — 1529 *A* Quun homs sa
p. establiroit; *B* Quns l. — 1530 *BC* raempliroit. — 1533 *C* Et. — 1539 *M* Tant
qui. — 1540 *C* intreduit. — 1541 *BC* comment *F* command. — 1512 *C* qua. —
1518 *B* prime.

    Corruit in tenebras a summa luce profunde.
    Protinus insequitur ipsum sua tota sequela
    Ad baratrum propians, ubi direxit sua vela.
2970 Ut sedes vacuas ego replerem, prothoplaustum
    Feci, quem statui, juncta sibi conjuge, faustum
    Pre cunctis, illis vetito solummodo fructu
    Cujusdam ligni. Livoris complice ductu
    Hostis, premeditans quod homo post ista replere
2975 Predictas sedes debebat ibique sedere,
    Nequiter invidit, cujus monitu tumefecit
    In tantum mulier, quod mox mea jussa rejecit,
    Presumens fieri dea, decepitque maritum,
    Secum gastrantem pomum contra stabilitum
2980 Preceptumque meum. Quibus actis ambo repente
    Exspoliantur honore suo cum stirpe sequente.

2972 ms. *Precunctis*.

1550 Quant mon pere de la haulte arche
M'envoya et tramist pour eulx.
Je descendi comme amoureus
Ou saint cloistre, a la noble vierge,
Qui de moy garder fu concierge
1555 Et me conçut virginalment,
Pareil a mon pere egalment
Tant comme est a la deïté.
Tousjours fu vierge en verité
Et virginalment m'enfanta ;
1560 De prerogatives tant a
Que vierge est après et devant.
Et puis après de ce me vant :
Vrays Dieux, vrays homs, de vierge nés,
Fuy pour vous sauver ordenés ;
1565 Sans pechié, sans corruption
Pris en vierge incarnation
Com tout sachant et toutpoissant
Et toutes choses congnoissant.
Les memoires bien trouver sçay
1570 Comment au monde conversay :
Nus piés et vestus povrement
Y enduray moult humblement
Fain et soif, chault, froit et misere,
Soubs forme de serf, ou mis ere,
1575 Combien que je seigneur feüsse
Et que sur tous pouoir eüsse ;
Ce fu pour oster de servage
Et affranchir l'umain lignage.
Mais en Judée se dreça
1580 Mon peuple et contre moy pecha.
Contre moy dist pluseurs injures,
Mesdis, reprouches et laidures ;
Moy innocent crucefia
Et jusqu'a mort me desfia.
1585 Quant je souffri ma grant douleur,
Le soleil perdi sa couleur
Et se tourna en obscurté.
Lorsque la mort me fist durté,
La terre trembla telement
1590 Qu'il n'y ot lors nul element
Qui ma mort bien ne congneüst

1555,56 *BCFM* -alment. — 1558 *A* Vierge si est pour v. — 1559 *C* men enffanta. — 1562 *CDM omettent* de (*C ajoute* et). — 1564 *CDFM* Suy *AB* Fu. — 1567 *C* fichant. — 1570 *M* Comme. — 1571 *CDM* Nulz. — 1572 *CF* Et e. *BDM* Y e. — 1574 *F* et m. e.; *M* mis yere. — 1579 *F* Je esdreca *M* se edreca. — 1580 *M* p. contre m. sedreca. — 1583 *B* cruxifia. — 1584 *C* jusques *B* moy a m.; *C* ediffia. — 1585 *B* moult g. dolour. — 1588 *M* omet que. — 1589 *M* Et t. — 1590,91 *intervertis dans C*.

Infernabantur omnes, etiam patriarche,
Quando propter eos descendi patris ab arche
Virginis in claustrum sacrum; clausa tamen aula
2985 Concepit, peperit, virgo permansit et illa.
Verus homo verusque Deus, de virgine natus,
Cuncta sciens et cuncta potens, sine labe reatus,
Incola per mundum mendicans nudipes ivi,
Esuriens, frigus patiens estumque, sitivi,
2990 Formam servilem, quamvis Dominus, subiique,
Liber ut esset homo. Tamen insurrexit inique
Plebs mea contra me; quam plurima turpia dixit
Et fecit Judea michi, vah ! quem crucifixit
Insontem. Sed cum paterer crucis aspera zelo,
2995 Movit terra tremens, claudenti lumina celo;

f° 45 r°.

2988 *nudipes, ms. nudipedes*. — 2994 *ms. velo. à la marge : vel zelo*.

Et qui grant douleur n'en eüst.
Le feu, l'air, et l'eaue, et la terre,
Quant leur facteur virent en serre,
1595 Amerement ma mort plourerent
Et de lamenter s'esforcerent.
Se mon peuple me fu crueus,
Je suscitai com vertueus;
Au tiers jour rentray en ma gloire;
1600 Contre la mort obtins victoire;
Par ma vertu tant 'estrivay
Que mort vainqui, puis ravivay,
Et que mes brebis rachetées
Furent par moy d'enfer getées;
1605 Et ramenay ma bergerie
En la sainte hebergerie.
Bien vueil que chascun sache tant
Qu'ainsi les alay rachetant.
C'est mon procès, c'est ma besongne,
1610 Et l'Escripture vous tesmoingne
Un dit qui n'est pas en vain, qui
Nomme celuy qui mort vainqui
Et par mort l'ennemy destruit :
« En l'arbre et par l'arbre restruit
1615 « Ce qui par arbre estoit dampné. »
Car ce qui estoit d'Adam né
Aloit tout a perdition.
Mais l'omme en fist reddition
En l'arbre, tant que par son regne
1620 Mors est morte et la vie regne.
Mais, pour ce qu'il y ot grant somme,
Et que la vertu de pur homme
Ne pouoit, par tour ne demy,
Vaintre de soy son ennemy,
1625 Il convint par necessité
Que Dieux avec humanité
Se soubmeïst en arbitrage,
Pour satisfaire de l'oultrage
Pour toute humaine creature.
1630 Car se l'ange par aventure
Eüst fait la redemption,
Plus eüst de delection
Et plus grant amour desservi

1592 manque F: BCM que. — 1593 BM omettent le premier et. — 1596 FM sesforcierent. — 1599 F a m. g. — 1600 M obtins. — 1601 C tout escripuay. — 1602 C reuiuay. — 1604 B denfer p. m. — 1606 C sa. — 1608 B les ay. — 1610 AB vous CDF nous. — 1611 C enuainqui. — 1612 AB Nommes est cil. — 1614 M labre. — 1615, 16 intervertis dans M. — 1615 B Cil. — 1616 AB dadam estoit n. — 1618 AB redemption M restitution. — 1620 B Mort; B omet la. — 1621 M qui. — 1622 CDF du M dun AB de; B par C premier. — 1623 CDI tout I na d. — 1627 M larbitrage. — 1628 F saitifaire; M omet de. — 1632 A delection F en dedilection.

Aer, ignis, aque planxerunt me moriente;
Cuncta jacent, actore suo sibi deficiente.
In triduo victor propria virtute revixi;
Abductas ego pastor oves ad ovile reduxi.
3000 Sic ego processi redimens; nam regula dicit :
« Hostem vincit homo ligno, ligno quia vicit
« Hostis fraus hominem ». Sic ars devincitur arte,
Et regnat vita, quia mors est mortua marte.
Sed quia vis hominis puri prosternere de se
3005 Ipsum non poterat hostem, fuit ergo necesse
Ut Deus esset homo redimens. Si forte fuisset
Angelus, ergo magis adamari jam meruisset
Quam Deus ille, quia constat minus esse creari

2999 ms. Obductas.

Que Dieux qui pour ce s'asservi,
1635 Si com tu le pourras entendre;
Car le creer est chose mendre
Et le racheter est graigneur.
Pour ce fu fait par le seigneur,
N'a l'ange pas n'appartenoit.
1640 Et oultre, d'autre part tenoit
A ce qu'homme tant attempta,
Pour ce que estre Dieu tempta,
Et trebucha par son mesfaire.
Doncques fu chose necessaire
1645 Que me monstrasse doulcement
Vers homme et si tres humblement
Que, pour son rachat obtenir,
Je voulsisse homme devenir,
Et comme homme le relevasse,
1650 Et que par moy le rachetasse.
Ne treuve l'en pas en escrit
De la mort et des peines Crist,

Comment souffrir le convenoit?
On lit, se bien t'en souvenoit,
1655 Que Dieux en la boise regna,
L'ennemy prist et affrena
En chayennes de fer ardans.
Ainsi fuy mes amis gardans.
Doncques, a venir a droit compte,
1660 M'amour toute autre amour seurmonte.
Je souffri mort et grief hachie,
Pour saulver d'Adam la lignie.
Si te pri especialment
Que tu sueffres paciemment
1665 Pour moy douleur et paines brieves,
Car pour toy les souffri plus grieves.
Tourmens, menaces et crachas,
Que soustins pour humains rachas,
Les clous, la lance et les espines
1670 Imposerent fin aux ruïnes
De mon peuple et de mes amis.

1636 *B* les crees; *C* maindre. — 1637 *F* r. le g. — 1639 *M* langre. — 1641 *A* que la langue *B* que lange. — 1642 *CDFM* qua (que a). — 1643 *AB* Dont il chei. — 1644 *M* fu ce. — 1646 *M* homs. — 1649 *M* omet le. — 1651 *B* pas l'en; *M* omet len. — 1653 *C* lui c. *DM* li c. *F* la c. — 1654 *F* Ou se b.; *BCF* list; *B* b. en s. *C* te s. — 1656 *M* effrena. — 1657 *CDFM* feu *AB* fer. — 1658 *C* fu il; *M* aidans. — 1660 *M* omet autre. — 1661 *AB* a gr. — 1665 *M* douleurs; *B* griefues *M* breues. — 1666 *M* greues.— 1667 *A* rachat *CDF* rachas *B* crachat *M* crachas.— 1668 *ABF* humain; *AB* rachat. — 1669 *F* clos.

Quam redimi; quare non debuit hoc operari
3010 Angelus. Et rursus elatus homo Deus esse
Temptavit; quare cecidit; fuit ergo necesse
Ut pius ac humilis sic essem quod relevarem
Ipsum, factus homo, redimens quoque repatriarem.
Nonne pati Christus sic debuit, indice scripto?
3015 A ligno Dominus regnavit, demone victo.
Ergo mea nulla dilectio major habetur,
Quippe mori volui, genus Ade ne moreretur.
Deprecor ergo, tuos patienter ferto dolores
Propter me, quia propter te gessi graviores.
3020 Sputa, flagella, mine,   probra, clavi, lancea, spine,
Felici fine   populi sunt meta ruine.
His, homo, deliciis, hac te crucis arte redemi,
Fortiter infirmis dum mortem morte peremi.

3014 *indice*. ms. *judice*.

Ma mort en vie les a mis.
 Et pour ce que je ne vueil mie
Que mauvaistié soit impunie,
1675 Si ne vueil que pecheeur muire;
Mieulx l'aim a saulvement conduire,
Com champion et redempteur;
Et aussi, pour ce que l'empleur
Ne doit pas a ses piés geter
1680 Ce qu'il seult si chier racheter,
Et pour ce que la loial cure
Les malades garist et cure,
Pour corriger les pecheeurs,
Les pervers et les lecheeurs,
1685 Pour amender leur conscience
Et pour prouver leur pacience
Et leurs vertus et leurs victoires,
Leur ay fait pluseurs purgatoires,
Plains de tourmens et plains d'orage,
1690 Entre lesquels est mariage
Le plus crueus, le plus orrible,
Plus tourmentable et plus penible.
Les paines n'en puis compter toutes,
Plus en y a qu'en mer de gouttes.
1695 Ce sces tu, car esprouvé l'as,

Maintes foys en as dit « helas! »
Ceulx qui sont bouillis ou tostés,
Ou escorchiés par les costés,
Ou qui sont mis pour eschauffer
1700 Sur vis charbons ou sur chaut fer,
Ne les decollés par grant ire,
Ne sueffrent pas si grief martire,
Tant de tourment ne si grant rage
Com ceulx qui sont en mariage.
1705 Paine n'est si grief com ta paine;
Par mariage qui te maine
Est ta joye en douleur muée,
Ta douleur as continuée
Et esprouvée en la fournaise.
1710 Assés as souffert de mesaise.
Pour ce que tu es vray martir,
A mes biens te feray partir.
Sueffre fort, ne te doubte pas,
Mais saches qu'après ton trespas
1715 Sans paine venras après moy.
Or soyes doncques sans esmoy.
Tes pleurs en joye tourneront,
Et tes souffrances moustreront
Qu'avec femme as fait purgatoire;

1674 *C* ma maistie. — 1678 *M* lempereur. — 1680 *C* omet si. — 1684 *M* et les cheours. — 1685 à 1742 (*un feuillet*) *manquent M*. — 1689 *B* de grans t.; *B* omet le second plians; *BCF* oraige *A* oragez *D* oraiges. — 1690 *BCDF* mariaige *A* mariages. — 1692 *B* pensible. — 1694 *C* quamer. — 1700 *C* vilz; *B* pour eschaufer. — 1702 *F* grant. — 1713 *C* f. et ne d. *F* f. ne d.

  O! peccatorum quia mortem nolo, redemptor
3025 Et pugil ipsorum, cum res non debeat emptor
Emptas tam care pessundare, janque parare
Iccirco volui sibi purgatoria plura,
Ut se purgarent; egros sanat data cura;
Inter que majus est conjugium. Quia nosti
3030 Penas, non resero; tamen hoc dico, quia tosti
Ferro flammifico, tot penas non patiuntur
Quot patiuntur ei qui conjugio capiuntur.
Non est martirium majus quam continuata
Pena velut tua, conjugii fornace probata.
3035 Es vere martir; ergo, bene si patiaris,
Non dubites quin me post mortis bella sequaris,
Obice sublato, nulla pena mediante,
Quippe sub uxore quoniam purgatus es ante.

1720 Tu es purgiés et as victoire.
Je n'ay cure des variables
Courages, qui ne sont estables.
Il reculent quant vent les touche;
Pour ce les hé et les reprouche.
1725 Pols ala a ceulx d'Italie,
Pour eulx blasmer de leur folie ;
En mer souffri mainte moleste,
Maint tourment et mainte tempeste.
Troys foys fu plongiés en la mer,
1730 Ou il ot dur temps et amer.
Mais pour ce son cuer ne mua,
En vraye foy continua,
Sans flechir en nulle maniere,
Pourquoy sa nef remest entiere,
1735 Comme cil qui apris avoit,
Et par espreuve bien sçavoit,
Que mieulx vault et est plus seüre
De son ami la bateüre
Et la dure correction,

1740 Qu'il fait par bonne entention,
Que ne font baisiers fraudeleus
De son ennemi cauteleus ;
C'est des baisiers que Judas donne,
Qui deçoivent mainte personne.
1745 Je met ceulx a salvacion
Qui sueffrent tribulacion.
Il convient que la playe pue,
Quant mire piteus la remue.
Le disciple euvre folement
1750 Qui est chastiés molement.
Se la terre n'estoit navrée
De fers et de herces arée,
Peu de fruit pourroit apporter.
Quant le pere veult supporter
1755 Son enfant, il ne l'aime mie,
Mais aime celuy qu'il chastie.
Qui ces notables considere,
Je vueil chastier comme pere ;
Car celuy que je hateray

1723 *B* recueillent; *C* vueult l. t. — 1724 *B* Pour ce que l. h. et r. — 1725 *B* Paraulx a c. — 1726 *F* les. — 1729 *B* omet foys. — 1734 *Leçon de AB, CDF* Et sa nef demoura e. — 1741 *C* Qui, *F* frauduleus. — 1743 *M reprend ici* (f° 115); *F* Et des b. *ABCDM* Cest. — 1745 *F* Il. — 1752 *CDM* Dez (Des); *B* harce *CFM* herce *I* herces; *B* errec. — 1759 *FM* hatray.

   Instabiles animo reprobo, qui tempore cedunt
3040 Et pede retrogrado, vento variante, recedunt.
   Paulus ad Ytalicos vadens, ut eos repararet,
Multa molesta mari patitur, nondum tamen aret
Vera fides in eo; cordis manet integra prora.
Quidni? nam norat quod amici sunt meliora
3045 Verbera quam duplicis inimici basia; fraudis
Oscula sunt Jude, mea mire verbera laudis.
   Vulnus olens mitis medicus facit et pia stultum
Virgula discipulum. Nisi sit rus vomere cultum
Atque trahis, non fructificat; puerum pater odit
3050 Quem non castigat, amat hunc cui crimina rodit.
Istis attentis, ergo quem verbero, nundum
Quisquam diffidat, quia reddunt verbera mundum,
Dum modo pacifice paciendo suum cruciatum

3044 *norat.* ms. *nouerat.* — 3046 *mitis.* ms. *mite.* — 3052 *Quisquam.* ms. *Quisuam.*

1760 Du tout ou uel le purgeray ;
Mais qu'il le sueffre bonnement
Et se repente vrayement,
Et qu'il confesse ses pechiés
Desquels il se sent empeschiés.
1765 Tous ceulx que j'aim, je les espreuve,
Et suy joyeus quant bons les treuve.
Tel est ma maniere d'amer ;
En mes amours n'a point d'amer.
Dont je conclu qu'amer me doives,
1770 Et tes douleurs en gré reçoives.
Beau fils, ayes en remembrance,
Quant tu estoyes en enfance,
Comment de ta jounesce usas.
Pourquoy de ton temps abusas
1775 Sans proufit et a ton dommage ?
Or te complains de mariage,
Qui tant te livre de palestre
Qu'une heure ne puessans mal estre.
Par dedens dois lamenter tu ;
1780 Car on ne quiert pas la vertu

Dehors, on la quiert es entreilles :
Sous la fueille est le fruit en treilles.
De vaintre est il plus noble gendre
Et qui plus de vertus engendre,
1785 Que la vertu de pacience ?
Qui ne sueffre il n'a pas science ;
Qui sueffre, il vaint, ce dit la lettre.
Dont a souffrir se fait bon mettre,
Car pacience tout seurmonte ;
1790 C'est la vertu par ou l'en monte
Au royaume qui tous temps dure.
Eüreus est qui bien endure
Et qui prent pacience forte ;
Bonne esperance reconforte
1795 Et est des douleurs medecine
Par la doulceur de sa racine.
Les drois exposent sagement,
En bon espoir d'allegement,
Que qui en un cas est grevés
1800 Ailleurs doit estre relevés.
Si est droit que les mariés,

1764 *C* Dequel ; *C* sont ; *B* entechez. — 1770 *C* telx. — 1774 *B* Comment tout ton. — 1777 *M* palastie. — 1778 *B* Une *C* Cune ; *CD* molestre *M* molestie. — 1782 *F* le f. ; *M* les fueilles ; *ABM* es t. *CDF* en t. — 1783 *Tous les mss.* De viure est le p. n. g. — 1786 *C* Quil. — 1787 *B* vaut ; *C* se. — 1788 *C* ce ; *C* maistre. — 1794 *AB* esp. le conforte ; *F* esp. conforte. — 1798 *C* un e.

Vere peniteat, confessus sitque reatum.
Quos amo castigo nec dicor amando sophista.
3055 Ergo diligere me te conclude per ista,
Sicque recordare, fili, quid, cum puer esses,
Fecisti. Videas quam fructiferas tibi messes
Conjugio queris ; victa paciendo palestra,
Interius vigeas ; virtus non queritur extra.
3060 Nobile vincendi genus est pacientia ; vere
Vincit qui patitur ; paciendo vincere quere.
Est semper virtus pacientia maxima morum,
Est via qua sancti veniunt ad regna polorum.
Nec ledunt pene sociata spe braviorum,
3065 Cum sit enim bravii spes summa medela dolorum.
Dicunt jura quod in uno quicunque gravari
Consueverunt, in alio debent relevari.
Ergo jus est quod uxorati releventur

Qui chascun jour sont tariés
Dedens le monde sans cesser,
Doyent joïr et possesser
1805 Des biens et des joyes celestes,
En guerredon de leurs molestes.
On ne doit pas affliction
Donner ne desolation
Aux tourmentés ne aux bleciés.
1810 Mieulx est qu'il soyent redreciés
Et guerredonnés a dix doubles
Pour leurs paines et pour leurs troubles.
Soyes doncques fors et entiers,
Sueffre et endure voulentiers
1815 Le dur tourment connubial,
Pour diademe imperial
Recevoir, lequel t'est offert,
Quant tu avras assés souffert.
En ton cuer ayes en memoire
1820 Ma croix, ma mort et ma victoire.

Sages est a qui en souvient.
Qui me veult servir, il convient
Qu'il sueffre persecutions,
Paines et tribulations;
1825 Par delices n'est pas la voye
De venir a parfaite joye.
Se tu as vie douloureuse
Et pour un brief temps langoureuse,
Sueffre, car tu sces que douleur
1830 Est medecine de douleur.
Et le monde les gens deçoit;
Car les joyes qu'on y reçoit
Sont trop brieves et momentaines
Et d'amertume et de fiel plaines.
1835 Pour ce ne doit nuls homs estables
Laissier les joyes pardurables.
Chier fils, remembre en conscience
De Job et de sa pacience;
Si souffreras legierement

1804 *B* pocesser; *M* avait processer, *l'r a été biffé*. — 1805 *F* Des j. et d. b.; *M* Ses b. — 1809, 10 *C* blechies : redrechies. — 1810 *M* qui. — 1812 *B* les p.; *M* leur .... leurs; *B* le t. — 1816 *C* diamdeme. — 1817 *CDM* est. — 1819 *B* omet en; *B* memoires. — 1822 *M* ne v; *AB* suir. — 1823 *C* Qui s. par secutions. — 1825 *CDM* Par dehors. — 1826 *B* voye. — 1828 *B* par. — 1829, 30 *A* douleur : valeur *B* doleur : doleur *F* doleur : dolour *CDM* douleur : doulceur. — 1832 *F* Quant. — 1838 *B* sapience.

3070 In celis, cum quottidie mundo crucientur.
    Afflictis ipsis non est afflictio danda.
    Immo pro penis stipendia sunt decuplanda.
    Ergo libens patere tormentum connubiale!
    Sis fortis! diadema tibi dabit imperiale.
3075   Mors crucis in corde semper conscripta reportet
    Hec tibi, quod qui vult meus esse secutor, oportet
    Illum nanque pati penas; non itur ad astra
    Deliciis. Pro me passis ego do mea castra.
    Ut penas vites post hanc vitam, braviorum
3080 Spem retinens, patere! Dolor est medicina dolorum.
    Gaudia decipiens dat momentanea mundus;
    Que bene si penses pensando sisque profundus,
    Fellea censebis. Dic ergo qualiter ausus
    Est homo propter ea juges dimittere plausus.
3085 Fili kare, tuas penas leviter patieris,
    Si bene quanta fuit patientia Job mediteris.

1840 Ce qui te trouble amerement.
Enten comment par Helisée
Fu la medecine avisée;
Quant le peuple israelien
Estoit lié de tel lien
1845 Qu'il cuidoit mourir de famine,
Il aprist a mettre farine
O le jus des herbes triblées,
Que le peuple appeloit heblées.
Trop furent aigres ou vaissel;
1850 Dont, pour allegier leur faissel,
Il fist la farine adjouster
Si qu'il en peüssent gouster.
Helisée fist leur buvrage
Adoucir par soutil ouvrage.
1855 Tout aussi comme la farine,
Pacience est la medecine
Qui fait cesser toute amertume.
Qui de souffrir prent la coustume,
Il endure mieulx la tristesce

1860 En doulx espoir d'avoir leesce.
Pren le noël de la sentence,
Pour toy tourner a pacience.
Car en cest dit les herbes aigres
Sont les vies aspres et maigres;
1865 Et tu es, batu du flael,
Comparés au peuple Israel,
Afflict, sans joye et sans risée;
Et je suy le vray Helisée;
Et pacience est la farine
1870 Qui donne doulceur enterine.
Or sueffre, pour couronne avoir
Double et vaillant sur tout avoir.
On ne donne pas la couronne
Au commencier, mais on la donne
1875 En la fin, quant l'espreuve est faite.
Fils, persevere, et si t'affaite
Telement qu'a bonne fin viengnes.
La fin fait tout; ces mos retiengnes,
Que li* prins temps pas ne se fonde

1840 *M* Ce que. — 1841 *C* Et enten. — 1842 *B* de m. — 1846 *B* mouldre. — 1847 *manque F*; *A* O lez j. *BCD* Ou le *M* Ou les. — 1848 *A* Que p. nommoit herbeleez; *B* herbees *CDF* heblees *M* eblees.— 1851 *B* Y fist. — 1855 *B* com de. — 1857 *B* f. souffrir.— 1858 *CD* par *F* pert.— 1859 *ABT* Mieulx (*AT* en) endure. — 1861 *A* nouel *B* noiel *CDFM* noel. — 1863 *B* arbres. — 1864 *CDI* Font; *AM* viez *D* vies *B* vices *CF* viels (vielz); *M* pres aspres. — 1866 *ABT* Compare; *C* aux peuples; *DF* dysrael. — 1868 *C* Et si *D* si *changé en* je. — 1876 *CD* ta faicte. — 1879 *B* le *C* lez p.; *B* omet se.

Nunquid Eliseus agrestes jusserat herbas
Fritas vase coqui? quas, cum gustasset acerbas
Israhelitarum cetus, clamavit: « In olle
3090 « Visceribus mors est; pater, aspera noxia tolle! »
Illico dulcescunt herbe mediante farina,
Quam dat Eliseus. Patientia sic medicina
Est ipsis summe cruciatis. Id quod amarum
Est hec dulce facit, pronostica leticiarum.
3095 Frange nucem, nucleum sumas! Sunt aspera vite
Agrestes herbe, tu clamans Israhelite,
Ac Eliseus ego, patientia vero farina.
f° 46 v°.   Ergo libens patere! dabitur tibi laurea bina.
Cum non principio, sed fini laurea detur,
3100 Ergo vige, fili, quia finem quisque sequetur.
Sicut yrundo ver plene non unica fundat,

3093 *summe*, ms. *summa*, l'annotateur ajoute *vel summe*.— 3097 *vero*, ms. *vera*.

1880 Seulement d'une seule aronde.
Le philosophe nous descuevre
Et dit qu'une seule bonne euvre
Ne donne pas plaine vertu;
En ses dis le pues trouver tu.
1885 Pluseurs vertus convient ouvrer,
Se tu veulx joye recouvrer.
Soyes vigoureus et t'esveille
Et a bien faire t'appareille;
Desprise les joyes du monde,
1890 Dont tristesce en la fin habonde.
Qui bien commence et mal define,
Son bien fait a neant decline.
Viaire de noble courage
Rit et ne se muet pour orage,
1895 Ne pour mal temps ne pour moleste
Ne mue son propos honneste.
Parfay ton bon commencement,
Pour haster ton avancement.
Car qui bien fine, il a victoire;

1900 Qui plus sueffre plus a de gloire.
A l'issue sont esprouvés
Les fais bons ou mauvais trouvés;
En la fin se monstre la chose;
Et la loy nous dit et expose
1905 Qu'on ne puet la chose a chief traire
Tant qu'il y ait rien a parfaire.
Parfay doncques! car, se la charge
Pesoit plus d'une plaine barge,
Pacience le fais alliege
1910 Et le fait plus legier que liege.
Vraye pacience se fonde
Que loyer au labour responde.
Tu ne dois pas doubter la somme,
Mais la joye qui te vient somme.
1915 Ayes forte perseverance
Et pren en toy bonne esperance,
Afin que le fais ne te blesce.
Qui seme en lermes de tristesce,
Il cueillera joye a cent doubles

1879, 80 *manquent AT.* — 1884 *A* cez *BD* ces *CFM* ses. — 1887 *M* tesueilles. — 1888 *M* tappereilles. — 1894 *B* ouuraige. — 1895 *F* p. nul. — 1902 *B* aux m.; *C* maulx. — 1903 à 06 *manquent AT.* — 1904 *B* La l. ainsi. — 1906 *F omet* i. — 1908 *B* Nestoit. — 1909 *M* fay; *BCF* allege *M* aliege. — 1910 *F omet* Et. — 1911 à 14 *manquent AT.* — 1912 *M* a latour. — 1918 *C* seure; *I* plours; *CDFMI* et en t. *A* en l. en t. *B* l. de t.

    Philosopho teste, bona sic operatio non dat
Unica virtutem, sed plures. Sis vigil ergo,
Semper agendo bonum, dans mundi gaudia tergo.
3105   Initiale bonum, virtus presumpta, meretur
Dici non virtus, proprie cum nil reputetur
Pro virtute nisi constans in agone probetur.
Ridet in adversis virtus, nec frangit honestum
Propositum tempus scelerosum sive molestum.
3110   Perfice ceptum! qui bene finit victor habetur;
Exitus acta probat. Et scis, pro lege cavetur
Quod nichil est actum dum quid superest ad agendum.
Ergo perficias! Quamvis grave, suave ferendum
Est onus istud cui respondent premia summa.
3115 Non ipsas penas, sed mercedes tibi somma,
Ne te ledat onus. Lacrimis qui seminat, ille

3115 *Non ipsas*, ms. *Non est ipsas.*

1920 Pour ses lermes et pour ses troubles.
Mieulx vault pour une seule lerme
Avoir ris et joye sans terme
Qu'en risée tant demourer
Qu'il en conviengne après plourer.
1925 Cil n'est pas digne d'avoir aise
Qui ne scet que c'est de mesaise,
Et qui ne puet souffrir fort une
Merveilleuse et dure fortune ;
Qui ne puet souffrir chose amere,
1930 Ja doulceur ne luy sera mere.
Souffrir dois en feu et en fer
Pour racheter l'ame d'enfer.
Car tous les sains ainsi vainquirent,
Qui bonne pacience quirent.
1935 Pour allegier ta lesion,
Remembre de ceulx de Sion :
Quant en chetiveté alerent,
En lermes et en plours semerent ;
Au retourner se confortoient

1940 Des gerbes qu'il en rapportoient.
Ceulx qui semerent en tristesce
Recueillirent en grant leesce.
Afin que par la forte luite
Qu'en mariage est introduite
1945 L'omme se puist justifier
Et par preuve saintifier,
Aussi com l'or dedens la forge,
Qui est recuit quant on le forge,
J'ay les mariages tessus
1950 Et fais, si com j'ay dit dessus,
Pour le mieulx, et ainsi l'enten je,
Qu'il soit dignes de grant louenge.
Se j'ay mis l'omme avec la femme,
Tu ne m'en dois donner le blasme.
1955 Selon le temps et les saisons
En droit on pluseurs raisons,
Qui en cest dilié sont teües
Et n'y sont point ramenteües.
C'est estat le souffrant couronne

1922 *A* la grant ioie *B* gloire et. — 1924 *C* conuient. — 1927 *ABD* fors *C* fort *M* for tune *F* omet ce mot (souffrir une). — 1929 *M* Quil. — 1930 *M* s. quiere. — 1931 *F* doy. — 1932 *F* rachater. — 1934 *AB* Par pacience que ils q. — 1938 manque *M*. — 1939 *B* se reconfortoient *CDMI* se confortoient. — 1940 *M* Et de g.; *C* herbes *F* jairbes; *B* emportoient *CDMI* rapporterent. — 1942 *CDI* recueilleront a g. (*M* recueillirent). — 1944 *F* entroduyte. — 1946 *F* sanctifier. — 1950 *CF* fait. — 1951 *M* Pour lonneur; *F* omet et; *B* le tiens je *C* le tien ge. — 1953 *M* je mis; *C* sa f. — 1954 *C* me d.; *M* les b. — 1955 *C* les t. — 1959 *B* Cel.

Gaudia percipiet in messis tempore mille
Pro sola lacrima. Post fletum letificari
Expedientius est quam post risum lacrimari.
3120 Deliciis indignus erit mollique potiri
Fortuna qui dura pati vel amara recusat.
Ut redimas animam, ferrum patiaris et ignes !
Sic sancti vicere ; pati non ergo resignes.
Ibant et flebant mittentes semina ; triplos
3125 Gaudentes venient secum referendo maniplos.
Ut vir conjugii per agones justificetur,
In fornace velut aurum, vel sanctificetur,
Sicut pretetigi, feci connubia summe.
Ergo, cum dignum reputetur conjugium, me
3130 Non culpes ! Quamvis alie plures rationes
Sint, istam causam, quia prevalet illa, corones !

1960 En la fin de noble couroune,
Qui y puet avoir pacience.
S'un sage monstroit sa science,
Pour trop vile seroit tenue
S'il la crioit parmi la rue.
1965 Aussi, qui tous exposeroit
Les tourmens, chascun doubteroit
A soy lier en mariage.
Bon est que le mire assouage
Du pacient la maladie,
1970 Et qu'a celuy qui mal a die
Doulceur et bons enseignemens
En doulcissant ses oinguemens.
Aussi est il de moy, mon fils.
Comme bon mire je confis
1975 Aux mariés mes medecines.

Beau fils, endure les espines
Du mariage et les pointures.
Se pour le present te sont dures,
Ne te laisse pas desconfire.
1980 Car qui plus ara de martire
Plus noblement sera meris
Es sains cieulx, amés et cheris.

Et pour plus plainement entendre,
Je vueil a brief parler reprendre
1985 Tes dis et ton objection,
Pour y donner solution.
Tu es de gros entendement,
Si t'en parleray grossement,
Si com l'en seult entre amis faire.
1990 Je t'en mettrai bon exemplaire.

1968 *F* qua. — 1971 *M* d. a b. — 1972 *M* En adoucissant. — 1973 *M* mon doulx f. — 1975 *F* les m. — 1983 — *D* (f° 154 v°) *rubr.* Comment dieu a respondu a mahieu aux choses quil a deuant dictes. — 1985 *FI* obicion, *les autres* obiection. — 1989 *B* com en s. *M* la scent. — 1990 *C* bonne.

Assignare tamen hanc hactenus occului, cum   f° 47 r°.
Non sit cuncta decens per totum pandere vicum.
Namsi conjugii cunctis tormenta paterent,
3135 Uxores capere, nec mirum, quique timerent.
Infirmo medicus medicaminis asperitatem,
Ne timeat, penitus non prefert, sed bonitatem;
Dulcia preponit, ut tutius accipiatur
Hinc medicina; bibit avide, si premoneatur.
3140 Sic uxoratis ego conficio medicinas,
Ne timeant. Ergo, fili karissime, spinas
Conjugii patere, quia, vinclis morte solutis
Corporis, ista rosas parient spineta salutis.
Quanto martiria   sunt conjugii graviora,
3145 In celis bravia   tanto sunt nobiliora.

Plenius ut pateat ad dicta solutio, raris
Verbis hic quondam simili grosso patiaris.
Grossus es; iccirco grosse nimis hec tibi dico,
Grosse quippe loqui consuevit amicus amico.

3141 *filii*, ms. *sibi*. — Après 3145 *rubr. Hic incipit deus respondere ad ea que sibi disposuit matheolulus.*

Qui coupe son doit il se blesce
Et sueffre douleur et destresce.
Mais a la foys, se bien t'en membre,
Convient il couper doit ou membre
1995 Pour le mal qui s'y puet aherdre,
Ou tout le corps se pourroit perdre.
Mieulx vault mariage suïr
Qu'ame et corps ardoir et bruïr.
Si est bon de deux maulx eslire
2000 Le meilleur et laissier le pire.
La croix et les clous et la lance,
Que je souffri en grant balance,
Me firent grant asperité.
Mais toutesvois, en verité,
2005 Tout ce proufita et valut,
Car au monde donna salut;
Et moyennant mon propre fils
A tous humains ma paix refis.
Ainsi est il du mariage.
2010 Car, se par tourment et grant rage
Se monstre plus amer que fiel,
En la fin est plus doulx que miel.
Le mariage est bon et fin
Et si content a bonne fin.
2015 Se tu a droit y estudies,
Si est bien raison que tu dies,
Avecques les bons et les sains,
Que cils estas est bons et sains.
Car par luy et par sa moleste
2020 Acquiert on la joye celèste.
Ceste mienne distinction
Soult encontre ta question
Et oste l'ombre de la doubte,
Se bien penses la raison toute.
2025 Et se femme est male trouvée
Et pour son mesfait reprouvée,
Toutesvois, par son fol ouvrage
Ne puet despecier mariage,

1991 *B* cope *C* coppe *F* coupe. — 1992 *B* tristesse. — 1994 *M* omet il. — 1995 *B* sen *CDM* se. — 1997 *B* seruir *C* suir *F* fuir *M* suuir. — 2008 *B* la p. — 2013, 14 *intervertis dans AT*. — 2014 *F* contend *M* contendent; *AT* Se bien en regardes la fin. — 2015 *B* as d. sy e. — 2017, 18 *sont intervertis dans tous les mss.* — 2018 *F* Auec. — 2020 *BC* celestre. — 2023 *M* ta doubte. — 2024 *CDM* pense. — 2027 *F* Toutesuoies *M* Toutesfois. — 2028 *ACDF* depechier (despechier) *BM* despecier.

3150   Si digitum scindas, in se nimis esse videtur
       Durum. Sed prodest, ut corpus mundificetur.
       Lancea cum clavis licet aspera cruxque fuerunt
       In se, mellificant tamen, hinc quia convaluerunt
       Omnes mundani, sicut sat tangitur ante,
3155   Illis quem misi proprio nato mediante.
       Sic et conjugia, licet aspera sint nimis in se,
       Viso fine tamen sunt mellea. Nam legis ipse
       Quod res a fine bona dicitur; ergo necesse
       Est quod conjugia bona dicas taliter esse,
3160   Cum bonus et sanctus sit finis conjugiorum,
       Scilicet ut per ea querantur regna polorum.
       Ecce tuum *quare* presens distinctio solvit,
       Hanc bene si penses, umbram dubiique revolvit.
           Vel dic quod, quamvis nequam mulier reprobetur,
3165   Conjugium dici tamen ipso jure merctur

Que par droit ne soit bon tenu.
2030 Pour saint doit estre soustenu;
Nuls homs ne doit dire autrement,
Car j'ordonnay cest sacrement.
Aussi sont sains les mariés,
Car ils sont vrais martiriés.
2035 Si vueil que tout soit expressé,
Que le vray ne soit suppressé.
Et se tu mes exemple vain,
Qu'aussi comme un peu de levain
Corrompt de paste une grant masse,
2040 Aussi bien male femme quasse
Mariage par voye oblique,
Quant elle est perverse et inique;
Des composans trait sa nature
Le compost qui rompt sa jointure,
2045 Par quoy la faulte de la femme
Tout le mariage diffame;
Et aussi pourroies tu dire
Que bien peu d'aigre vin empire
De bon vin une plaine tonne;
2050 Solution sur ce te donne :
La chose de son chief se fonde
Et convient qu'a son chief responde,
Et li mariés est le chief.
Si vueil respondre de rechief
2055 A tous les poins dont tu argues
Et souldre par raisons agues.

Treschier pere, il n'en est besoing,
De plus arguer n'ay je soing,
Car mes raisons sont mal fourmées
2060 Et contre vous trop mal armées.
De repeter n'y a rien digne.
Mais je requier, pere benigne,
Que sur deux poins me faciés sage;
C'est du cloistre et du mariage,
2065 Lequel doit estre plus cheri

2029 *B* Qui. — 2030 *C* Pour ce s.; *CDM* tenu. — 2032 *F* je ordonne. — 2034 *C* s. sains v. martirisiez. — 2035, 36 *manquent A*. — 2036 *F* voir. — 2037 *F* meis; *F* en vain. — 2044 *manque M*; *A* Du c.— 2045 *AB* Pour; *B* fente.— 2046 *A* Le m. t. d. — 2048 *AB* po de vin aigre; *M* aigue. — 2050 *F* Solution plaine *M* Sonlucion. — 2052 *F* que. — 2053 *tous les mss.* le mariage. — 2056 — *D* (f° 165 r°) *rubr.* Comment mahieu ne veult plus arguer. — 2057 *C* peres il nest *M* pere il nest. — 2058 *M* je nay. — 2063 *M* face. — 2065 *M* chiery.

Sanctum, simpliciter a me cum sit stabilitum
Hoc sacrum sanctum. Sanctum dicoque maritum;   f° 47 v°.
Ut puta, cum vere martir sit, debet haberi
Certe pro sancto, ne sit suppressio veri.
Oppones : sicut totam corrumpere massam
3170 Fermenti modicum consuevit, sic mala quassam
Yssa solet facere juncturam connubialem,
Corrumpendo fidem, sicut dicis, socialem;
Naturamque trahit a componentibus ipsis
Compositum; quare vitiat mulieris eclipsis
3175 Conjugium; rursus, modicum corrumpit aceti
Vas magnum vini summa bonitate repleti.
Solvitur a capite sibi res; apicem capit ergo
A mare conjugium, cum sit caput. Ad tua pergo
Argumenta, volens ea solvere. — Kare pater mi,
3180 Non opus est, quoniam lingua nituntur inermi;
Nec repeti digna certe sunt illa. Sed ultra

3181 *nituntur*, ms. *intuatur*.

Et après la mort plus meri.
Beau fils, par moy pourras congnoistre
Des maris et de ceulx du cloistre
Lesquels avront plus grans merites.
2070 Les raisons t'en seront descrites.
Les mariés sont les greigneurs,
Et si seront plus grans seigneurs ;
Sieges avront plus precieus
Que prestres ne religieus ;
2075 Car ils ont trop plus a souffrir.
Si leur doy plus grans dons offrir.
Mariés ont plus grans essoines
Et plus de meschief que les moynes.
S'un moyne ses heures me paye,
2080 Il n'en sueffre pas trop grant playe,

N'il n'a pas trop grant pestilence
En faisant signes de silence ;
Ses jeünes aussi aguisent
L'estomac plus qu'il ne luy nuisent.
2085 Mais quant uns homs est mariés,
Tous les jours est injuriés,
Car sa douleur luy renouvelle
Sa femme, contre luy revelle ;
Par force convient que il serve,
2090 Pour elle soustenir s'esnerve,
Pour chaucement et pour vesture
Pour joyaulx et pour nourreture,
Pour enfans et pour la nourrice.
Certes, il n'y a nul si riche
2095 Qui tous ses frais peüst paier.
Mais on le scet bien abaier

2068 *AMT* mariez.— 2069 *BD* grant.— 2076 *B* dois; *BT* haulz d. *A* hault don. — 2077 *C omet* grans; *F* essoignes. — 2078 *B* meschies. — 2079 *F* Se le m. mes h. me p.; *B* moiene; *AC* ne p.; *M* poie. — 2080 *M* Il nest t. g. — 2081 *manque D*; *C* Nul. — 2082 *ADF* signe. — 2083 *AB* luy a. — 2084 *ABT* quil ne luy n. *CDFM* p. que ny n. — 2089 *B* Pour f.; *B* quil la s. — 2090 *M* lui s. — 2091 *manque F*. — 2093 *manque ABT, qui remplacent ce vers en ajoutant après* 2094 Tant soit auers (*A* auoir) large ou chiche. — 2095 *F* ces f. puist. — 2096 *AT* le s. on *B* le peuet on.

Quero si superent meritis connubia claustra.

Queris, fili mi, meritis quid majus habetur,
3185 An claustrum vel conjugium? Sed non dubitetur,
Quin sit conjugium majus, cum plus patiantur
Conjugio sponsi quam qui claustro monacantur.
Ecce, suas horas monachus michi si bene dicit,
Hoc non est illi multum grave, nec sua chy chit;
3190 Sic nec consueta jejunia, que sibi prosunt
Jam plus quam noceant, quia sana nimis stomaco sunt.
Sed factus conjunx vir continue cruciatur,
Idque quod est hodie grave, cras gravius renovatur.
Enervat vir se pro conjuge pro puerisque,
3195 Ut sustentet eos, quibus est servus quasi quisque.
Instat pro veste mulier, pro calceamento,
Pro peplis aliisque jocalibus ac alimento,
Pro se, pro pueris et pro nutrice sua, pro
Servis, pro pastu pecorum, latrat ut canis apro.

Après 3183 rubr. *Hic movet deus quandam questionem, quam statim solvit.*

Com les chiens après le sangler ; Comme innocent sueffre molestes.
Chascun pense de l'estrangler. 2115 Certes, il n'est si grief martire,
Sans cause est souvent assaillis Qui tout en diroit tire a tire,
2100 Et par sa femme mal baillis ; Com des mariés, quoy qu'on die ;
La seigneurie veult avoir, Car en grant exil est leur vie,
Et si veult les secrès sçavoir, De grans tourmens estimulée.
Plaire veult et parler premiere ; 2120 Si doit estre pretitulee
Qui pis vault, elle est coustumiere ; La pacience et la souffrance
2105 Que soit tort ou droit, la male ysse Des mariés par toute France.
Veult que son mari obeïsse, Plus est crueuse leur bataille
Ou ses cheveulx le comparront Que de moynes ne de prestraille,
Si que les traces y parront. 2125 Et pour ce avront eulx plus de gloire
S'il fault riens aux enfans petis, Des promesses de leur victoire ;
2110 Souvent est appelés chetifs Car je donne plus grans loyers
Et ot mainte parole amere A ceulx qui sont bons soudoyers.
Par la nourrice et par la mere, Tant com tu plus desserviras,
Qui de luy envaïr sont prestes ; 2130 En plus hault degré t'en iras.

2097 *C* Comme; *C* omet apres; *C* sanglier. — 2101 *B* Sa. — 2104 *A* p. est; *B* omet vault.— 2105 *B* Qui *AF* Car *CD* Que ; *CDM omettent* tort ou; *A* la mal lisse; *B* le mal isse. — 2106 *M* omet Veult que. — 2109 *F* Et si. — 2110 *C* chetilz. — 2112 *B* ou. — 2114 *B* ignorent. — 2116 *CDFM* en droit; *F* atire. — 2117 *M* Que d. m. *CF* com. — 2119 *F* Des; *B* plusieurs t.; *B* est sticulee *CD* est stimulee *F* t. estimulee *M* stumulee. — 2119, 20 *manquent AT*. — 2120 *B* particulee *CD* preticullee *FM* pretitulee. — 2122 *A* Est plus crueuse; *B* maris. — 2123 *A* Des mariez et l. b. — 2125 *CDM* ceulx *A* omet eulx. — 2126 *M* De p. — 2127 *C* loueyers. — 2128 *M* soudayers. — 2129 *M* omet tu. — 2129, 30 *manquent AT*.

3200 Pro lignis utensilibusque domus nimis ausa f° 48 r°.
Invadit quam sepe virum, quamvis sine causa;
Ut secreta viri sciat instat, vult dominari,
Vult quod, quitquid agat placeat, vult primaque fari,
Vult, licet injustum sit, quod vir pareat illi,
3205 Qui nisi paruerit, plangent ter mille capilli.
Si quid enim pueris desit, flent immoderate,
Pro quibus insonti patri pugnare parate
Reddunt insultum nutrix et mater eorum.
Sic et pro cunctis aliis. Quid plura? dolorum
3210 Conjugium fons est in mundo, martiriorum
Martirium summum, locus aut status exiliorum.
Ergo conjugii patientia pretitulatur,
Cum plus quam monacus uxoratus patiatur.
Nam quanto pugna gravior, victoria tanto
3215 Est preciosior, et tanto majora creanto
Premia post litis   tempus donare maritis;
Quanto plus pateris,   tanto magis inde mereris.

3200 ms. *utensibilibus.* — 3212 ms. *preticulatur.*

Si com les confesseurs soubmis
Plus bas que les martirs sont mis,
Les mariés sont plus idoines
A seoir par dessus les moynes.
2135 J'ay bonne raison qui me fonde ;
Car du commencement du monde
Par moy sont mariages fais,
Atout la charge, atout le fais.
J'ay les mariages fondus,
2140 Mais les moynes n'ay pas tondus,
Ne religion ne fis oncques.
Si puis assés conclure doncques
Les mariés plus glorieus
Que moynes ne religieus.
2145 En mariage a grant mistere.
Je n'eüsse ma doulce mere
Avec Joseph accompaignie,
Pour la garder par compaignie,
Combien qu'il fust de grant aage,
2150 Se ne sceüsse mariage
De plus noble condicion
Que ne soit la religion.
Or en pues oïr l'encloüre :
Compte bien et si t'asseüre
2155 Que mariage est primerain
Et des estas le souverain.
Si ne vueil des femmes mesdire
Encontre verité, mais dire
Que la bonne et la vertueuse
2160 Plus que nul or est precieuse.
Et qui bonne la voulra querre,
C'est oiseau cler semé en terre,
Si com le sage le recite.
Leur nature a mal les excite.
2165 S'aucune en y a qui bien face,
Ce li vient d'especial grace.

2131 *M* sont mis. — 2132 *CDFM* les maries. — 2138 *B* et t.; *BCD* a tous les faiz *AFM* atout le fais. — 2140 *B* nay pas les m. — 2141 *CDFM* fis je. — 2143 *B* mariages. — 2144 *M* ne les r. — 2145 *ABCDMT* misere, *F seul* mistere. — 2146 *B* Se je ; *F* neusse pas. — 2147 *B* josept; *F* acompaignee. — 2148 *CF* le g. — 2153 *M* pourroit len conclurre *B* encloeure *CF* encleure. — 2155 *B* premerain. — 2162 *M* Cest un o. — 2164 *C* excide. — 2165 *B* y en y a. — 2166 *C* Se luy.

Ut confessores, quoniam subsunt, loca prebent
Martiribus, monachi sic vobis cedere debent.
3220 Nunquid ab initio   fiunt connubia mundi ?
Sed non religio.   Monachos non ipse totundi,
Conjugium sed ego   feci. Concluditur ergo
Conjunx expresse   monacho sat dignior esse.
Ecce meam Joseph genitricem non sociassem
3225 Conjugio, claustrum si nobilius reputassem
Esse. Statumque tuum laudes et sis bene tutus,
Quod status est iste sanctus primoque statutus.
Sed mala ne videar tibi dicere de muliere,
Dico, quod bona fit omni preciosior ere.
3230 Hec avis in terris reperitur raro, perito
Testificante tibi. Fili karissime, scito,
Quod bona si fuerit, tunc gratia fit specialis
Illi, cum non sit nisi per miracula talis.

3226 *statumque tuum*, ms. *satumque cuum*.

Si tost que femme fu fourmée
Elle fu contre moy armée ;
Tollir me voult ma region
2170 Des cieulx par sa sedition.

Chier fils, pour ton bien t'admonneste
Que tu faces, a ma requeste,
Vers les prelas obeïssance.
Enten et ayes congnoissance
2175 A eulx honorer sans tarder ;
Il sont pour mes berbis garder.
Je te di des bons seulement ;
Se tu en as dit folement
Cy dessus ce qui t'a pleü,
2180 Chascuns est mis et esleü
Pour mon peuple en foy soustenir
Et gouverner et maintenir.

Il sont du monde la lumière,
Qui donne clarté sans fumiere.
2185 Il apaisent guerre et discorde
Et nourrissent paix et concorde.
Se le pape et le bon college
En terre ne tenoient siege,
L'ennemi par sa tricherie
2190 Envaïroit ma bergerie
Et mes berbis estrangleroit
Ou hors du fouc les chaceroit.
Se les prelas sont honerés,
Il sont chargiés et onerés.
2195 Pour ce des honneurs je les charge
Que proufit viengne de leur charge
Et qu'honneur soit guerredonnée ;
Pour la charge est l'honneur donnée.
Pour ce sont mis a honneur haulte.

2169, 70 *manquent M*. — 2170 — *D* (f° 158 r°) *rubr. Comment dieu parle des prelas pour corriger maistre mahieu.* — 2175 *C* ceulx. — 2179 *B* deuant. — 2180 *B* mieulx. — 2184 *CDI* soubs (*M* sans).? — 2190 *A* Emmeneroit *B* En menrioit *C* Enuyeroit *DFM* Enuayroit. — 2192 *B* fors ; *C* champ. — 2193-98 *manquent A*. — 2194 *M* honnores. — 2195 *CDF* Et portent des hommes la charge. — 2198 *C* Par ; *B* est honneur ; *M* lamour.

Nam celi voluit   auferre michi regionem,
3235 Quam cito facta fuit,   mulier per seditionem.   f° 48 v°.

Prelati nostro cum preponantur ovili
In terris, ipsis pare, karissime fili,
Defer et intende, fili, loquor in bene gestis,
Et de prelatis etiam dumtaxat honestis.
3240 Hos, inquam, sequere ; quitquid michi dixeris ante,
Sustentant populum, Scriptura testificante ;
Sunt mundi speculum, regimen, subventio tota,
Sunt lux in tenebris, qui sedant jurgia mota
In mundo pacemque serunt. Nisi papa sedile
3245 In terris reliquique tenerent, hostis ovile
Intraret nostrum petulanter ovesque voraret,
Et sic a patria proprius grex depatriaret.
    Ut prosint, presunt prelati ; dantur honores
Qui sibi sunt onera, frustra non distribuo res ;
3250 Propter onus donatur honor ; si pretitulentur

3234 *Nam*, ms. *Num*. — *Après* 3235 *rubr. hic loquitur deus de prelatis ut corrigat verba matheoli supradicta.*

2200 Mais quant on treuve en eulx deffaulte
   Et qu'orgueil a foleur les maine,
   Il sont punis de plus grief paine
   Et de plus aspre et de plus dure
   Que le peuple qu'il ont en cure.
2205 Par maintes foys est advenu
   Qu'un mauvais est en hault venu.
   Mais quant plus monte en grant haultesce,
   Au descendre tant plus se blesce ;
   De plus haut chiet plus roidement
2210 Et trebuche parfondement.
   Qui chiet de plus bas mains se grieve ;
   Le plus hault a paine plus grieve.
   Aussi la paine des greigneurs
   Est plus grieve que des meneurs ;
2215 Un evesque plus pecheroit
   Que le simple clerc ne feroit ;
   L'abbes mesfait plus que le moyne ;

Quant il peche il a plus d'essoine.
Aussi un tribon ou un conte,
2220 S'il mesfait, acquiert plus de honte
Et dessert estre plus puni
Qu'un bas homme du peuple uni.

   Fils, tu veuls savoir la maniere,
   Se m'amour est double ou entiere,
2225 Et combien j'aim, ou mains ou plus,
   Et sur la quantité conclus.
   Je respon a ta question :
   M'amour et ma dilection
   Est si tres grant et si certaine
2230 Que sens de creature humaine
   Ne pourroit au nombrer souffire,
   Ne cuer penser ne bouche dire.
   Chier fils, j'aim tant et telement
   Que je monstray bien quelement,

2201 CDM Orgueil; C ou f.; F omet qu. — 2207 AB tant. — 2209 M rondement. — 2211, 12 manquent AT. — 2216 M Que un. — 2217 A mesprend. — 2218 M omet il; C de paine. — 2219 AB roy. — 2220 M a pl. g.; CDMF plus grant. — 2221 M Et si d. AB plus estre; CI et est plus F d. a e. — 2222 — D (f° 159 v°). rubr. Comment dieu parle de son amour pour satisfaire a maistre mahieu. — 2223 A se v, — 2226 F sus. — 2229 C si grant. — 2230 C ses creatures. — 2231 B a n. C ou nombre. — 2233 B jay. — 2234 F jay moustray.

   Ipsi, tale decus oneris ratione merentur.
   Sed si delinquunt, pena multo graviori
   Quam sua plebs insons feriuntur et asperiori.
   Injusti plerunque tamen tolluntur in altum,
3255 Ut lapsu graviore ruant de culmine, saltum
   Dum faciunt; quanto gradus exstitit altior unde
   Descendunt, tantoque ruunt magis inde profunde
   Ac plus leduntur; culpam status auget eorum.
   Cum sit enim gravior majorum culpa minorum,
3260 Plus peccat presul quam simplex clericus unus,
   Plus abbas monacho, plus ipsa plebe tribunus.

   Qualiter et quantum quemvis amo scire laboras,
   An magis atque minus, an semper sive per horas.
   Quantus amor meus est nequit humano documento

Après 3261 rubr. *Hic loquitur deus de amore ut satisfaciat matheolulo.*

2235 Quant je souffri mort aspre et dure,
Reprouches, tourmens et laidure,
Pour mes berbis de mort garder.
Pour ce doit chascun regarder
Que j'aim d'une amour pardurable,
2240 Simple, loial, ferme et estable.
Nul amour a moy n'a pareil ;
A chascun l'offre et appareil
De mon gré, quoy que chascun face,
Et cil qui m'aime acquiert ma grace.
2245 Mais pecheeur n'a de moy cure.
Qui fait mal, il veult chose obscure,
Aussi com cil qui quiert tenebres
Et repostailles et latebres,
Et het lumiere et chose clere,
2250 Si que noir et obscur appere,
Et est haïs et diffamés.
Drois est que cil soit mieulx amés
Qui dons de lumiere dessert
Et qui par bonne amour me sert.
2255 Le juste est cler et reluisant,
Son fait est bon et deduisant ;
Mais le mauvais est obscurcy
Par pechié noir, et endurcy.
Qui bien fait il veult qu'on le voye ;
2260 Vraye lumiere le convoye
Et le tient en prosperité,
Et veult justice et equité ;
Et je suy justes et seray ;
Pour ce de m'amour ameray
2265 Les justes et leur sauvement,
Ausquels suy tenus seulement.
Mais de ton dit bien me recorde
Que pitié et misericorde
Me doivent mouvoir et induire
2270 Pour les pecheeurs raconduire
Et au propre fouc ramener,
Quant pour eulx me laissay pener

2240 *M* l. et fauorable. — 2241 *F* na a m. p. ; *C* nest a la moy p. ; *B* nappareil. — 2242 *B* lappareil. — 2246 *M* il fait. — 2247-59 *manquent AT.* — 2247 *B* cil *C* cilz *F* cils. — 2248 *F* repostaibles. — 2249, 50 *intervertis dans M.* — 2249 *M* Sil. — 2250 *B* Et. — 2258 *B* adurcy. — 2261, 62 *manquent AT.* — 2269 *B* conduyre. — 2271 *M* p. seul.

3265 Describi. Quantus sum, quanto predicamento,
Tantus amor, quando mortis suspiria dire,
Ne morerentur oves, volui moriendo subire.
Quantus sit, totus tamen in se cuique paratur,
Ac offert ultro se semper, quitquid agatur.
3270 Non immutat eum peccator devius ipse,
Simplex et stabilis cum sit ; nam permanet in se.
Sicut qui querit tenebras a luce recedit,
Lux tamen, ens stabilis, radios ut primitus edit,
Sic in proposito tamen equius est ut ametur
3275 Justus plus reprobo, quia lucis dona meretur
Justus, lucis opus faciens, reprobus tenebrarum.
Qui sequitur lucem lux ipsum reddere clarum
Debet ; sic etiam tenebre reddunt tenebrosum.
Porro justitia, quia vere justus ego sum,
3280 Nititur, assumpta secum ratione, probare
Quod justus justos tenear duntaxat amare.
Sed michi concludit miseratio cum pietate
Quod peccatores tenear cum sedulitate

f° 49 r°.

3265 *quanto,* ms. *quanti.* — 3266 ms. *Quantus amor quantus.*

Et en la croix les rachetay
Et de misere les getay;
2275 Et bien affiert, comment qu'il aille,
Que ma redemption leur vaille.
Car fontaine de pieté
Suy, si est ma proprieté
D'avoir mercy des exillés,
2280 Qui par l'ennemy sont pillés.
Je di que je tens mon giron
Pour recevoir tout environ
Tous ceulx qui veulent repairier
Au droit fouc et aler arier.
2285 S'en ay fait maintes attendues;
J'ay la bouche et les mains tendues
Pour les remettre en mon hommage
Et pour eschever leur dommage.
Je les aim tous; s'a eulx ne tient
2290 Et leur fol cuer ne les retient,
Par moy sont tousjours assenés.

Mes fils, di je, venés! venés!
Tandis que temps avés et heure;
Grant peril gist en la demeure.
2295 S'en leurs maulx se veulent tenir
Et n'ont cure de revenir
A moy, qui leur salut amoye,
C'est leur coulpe, non pas la moye.
Il sont cause de leur ruïne
2300 Et n'ont cure de medecine;
Si ne les doy amis clamer
Puis qu'il ne me veulent amer.

Et se tu te veuls entremettre
De monstrer par bouche ou par lettre
2305 Que tout homme devant ma face
Doit estre sauvés, quoy qu'il face,
Garde qu'erreur ne te deçoive.
Droit veult que mauvais s'aperçoive
Que il soit cause de sa perte.

2273 *M* rachay. — 2274 *B* Quant. — 2275, 76 *manquent AT*. — 2277 *FM* pitie. — 2284 *A* l. faut; *tous les mss.* a leur, *D* seul aler; *M* omet a devant leur; *A* airier *B* aisier *CMT* arier *D* aler amer *F* aprier. — 2285 *B* Jeu; *C* entendues. — 2287 *M* retraire. — 2292 *B* Mon. — 2302 *ABT* mont cure damer. — *D* (f° 161 r°) Comment dieu parle de franche voulente — 2303 *M* et p. l.

Ad proprium revocare gregem, quos ipse redemi
3285 In cruce suspensus, qua mortem morte peremi.
Cum michi sit proprium misereri, qui pietatis
Fons et origo sum, gremium qui tendo paratis
Ad reditum, manibus extensis me paro semper
Omnes suscipere, cujus relevantur opem per,
3290 Ni steterit per eos, cor habendo per omnia mite.
Ipsos quottidie voco, clamo : « venite! venite
« Ad me, filioli kari, dum tempus habetis! »
Ergo, nisi veniant, monitis factis sibi spretis,
Dico quod in culpa sunt causa sueque ruine,
3295 Non ego, qui volui conferre bonum medicine.

Fili, cum satagas monstrare quod omnis homo sit,
Quidquid agat, salvus, ne te seducere possit

Après 3295 rubr. *hic loquitur deus de libero arbitrio ut amoveat errorem matheoluli et satisfaciat eidem.*

2310 Veoir en pues raison aperte.
J'ay donné raison et courage
A chascun par franc arbitrage
Si que il puist bien et mal faire,
Combien que soyent doy contraire.
2315 Car se l'omme tel don eüst
Que de soy pechier ne peüst,
Point de remuneracion
Oultre sa confirmacion
Ne peüst ou deüst avoir.
2320 Si doit chascun homme sçavoir
Qu'a bien et a mal a poissance,
Afin qu'il ait la congnoissance
Qu'il accroisse par ses merites.
Dont, par les raisons icy dites,
2325 Selonc sa vie acquiert victoire ;
Sa vie luy est meritoire.
Car, puis que par moy fu fais hom,
J'y mis franc arbitre et raison,

Afin que, quant il se desvoye,
2330 Que raison le remette a voye
Et que la char souef nourrie
N'ait sur l'esperit seigneurie ;
Mais se la char est mal temptée,
Que chose ne soit attemptée
2335 Dont homs doye doubter sentence,
Homs erre qui me fait offense
Et hors de m'amour se desjoint.
Combien que mon cuer adès joint
Pour sauver tous ceulx qui me servent,
2340 Voire selon ce qu'il desservent
Chascun son faissel portera,
Le plus chargié plus pesera.
S'ainsi n'estoit, je mesferoye,
Pour injuste tenus seroye.
2345 Mais aux bons vient continuele
Vie et joye perpetuele,
Et aux mauvais mort tourmentable,

2310 F Raison en p. v.— 2313 C ou b. ou m. F quil p. et b. et m.— 2314 AB Qui sont lun a lautre c. — 2319 AB ou d. CDM ne ne d. F ne d.— 2320 B Ce. — 2321 C Qui a b. et m.; F et a p. — 2323 M lacroisse; B omet ses. — 2324 M ainsi d. — 2327 F qua. — 2330 AB Raison le puist remettre; C en v. — 2335 M d. oir. — 2336 F meffait. — 2338 A mamour; BD adez j. AC a desjoint F ades j. M a de j. — 2339 F scauoir. — 2343 BC je mesferoye DF je me m. — 2345 à 48 manquent AT. — 2346 M Joye et vie.

Error, cum reprobi digni sunt perditione,
Scito, quod arbitrium prefixi cum ratione
3300 Cuilibet, ut possit patrare bonum reprobumque.
Hac de causa fit homo quisque potens ad utrumque,
Ut crescat meritis. Peccare nisi potuisset,
Nil ultra donum confirmatus meruisset.
Et sic, ut fieret hominis meritoria vita,
3305 Arbitrium ratioque fuerunt hec stabilita.
Sic igitur ratio quando, debens dominari,
Servo succumbit et cepit ei famulari,
Errat homo, cujus contractus labe reatus
Mox a me disjungit eum. Licet ipse paratus
3310 Sim salvare, tamen prout unusquisque meretur
Secum portabit; nisi sic esset, sequeretur,
Scilicet, injustum me dici posse. Paratur
Jugis vita bonis, scelerum mors perpetuatur.

Dure, orrible et espoentable.
Et combien que tous sauver vueille,
2350 Drois est que le mauvais se dueille,
Car les mauvais tous se condempnent
Qui me despisent et contempnent.
C'est leur coulpe, c'est leur deffault ;
Certes, en moy point ne deffault.
2355 Car, quant je les voy deceüs
Et que par pechié sont cheüs,
Je met au relever grant paine ;
Joyeus suy quant je les ramaine,
Point ne me plaist leur mescheance.
2360 Mais se j'ay vouloir et puissance
De tous sauver com debonnaire,
Nyent mains je ne le doy faire,
Pour ce que j'use de justice.
Juste suy et si hé tout vice ;
2365 Et justice requiert deux choses.
Les textes dient et les gloses
Que ceulx suy a sauver tenus
Qui par bien sont a moy venus
Et qui desservent sauvement.
2370 Je n'y suy tenus autrement,
Si com tesmoingne l'Escripture
Des fais d'umaine creature :
Par leurs fais mourront ou vivront,
Car leurs euvres les ensivront.
2375 Ainsi a sauvement iront
Tous ceulx qui le desserviront.
Mais ma grant debonnairetés,
Ma clemence et ma pietés
A tant pardonner s'entremet
2380 Que les debtes quitte et remet
Plus qu'homme pechier ne pourroit.
Toutesvois, qui pechier voulroit
En espoir de remission,
De plus grieve punicion
2385 Seroit tourmentés par despit
Es prisons d'enfer, sans respit.
Aussi, au vray considerer

3248 C espouteable. — 2351, 52 manquent AT. — 2356 C ceus D ceüz F eus. — 2360 M se je v. — 2362 BCM Neant. — 2359-79 manquent A. — 2366 M tieustes. — 2367 M a s. suy t. — 2372 B Les f. — 2373 F et v. — 2378 BM pite C pitiez F pietes. — 2379 M sentremettent. — 2381 C pechez. — 2385 B et d.

Cum cunctos salvare velim, cur nequiter ipsi
3315 Damnant se reprobi me spreto? sunt in eclipsi
Certe salvandi se, non ego, qui revocare
Post lapsum nitor ipsos et repatriare.
Sed quamvis salvare velim vos, id quoque possim,
Non tamen hoc facio semper, cum justus ego sim.
3320 Ipsam justiciam sic hec duo concomitantur
Qua salvo cunctos ego, dum tamen hoc mereantur.
Regula nostra docet : omnes sua facta sequentur ;
Ex qua concludo salvos quicunque merentur.
Est mea tanta tamen pietas, que debita quittat,
3325 Quod plus quam possit quisquam peccare remittat ;
Punitur gravius tamen is qui sub venie spe
Peccat ; eum comedent inferni carcere vispe.
Nemo tamen diffidat ob hoc, si sit maculatus ;

3314 velim. ms. possim, — 3316 salvandi, ms. solvandi.

Ne se doit nul desesperer,
S'il est souillés ou entechiés
2390 Et chargiés de pluseurs pechiés.
Mais qu'il s'en vueille repentir,
Je suy tousjours prest, sans mentir,
De relever et recevoir.
A luy tient, j'en fay mon devoir.
2395 Prest suy qu'au besoing le sequeure;
S'il n'est sauvés, en luy demeure,
Non pas en moy, en verité,
Si com j'ay dessus recité.

« Or te pri je, tres puissant pere,
2400 Pour cesser toute la matere
Des questions qu'a toy faison,
Di pourquoy, par quelle raison,
Pour le pechié d'Adam punie
Est sa sequelle et sa lignie.
2405 S'il y a mesfait ou meschief,

Il doit tousjours suïr le chief,
Par droit non obstant us quelconques.
Si puet on bien arguer doncques
Que la lignie d'Adam née
2410 N'est pas par son mesfait dampnée.
Car par droit et selon justice
Cil qui a fait le malefice
Doit souffrir la punicion.
Cil qui a fait la lesion
2415 Doit emporter toute la paine
Du delit par sa coulpe plaine.
Aussi cil qui rien ne mesfait
Ne doit pas pour autruy mesfait
Encourir paine ne sentence,
2420 Puis qu'on le treuve en innocence.
Autruy pechié ne luy doit nuire;
Comparer ne le doit ne luire.
Chascun doit soustenir sa charge
Selon sa coulpe estroite ou large.

2389 *M* S'il s. et ent.; *B* foules *C* souilliez *F* soulles; *F* et c. — 2391 *B* omet qu'il. — 2393 *A* A r. *B* Du r.; *F* de r. — 2394 *CDFM* je. — 2396 *M* Si. — 2398 *BCDFM* Si com jay cy d. r.; *A* seul n'a pas cy. — *D* (f° 163 r°) *rubr.* Comment il demande pourquoy toute la lignie dadam est pugnie. — 2401 *B* Les q.; *B* faisons. — 2402 *A* ne pour quel; *B* quelles raisons. — 2404 *M* Fu toute lumaine l. — 2406 *C* Il y d. t. sur le c. *M* Il d. t. cheoir sui le c. — 2410 *M* pour. — 2417 *M* Aussi com cil. — 2418 *M* autry. — 2420 *M* Pourquoy l'en t.; *CF* com; *B* ignorance *CF* ignocence *DM* ygnocence. — 2421-24 *manquent AT*. — 2422 *manque M*; *ABC* lui d. *DF* le d.; *CD* d. soustenir ne l.

Peniteat, semper ego sum relevare paratus;
3330 Si non salvetur, sibi quilibet imputet ipsi;
Non per me stat, sed per eum, sicut tibi scripsi.

Ut mea tota cadat contra te mota querela,
Dic, cur propter Ade culpam sua tota sequela
Punitur? Cum noxa caput de jure sequatur,
3335 Arguitur quod non Ade genus inficiatur
Ejus delicto; rursus, sua culpa tenere
Actores debet, alii nullique nocere,
Sicut jura volunt. Res (?) certe damnificari,
Si careat culpa, non debet sive notari;

f° 50 r°.

Après 3330 *rubr. hic querit matheolulus deo quare propter culpam Ade tota eius posteritas punitur. Et arguit quod propter eius culpam puniri non debeat.*

2425 Se les peres veulent mesprendre,
Leur mesfait ne doit pas descendre
Sur les fils, ce dit l'Escripture ;
Si semble estre contre droiture
Que la lignie soit dampnable
2430 Du fait dont elle est non coulpable.

Mon fils, vecy solucion ;
Je t'en feray discucion
Si com l'Escripture tesmoingne :
Puis qu'il y a en la besoingne
2435 Crime de lese majesté,
Si com en ce cas a esté,
Toute la lignie compere
Et se deult du mesfait du pere.
On le tient ainsi par coustume
2440 Qu'en douleurs et en amertume
A tousjours en est reprouvée.
La coulpe d'Adam est trouvée
De tel crime et de tel outrage
Qu'il confisca son heritage
2445 Pour ses enfans exhereder ;
Si n'y deüssent succeder.

Toute sa sette fu honnie
Par son pechié de gloutonnie.
Bien doivent douloir la morsure
2450 Pour qui j'enduray la mort sure
En la croix, a plaies ouvertes.
Pour tant et pour autres desserles
Doit souffrir toute sa sequele
Tourment, paine et doleur mortele.
2455 Si ont besoing de medecine,
Et ma grace leur est encline
Et favorable au recevoir.
Je suy vray mire, au dire voir,
Car je sçay et puis tous curer
2460 Et suy tout prest de procurer
Leur salut, s'a eulx ne tenoit
Et mauvaistié ne les tenoit.
Pourquoy doncques a moy ne viennent
Les pecheeurs ? Pourquoy se tiennent
2465 En leur erreur par negligence,
Quant de santé ont indigence ?
S'a moy ne veulent retourner,
En enfer iront sejourner ;
Dedens la flamme sans estaindre

2426 *ABT* si ne doit d. — 2427 *A* le f. *B* leurs *C* leur. — 2430 *AT* el nest pas. — *D* (f° 163 v°) *rubr.* Comment dieu respont a la demande mahieu. — 2432 *CDFM* te f.; *M* distinction. — 2439 *M omet* ainsi. — 2442 *F* fu t.; *M* La c. en est t. — 2444 *F* confist a son. — 2446 *A* Se ilz d.; *M* deusses. — 2448 *ABT* le p. — 2449 *F* hair. — 2451 *B* eu p. *C* ou p. *F* o p. — 2452 *AT* ont ici vs. 2454 *qui manque plus loin.* — 2455 *F* est b. — 2457 *DM* a r. — 2457 *à 61 manquent AT.* — 2459 *M* tout c. — 2469 *à 80 manquent AT.* — 2469 *B* flamble *M* flambe.

3340 Nec patris in pueros fas est descendere noxam,
Ut Scriptura refert. Cur Ade stirps luit ipsam ?
Solvo, fili mi : sicut lex testificatur,
Ob crimen lese majestatis reprobatur
Tota sequela patris ; punitur, et inde dolere
3345 Consuevit. Quod crimen Adam fecit, quia vere
Propter Ade culpam mortis diros cruciatus
In cruce sustinui ; tantus fuit ipse reatus.
Ergo pati debet ipsius tota sequela.
His aliisque modis languens eget ipsa medela.
3350 Sum verus medicus, quoniam sanare potens sum
Et scio quoscunque ; semper quoque deditus en sum
Ut sanem, nisi stet per eos. Cur ergo reverti
Ad me peccantes nolunt, medicamine certi

3341 *Solvo*. ms. *Solus*. Rubr. à la marge *solutio dei ad predicta*.

2470 Leurs mauvaistiés leur feray plaindre.
    Et pour en estre mieulx vengiés,
    Il seront de serpens mangiés,
    De vermines et de couleuvres,
    Pour paine de leurs males euvres.
2475 A tousjours seront mal menés,
    Tourmentés et enchayennés,
    En tenebres a grant mesaise;
    Par dedens une grant fournaise
    Les deables regarderont
2480 Les chetifs qui lec arderont;
    En punaisie et en ordure
    Souffreront chaleur et froidure,
    Faim et soif pardurablement.
    La crieront orriblement

2485 Sans esperance de secours.
    Jamais n'avront a moy recours;
    Mors seront de mort immortele;
    Il fait bon eschever mort tele.

    Pere, respon a ma demande!
2490 Pourquoy est la paine plus grande
    Que n'est la coulpe momentelle?
    Tu mes paine perpetuelle
    Pour un delit qui petit dure;
    Dont ta punition est dure;
2495 Car le droit preuve le contraire
    Et dit qu'ainsi ne se doit faire,
    Et sur tele raison se fonde
    Que la paine au mesfait responde

2470 *CF* Leur; *C* mauuaistie. — 2472 *F* des. — 2473 *F* des... des; *B* vermine. — 2476 *BC* enchaines *F* enchayennes *DM* enchaiennes. — 2477 *B* mesaise. — 2478 *B* Car d.; *CDM* ardant. — 2480 *B* illec *C* les *F* lec *DM* lors; *B* ardront. — 2482 *M* et ordure. — 2486 *M* secours. — 2487 *F* in mortelle. — 2488 — *D* (f° 164 v°) *rubr.* Comment il demande pourquoy la paine est plus grande que le delict. — 2489 *T* enten.

    Si redeant? Si non, plangent Acherontis in igne,
3355 Quorum corrodent serpentes corda maligne.
    Ut tibi vera loquar, sine tempore sunt ibi pene,
    Vermes innumeri, tremor et dolor atque catene,
    Cecantes tenebre, scelerum confusio, mestus
    Demonis aspectus, torquentes, frigus et estus,
3360 Ira famesque, sitis, fetores, continuata
    Verbera, clamores, sine spe mors perpetuata;
    Mors immortalis, que quottidie recidivat,
    Non perit, ut pereat reus immortalis ibi. Vath!
    Sic inconsumptum Titii semperque renascens
3365 Non perit, ut possit sepe perire, jecur.

    Ultra quero pater, cur jugis pena paratur
    Pro momentali delicto? Jure probatur
    Hoc non posse fore. Cum respondere necesse
    Sit penam culpe, non debet longior esse.

3358, 59. Dans le ms. l'ordre des derniers hémistiches de ces vers est interverti (*t. f. e. e. D. a. s. c. m.*). — 3359 *et*, ms. *est.* — 3361 *perpetuata*, ms. *perpetua*. — 3364 *Sic*, ms. *Si*; ms. *in consumptum*. — 3365 *perire*, ms. *peripe*. — Après 3365 *rubr. Hic querit matheolulus deo quare pro momentali peccato ipse punit eternaliter et arguit quod non debeat punire sic.*

        Par droite moderation,
2500 Sans exceder punition ;
        Et quant autrement le feroyes,
        Pour injustes tenus seroyes.

        Fils, je te di que le coulpable
        Souffrera paine pardurable ;
2505 Et sa damnation gist en ce
        Qu'il n'a cure de penitence
        N'a la mort point ne se repent ;
        Dont tele coulpe se despent
        Que sans fin tourmentés sera
2510 Ne son plour point ne cessera.
        Las ! le mauvais a tele teche,
        Que, supposé que il ne peche,
        Ou qu'il n'ait de pechier puissance,
        Toutesvois persevere sans ce

2515 Que sa voulenté en rien cesse ;
        Et ainsi le pechié le lesse,
        Et ne veult laissier les pechiés
        Desquels il demeure entechiés,
        Mais tousjours y veult demourer ;
2520 Pour ce l'estuet sans fin plourer.
        Le mauvais, ce dit l'Escripture,
        Qui de soy amender n'a cure
        Et com prevaricatour ment,
        Doit souffrir eternel tourment.
2525 Il fait offense irreparable
        Contre moy, qui suy pardurable,
        Et ne compte a moy un chardon.
        Pour ce n'avra il ja pardon,
        S'il n'est de ses mauls repentans
2530 Et de cuer contrit lamentans.
        Se non, et il n'y veult entendre,

2499 *B* Pour. — 2502 — *D* (f° 165 r°, *rubr.* Comment dieu lui respont. — 2505 *B* souffrant. — 2508 *manque C* ; *ABT* sen d. — 2511 *C* les m. ; *B* taiche *F* teiche. — 2512 *BC* pesche *F* peiche. — 2514 *ABCF* Toutesvoies *M* Toutesfoiz ; *AT* en ce *BCDFM* sans ce. — 2515 *A* Sa voulonte a riens c. ; *BCM* sa voulunte *F* sans voulente. — 2516 *A* lesleisse *F* le leisse *I* blesse. — 2523 *M* Et a son p. m. — 2524 *M* De s. — 2527 *F* na c ; *BCDF* en moy. — 2528 *B.* omet ce. — 2531 *B* Ce non *C* Sy nom *DM* Sy non *AF* Si non.

f° 50 v°. 3370 Si foret eterna, punires immoderate,
        Et sic injustus esses, quod discrepat a te.
        Solvo, fili mi : sine fine reus cruciatur,
        Peccandi quia velle sibi sine fine jugatur.
        Hic, inquam, moriens quia jam non penitet, in se
3375 Culpam perpetuat quare flet jugiter ipse.
        Ve reprobo ! Quamvis desit quandoque facultas
        Illi peccandi, remanet tamen ipsa voluntas.
        Peccatum dimittit eum, non ipse reatum.
        Semper vult ; ideo feret eternum cruciatum ;
3380 Scriptura testante suo, quia prevaricatur
        Eterno reprobus, eterno concruciatur.
        En hic offendit eternum, me quia tergo
        Dat, venie Dominum licet eternaliter. Ergo,
        Si non peniteat, dum tempus habet, tibi vatis
3385 Consulit hic metrum : nocuit differre paratis ;

3372 Rubr. à la marge, *Hic respondet deus dicte questioni et suam solutionem duplici probat ratione.* — *Solvo,* ms. *Solus.* — 3374 *peniteat,* ms. *renitet.*

Grant peril gist en trop attendre.
On dit : qui ne fait quant il puet,
Il ne fait mie quant il veult.
2535 Cest dit puis je bien tesmoingnier.
Pecheeurs doivent ressoingnier ;
Que pensent eulx, qu'il ne s'avisent
Et que leurs pechiés ne desprisent?
S'il se repentent et confessent
2540 Et des pechiés faire se cessent,
Tandis qu'il en ont le loisir,
Je n'ay en rien si grant plaisir;
Je suy prest et appareillés
Que par moy soient conseillés
2545 Et de les tousjours relever.
Je n'ay voulenté d'eulx grever.
S'il retournent vers moy arriere,
Tousjours leur feray lie chiere ;
Par moy seront justifiés
2550 Et avec moy saintifiés.
Pourquoy aiment eulx mieulx a estre

En chayennes ou en chevestre
Mis et estroit liés en fer
Et souffrir les tourmens d'enfer,
2555 Dont jamais ne seront eschieus,
Que regner avec moy es cieulx
Sans fin, en joye et en leesce?
On voit que par leur folie est ce.
J'ay par raison grant tesmoingnage
2560 Qu'il sont cause de leur dommage.

Quant j'oï Dieu ainsi respondre,
Auquel nul ne puet rien repondre,
Je luy dis lors moult humblement,
A voix bassete et souppleement :
2565 « Je me ren, pere pardurable,
« Car ta parole est veritable.
« A toy me ren, tu as victoire.
« Si te pri, n'ayes plus memoire
« De mes pechiés ne de mes fais.
2570 « Sire, pardonne mes mesfais.

2532 *ABT* a; *B* tant. — 2533 *C* quil. — 2534 *C* quanque. — 2535 *à* 46 *manquent AT*. — 2536 *B* Tous pecheurs; *DMF* d. bien r. — 2537 *DM* Que ne perissent et sauisant; *B* ils *CF* p. eulx. — 2540 *B* de leurs p. *DM*. Et de p.; *B* omet se *C* ce c. *DM* ne c. — 2547 *B* Cils *C* Sy. — 2548 *F* liee. — *M* Et avecques. — 2551 *AT* ilz; *B* omet a. — 2553 *C* en enfer. — 2555 *à* 58 *manquent AT*. — 2558 *M* omet leur; *B* foleur; *C* esce. — 2560 *M* Qui. — *D* (f° 166 r°) *rubr*. Comment mahieu se rent conclus a dieu. — 2561 *A* espondre. — 2562 *manque M*; *AT* espondre *BCDF* respondre. — 2563 *CDFM omettent* luy. — 2564 *B* basse. — 2565 *B* reng *AC* rens *F* ren. — 2567 *A* si as. — 2570 *F* moy m. m.

Tolle moras! Vere, qui non vult quando potest, is
Non poterit quando volet. Hinc ego sum tibi testis.
Quid peccatores ergo statui meditantur?
Peniteant, dum tempus habent, et confiteantur.
3390 Ecce paratus eos ego sum semper relevare,
Ad me si redeant, et mecum sanctificare.
Cur malunt sine fine pati baratri cruciatus,
Frigus et ardores, tenebras, fletus, ululatus,
Quam mecum regnare polo sancti sine fine?
3395 Causa sui damni sunt, causa sueque ruine.

Cui post hec dixi: « Conclusum me, Pater alme,
« Reddo tibi ; quia vera refers, jus est tibi palme.

Après 3395 *rubr. hic reddit se matheolulus conclusum ipsi deo*. — 3396 ms. Qui.

« Mercy, roy, mercy te requier,
« A toy plus arguer ne quier.
« Roy des roys, tes raisons sont vrayes,
« Des repentans cures les playes ;
2575 « Seigneur de ceulx qui seignourissent,
« Toutes choses te beneïssent :
« Du pecheeur ne veulx la mort ;
« Mais quant a bien faire s'amort,
« Et tu vois sa conversion,
2580 « Tu luy donnes remission,
« Soulas et des maulx alegence
« Ne tu n'as cure de vengence.
« A nulluy ton giron ne clos ;
« Il n'est sourt, aveugle ne clos
2585 « Que ne reçoives en ta grace,
« Puis qu'il vueille ensuïr ta trace.

« A toy, roy, de pitié fontaine,
« Suppli que de la mort soutaine
« Me deffen, et me tien en joye
2590 « Si qu'en fin ta lumiere voye.
« Tu es ma santé et ma vie... »
Mais encor n'estoit pas fenie
De m'orison toute la clause,
Quant cil qui nul homme sans cause
2595 Ne laisse sans reconforter,
Me prist ainsi a enhorter ;

« Mon fils, enten a ma raison !
« Nous ystrons de ceste maison,
« Et avec moy tu t'en venras,
2600 « Droit es cieulx le chemin tenras,
« Affin que ta douleur alliege ;

2574 *AT* curez *DM* cures *BCF* cure. — 2575 manque *M*. — 2581 *M* de m. — 2583 à 86 manquent *AT* ; 2583, 84 *intervertis dans C*. — 2583 *BC* nest cl. ; *C* cloux. — 2584 *B* cloz *C* cloux *F* clops. — 2586 *M* veult ; *B* suir. — 2588 *ABD* soudaine *C* soubtaine *F* soubdaine. — 2589 mss. deffens ; *BM* tiens *C* tiengne *F* tien. — 2590 *M* Si que en la fin. — 2593 *M* De mon o. — 2596 *M* enherter. — *D* (f° 166 r°) rubr. Comment mahieu fut rauy es cieulx. — 2597 *A* moroison. — 2599 *B* Et auecques m. ten v. ; *C* tu te ; *DM* omettent tu.

« Ne reminiscaris servi delicta precor te.
« Peccavi, redeo ; quia dicis vera, sequor te ;
3400 « Verus es et vera tua sunt examina vere.
« Rex, eterne Deus, miserere mei, miserere !
« Rex regum, dominans dominantum, cujus amicant
« Verbera, cum salvent, rex, cuncta tibi benedicant.
f° 51 r°.   « Non peccantis mors [tibi,] sed conversio, vita,
3405 « Non vindicta placet, quia corde petita
« Letaris, gremium nulli claudens redeunti.
« Rex, michi parce ! tibi pietatis supplico fonti.
« Es mea vita, salus, spes, gloria luxque, medela,
« Subsidii portus ; mea rex, tibi dirigo vela... »
3410 Nondum finito sermone sequaciter inquit
Qui sibi parentem nunquam sine pure relinquit :

« Audi, fili mi ! Nos hanc exibimus edem,
« Et mecum venies, quia monstrabo tibi sedem

3400 examina, ms. *ex anima*. — 3401 miserere, ms. *misere*. — 3402 dominans, ms. *dominus*. — 3403 cum salvent, ms. *consalvent*. — 3511 Qui, ms. *Quod*. — Après 3411 rubr. *Qualiter matheolulus fuit raptus in celis et que ibi vidit narrat vix* (l'*x* est surmonté de l'abréviation de *ur*) *posse*. — 3413 ms. *moustrabo*.

« Illec te monstreray le siege
« Dont je t'ay fait provision. »
Incontinent en vision
2605 Fuy tantost portés et ravis
Lassus es cieulx ; ce m'est avis
Qu'homs morteus ne pourroit souffrir
A declairier ne a descripre
La haute gloire souveraine,
2610 De doulceur et de joye plaine,
Comment est grant et delitable
A ceulx a qui est heritable
Et qui y avront leur demoure.
Illec me fu monstré en l'eure
2615 La clere et precieuse gemme,
Beneïte sur toute femme,
En qui Dieu prist humanité
Sans violer virginité.
C'est la fleur des fleurs, c'est la rose

2620 Ou la deïté fu enclose
Dedens le ventre a la pucelle.
Vraye foy dit que ce fu celle
En laquelle deux noms s'accordent
Qui par contraire se discordent ;
2625 Dont forment s'esbaïst nature
Comment la vierge nette et pure
Puist estre mere et vierge ensemble.
Raison ne scet que li en semble ;
Mais foy nous monstre par doctrine
2630 Que tout fu par euvre divine ;
Car Dieu tout puissant y ouvra
Et nostre perte recouvra,
Quant il eslut sa vierge mere
Et envoya par grant mistere
2635 Sa parole dedens son ventre.
Et tout aussi com la voix entre
En la maison a porte close,

2604 *C* Encontinent. — 2606 *D* se *F* si ; *AT* me fu viz. — 2607 *M* pouuoit ; *AT* descripre. — 2608 *AT* Na d. pourroit suffire ; *B* escripre. — 2609 *M* joye s. — 2610 *M* joyes. — 2613 *F* omet y. — 2615 *AT* chiere ; *C* pascience. — 2616 *CF* Benoiste. — 2623 *C* nous *D* riens ; *CDM* discordent. — 2627 *BCFM* Peust. — 2629 *M* omet monstre. — 2630 *M* pour ; *AT* raison. — 2634 *AT* saint m.

« Quam tibi providi. » Mox raptus sum super ethra
3415 In celis. Sed ego que vidi per mea metra
Non narrare queo, quoniam perpendere tanta
Mens humana nequit. O, summi gloria quanta
Est ! O, quam dulcis ! quia delectabiliora
Cunctis deliciis aliis michi pandit in hora
3420 Illa. Primo poli gemmam, quam pretitulavit,
In cujus ventris thalamo sibi summa paravit
Hospicium deitas cum virginitatis honore.
Concepit, peperit, genitrix et filia, more
Non observato nature, lite sepulta,
3425 In qua concordant duo nomina que cathapulta
Secum certabant olim. Natura stupescit ;
Quomodo virgo manet genitrix, ars promere nescit ;
Non ratio, sed sola fides aperire meretur,
Cum Deus omnipotens divinitus hec operetur.

3420 Rubr. à la marge, avec un renvoi après *Illa* : *Qualiter ibi vidit beatam virginem mariam.* — *pretitulavit*, ms. *preticulavit*.

Sans mettre doubte en ceste glose,
Ainsi entra et fu fais hom
2640 Dieux en la virginal maison,
Noble et digne par excellence,
Et en issi sans violence.
C'est l'estoile clere marine
Qui les pecheeurs enlumine
2645 Et a port de salut les maine.
Elle est de toute vertu plaine.
Par sa bonté descendi Dieux;
Tant fu debonnaires et pieus
Que forme de serf daigna prendre
2650 Pour ses amis de mort deffendre.
Ceste dame resplendissant,

2638 *C* chose. — 2643 *C* cl. et m. — 2644 *C* p. en enlumine. — 2647 *CDF* Pour.
— 2648 *A* piteuz *C* preux. — 2651 *M* resplendissoit.

3430 Hec est stella maris, vite via, porta salutis,
      Regula justicie, pes claudis linguaque mutis,
      Lux cecis, medicina reis, tutela beatis,
      Proscriptis reditus, venie mater, pietatis
      Limes, dejectis requies, pausatio fessis,
3435 Spes in naufragio, summe provisio messis,
      Dextera virtutis, tutrix morum rediviva,
      Ortus conclusus, fons consignatus, oliva

f° 51 v°. Fructificans, cedrus redolens, paradisus amenans,
      Virgula pigmenti, nectar celeste propinans,
3440 Nescia spineti florens rosa, mella sapore
      Omnia precellens, solem deciesque nitore.
      Hec est illa parens reparans cujus paritura
      Celestis patrie redduntur pristina jura,
      Languenti mundo redit etas aurea prima.
3445 Hujus enim bonitate Deus descendit ad yma,
      Filius ut fieret ejusdem, factus homoque
      Factum salvaret hominem; processit utroque
      Motu descensus, ut scilicet intitularet
      Matris honore Dei dignam, lapsumque levaret
3450 Repatrians hominem delicto depatriatum.
      Hec est que prime matris delendo reatum
      Abstersit maculas; matrem sua nata renasci
      Fecit, et hujus ope cessit dissentio paci,
      Qua mediante, Deo nos ipsa reconciliavit,
3455 Qui nos bannitos seu proscriptos revocavit.
      Ut rosa spineti compensat flore rigorem,
      Cujus enim titulus spine largitur honorem,
      Ut dulcore suo fructum radicis amare
      Ramus adoptivus redimit, sic, exposita re,
3460 Hec bonitate sua matris luit ista prioris

3430 *via*, ms. *vita*. — 3441 ms. *Onnia*. — 3447 *salvaret*, ms. *saluaris*.

Dont vraye lumiere est issant,
Emperris des cieulx couronnée,
Est des anges environnée
2655 Et d'archanges par legions ;
Trosnes et dominacions,
Princes, vertus et poëstés
Sont pour la servir aprestés,
Et cherubin et seraphin
2660 Mettent tout leur penser a fin
De demener joye enterine
En louant des cieulx la roïne,
Les patriarches, les prophetes ;
Par grant soulas et par grans festes
2665 Du cuer l'un l'autre admonnestoit ;
Et entr'eulx saint Jehan estoit,
Qui Dieu en Jourdan baptisa
Et grans dons prerogatis a.

Cil se deduisoit en leesce ;
2670 Combien que plus eüst jonesce,
Par dessus eulx estoit hauciés
Et honnorés et essauciés.
Il est tres grant et honnorable,
Et Dieu luy est moult favorable
2675 Au ventre le saintifia,
Approuva et glorifia.
Après la vierge glorieuse,
Qui sur toutes est precieuse,
A Jehan a refuge court
2680 Le senat de la haute court,
Pour leurs louenges allouer ;
On ne les pourroit trop louer.

Et pour ce que derision
Ne sourde de ma vision,

2652 *BCDFM* la vraye (9 *syllabes*); *M* en issoit. — 2653 *B* exaussee. — 2654 *ABCT* Et *DFM* Est; *CF* angles.— 2655 *CF* archangles.— 2663 *AT* et p. *M* et l. p. — 2664 *AT* En menant s. et g. f.; *M* grans s. — 2667 *F* jordain babtisa. — 2669 *B* deduisent.— 2670 *A* neust; *F* e. en j. — 2671 *C* hurchies *DM* mercies.— 2673 *CDFM* grant *ABT* saint. — 2678 *F* omet est; *M* t. autres. — 2681 *AT* a louer. — 2682 *C* Et; *M* la p. — *D* (fº 16 vº) *rubr*. Comment il racompte des sains lordonnance qui lui fut monstree en paradis.

Crimina, fons expers limi thalamusque pudoris,
Que radiando polum super omnia sidera splendet;
Hujus ab imperio celestis curia pendet.
   Circa quam vidi legiones undique stantes
3465 Angelicas, matrem cum nato glorificantes
Cantibus assiduis, patriarchas atque prophetas,
Inter quos sanctus Baptista fuit, licet etas
Junior ejus sit, cui summum Christus honorem
Post matrem defert summum prestatque favorem,
3470 Cum puer in matris utero sit sanctificatus;
Hunc etiam prefert celi sibi laude senatus.

   Ut pro posse meo dominis ego cuncta reportem
In somno visa, dico quoque quanque cohortem
Sanctorum. Vidi qui dulci voce canebant

fº 52 rº.

3464 *rubr*. à la marge, *Qualiter vidit legiones angelicas et cetus patriarcharum et specialiter beatum Johannem baptistam.* — Après 3171 *rubr.*, *Qualiter vidit cetum beatorum apostolorum et euuangelistarum.* — 3473 dico quoque, *ms*. dicoque.

2685 Et que Malebouche n'y morde,
Je vous racompterai par ordre
Des sains chascune compaignie
Si com lors me fu enseignie.
Des sains qui la gloire hantoient
2690 Pluseurs en y ot qui chantoient
Alleluya d'une voix clere,
Louans Dieu et sa douce mere,
En estat et en ordenance,
Chascun selon sa contenance.
2695 Les apostres sont primerains
Et sur quatre estas souverains;
Car après sont evangelistes,
Figurés en draps et en listes
En la fourme de quatre bestes
2700 Diverses de corps et de testes,
Qui les evangiles diterent
Et vray tesmoingnage en porterent,
Dont saint Jehan est le greigneur,
Cousin germain nostre Seigneur.
2705 Qui en voulroit versifier,
Exposer et metrifier
Et ses louenges exprimer,
Il aroit assés a rimer.
Car toutes vertus et bonté
2710 Des jonesce avoit seurmonté.
Dieu, qui l'amolt, Il fu donneur
Tant de vertu et tant d'onneur
Que, qui Jhesum voulsist pourtraire,
Il luy resembloit de viaire
2715 Et de stature et de beauté,
Et moult avoit de loyaulté.
Et Dieu a ce disciple la
Les secrès des cieulx revela,
A garder lui bailla sa mere,
2720 Quant en croix souffri mort amere.
Et saint Pierre, qui les clés porte
Des sains cieulx et garde la porte,

2685 *M* Que m. b. ne me m. — 2697 *A* enpres. — 2698 *C* listres. — 2699, 2700 *intervertis dans C.* — 2701 *CI* dicteront. — 2702 *C* en porteront *I* porteront. — 2706 *M* ne m. — 2707 *B* les. — 2708 *C* aront. — 2710 *M* De j.; *C* auoir — 2711 *CDM* fist. — 2712 *AT* De tant (*T* de) vertu; *A* et tant h. *BCDFM* Tant de vertus (*B* vertu) et tant donneur. — 2713 *C* Et qui de Jhesu *DM* Qui de Jhesum. — 2715 *M* omet Et. — 2717 *M* Et dist; *B* ad; *C* cest. — 2718 *C* releua.

3475 Alleluia, Deum semper cum matre colebant
Ordine quique suo. Sic ordo quisque locatur :
Primus apostolicus, sicut recolo, dominatur,
Euuangelistis   junctus; michi parcat in istis
Offensum metrum, quia nec mens nec metra cepta
3480 Diffinire queunt nec metis sunt ea septa.
Quis consobrini Domini per metra Johannis
Laudes exprimeret, qui sub juvenilibus annis
Omnis virtutis miro prefulsit honore,
Consimilis Christo vultu formeque decore?
3485 Hic est discipulus cui Christus propria celi
Edidit archana, cui pre cunctisque fideli
Commendasse suam matrem moriens perhibetur
In cruce. Petrus enim, qui claviger esse meretur
Regni celestis, fidei virtute nitescens,
3490 Post gallum nunquam labens nunquamque tepescens,

Comme seigneur et capitaine
Les apostres conduit et maine;
2725 En soy de nobles vertus a;
Et s'aucunes foys abusa,
Après le coq se repenti
N'oncques puis ne se desmenti,
Mais tres amerement ploura
2730 Et en vraye foy demoura,
Et s'afferma par tele guise
Que Dieu fonda sur luy s'eglise
Fermement et sur bonne pierre;
Noble baron a en saint Pierre.
2735 Avec luy saint Pol s'accompaigne.
Celle glorieuse compaigne
Du hault senat apostolique
Gouverne la foy catholique.
Les martirs de près les ensivent,
2740 En joye et en leesce vivent :
Saint Estienne, plain de noblesce,
Est le premier par sa proesce.
Moult fait a louer sa maniere,
Car premier porta la baniere,
2745 Et pour la vraye foy deffendre
Ne redoubta pas la mort prendre.
Et saint Lorens par ses merites,
Qui sont prouvées et escriptes,
Est bien pareil de seigneurie,
2750 D'armes et de chevalerie,
Et porta armes reluisans
Sur les charbons de feu nuisans.
Saint Vincent, le bon champion,
Ne fu pas sur le champ pion,
2755 Mais chevalier ferme et estable;
Des martirs est le connestable
Qui sont en gloire couronnés,
Pour leurs biens fais guerredonnés,
Et desquels la vie honnorée
2760 Est en la Legende dorée,
Si com furent martiriés.
Avec eulx sont les mariés,
Adjoins et mis en leur cohorte,
Pareulx et de semblable sorte.
2765 Après et par dessoubs l'estage
Des martirs et du mariage
Sont les confesseurs honnorables
Usans de joyes pardurables.

2723, 24 *manquent M.* — 2732 *mss., sauf F,* leglise. — 2733 *CDM* Forment. — 2739 *B* martires; *A* qui de p. les suiuent; *B* suyent. — 2743, 44 *interveitis dans AT.* — 2746 *C* refusa; *AT* aprendre. — 2749 *AT* Porta les. — 2750 *ABT* ardans. — *Dans tous les mss.* 2751, 52 *précèdent* 2749, 50. — 2758 *C* Par le bien fait; *F* bienfais *M* leurs bien (*omet* fais). — 2759 *BC* desquieulx *AF* desquels *M* desquielz. — 2760 *C omet* en. — 2763 *C* a l. c. — 2764 *AM* Pareilz *BC* Pareulx *F* Par euls. — 2765 *A* dessus.

Ecclesie petra fundans, Petrus inde vocatur,
Faustus in hoc cetu cum Paulo magnificatur.
Armati fidei virtute nitent aliique
Consortes, quorum probitas celebratur ubique.
3495 Stephanus egregius prothomartir predominatur,
Ordine post istos residens. Quem concomitatur,
Par pugne meritis, Laurentius; arma relucens
Miles habet fidei Vincentius, agmina ducens
Hujus milicie pugilum. Quibus associati
3500 Sunt uxorati. Sub eis post intitulati

3495 rubr. à la marge : *Qualiter vidit beatos martires.* — 3500 rubr. à la marge : *Hic incidentaliter audit quod laudabilior est status conjugatorum quam prelatorum vel religiosorum et hoc probat multis rationibus.*

La sont evesques et chanoynes,
2770 Prelas, abbés, prieurs et moynes ;
Et les vierges sont au derriere,
Qui vont chantant a lie chiere,
Louans la Vierge souveraine
De plus doulce voix que seraine.

2775 Par la vision de mon songe,
S'il avoit effet sans mençonge,
Appert assés evidamment
Et est prouvé souffisamment
Que les paciens mariés
2780 Sont assis et appariés
Avec les martirs honnorés
Lassus es hauls sieges dorés,
Ou ils ont joye sans mesure
En la gloire qui sans fin dure,
2785 Plus sains et de plus grans merites
Qu'evesques, moynes ne hermites.
Car les mariés ont plus paines
En un jour qu'en quatre sepmaines
N'en sueffrent les religieus.
2790 Mariage est litigieus
Et penible sur tout martire.
Pour ce les maris, a voir dire,
Ont pour leur grant affliction
Plus ample retribution.
2795 Dieu voult aux hommes publier
Le croistre et le multiplier
En reprouvant sterilité ;
Car bien affiert, en verité,
Joindre masle avecques femelle,
2800 Pour faire lignie nouvelle,
Pour chasteaulx et cités remplir,
Pour le plaisir Dieu accomplir ;
Qui ne feroit celle union,

2771 — D (f⁰ 170 r⁰) *rubr.* Comment il loe mariaige sur toutes choses. — 2775 *B* Car. — 2776 *M* Si. — 2779 *ABT* tous les hommes m. *CDFM* pasciens (paciens). — 2784 *F* joie. — 2789 *BDM* Ne *ACFT* Nen. — 2791 *M* tous. — 2792 *F* religieux ; *T* ce mariez. — 2793 *M* par. — 2801 *D* racmplir *F* emplir. — 2803 *M* Ce ne f.

Sunt confessores, ut prelati monachique.
Nec somnus noster finxisse videtur inique
Hec, cum multo plus meritorius atque beatus
Sit status hic noster quam presulis aut monachatus.
3505 Una plus patior hora quam quinque diebus
Presul vel monachus ; pre cunctis est speciebus
Martirii gravior afflictio conjugiorum,
Et juxta pugnam retributio fit meritorum.
Crescere nunne Deus homines et multiplicari
3510 Jussit ab initio mundi ? Steriles reprobari
Nunne solent ? Scindi sine fructu planta meretur.
Ergo statum sterilem noster superare videtur.
Ut sibi consimilem generet vir more (?) creatus
Est, non ut signa cleri gerat aut monachatus.
3515 Expedit atque decet urbes et castra repleri
Filiolis. Nisi se junxisset mas mulieri,
Nil modo religio, nil Petrus claviger esset ;

3509 rubr. à la marge : *secunda ratio*. — 3513 id. *tertia ratio* ; — *more*, pas clair dans le ms. ; on croit lire *inare*.

Point ne seroit religion,
2805 De saint Pierre ne souvendroit.
Si doit cesser en cest endroit
Le clergié qu'il n'y contredie.
Car, qui a droit y estudie,
Mariage fu fait jadis
2810 Pour les sieges de paradis
Restablir et recompenser,
Que Lucifer par mal penser
Avoit fait guerpir et vuidier
Par orgueil et par fol cuidier ;
2815 Dont il et toute sa sequele
Sont punis de paine eternelle.
En paradis fu ordenée
Du mariage l'assemblée.
Dieu fist sa mere marier
2820 Et a Joseph apparier

Pour approuver les espousailles.
Les moynes, tondus aux cisailles,
Ne les convers ne fist il mie,
Ne les rendus en abbaïe.
2825 Dont nostre estat est plus notable
Que le leur et plus honnorable,
Qui considere la racine
Et l'estoc de la droite orine.
Mariés precedent les vierges,
2830 Qu'on sert de lampes et de cierges;
Combien que les vierges es temples
Aient honneur par bons exemples,
Neantmains en virginité
N'y a point de posterité.
2835 Plus d'honneur gist es mariages;
Quant leurs enfans sont bons et sages
Et se gouvernent en proesce,

2807 C ne c.; F contredit. — 2813 C huider. — 2817 F fu de nee. — 2821 CDM esprouuer. — 2822 B tondis. — 2823, 24 *intervertis dans A*. — 2824 B labbaye — 2828 AT estat; A ligne F origine. — 2829 C procedent. — 2830 ABT Seruans C Comme sert F Con s. D Com sert. — 2831 B et t. — 2832 B Auront — 2833 C Neanmoins. — 2834 CDFM Na p. (7 *syllabes*); C prosperite. — 2835 M donneurs C aux. — 2837 M poeste.

Ergo clerus in his michi contradicere cesset !
Presertim cum sit jus connubiale statutum
3520 Ut sanctas sedes repleat genus inde fatutum (?),
Quas fastu surgens amisit secta prophana
Luciferi, quam mors vorat Orchi quottidiana.
Conjugiique statum summum Deus esse probavit
Quando suam Joseph in eo matrem sociavit.
3525 Porro conjugium fecit Deus in paradiso,
Non monachum, sicut patet ejus stipite viso.
Ergo nobilior est connubialis origo
Claustrali, nec in his solum metam michi figo.
Non habet heredem, nisi solum quod trabeatis
3530 Nititur exemplis, decus ingens virginitatis.
O, sed miranter veneratur posteritate
Ipsum conjugium, si nitatur probitate.
O, quam gandebunt genitores quando videre
In celis poterunt pueros secum residere

3515 rubr. à la marge, *quarta r.* — 3519 ms. *conubiale.* — 3520 *fatutum*, la première syllabe n'est pas sûre; id. *quinta r.* — 3523 id, *sexta r.* — 3525 id. *septima r.* — 3529 id. *octava r.*

Les peres en ont grant leesce ;
Mais assés plus s'esjoïront
2840 Quant leurs enfans es cieulx iront
Par delés leur pere seoir ;
S'avec eulx les peuent veoir
Couronner et entronisier,
Adonc ne pourroit nuls prisier
2845 Les grans joyes, qui doubleront
Quant en gloire s'assembleront.
Dont aucuns sur ce concluroient
Que mieulx vault et mieulx ameroient
Le mariage d'Abrahan
2850 Que la virginité Jehan.
Car couple de charnalité,
Si com il semble en verité,
L'omme chaste point ne despueille
De sa vertu, puis qu'il se vueille
2855 Maintenir bien pudiquement
Sans faire fol attouchement ;
Cela ne l'empesche ne trouble,
Mais demeure sa vertu double.
Se droit canon dit au contraire
2860 Que sans mariage contraire
Virginité paradis emple,

Et mariage, par exemple,
Remplist la terre seulement,
Je di, pour souldre, telement,
2865 Que mariage en equité
Doit preceder virginité ;
Car raison mon propos conforte :
Quant le mari a droit se porte,
Qui en trois le pourroit partir,
2870 Il est confesseur et martir
Et chastes avec sa mouiller,
Puis qu'il se garde de souiller.
Se l'estat de virginité
Remplist les cieulx par dignité,
2875 Encor fait plus le mariage ;
Les cieulx remplist ou hault estage,
Et cy dessoubs remplist la terre,
Ou il sueffre tourment et guerre.
Se les peres et leur lignie
2880 N'eüssent charnel compaignie
En saint mariage jadis,
Tout seul demourast paradis.
Car qui tel fait point ne feroit,
Ne vierge n'autre ne seroit ;
2885 Vuit seroit le ciel et le monde

2810 *M* seront. — 2811 *C* Per; *M* peres. — 2843 *CDM* nentronisier. — 2846 manque *C*; 2846, 47 manquent *B*. — 2847 *C* concluront. — 2848 *B* omet vault; *ABT* et plus; *B* ameront. — 2849 *B* Les mariages. — 2851 *F* coulpe. — 2852 *CDFM* Comme. — 2853 *F* Homme; *A* sage ne se d. — 2854 *C* pour se quil v. *DM* pour qui se v.; *B* veille. — 2856 *B* Sans aucun. — 2858 *B* d. en sa v. — 2859 *M* De d. — 2861 à 2982 (*deux feuillets*) manquent *M*. — 2863 *C* Raemplist. — 2868 *C* proceder. — 2870 *F* confessor. — 2872 *ABT* auecques. — 2874 *CT* Raemplist. — 2876 *AT* Des c. r. le h.; *B* en h. — 2880 *D* Neussent eu; *F* char nelle. — 2883 *B* ce fait. — 2884 *B* point ne s. — 2885 *C* huit.

3535 Atque coronari; decuplabitur hinc sibi doxa;
Gaudia quippe sua non posset promere glossa;
Ex quo concludunt multi prodesse jugatum
Multo plus Habrahe quam Johannis celibatum,
Virginis electi.   Sed oportet in his metra flecti.
3540 Ut loquar inde palam : nisi fallor, connubialis
Copula non spoliat castum virtute, sed alis
53 r°.   Ipse pudicitie remanere videtur ut ante
Pennatus, majorque statu, virtute duplante.
Si loquar hic aliter quam res patiatur in istis,
3545 Jus michi parcat, iter quia nescit mens mea tristis.

Jusques en l'abisme parfonde.
Le mariage est necessaire,
Combien qu'assés y ait de haire.
Doncques l'estat connubial
2890 Doit estre par especial
Plus loué que virginité.
Mais se j'ay icy recité
Aucune matiere hors voye,
Certes tristesce me desvoye.
2895 Si sçay je bien, selon nature,
Que qui de deux biens fait jointure,
De bons meurs accroist l'assemblée ;
Vertus est par vertu doublée,
Double bien amende l'estoffe ;
2900 Ce tesmoingne le philosophe ;
Et droit canon fait tesmoinguage
De chasteté en mariage.
Dont, se l'espeus parfaitement

Se veult maintenir chastement,
2905 Je croy qu'il sera doublement
Couronnés, s'il sueffre humblement :
Pour son martire tourmentable
Et pour chasteté honnorable.
Par moy n'en sera plus tencié,
2910 Mais diray ce qu'ay commencié.

De la celeste region
Vint vers moy une legion
De mariés et de bigames,
Dont en paradis sont les ames,
2915 Qui de leurs sieges se leverent
Et doulcement me saluerent.
Tous disoient, grans et meuns :
« Amis, bien soyés vous venus !
« Venés sça a nostre carole ! »
2920 Illec avoit mainte citole,

2892 *C omet* se. — 2895 *F* Se ; *CDFM* droiture. — 2896 *B* de deux faict bien j. — 2897 *ABF* bonnes. — 2898 *B* p. vertuz. — 2901 *AT* f. mariage. — 2902 *A* (*sans T*) sans variage. — 2905 *F* quil y s. — 2909, 10 *manquent C*. — *D* (f° 173 r°) *rubr*. Comment les bigames qui trouua en paradis lui firent grant feste. — 2916 *F* saulverent.

Consonat et redolet melior mixtura bonorum :
Cum non decrescat sed pullulet unio morum.
Nam bona juncta bonis sunt inde magis bona, teste
Philosopho. Dicit etiam canon manifeste
3550 Esse pudicitiam veram cum conjugio, nam
Sponsum perfectum duplicem portare coronam :
Credo pudicitie, lacrimosi martiriique
Nostri. Sed taceo, ne me monachatus inique
Rodat cum clero ;   quod cepi dicere quero.

3555   Surrexit quedam legio sedis venerande
Uxoratorum, michi dicens : « O, peramande,
« O, felix socie, bene veneris. Ecce Mathee,
« Nostre conjungi jam dignus es ipse choree. »

3549 *rubr. à la marge* : nona ratio. — 3552 taceo, *ms.* tacheo. — *Après* 3554 *rubr.* Hic loquitur de jocundissimo festo quod ei in celis fecerunt ceteri bigami.

Mainte vïèle et mainte harpe,
Qu'aulcuns portoient en escharpe.
Joyeusement se maintenoient,
L'un l'autre par la main tenoient;
2925 Leur leesce estoit manifeste.
Qui vouldroit descripre leur feste,
On le tenroit a grant merveille,
Car oncques ne vi la pareille.
Quant les harpes des dois touchoient,
2930 Ceulx de la dance flechissoient
Par maniere de tripudie;
En escoutant la melodie
Faisoient leur treche et leur dance
Par tres joyeuse contenance,
2935 Et par devant et par derriere.
Moult estoit plaisant leur maniere;
Entr'eulx chantoient par musique
D'une doulce voix angelique,
Et louenges a Dieu donnoient.
2940 Après les instrumens sonnoient
Pour resjouir les compaignies :
Psalterions et chiphonies,

2921 B Maintes villes; B herpe. — 2922 B portent; BF escherpe. — 2923 AT Joliement. — 2924 ATF la main BCD les mains. — 2926 B escripre. — 2931 BCD tribudie. — 2932 B leur m. — 2933 A tesche F l. feste. — 2935, 36 manquent AT. — 2935 B omet Et. — 2938 B angelice. — 2941 B esjouyr. — 2942 ABT Par p.; CT salterions F Psalterum; B chifonies C cyphonies F chiphonies.

Sunt isti bigami, qui cum citharis vidulisque
3560 Exultant, ludo sese parat undique quisque.
Quidam cum lepido citharam pede concomitante
Vadunt et redeunt, surgunt residentque plicante
In talos cervice sua. Nimis ingeniose
Ducunt se simulantque minas pugneque jocose
3565 Instar habent, sese fugiunt seseque secuntur,
Et verbis, plausu, digitis signisque locuntur.
Aptant se ludo digiti modicumque quiescit
Infurcata manus lateri que sistere nescit,
Dum jubet ipsa lira; subtiles et quasi fixos
3570 Furantur motus humeri cernentibus ipsos.
Ex alia parte quidam triscam laqueatam
Ducunt cum citharis subtiliter ingeminatam.
Mox ibi sunt primi postremi, posteriores
Primi, sub supra, prout exigit apta loco res.
3575 Ludo crescente simul exhilarante platea
Inter eos tandem communiter una chorea
Incipit angelicam vocem, pes concomitatur,
Post cantus ludus instrumentis renovatur :
Tibia, psalterium, symphonia somnifereque

3559 qui cum, ms. quicum. — 3571 ms. ingeniatam, le copiste, ou l'annotateur, a écrit à la marge : vel ingeminatam, et au dessus duplicatam.

Trompes, tympans, freteaus, estives,
Viëles, orgues portatives,
2945 Harpes, musettes d'Alemaingne,
Leüths, fleütes de Behaingne,
Guiternes, rebebes et rotes,
Et tout ce qui puet former notes,
Par doulx son et par atemprance
2950 Faisoient illec concordance.
Ainsi tous ensemble dancerent;
Mais atant pas ne se cesserent,
Ains chantoient au departir :
« Vecy, vecy le vray martir!
2955 « Il a souffert paine sans nombre
« En son mariage soubs ombre
« De la riote de sa femme.
« S'oncques martir deubt sauver s'ame,
« Cils se doit avec nous seoir.
2960 « Grant joye avons de le veoir. »
Puis chanterent « alleluya ! »
Et Dieu, qui point ne m'oblia,
Dist : « Vecy mon fils esleü;
« Certes, son fait m'a bien pleü;
2965 « Il a souffert la plus fort luite
« Qui soit en martire introduite;
« Si doit bien vos chançons oïr;
« Pour luy vous devés resjoïr. »

Lors me monstra Dieu le beau siege
2970 Et dist : « Mon fils, vieng, cy te sié ! je
« Vueil que tu ayes cy ta place.
« Bien est droit qu'ainsi le te face ;
« Tu as souffert mainte reprouche

2943 *C* tympaulx; *F* fretaus. — 2944 *CDFI* Et instrumens de pluseurs guises. — 2946 *ABDF* Leuths *C* Leus; *A* et les flutez *F* fleustes; *AT* brehaigne *BC* bahaigne. — 2947 *C* Quiternes; *C* roches. — 2949 *ABT* attrempance. — 2952 *F* Mais ainsi. — 2954 *B* Veez veez cy. — 2958 *ABC* deust *F* deubt. — 2959 *ABT* Cilz cy *CD* Cilz se *F* Cils (*omet* se). — 2963 *B* Veez cy. — 2965 *F* luiste. — 2966 *F* mariage. — 2968. — *D* (f° 174 r°) *rubr.* Comment Dieu lui monstra le beau siege quil lui auoit promis. — 2969 *B* bel. — 2970 *AT* v. si *C* viens ca; *B* vez cy ce siege; *F seul* sye-je, *les autres* siege. — 2971 *F* Je vueil; *C* ca ta p. — 2972 *ACT omettent* te. — 2974 *C omet* par. — 2975 *F* le s.

3580 Cum citharis vidule, tuba, fistula, timpana, queque
Instrumenta sonis propriis, modulamine miro,
Certatim plaudunt; nec, in his stans, ire requiro
Ulterius. Post hec omnes pariter cecinere :
« Hic vere martir est, passus sub muliere
3585 « Penas innumeras, pugnas et jurgia : vere,
« Si quis martirum paciendo meretur habere
« Celos, hic meruit et nobiscum residere.
« Alleluya ! » Deum post hec omnes coluère.
Nec pretermissa Domini responsa relinquo :
3590 « Hic », inquit, « meus est dilectus filius, in quo
« Jam bene complacui michi, per quem prelia vinco
« Cosmica. Pro socio vestro gaudete propinquo ! »

Nunc Deus, ostensa michi quadam sede : « sedebis
« Hic, » inquit, « pro me patiens opprobria plebis
3595 « Ac Petre rixas. » Hujus sedis radiabat

3581 ms. *modelamine.* — 3586 *martirum*, ms. *martirium.* — Après 3592 rubr. *Hic loquitur matheolulus de gloriosa sede quam sibi deus providit* (ms. *preuidit*).

« Par ta femme et par Malebouche ».
2975 Le siege estoit bien atourné,
De riches pourpres aourné,
Nobles et artificieuses,
Resplendissans et precieuses.
La chayere d'orfaverie
2980 N'est, de cristal ne de verrie,
Mais faite estoit par grant mistere,
De si hault pris et si tres clere
Qu'hom n'en pourroit descripre l'euvre.
Les orilliers dont on la cuevre
2985 Estoyent de tele richesce,
Plains de plaisance et de noblesce
Et d'odeur de souef flairier,
Qu'homs ne le pourroit declairier.
Mon songe me fist congnoissant
2990 Que la sale du Toutpuissant
Estoit fondée par maistrise,
Sur haultes coulompnes assise,
Painte de choses glorieuses,
D'or et de pierres precieuses.
2995 Araigne n'y osoit fil tendre,
Et si n'y a poudre ne cendre,
Si n'y a mestier de balais;
Oncques ne fu si beau palais.
Le lambruys par dessus joly
3000 D'ivyre tres blanc et poly
Estoit, de roses estellé
Et de fin or estincellé,
Plus que nulle estoile luisant;
A veoir est moult desduisant;
3005 Car parmi chascune charniere
Du ciel resplendissoit lumiere,
Qui tout le lieu enluminoit
Ou nostre Seigneur dominoit.
Printemps est en toute saison
3010 En la glorieuse maison
Plus souef et plus attempré

2975 *D* Le tien s. est. — 2976 *C* Des; *AT* choses; *B* bien a. — 2977 à 88 manquent *AT*. — 2979 *C* chaenne. — 2982 *B* chiere. — 2983 *B* Quon ne; *M* reprend (f° 134). — 2984 *M* oreilles. — 2986 *M* leesse. — 2988 *M* la p.; *BC* declarier *F* declairer. — 2990 *C* de tout. — 2992 *AT* bonnes; *ATC* coulombes. — 2995 *ABT* Yraingne *C* Iraingne *DFM* Araigne; *M* estoit. — 2997 *AT* ot; *BT* besoing. — 2999 *BM* lambrois *C* lambrins *F* lambruys. — 3000 *F* yuuyre. — 3001 à 08 manquent *AT*. — 3001, 02 tous les mss. estellees : estincellees. — 3004 *B* est *C* estoit *DFM* omettent est. — 3005 *C* carniere *DM* verriere — 3008 *M* donnoit. — 3009 à 3016 manquent *AT*. — 3011 *B* attrempe *C* attempree *DM* atrampe *F* que nul attempre.

  Purpura circunstans, auri soliumque micabat
  Quod fabricature mire fuit. Exposita re,
  Quanti sit pretii nemo sciret numerare.
  Hic ego nil tango de pulvinaribus ipsis,
3600 Que supra sedem vidi, michi cum sit eclipsis
  Lingue; nec reliqua plene noto tradita somnis.
  Omnipotentis erat sublimibus alta columnis
  Regia, preradians gemmis auroque, piropis
  Picta, nec indiguit cinerosis area scopis;
3605 Ejus ebur nitidum fastigia summa tegebat,
  Cujus uterque polus radiosa luce nitebat,
  Sidera cuncta domans; ebur auro splendidiore
  Constellabatur, roseo juncto sibi flore.
  Est ibi vernale semper sine nube serenum
3610 Tempus, sat plus quam describi posset amenum.
  Gaudia plena vigent, iterata quibuslibet horis,

Qu'oncques en vergier ne en pré
Ne fu, et est plus delitable.
La est la joye pardurable,
3015 Qui tousjours croist et point ne fine;
La est droite paix sans haïne
Et repos ou nul ne labeure,
Lumiere rayant a toute heure,
Vray soleil sans esconsement,
3020 Port seür sans empeschement,
De tout tourment asseüré.
O! quant doulx et beneüré
Est ce lieu et delicieus!
Comme il est saint et precieus!
3025 Humaine cogitation
N'en puet faire description.

De piment y sourt la fontaine,
De cleres ondes, pure et saine,
Pour recreation joyeuse,
3030 Plus que miel doulce et savoureuse;
Sur toutes eaues est plus fine
Et sur toute autre liqueur digne.
Et quant l'argentée gravelle
Au fons des ondes se revelle,
3035 Si melodieusement sonne
Qu'aux escoutans grant soulas donne.
Plus que baume n'autres espices
Rent odeur plaine de delices;
Tout paradis souef en flaire,
3040 Odeur n'est qui tant peüst plaire;
Et le ruissel qui en desrive

3012 C emprec. — 3015 F ne c. — 3017 AT La est r. nul ny l. — 3018 A luisant T riant. — 3019, 20 manquent AT. — 3021, 22 intervertis dans AT. — 3022 ABT Ouquan C E quant DM Ou quant. — 3027 ABT court. — 3028 M clere onde. — 3033 à 42 manquent AT. — 3036 C acoutans; M grans. — 3037 M le b.; C basme. — 3039 M claire. — 3040 M pleust. — 3041 B destiue C dictiue D ditiue F dittiue M diriue.

Pax expers odii, requies ignara laboris,
Lux semper rutilans, sol veri luminis ortus,
Nescius occasus, tutissimus undique portus.
3615 O! quam felix! quam dulcis! quam deliciosus
Exstitit iste locus! quam sanctus! quam preciosus!
Iste potest solus quitquid loca cetera possunt,
Quidni? per reliqua que deficiunt, in eo sunt.

Fons ibi nectareus, nitidis argenteus undis,
3620 Visus alit, potus reficit, recreatio mundis
Inclita, cujus enim citharisat harenula fundis
Aurea; fons bigamis datur iste meis oriundis.
Hic est fons omni conspectior amne nitore,
Fons predives aquis, transcendens mella sapore,
3625 Cujus deliciis cedit paradisus, odore
Balsama vincuntur. Simili cui rivus honore
Respondet, nascens ab eo; quid plura? fluentum

Vicinus ridet viror herbarum, placideque

Après 3618 rubr. *Hic loquitur de quodam delectabili fonte et de quibusdam aliis deliciosis visis in celis.* — 3620 *Visus*, ms. *Visut.* — 3626 *cui*, ms. *cum.* — Après 3627 il semble manquer un vers; le copiste a laissé un blanc.

Respont a la fontaine vive.
Bien près croist l'erbe et la verdure ;
Sans blesmir en temps d'iver dure.
3045 La croissent pins, loriers et baumes,
Flambes, marjolaines et paumes
Et autres plantes autentiques
Et herbes bien aromatiques,
Qui de leurs fleurs se couronnoient
3050 Et de feuilles s'environnoient.
Le champ est paré de florettes,
De roses et de violettes,
De primerolles et de lis.
Le lieu est plain de grans delis.
3055 Des oiselès y a foison,
Qui par tres joyeuse achoison
A bien amer mettent leur cure,
Chascun d'eulx selon sa nature,
De leur voix clere et non pas casse ;
3060 Le rossignolet tous les passe.
Les grans deduis et les noblesces
Et les doulceurs et les leesces
Du siege ne pourroit on dire ;
Poete n'y pourroit souffire.
3065 A une part du siege noble,
Painct d'or, d'azur et de sinoble,
Regarday une vesteüre
Riche, et, par grant envoiseüre,
De noif estoit assés plus blanche ;
3070 Il n'y falloit ne pan ne manche,
Et si estoit bien gironnée
Et par droit compas patronnée.
Les couronnes furent assises,
De grant pris, de nobles devises,
3075 Dessus la vesteüre teles
Qu'homs ne pourroit veoir plus belles ;
De saphirs et de gemmes fines
Et d'autres richesces perrines
Plus que soleil resplendissoit
3080 La grant clarté qui en yssoit.
Et quant j'oi bien tout avisé,

3044 *B* blesmer; *F* ou t. — 3045 à 54 *manquent AT*. — 3045 *B* lorier; *B* baume *C* balmes. — 3046 *F* Flammes; *CF* marioraines; *B* paume *C* palmes. — 3050 *B* les f. — 3053 *B* deliz. — 3055 *DM* Doiseaux *F* Des oiseaulx *B* oiselles; *F* il y a *DM* il y a grant f. — 3057 *AT* chanter. — 3061 *A* molestez. — 3062 *manque M*. — 3063 *B* homs. — 3064 *A* Ne porte; *B* Pouette. — 3066 *A* fil noble *B* sinople *FT* si noble. — 3070 *F* ny failloit pan. — 3071, 72 *manquent AT*. — 3072 *F* omet droit. — *Interversion dans tous les mss.* : 3073 à 76 *avant* 3077 à 80. — 3074 *M* Des; *CDM* grans; *F* a n. — 3075 *CDM* les vesteures. — 3076 *BFM* Que homs *C* Que homme *D* Que hom; *ABT* veir; *AT* ytellez *B* telles. — 3078 *AT* riches pierrerines *B* parines. — 3081 *M omet* quant; *A* jolz B jo *C* jeus *F* jeu *M* joz.

Balsamus et laurus ingens et aromata, queque
3630 Frondescunt plante ; vernales undique flores
Irradiant ; viola, rosa, primula, seque sorores
Lilia commiscent istis, dulcedine plena
Omni, vox avium resonat, quarum philomena
Prelasciva suis,   extenso gutture, quanque
3635 Cantibus assiduis   satagit precellere ; nanque,
Ut verum fatear, ipsius nobilitates
Sedis non aliquis posset describere vates.
   In quadam parte sedis nive candidiorem
Prospexi vestem, vidi quoque splendidiorem
3640 Estivo sole, gemmis fultam preciosis,
Evax ! aureolam. Visis tot deliciosis
« Ecce, tuas », dicit Dominus, « cum veste coronas,
« Penas conjugii patiens quia te michi donas. »

Si com dessus ay devisé,
Et plus assés, sans point de fable,
Lassus, ou doulx lieu delitable,
3085 Dieux me dist : « Vieng avant, amis,
« Vecy ce que je t'ay promis.
« Puis que tu t'es a moy donnés,
« Vestus seras et couronnés.
« Pour tes paines te fay je don
3090 « De cest glorieus guerredon. »

Après, a genouls de rechief,
Humblement et enclin le chief,
En confortant m'affliction,
Luy dis par grant contrition :
3095 « Souverain pere pardurable,

Dieu puissant et inenarrable,
Vivant et seule poesté,
Forme de bien, vraye honnesté,
Voye de droit, port de navie,
3100 Tres clere fontaine de vie,
Mesure, soleil de justice,
Majesté qui point n'appetice,
Tout pues et tout es congnoissans,
De toy vient pouoir aux puissans,
3105 Tout gouvernes et tout maintiens
Et tout soubs nombre en ta main tiens;
Tu fais chaut, tu fais iverner,
En moment sces tout discerner
Et disposer tres doulcement;
3110 Sans fin et sans commencement,

3082 *DFM* est d. — 3086 *B* Voy cy *M* Vez cy; *F* omet ce. — 3087 *B* que cy. — 3089 *F* de f.; *B* f. ce d. — 3090 — *D* f° 176 v°) *rubr.* Comment mahieu loe dieu. — 3094 *DM* deuocion *F* deuocon. — 3095 *M* omet pere. — 3096 *A* tout p.; *BM omettent* et; *AT* veritable. — 3097 *AT* dune seulle poste *BM* en s. *CDF* et s. — 3098 *C* et honneste. — 3100 *D* Tres cher f. *M* Tres chiere f. *C* Droite f.; *CDM* port de v. — 3101 *B* Mesurent. — 3103, 04 *manquent AT*. — 3103 *B* Tu p. et est t. c.; *CDFM* toutes c. — 3105 *M* Tous. — 3106 *M* sanz; *AT* ombre *B* lombre. — 3107 à 10 *manquent AT*. — 3108 *C* En un m.; *M* sces tu d.

Post hec cum genibus flexis et supplice vultu
3645 Emittens hec verba loquor, tamen absque tumultu :
« Summe parens, eterne Deus vivensque potestas,
Unica forma boni, recti via, jugis honestas,
Fons vite, sol justicie, pietatis asilum,
Initium finisque, modus, mensura, sigillum,
3650 Rerum causa, manens ratio, noys alma, sophia
Vera, decor mundi perfectus, dextera dya.
Cuncta potens, a qua procedit posse potentum,
Sicut derivans a vero fonte fluentum,
Absque loco loca cuncta replens, sine tempore vernans,
3655 Absque situ residens, sine motu cuncta gubernans,
Omnia sub numero claudens, sine pondere, cuncta
Pensans, momenti discernens singula puncta,
Principium sine principio, finis sine fine,
Ingenitus genitor, regnans sine labe ruine,

Après 3643 rubr. *Hic laudat matheolulus dominum et reddit ei gratias super hoc quod voluit ei ostendere rectam viam per quam nititur (? ms. muitur) habere regnum celorum.* — 3657 momenti, ms. momento. — 3659 labe, ms. labore, mais o et r ont été exponctués.

Un seul Dieu treble en unité,
A toy, benoite Trinité,
Ou j'ay mis toute m'esperance,
Ma ferme foy et ma creance,
3115 Soit louenge et honneur et gloire,
Domination et victoire !
Tu aimes les biens et adresces,
Tu donnes joyes et leesces,
Tu aimes paix, tu hes discorde,
3120 Pere plain de misericorde,
Tu es vray, toutes tes paroles
Sont vrayes, et tes paraboles
Sont tres doulces et emmiellées.
Combien que mes raisons meslées
3125 Et mes pensées merveilleuses,
Contredisans et orgueilleuses

Ne les sachent pas concevoir,
Je m'en puis bien apercevoir.
Bien voy qu'il te plaist moy amer,
3130 Quant tu me daignes fils clamer,
Ja soit ce que n'en soye digne.
Assés me monstres par maint signe
Que tu ne me veulx pas grever;
Favorable es au relever.
3135 Loer te doy et rendre graces
En tous lieux et en toutes places ;
Car tu m'as donné, au voir dire,
Congnoissance de mon martire
Et m'as enseigné par raison
3140 Comment venray en ta maison.
Je te recongnois a bas ton
Que par ta verge et ton baston

3111 *A T* triple *F* treble. — 3115 *ABFDMT omettent* et. — 3117, 18 *manquent AT*. — 3119 *B* sces. — 3121 *M omet* tes. — 3122 *manque AT*. — 3123 *B omet* tres. — 3126 *manque D*. — 3127 *M* saichans. — 3129 *M* a moy. — 3131 *BCF* ce que je nen s. d. — 3132 *A* vrai s. *T* vrais s. — 3134 *B* et au reveler. — 3142 *ABT* Que *C* Et *FDM* Car ; *B* la v.

3660 Unus in usya, personis trinis in uno,
In quo confidens spem totam firmus aduno,
Sit tibi gloria   secla per omnia,   lausque peremnis
Qui bona diligis   ipsaque dirigis   et mala temnis.
    Alme pater, vivens Deus, actor, origo, creator
3665 Cunctorum, doxe largitor, pacis amator,
Solus ubique potens, via, portus, spesque salutis,
Qui claudos relevas, cecis das lumina, mutis
Linguam, defunctis vitam, lapsis veniamque,
In te confido, te laudans oroque ; nanque
3670 Verus es et vera tua sunt salvantia verba,
Dulcia, melliflua, quamvis mens stulta, superba
Non ea concipiat, cum tanto munere digna
Non sit ; sentio quod me diligis ; hec tua signa
Ostendunt plane ; sodes, quia jam voluisti
3675 Demonstrare viam vite feliciter isti
Euge ! Matheolule, licet indigno, titubanti,
Quem relevasti[tu], michi dans nuper dubitanti
Laudande fidei perfectam cognitionem,
Dicti martirii reddendo michi rationem.
3680 Consolantur me tua virga tuus baculusque,

3676 *titubanti*, ms. *titulanti*.

Suy chastoiés et confortés
Et a bien souffrir enhortés.
3145 Je confesse qu'il est escript
Que tous ceulx que tu aimes, Crist,
Jusques en la fin les espreuves.
Et quant vrais repentans les treuves,
Tes flayaus leur sont medecine,
3150 Laquelle les purge et affine,
Aussi qu'on purge le fourment,
Et sont quittes d'autre tourment.
Par Job et par sa pacience
Le monstras par experience,
3155 Par ce qu'au premier le grevas
Et en la fin le relevas.
Sire, que te pourray je offrir?
Vrays Dieux, qui vouls pour nous souffrir
En la croix la mort aspre et dure,
3160 Que diray je, ta creature?

Ton tres douls nom appelleray
Et ta gloire reveleray,
Et si prenderay le calice
De salut, sans penser malice.
3165 Car je vueil apres toy fuïr
Pour vie avoir et toy suïr.
Point ne me sera chose amere
De mourir, quant je considere
Les biens de la celeste vie;
3170 Mieulx en souffreray sans envie
Et muerai mort momentaine
Pour vie durable et certaine.
Espoir ma grant douleur alliege
Et bien requiert cest poli siege
3175 Que j'endure et sueffre forment
De mariage le torment,
Pour eschever paine plus dure
Et gaaingnier joye qui dure.

3144 *A* Et en tout bien faire *BT* Et a (*T* en) b. faire *CDM* Et a b. seruir *F* Et a b. souffrir. — 3150 *A* Qui bien; *A* espurge *T* espurgurge. — 3151, 52 *manquent AT*. — 3151 *BCFM* com. — 3153 *B* Jacob p. s. sapience. — 3155 *B* a p. — 3157 *F* pourroie o. — 3158 *B omet* dieu; *M* voiz. — 3159 *CDM* mort (*sans* la). — 3163 *mss.* prendray. — 3164 *M* Du s. — 3166 *AT* seruir. — 3170 *C* ennuye. — 3171 *C* querray. — 3172 *C omet* et; *A* pardurable; *ABT* et saine. — 3174 *B* requier; *ABT* ce. — 3178 *C* greigneur.

Et merito, rex Christe, tuos quia diligis usque
In finem; vere contritis sunt tua mellis
Verbera; quam sepe premis ut medeare! flagellis
Temtas ut releves! Job enim probat istud aperte,
3865 Oppressus primo, relevatus postea per te.
　　Quid tibi retribuam pro cunctis que tribuisti,
O Deus alme, michi? qui mortem sustinuisti,
Mortem dico crucis propter nos. Ecce vocabo
Dulce tuum nomen, quod semper magnificabo,
3690 Accipiamque salutis ego calicem, quia vite
Munus habere volo post mortem, sicque sequi te,
Est michi dulce mori, solatia quando future
Celestis vite considero, non periture;
Nec mirum; mea mors est momentanea, vita
3695 Jugis predicta; sedes petit ista polita
Ut patienter ego tormentum connubiale
Sustineam propter tormentum spirituale.

Je preng rant joye et grant plaisance ;
3180 Car, se tu me tiens en souffrance,
Merites m'en seront rendues,
Mes paines te sont bien vendues.
Toutesvois, doulx Dieux debonnaire,
Je te pri qu'il te vueille plaire
3185 Que cest calice oultre moy passe.
J'aim mieulx que je muire et trespasse
Si que de mort soye delivre.
Il ennuye m'ame de vivre ;
Toute douleur sur moy s'applique ;
3190 Je suy derision publique ;
Si doubt que travail ne me blesce
Par mal souffrir et par feblesce ;
Car au monde n'a point d'eür ;
Je voy qu'il n'y a rien seür ;
3195 On ne doit point le monde amer,
Car on y treuve trop d'amer.
Il y a famine et froidure,
Chaleur, pestilence et ordure
De pechié, d'orgueil et d'oultrage,
3200 Qui les serfs tiennent en servage ;
Vertu y est subgiette a vice,
Science est morte par malice.
Dont de remede te requier ;
Cest calice passer ne quier.
3205 Quant je fermement considere
L'estat du monde et la misere,
Aux vers la peau laissier voulroie
Et volontairement mourroie.

3179 *C* preing. — 3181 *C* me s. — 3182 *C* pechiez *M* popres ; *BM* seront. — 3183 *BCF* Toutesuoyes. — 3186 *mss.* Jayme ; *B* omet mieulx. — 3187 *C* omet soye deliure. — 3188 *A* a mame ; *F* omet de. — 3194 *M* qui. — 3202 *M* y est. — 3203, 04 *D* requiert : quiert, *M* requiers : quiers. — *D* f° 178 v°) *rubr.* Comment il vittu pere lestat du monde. — 3205 *A* Et quant ; *ACDMT* forment. — 3208 *M* monnoye.

O, quam letor in hiis, quoniam scio quod, paciendo
Penas conjugii, tibi nobiliter mea vendo.
3700 Attamen instanter, peramande Deus, super hiis te
Flens ego posco calix a me quod transeat iste.
Heu! Vite tedet animam ; derisio factus
Publica, posco mori, ne mundi turbine tractus
Impatiens peream ; mortem michi trade petitam !
3705 Credo mori melius quam mortis ducere vitam.
In mundo gravis est cursus, plenus lacrimarum,
Anxietas jugis, via lubrica, pondus amarum.
Proh! peccatorum sordet quitquid roperitur
Mundo ; nil stabile fit ibi, bonitas sepelitur,
3710 Morbo, clade, fame, vitiis(?) algore, calore,
Opprimimur mundo cujus damnamur odore.
Heu! Mundus vitium virtuti, scandala fame
Prefert. Iste calix ergo mox transeat a me !

Quando statum mundi proprium considero, vellem
3715 Vermibus hanc fedam statim dimittere pellem.

3698 *letor*, ms. *lector*. — 3706 *gravis*, ms. *grauius*. — 3710 *vitiis(?)*, ms. *victus*. — Après 3713 *rubr. Hic gratia precedentium vituperat statum mundi.* — 3715 *dimittere*, ms. *dimitte*, sans aucun signe d'abréviation.

C'est toute paine, au dire voir :
3210 Il a pechié au concevoir,
Paine au mourir et paine au naistre,
Et labour y fault pour soy paistre.
Las! je fuy lait et sanc et sperme
Et du ventre yssi hors a terme,
3215 Nus, atout ma fragilité,
Au monde plain d'iniquité;
Et puis suy un sac plain de fiens;
Com plus suy emplis, et plus giens.
Si voy que tout va de travers,
3220 Tout sera nourreture a vers.
Je ving et iray en plourant,
Et tant com seray demourant
Vivray en douleur et en paine,
Et sçay que c'est chose certaine
3225 Que par mort revenray en cendre.
Dieux ! quel biente pourray je rendre?
Sans toy ne puis avoir merite.
La berbis noblement s'acquite
Quant trois biens a son seigneur donne :
3230 Lait, laine et fruit qu'elle faonne.
Et je n'ay rien pour toy donner,
Qui te voulsis abandonner
Pour payer nostre raençon
Et souffrit mort a grant tençon.
3235 Lors dist Dieu : « Mais tu as souffert,
« A grant martire t'es offert,
« Si com j'ay dit premierement.
« Chier fils, or saches fermement
« Que je t'ay cest siege apresté
3240 « Pour ce que souffrant as esté.
« Retien en toy bonne esperance,
« Resjouy toy de ta souffrance.
« J'ay les souffrans toujours amés,
« De moy seront amis clamés. »

3211 C a m.; CF a n. — 3212 C a l.; Ç il f. — 3213 CDMF suy; M l. fait sanc. — Entre 3216 et 3217 A Auquel je napportai nulz biens. — 3218 manque AT; C empli sui; B jains. — Entre 3217 et 18 AT Tout corrompu et tout puant (T puans). — 3219, 20 leçon de ABT; CDFM Sy voy que toute nourreture Tourne a fin a pourreture. — 3226 M omet Dieux; B que. — 3232 AM voulsist. — 3233 M procurer n. rancon; AT la n. — 2334 AT et g. — 3235 M omet mais. — 3236 M Et a g.; BCDF merite ATM martire. — 2339 B siegle. — 3244 B Amis s. de m. c.

Est nasci pena, conceptio culpa, labores
Vita, necesse mori, sunt assiduique dolores.
En ego sperma fui, lac, sanguis et embrio; natus
Nudus in hoc mundo, sum sacculus apropriatus
3720 Stercoribus; pastus ero vermibus. Heu michi! flendo
Intravi mundum, lamentor ibique, gemendo
Exibo; putere solo saniemque fateri,
In cinerem redigi, sine te non posse mereri;
Est hominis. Dat ovis proprio domino tria : fetum,
3725 Lac, lanam. Sed ego tibi nil, licet in cruce letum
Pro me passus sis. » — Qui dixit : « Passus es immo
« Plurima martiria, sicut dixi tibi primo.
« Hanc ideo sedem tibi, fili kare, paravi.
« Spem retine, gaude! patientes semper amavi. »
3730 Cessat in his tandem completo tramite somnus

3722 putere. ms. putre.

3245 Atant cessa, plus n'en ouï;
Moy laissa et s'esvanouï.

Au resveiller fu ma douleur;
Tout esbaï muay couleur;
Car lors avoye mal chevi,
3250 Quant emprès moy nulluy ne vi
Fors ma femme male et perverse,
Qui delés moy gisoit enverse.
Tout incontinent me tença;
Ma char a trembler commença
3255 Si tost que j'ay sa voix ouïe.
Elle dit : « Bien est emploïe
« La misere que vous avés !
« Fors que dormir rien ne sçavés. »

Je ne dis mot, parler n'osay,
3260 Et oncques puis ne reposay.
Les cheveulx me fist hericier
De paour, car, par saint Richier,
Plus asseür seroit li homs
Avecques serpens et lions
3265 Qu'avecques femme rioteuse,
Et la moye est trop perilleuse.
Par espreuve la doy congnoistre.
Tout aussi que l'en fait accroistre
Le feu quant on y met des bolses,
3270 Par paroles sourdent les noises
Et les batailles s'en ensuivent,
Dont ceulx sont fols qui trop estrivent.
Souvent empire son affaire

3245 *F* p. rien ouy. — 3246 — *D* (f° 179 v°) *rubr.* Comment il retourne a ses lamentacions quant il ot acompli son songe. — 3250 *C* apres; *B* nulluy empres m.; *FM* nulli. — 3253 *AT* Dont; *CDFM* toucha. — 3255 *AT* sa char ouye *B* ta char oye; *I* jeus sa voix ouyce. — 3256 *ABCI* employee *F* emploie *M* employe. — 3259 *BC* dy *F* dis. — 3261 *ATC* herichier *M* herrechier. — 3263, 64 *intervertis dans M.* — 3264 *F* Auec; *C* sergens. — 3265 *CF* Quauec. — 3268 *ABT* on f.

Et me dimittit abiens celestis alumnus.

Completo somno stupui, cum nulla viderem
Juxta me preter quam pestiferam mulierem,
Que michi mox dixit, prima surgente palestra :
3735 « Me miseram facient, miser, infortunia vestra.
« Nil nisi dormire scitis. » Sed ego nichil illi.
Quam timui ! timuit facies, timuere capilli.
Quidni ? tutior est homini comitiva leonis
Quam fedus sponse rixose conditionis ?
3740 Hinc latui, mota rixa, cum sit sine glosa
Petre sermo suaque minax manus impetuosa.
    Sicut ligna focum   pascunt superaddita lignis,
Sic stimulo vocum   rixarum convalet ignis
Sepeque proveniunt   ex verbis verbera, bella
3745 Ipse concipiunt   lites, bellique procella
Dum surgit, sequitur   strages quam sepe ! Cavenda
Lis nimis est igitur   rixosaque bella timenda.
Iccirco tacui rixante mea muliere,
Nanque malum est non posse pati nec velle tacere.

Après 3731 *rubr. Hic completo somno revertitur matheolulus ad priora lamentando ut prius.* — 3735 *infortunia*, ms. *infortuna*.

Homs qui ne puet souffrir ne taire.
3275 Quant homs se taist et femme tence
Et espant sa male semence
Et ne treuve qui la responde,
Plus dolente n'a en ce monde;
Plus se deult la male crevée
3280 Et est plus aigrement grevée.

Et ja soit ce que Caton tiengne
Qu'en songe nul effect n'aviengne,
Tous les songes en verité
Ne sont pas plains de vanité.
3285 Andromacha, la dame sage,
Songa la mort et le dommage
De son mary, Hector de Troye,
Comment fortune en feroit proye
Se l'endemain aux champs yssoit.
3290 Cils, qui proesce nourrissoit,
Ama honneur et cremy honte;
Pour ce du songe ne fist compte,
Ains yssi a la destinée;
Ce jour fu sa vie finée.
3295 Joseph noble songe songa,
Dont sa seigneurie allonga,

Car il fu maistre sur ses freres
Et les geta de leurs miseres;
Les songes Pharaon glosa
3300 Et sagement les exposa.
Et Daniël au roy de Perse
Descripst la statue diverse,
De pluseurs metaux composée.
Par Macrobe fu exposée
3305 Et descripte l'avision
Qui advint au roy Cipion.
D'exemples en diroye assés
Tant que j'en seroye lassés.
Si ay en mon songe fiance
3310 Qu'il ait bonne signifiance,
Dont un peu ma douleur rapaye.
Mais que m'esperance soit vraye
Qu'en paradis joyeus m'en voise
Après mon tourment et ma noise,
3315 Si ne l'oseroye affermer
Ne tous mes songes confermer.
Car bien sçay que, tant que je vive,
Mes douleurs n'aront fons ne rive;
Et quoy que je die ou je face,
3220 Je suy comme une chicheface,

3272 *B* sont fols ceulx. — 3275 *CDFM* on; *F* tense. — 3276 *C* ca m. s. — 3277 *B* luy.— 3278 *C* voulente.— 3279 *M* sen d.— 3281 *BF* chaton *CDM* cathon. —3282 *AT* Que s. a n. e.; *ABT* ne viegne. — 3285 *C* Andromahcha *M* Adromacha. — 3287, 88 *intervertis dans AT*. — 3290 *M* Cil quil. — 3292 *B* conte. — 3302 *CF* Descript *B* Escript; *C* statute *M* lestatue. — 3304 *C* macrolle *F* macrobes. — 3305 *BDM* laduision *C* la deuision.— 3306 *ABCT* ciprion *M* de c.— 3309 *B* Say *C* Si nay; *B* significance. — 3315 *C* lesseroye *F* loseroy je. — 3319 *C* ou que f. *M* que je f. — 3320 *BCF* chiche face *M* chichefface.

3750 Virque tacere solet,   quia, si nil ipse loquatur,
Acrius inde dolet   mulier graviusque gravatur.
Quamvis Cato canat et sint hec quottidiana,
Somnia ne cures, non sunt tamen omnia vana
Somnia. Quod Joseph testatur cum Daniele.
3755 Iccirco lamenta mee pro parte querele
Cessant; ut credo, pro sustentis modo penis
Intrabo celum laxis letanter habenis.
Affirmare tamen mea nolo somnia, quippe
Cum michi jam vario non sint fondus neque ripe;
3760 Quid loquar aut quid agam jam nescio; quippe vacillo

Maigre par dessoubs ma peaucelle ;
En variant souvent chancelle
Pour les maulx que m'estuet sentir.
Dont finablement, sans mentir,
3325 J'ameroye mieulx en servage
Demourer hors de mariage
Et en tres grant paine servir,
Pour les dons divins desservir,
Et endurer a quatre doubles
3330 Ailleurs plus grans paines et troubles
Qu'en ceste vie langoureuse
Trop durant et trop douloureuse;
Car je ne sçay luite si grieve,
Si tres forte, ne qui tant grieve,
3335 Ne je ne croy que bonnement
La puisse souffrir longuement.
Las ! je me sent tout desconfire.
Je muir, je muir a grief martire.

3321 *AT* dessus; *C* paencelle *F* piaucelle *ATM* pancelle. — 3322 *A* tancelle. — 3325 *B* m. estre. — 3330 *T* dures. — 3331, 32 *manquent AT*. — 3338 *AFT* grant — *D* (f° 181 v°) *rubr*, Cy fine le tiers liure des lamentacions.

Desipiens; nunc vertor ad hoc, sum mox et in illo.
Sed quitquid dicam, ne sit suppressio veri,
Extra conjugium mallem divina mereri
Dona, quater patiens alium quemcunque dolorem,
3765 Quam per conjugii luctam, quia rem graviorem
Nescio, nec credo quod eam possim patienter
Ferre diu. Morior, morior, quid plura? patenter.

LIVRE QUATRIÈME

Qui dolereus oncques n'a congneü
   Et veult prouver se son cuer est piteus,
Viengne veoir moy tout despourveü
   De reconfort et de paix diseteus.
5   Mon chant en plour,
     Mes beaux dis en tristour,
  En fiens ma flour
     Tournera sans retour ;
  Par ma folour
10   Est ma joye en dolour,
  Et sans sejour
     En tenebres mon jour.

Se Dieux est confort et courage

A ceulx qui sont en mariage,
15 Et de luy ne sont escondit,
Si com ceste vision dit,
Je luy pri qu'il me soit propice,
En ostant rigueur de justice.
Il scet comment ma femme estrive ;
20 Ma douleur chascun jour ravive ;
Je suy point si tres aigrement
Du serpent que nul oingnement
Ne m'en puet faire garison.
Oncques ne fu si marris hom.
25 Las ! je n'en puis mais s'il m'ennoye.
J'ay doubte que ma femme n'oye
Mes complaintes que je recite.

Dans A (p. 96), pas plus que dans T (f° 129 v°), une majuscule ne sépare ce livre du précédent ; dans BF une simple majuscule ; C (f° 147 v°) rubr. liber quartus ; D (f° 181 v°) rubr. Cy commence le quart liure ; *dans M une vignette.* — 1 *A* douleur *T* doulours ; *ABT* na oncques (*dans B* ues a été gratté) ; *CF* nara c. *DM* naura c.; *F* congneus *M* congneux. — 2 *Ce vers est dans A après* 4, *dans BT après* 3 ; *CDM omettent* se ; *C omet* est *DM* estre p. — 3 *A* Viegne moi voir. — 4 *A* desiteux *B* desireux *C* dissiteux *M* despourueux. — 7, 8 *M* En f. tournera ma fl. sans retour. — 8 *C* Trouuera. — 9 *B* foleur *C* flour. — 10 *A* Cest ; *B* baudour. — 12 — *D* (f° 182 r°) *rubr.* Comment il prie dieu. — 13 *A* De dieu *T* He dieu. — 14 *M omet* a. — 15 *A* esconduit. — 18 *B* Enobstant. — 24 *A* marri. — 25 *M* je nen puis se je ; *F* si ; *BFT* menuoye *A* mennoie *C* menoye *D* menuoie *M* mesmaye. — 26 *A* Je doubte. — 27 *C* Ma complainte.

   Risus in lacrimas,   in luctus gaudia verto,
  Cudenti limas   quoniam cum tygride certo.
3770 Si Deus est bigamis   animus, prout ista fatetur
  Visio tradita mis,   precor ut michi propitietur.
  Scit quantas pacior   penas et quomodo vivus
  Semper ego morior,   cum quottidie recidivus
  Sit quem sustineo   dolor. O ! quam pungor acerbe
3775 Tactu vipereo,   quem nec cathaplasma nec herbe
  Sanant ! Heu ! dubito,   dubito ne Petra querelas
  Istas quas recito   legat aut alias sciat. He, las !
  Quam patior plura paterer ; puto quod michi lumen
  Extraheret ; presens ideo non pando volumen.

Après 3767 *rubr.* Incipit quarta pars lamentationum matheoluli.

Se ceste euvre luy estoit dite,
Ou visage me cracheroit
30 Et les deux yeulx m'esracheroit.
Pour ce n'os monstrer ce volume,
Tant crien que sa fureur m'alume.

Quant plus est brieve l'escripture,
Plus est plaisant a creature,
35 Au concevoir et a l'apprendre,
Et tant la puet on mieulx entendre,
Si com le sage le tesmoingne.
Pour ce vueil de ceste besongne
A briefs mots faire mon rapport,
40 Car temps est de venir a port.
Mais ainçois que ma nef arreste,
Qui est lasse et a ancrer preste,
Feray brieve narracion
De la recommandacion
45 Que Mahieu fist a ses seigneurs,
Et premierement aux greigneurs,

Si com je truis en la matere,
Qui tant me semble belle et clere
Qu'on n'y sçaroit rien amender.
50 Premier se voult recommander
A l'evesque de Therouenne;
Ne sçay s'il y a R ou N,
Ne par quels lettres fu nommés;
Mais il estoit bien renommés
55 De courtoisie et de largesce,
De sens, d'onneur et de noblesce.
Point ne fu orgueilleus ne rude,
Moult estoit loés en l'estude
D'Orliens pour sa bonne doctrine,
60 Pour bons meurs et pour discipline.
Aux compaignons estoit entiers
Et leur repetoit voulentiers
Les lois que fist Barbarius
Et celles de Pomponius;
65 Puis repetoit de Julien,
Et après de Papinien

30 *ABT* maracheroit. — 31 *BM* noz *CT* nous *F* nose; *T* monstre; *F* se. — 32 *T* nalume. — *D* (f° 182 r°) *rubr.* Comment il se recommande a tous seigneurs en exposant ses pestilences et premier a leuesque de terrouenne. — 33 *CDM* griefue. — 35 *C* a apprendre *M* la prandre. — 36 *CDM* le; *B* comprendre. — 37 *M* songe. — 41 *C* auisons. — 42 *A* lassee; *ABT* dentrer *M* aentrer. — 45 *M* mahi; *F* fait. — 47 *A* trueue; *B* matiere. — 49 *B* quamender. — 50 *CDFM* veult. — 52 *T* sil a R o n. — 53 *B* quel *C* quieulx *M* quielx; *B* lettre. — 55 *A* couuoitise. — 58 *ABT* liez *M* lettres; *B* a. — 59 *AF* par; *A* omet sa. — 60 *F* bonnes m. p. d.; *C* par; *M* p. bonne d. — 62 *F* Et si r. — 63 *T* de que f. *AT* baubarrius *C* bombarine *DM* bambarius. — 64 *F* que fist p.; *A* pourponius *C* pompaine. — 66 *CM* pomponien *D* pompinien.

50 Voyez le texte latin vs. 3791.

3780 Cum tempestatem   Petre timeam super istis,
     Hic ego sisto ratem   qui fari nescio, tristis;
     Et, ne livoris   me rodat lingua prophani
     Aut dicar super his   consumere tempus inani
     Verbo, quam plura   causa brevitatis omitto,
3785 Cum sit scriptura   brevis optima, teste perito.
     Sed describatur   dominis mea pena priusquam
     Anchora figatur;   preter quos est michi nusquam
     Portus, subsidium.   Quod monstrem jus petit ergo
     Illis naufragium,   per quanta pericula pergo.

Voyez la suite du texte latin p. 258.

Le droit noël leur exposoit ;
Ses cas sagement proposoit.
Sa lecture estoit delitable
70 Et aux escoliers proufitable.
Mahieu en luy moult se fia
Et pour ce luy signifia
Ses douleurs et son infortune,
En disant que dessoubs la lune
75 Ne vivoit nul plus dolent homme
Ne qui endurast si grief somme
Comme le dit Mahieu faisoit.
Du surplus pas ne se taisoit ;
Mains dis y pourroye amasser,
80 Dont pour briefté m'estuet passer.

Après escript, bien ententis,
Aux archidiacres gentils
De l'eglise dont je recite,
De Therouenne dessus dite.
85 A l'archidiacre de Flandres,
Aussi com se fust Alixandres,
Porta honneur et reverence
En luy monstrant sa pestilence.
L'archidiacre de Boulongne
90 Certifia de sa besongne
Et luy envoya sa complainte,
De tristesce et de douleur tainte.
Celuy de Brabant moult loua ;
En luy honnorer alloua

95 De beaux vers et de beau langage,
En soy plaingnant de mariage,
Qu'en ses dis excommenia ;
Car point de remede n'y a,
Ne pour herbes ne pour emplastre.
100 Au doyen et a l'escolastre
De l'eglise dessus nommée
Donna los et grant renommée
Et ne se cessoit de complaindre
De son mariage, sans faindre.
105 Aussi escript au prevost d'Aire
Ses plours, dont ne se pouoit taire.
Le dit prevost moult honnoura
Et en recommandant ploura.
Nommé fu Guillaume de Liques,
110 Vaillant entre les catholiques.
A l'abbé du Bois honnorable
Se monstra assés favorable
De ses vertus magnifier ;
Assés luy voult signifier
115 Les paines dont il labouroit,
Et comment nuit et jour plouroit.
En après, par especial,
Du reverend official
De Therouenne publia
120 Les biens, et rien n'y oublia
Se ne fu par inadvertence.
Sage et lettré par excellence
Le nomma en sa rhetorique,

67 *ACDFM* nouuel. — 86 *F* Son c. — 69, 70 *manquent AT.* — 69 *C* Se lacteur. — 71 *M* molt en lui se f. — 76 *F* plus grant ; *B* solme *D* femme. — 77 *A* Comment ; *AF* ledit *BCDMT* maistre. — 78 *B* Dur. — 79 *F* Mais. — 80 *A* me vueil *B* mestoit.— *D* (f⁰ 183 r⁰) *rubr.* Comment il escript a pluseurs arcediacres. — 81 *B* entendis. — 82 (*et ailleurs*) *A* archediacres *B* arcediacres *C* arcidiacres. — 85, 86 *manquent C.* — 85 *A* Et les archediacres. — 86 *M* Porta reuerasnce grandes ; *B* ce *F* sil. — 87 *M* l. demonstrant sa pestilence. — 88 *M* Ny fis pas grant scilance. — 92 *F* et de leur t. ; *AT* painte. — 93 *ABM* breban ; *AT* bien l. — 94 *AT* l. grant honnour ; *B* l. loer ; *CD* aleua.— 96 *AT* Soy complaignant ; *F* luy p. — 97 *AT* Quant ces. — 100 *B* Aux ; *M* Audien *C* dean ; *C* alecoulastre. — 103 *C* ce c. *M omet* se. — 105 *F* descript. — 108 *F* en le r. — 109 *M* guille de lucques ; *F* lisques. — 111 *F* du bos. — 117 *M* Et emapres. — 118 *T* reuerant. — 120 *M omet* rien. — 121 *B* Ce ne. — 122 *A* letrey. — 123 *A* rectorique.

85 Voyez le texte latin vs. 3986. — 91 Voyez le texte latin vs. 4025. — 93 Voyez le texte latin vs. 4291.— 100 Voyez le texte latin vs. 4099.— 105 Voyez le texte latin vs. 4424. — 109 Voyez le texte latin vs. 4700. — 118 Voyez le texte latin vs. 4914 svv.

Dont bien sçavoit la theorique,
125 Et dist qu'il fu grammarien
Et batailleus logicien.
Pour le vray du faulx discerner,
Pour argumens bien gouverner,
N'avoit pareil jusques a Naples,
130 Fors que maistre Jacques d'Estaples.
Il fu Tulles par eloquence;
Pitagoras en la science
De nombrer n'y sceüst que dire.
On ne le sceüst desconfire
135 A declairier par escripture
De toutes choses la nature.
Car bien s'y sçavoit appliquer
Et par nombre pronostiquer
Pluseurs des choses a venir.
140 Cloison ne le peüst tenir,
S'il voulsist portes deffermer;
Mais je ne sçaroie affermer
Par quel vertu ce pourroit estre
Sans l'octroy du souverain maistre.
145 Il sçavoit bien phisonomie
Et jugier par astronomie
De tous les corps du ciel le cours,
Et le croissant et le decours
Des planettes et de la lune.
150 Bien congnoissoit et l'autre et l'une,
Et des estoiles reluisans,

S'elles sont bonnes ou nuisans,
Et les jugoit par ses pratiques
Ou fichiées ou erratiques.
155 Les secrès sçot d'astronomie
Et de toute philosophie.
Il estoit bon musicien
Et très grant geometrien,
Pour mer et terre mesurer,
160 Se il voulsist a droit curer.
Jehan de Ligny avoit nom.
Le droit civil et le canon
Sçavoit sans en trespasser clause.
Maistre Mahieu avoit bien cause
165 De le louer pour ses merites;
Toutes ne sont pas cy escriptes.
Au bon et sage sans moyen,
Maistre Ernoul de Beaurain, doyen
De saint Fremin en Monstereuil,
170 N'escript pas sans degoutter l'ueil,
Mais en plourant, main a maxelle,
Lui signifia sa querelle.
Et de Faucombergue Nicaise
Requist humblement qu'il luy plaise
175 Sçavoir de ses maulx la racine,
Ou il n'a point de medecine.
Après declara sa misere
A un abbé, reverend pere
Du moustier du mont saint Jehan;

125 *AT* grameriens. — 126 *T* logiciens. — 128 *F* Et p. a. g. — 130 *FM* Lors; *C* destables. — 131 *A* tulez. — 134 *manque F (il y a un blanc)*. — 135 *F* desclairier; *AF* lescripture. — 137 *ABT* lui. — 138 *ACT* prenostiquer. — 140 *A* Cloue ne le post t. — 141 *BF* porte *C* pertes. — 143 *A* pouoit *M* pouuoit. — 145 *M* omet bien; *ABT* philozophie *C* phicisionnerie *M* phisionomie. — 147 *AT* tout le corps. — 148 *manque T, A* Il en savoit bien tous lez tourz. — 149 *manque A*. — 150 à 54 *manquent AT*. — 154 *C* fichiers. — 155 *B* Le s. sont a. *M* Le secret; *C* estronomie. — 157 *B* phisicien. — 158 *AT* tres bon nigromancien *C* grameriens. — 159, 60 *manquent AT*. — 159 *C* ruer. — 160 *C* du d. — 161 *C* longuy *M* laigny *L* langny. — 165 *AF* pour *BCDMT* par. — 166 *C* ny s. — 167 *C* s. urien. — 168 *AT* ernoul de bramain *B* raoul de beau Rain *C* ernoul de beauuorin-*F* arnoul de biauuaim *D* arnoul de beauuorin *M* arnoul de beauuoisin. — 169 *C* fermin; *B* monstrereul *F* monstereul. — 170 *C* descouter; *ABT* d. oeul; *F* leul. — 171 *B* mexelle *C* maixelle. — 173 à 176 *manquent M*. — 173 *ABT* faucomberge *C* faulte bergue *F* faucoberge; *A* nigaise *F* nychaise. — — 176 *A* y na *F* omet il. — 179 *F* de; *M* moult.

130 Voyez le texte latin vs. 4964. — 173 Voyez le texte latin vs. 5128. — 177 Voyez le texte latin vs. 5247.

180 Ses griefs paines et son ahan,
Dont il vivoit honteusement,
Luy escript moult piteusement.
  Au derrenier a maistre Jacque
  D'Estaples exposa des ja que,
185 Premier ot de luy congnoissance,
L'amoit il, ou temps de s'enfance.
Si luy fist sçavoir ses douleurs
Et ses plains, parés de couleurs,
Bien aournés de rethorique,
190 Et le descript bien autentique
D'onneur, de meurs et de science
Dont il avoit experience.
Autant ou plus en descripsoit
Com de l'official disoit,
195 Des biens de vertus, de largesce
Et de vaillance et de noblesce.
  De beaux mos et de nobles titres
  Fist maistre Mahieu ses epistres.
  A chascun en envoya une
200 En soy complaingnant de Fortune.
Moult sçavoit bien versifier
Et ses douleurs signifier ;
En ses recommandations
Fist pluseurs lamentations.
205 Mais je, qui suy de Resson nés,
Petitement araisonnés
Et appelés Jehan le Fevre,

Ne pourroye dire de levre
Ne raconter la mescheance.
210 Les ennuis ne la desplaisance
Dont il se plaingnoit sans cesser.
Je ne les sçaroye expresser ;
Car en plourant moult despisoit
Le monde et maintes foys disoit :
215 Or aperçoy je ma foleur ;
Las ! quant finera ma douleur?
Trop me desplaist toute saison ;
Printemps florist selon raison ;
Estés meüre a souffisance,
220 Et automne a grant habondance
Des biens dont s'esjoïst et joue ;
Yver despent tout et alloue
A grant joye et a grant leesce ;
Tout ce me desplaist, et que est ce?
225 Las! chetif et maleüreus,
Tristes, dolens et paoureus,
Pourquoy suy je venus au monde
Qui souille tout et rien ne monde ?
Certes, le monde n'est que trompe,
230 Rien n'y vault richesce ne pompe,
Tous y sueffrent douleur et paine
De la condicion humaine.
Si est merveille comment l'omme
Se soubmet a porter la somme,
235 Ne de vacquer a acquerir

180 *AT* grans p.; *T* haam. — 181 *A* honnestement. — 183 *A* desrenier *C* derreine *F* derniers; *F* jehan. — 184 *A* Destapes *C* Destable; *AC* omettent des; *M* jaques. — 186 *AT* des le t. denf.; *CDM* son enf. — 189 *C* aournee *F* adournes. — 190 *B* lescript *ATCDM* le descript *F* les descript; *F* moult a. — 193 *B* descripsoit. — 195, 96 *manquent AT*. — 195 *F* De b.; *C* des v.; *B* vertu; *C* et l. — 196 *C* valeurs. — 197 *A* mox; *C* nobles criture, — 198 *B* omet maistre; *B* avec les e.; *C* episture *F* espiltres. — 201 *M* verceffier. — 205 *A* de Roham n. *T* de Rouen *B* desraisonnez *CDM* de raison nes. — 206 *B* Petiment; *I* Piteusement; *B* a raisonnes. — 207 *Tous les mss.* et suis a. — 208 *manque F* (il y a un blanc); *C* loeure. — 209 *A* grant meschance. — 210 *AT* La douleur et (*T* ne) la pestilence; *B* ennemis; *CDF* et. — 212 *M* le; *C* sauoye; *B* exposer. — 213 *M* se d. — 219 *C* Estes maine a s. *T* meine. — 220 *AT* au compte; *C* atourne; *F* ha. — 221 *CDM* jeue. — 222 *A* aduoue *C* ableue *DM* abbeue. — 223 *C* De g. — 224 *mss.* et quest ce. — 226 *A* dolent. — *Après* 227 *quatre feuillets ont été transposés dans C*. — 228 *B* souille soulle et r. — 229 *A* Car le m. si nest. — 230 *A* trompe. — 232 *A* Et la. — 233 *F* ay merueilles. — 234 *M* Sommet; *C* omet la. — 235 *AT* que; *A* vacque; *C* et a.

183 Voyez le texte latin vs. 5369. — 215 *à* 282 Voyez le texte latin vs. 4366 *à* 4407.

Chose que il convient perir.
Qui en balance peseroit
Tout ce que l'en y trouveroit,
Il despiseroit les richesces
240 Et les honneurs et les haultesces
Et hanaps d'argent et de madre.
Par le riche homme et par le ladre
Puet on avoir vray exemplaire
Que richesces doivent peu plaire,
245 Mais les doit on doubter forment,
Pour ce qu'on y acquiert torment,
Si com dit la sainte Escripture.
Cil est serfs qui y met sa cure;
Car a grant paine sont acquises.
250 Et quant en un tresor sont mises,
Il a grant paour au garder
Et peril, au droit regarder,
Et la fin en est douloureuse,
Desplaisant et maleüreuse.
255 Car au mourir se convient plaindre,
Plourer, gemir et dens estraindre.
Nature sage point ne prise
Les richesces, mais les desprise;
L'un n'a plus que l'autre acceptable,
260 Car souffreteus et miserable
Fait naistre, et tumuler le roy.
A chascun donne ceste loy :
Par les corps du ciel gouvernées
Sont toutes creatures nées,
265 Soyent crueuses ou benignes,
Par les planetes, par les signes,
Par le soleil et par la lune,
Car a chascun et a chascune
Donnent leurs choses egaument;
270 Dont communes principaument
Doivent estre sça jus en terre.
Mais avarice y fait la guerre,
Qui y a dominacion
Et partist, par ambicion,
275 A l'un plus et a l'autre mains.
Si est grant dommage aux humains,
Quant pour la chose transitoire
Oublient Dieu, le roy de gloire,
Et le laissent pour les richesces,
280 Qui en fin ne sont que flammesches.
Les corps sont aux vers nourreture,
Tout revertist a pourreture.

(*Voir la suite* p. 276).

236 *CDM* Choses. — 238 *A* bon y t. — 239 *AM* despriseroit. — 241 *M* hanap. — 242 *M* Pour le r. h. et pour. — 243 *AT* En peult on ouir e. — 245, 46 *manquent AT*. — 245 *C* fortment. — 246 *M* que len. — 248 *CDM* Celui; *A* est fol. — 250 *M* omet un; *AT* Et quant a (*T* en) t. les ont m. — 251 *A* Il ont; *F* y a g. paine; *M* a garder *B* au regarder. — 252 *M* omet droit; *B* a d. r. — 254 *A* maleure. — 255 *B* a m.; *C* sen c. — 256 *AC* estraindre. — 257 *F* riens. — 258 *F* ains; *C* despise. — 260 *B* souffraiture m. — 261 *A* trauailler *M* cumuler. — 262 *F* celle l. — 263 *ABCDMT* les cours *F* le corps. — 264 *BCDM* Sur. — 265 *A* prieurez ou b.; *A* beguinez *C* beguines. — 266 *ABT* et les. (*B* et par l.) — 271 *M* Doubtent ca jus estre en t. — 272 *BCDMT* y fait g. (7 *syllabes*) *F* y f. grant g. — 275 *CDM* omettent et. — 279, 80 *manquent AT*. — 279 *B* Et lei l. — 280 *FM* en la f. — 281 *A* poutreture. — 282 *A* en p.

3790 Moribus egregius   fulget dominus Morinensis;
      Gratis propitius,   reprobis fit acutus ut ensis.
      Dicitur hic hodie   cleri ratione monarcha,
      Qui pater est patrie,   flos, patronus, patriarcha.
      Non prece magnorum   nec thesauri ratione,
3795 Sed pro persone   meritis ad culmen honorum
      Provehitur, meritis   patris matrisque suorum.

Après 3789 rubr. *Hic commendat dominum suum dominum Jacobum episcopum morinensem.* — 3793 *pater*, ms. *patet.* — 3793 *prece*, ms. *prete.*

Est bonus, est mitis,　　patrie pugil, hospes honorum.
A radice bona　　rami capiunt alimentum;
Sic pueri dona　　sumunt ex parte parentum.
3800 Scit Matheolulus　　quod in ista parte probavit·
Vas figulum, figulus　　vas, fructum planta beavit.
Nam patrem vidi　　matrem fratresque, sorores
Istius; fidi　　sunt et patrie meliores.
　　Sub triginta novem　　fuit annis pontificatus.
3805 Est ratio quod ovem,　　cum tam meus appreciatus
Sit dominus; juvenis　　licet, attamen appropiavit
Et sapit acta senis,　　quibus ut sol irradiavit.
Gaudet amore gregis　　hic, et grex hujus amore.
Qui domini regis　　est consul, dignus honore
3810 Certe papali;　　precellit quemque valore.
Quem culpare mali　　non audent, hujus odore
Confusi morum,　　cum sit flos iste bonorum.
Nomine pro proprio　　magis ipsum patria queque　　f° 57 r°.
Quam pro presulio　　decorat, qui judicat eque.
3815 Est de Bolonia　　Jacobus, venerabile nomen,
Qualibus in patria　　majus quam presulis omen.
In toto clero　　regni prestantior est is,
Hoc scio pro vero.　　Dic, Francia, sis michi testis!
Ecce probant mores,　　probat hocque scientia plane,
3820 Gestus et actio, res　　et mense quottidiane;
Defert vexillum　　pre cunctis largitiei
Que largitur ei　　decus omne, coronat [et] illum.
　　Qui studet istius　　preconia notificare
Fumosis facibus　　solem parat irradiare.
3825 Nec sum preterea　　dignus preconia tanta
Enumerare mea　　lingua, que, qualia, quanta.
　　Urbs, gaude, Morinum,　　gaude, dico tibi, gaude!
Ecce tuum dominum :　　quia scis precellere laude
Cunctos, esque magis　　proprio conjuncta marito,
3830 Sume liram! quid agis?　　Citharisa psalleque! Scito
Quod tu digna viro　　tanto non ante fuisti,
Sed zelo miro　　dedit hunc tibi gratia Christi.
Ergo letare　　pro dono tam speciali,
Nitere laudare　　dantem pro munere tali.
3835 Cum modo Bolonia,　　cujus sedem rapuisti,
Te regat, ad propria.　　rediit res, nec tamen isti

3800 *parte,* ms. *parce.* — 3804 *annis,* ms. *anni.* — 3823 *studet,* ms. *sludest.* — 3829 *esque,* ms. *res que.*

Solvitur ad plenum, cum non sibi restituatur
Sedes, cui juvenum flos duxque senum dominatur,
Cujus nescivit electio Simonis artem,
3840 Dum sibi quesivit bonitas, non federa partem.
« Ut facias facio » non istum pontificavit
Fedave conditio, sed jus, quod semper amavit ;
Est et erat vere papatum dignus habere,
Predicat hunc studium solemniter Aurelianis,
3845 Quem cleri precium foro dicit, quotlidianis
Planctibus idque dolet, quoniam nequit hunc rehabere
Per quem janque solet fervere, vigere, valere.
Algent quas dudum tam nobiliter repetebat
Leges, est nudum studium quod janque fovebat :
3850 Barbarius, frater a fratre, jubere cavere,
Auxilium, si quando, per hanc, nullique licere,
Extat, si deni, Pomponius, edita, pacta,
Si quis, si certis, mora, vinum, cautio, lecta,
Pactus ne peteret, et si post tres, Julianus,
3855 De quibus, et relique quarum sit Papinianus
Exponens nucleum. Nimis, hoc absente, queruntur
Flentes propter eum, quoniam modo non repetuntur,
Codex, digesta plorant patrumque volumen,
O, quibus hic lumen dedit, ut fierent manifesta.
3860 Torpent doctores studii repetendo, legendo,
Ac auditores torpent retinendo, studendo ;
Vix ibi quis studuit, absens postquam fuit ille,
Cujus enim nocuit sociis absentia mille,
Immo mille quater ; ego certus sum super istis.

3865 O reverende pater, me, si qua scio, docuistis,
Vestra creatura sum ; sed me tam male gessi
Et mea tam dura sunt fata, bonis quia cessi
Cleri, quod minime vos me relevare potestis.
Hinc dolor, hinc lacrime procedunt, est michi testis
3870 Funereus vultus, stupor exanguis faciei,
Monstrant singultus noctis, lamenta diei.
Nec tamen hinc doleo, de vestra prosperitate
Quin plaudam ; sed eo quod de vestra bonitate

3847 Ce vers se trouve dans le ms. entre 3828 et 29. — 3855 *Papinianus*, ms. *papirianus*. — 3858 *patrumque* (?), ms. *parumque*. — 3859 *manifesta*, ms. *manifeste*. — 3862 *studuit*, ms. *studiat*. — 3863 *absentia*, ms. *absenti*.— Après 3861, rubr. *Hic conqueritur matheolulus de suo infortunio dicto domino morinensi*.

Tantum confido   quod, si per eam relevari
3875 Possem, pro liquido   teneo me mox reparari
Per vos, quippe michi   vestra ratione ligatus
Estis multiplici;
Vestra Bolonica,   per sex annos studuique
Legibus et logica   sub vobis, vester ubique
3880 Totus; vosque meus   nunc in Domino pater estis,
Et sum plebeius   vester, vivens ut agrestis.
Psallant cum crebris   Picardi plausibus; orta
Lux est in tenebris   illis, Morini quia porta,
Nuper eis clausa,   per vos, pater, est reserata.
3885 Hac igitur causa   debent cantare. Beata
Nobis gaudia; nam   velut omnes sunt relevati.
Cum quibus ipse canam,   licet a me dispariati
Sint, et jam cecini;   sed, que sit causa sonorum,
Ecce : mei domini   decus et lucrum sociorum.
3890 Invidus hac parte   non sum; quamvis spoliatus
Spe cleri, marte,   studio, velut ante paratus
Sum dominis et ero   servire meis sociisque.
Vellem pro vero   quod rex esset modo quisque.
O, mirum video;   res est miranda quod una
3895 Hora canto, fleo,   michi sic contrarius, una.
Gaudeo quippe, mei   domini gavisus honore,
Expers ploro spei,   quia vulneror asperiore
Heu! plaga populi,   que non recipit medicamen.
Cleri signa tuli,   sed jam nullum relevamen
3900 Sperans, heu! pure   laicus fio, spoliatus
Intrandi jure   cancella, nec inde gravatus
Appellare queo.   Bigamis nichil auxiliatur;
Iccirco taceo.   Pono, prebenda paratur
Quam peto, patronus   michi confert, papaque donis
3905 Aspirat; sed onus   bigamalis conditionis
Non permittit eam   me pleno jure tenere,
Scilicet ut valeam   missam celebrare, sedere
Stallis, eligere,   vel ut eligar inde vigere.
Immo disparior   penitus, sitiens ego vere;
3910 Sic sum tantalior   quam Tantalus, unde dolere
Debeo, quando me   bigamavi. Nec puto papam
Posse michi Rome   bigamantem tollere lapam

f° 58 r°.

3877 Au lieu du second hémistiche le copiste a répété par erreur celui du vers suivant *per sex annos studuique :* le vers est marqué d'une croix. — 3909 *vel ut eligar,* ms. *velut eligat.*

Fortassis penitus, quamvis sit papa supra jus,
Facto papatus quia jus Domini scio majus.
3915 Non dispensatur bigamo, Paulo michi teste;
Id quoque testatur decretalis manifeste.
f° 58 v°. Cum plerisque tamen dispensatum fuit ante
Gregorium decimum, decreto testificante;
Sed modo decretum vacat hoc, quia Gregoriana,
3920 Que vocat ad fletum quam plures, sic veterana
Exponit jura quod jugiter exspollavit
Cleri tonsura bigamos, et eos laicavit.
Evitat laqueum previsum bestia mire,
Ne pereat per eum. Sed ego, qui morte perire
3925 Previdi bigamos, heu! quare non fugiebam
Mortiferos hamos bigamantes? Nunne sciebam
Plus quam capra, miser, tunc Lugdinense statutum?
Cum non excuser, faciunt me talia mutum.
Ecce patet quod ego sum stultior alite quavis,
3930 Heu! cum previsa retia vitet avis.
Vulneror et merito; mors instat proxima portis,
Heu! que premitto cum sint mea vulnera mortis.
Lex patrie prebet quod, si quis se necet ipsum,
Suspendi debet. Ego juro per crucifixum
3935 Quod qui destrueret me, tanto vulnere lesum,
Jus michi, jus faceret, quia mortis causa mee sum.
O, quam tormentor! superat dolor omne flagellum
Pro quo lamentor. O, quam lacrimabile bellum!
Ecce mei gemitus, langor, suspiria, fletus
3940 Me suggunt penitus; hinc amodo non ero letus.
Ad quid in hoc fedo vellem mundo remanere?
Nil nisi putredo finaliter est ibi vere.
Reges, regine, vestes gazeque putrebunt,
Celica regna sine prefixo fine manebunt.
3945 Sunt ergo miseri qui propter putrida mundi
Celicole fieri nolunt aut vivere mundi.
Et quia pro vero scio, kare pater venerande,
Hic quod si fuero patiens, bravium michi grande
Inde dabit Dominus noster post victa duella;
3950 Ledunt ergo minus me quottidiana flagella.
Appreciante Deo dignos mercede labores,
f° 59 r°. Istos sustineo patientius inde dolores
Conjugii; spero pugne tam nobile munus

3941 Dans le ms. *fedo* se trouve après *mundo*.

In celis, quod ero de collateralibus unus.
3955 Sed, ne deficiam nimio languore gravatus,
Dimittendo viam rectam, per devia latus,
Vos rogo, vos, domine, rogitate Dei pietatem,
Ut sancto fine ceptam claudam gravitatem.
Cum de tempore non habeat nisi nunc Adamita
3960 Quisquam, cur nobis placet hec tantillula vita,
Sordens, letalis fetens, lugubris, amara,
Tota repleta malis, crux jugis, gloria rara,
Gloria non satians, que momento perit uno
Jugiter excrucians? Ve regi! veque tribuno!
3965 Nam regalis apex est regi sarcina; quanto
Altius ascendit et ditior est homo, tanto
Plus oneratur; honor onus est; onerantur honores
Curis; dimidiant vitam, mutant quoque mores.
Ut sua viscera nens consumit aranea se, pres
3970 Sic se consumit curis; me judice, vepres
Cum medio visis extremis divitie sunt:
Presunt, non prosunt, modo sunt hic et modo desunt.
O! cur gaudet homo, quia tempus non habet hore?
Nunc est, nunc moritur, vivens in agone, dolore,
3975 Vile cadaver olens, vas stercoris, escaque vermis,
Quid sit non recolens, in bello solus inermis
Contra tres hostes. Instant caro, mundus et hostis,
Ut jugulent ipsum, sicut, pater optime, nostis.
In mundi latebris cur ego plus vivere vellem,
3980 Scilicet in tenebris? Malo dimittere pellem.
Vos oculo duplici prelarga Dei decoravit
Gratia, multiplici dono quem pretitulavit.
Unus Flandrensis est, alter Boloniensis;
Est linx non cecus is enim qui sic oculatur.
3985 Cui celeste decus post hanc vitam tribuatur!

Forma decens vita- que, scientia, lingua polita   f° 59 v°
Poscunt ob merita Flandrensis ut Archilevita
Laudetur; juvenis quamvis sit, dulcis ephebus,
Fert tamen arma senis, inter juvenes quasi Phebus
3990 Prefulgens, Argus in agendis; omnibus ille
Est fidus, largus, pius; inter milia mille

3982 *pretitulavit*, ms. *pretioulauit*. — Après 3985 rubr. *hic commendat magistrum. Jo. de Vassonia Archidiachonum flandrensem in Ecclesia morinensi.*

Non est illius   taxatus moribus unus,
Cui natura prius   dederit tam nobile munus.
Est consul regis;   tantum pretendit honorem
3995 Quod dat ei legis   non scripte Francia florem.
Et scriptam bene scit   cum canone; proxima lauro
Cedrus frondescit   ridetque jacintus in auro.
Prevalet in tantum, quod ab hoste meretur habere
Laudes; quid plura? sese committere mere
4000 Posset livoris laudi, propter probitatem
Qua prefulget, id est, ejus propter bonitatem.
Aptum nomen ei   dedit ergo vocando Johannem
Gratia sancta Dei   sacrati fontis ad amnem.
Est is qui toto   conamine jura tuetur
4005 Ecclesie; voto,   facto, citius moreretur
Quam pateretur eam   succumbere. Proh dolor! ipsi
Non ostendo meam   mortem, de qua modo scripsi,
Utrum sim natus   cum nesciat; ausus eidem,
Ut notis itidem,   non scribo meos cruciatus.
4010 Illum posco tamen   quod, si placet, ipse precetur
Divinum flamen   ut post mea bella paretur,
Et post hoc funus,   michi vite nobile munus
In celis, ubi summa quies, pax divitieque
Sunt, ubi sunt etiam plenissima gaudia queque
4015 Jugia, thesaurus perfectus, — quem neque fures
Possunt furari nec edaces rodere mures,
Tinea nec quisquam vermis, — thesaurus habundans,
Thesaurus non excrucians sed pace redundans.
Sed multum dubito   michi ne velit ista negare,
4020 Cum sine sit merito   presumptio nuda rogare.

f° 60 r°.   Ecce manu vacua,   tamen ipsum poscere dedo,
Nobilitate sua   sola recipi quia credo.
Nobilitas prohibet   sua ne mea reiciantur
Vota, petita licet   meritis non preveniantur.

4025   Ut laudem ratio   Morini jubet Archilevitam.
Sed non sufficio   solus describere vitam
Istius. O, quantis   nitet iste bonis! Radiare
Cepit ab infantis   annis et fructificare.

4007 *meam mortem*, ms. *mortem meam.* — 4010 Rubr. à la marge *hic loquitur de gaudiis celestibus.* — 4023. *reiciantur*, ms. *reiciatur.* — Après 4024 rubr. *hic commendat dominum Archidiachonum morinensem.*

Cujus enim vita, fragrans bonitatis odore,
4030 Per sua fit merita quesito major honore.
Cognosco Jacobum, quondam novique Jaketum,
Dignum laude, probum semper sanctisque repletum
Moribus atque bonis cunctis; nec propter honores
Mutavit mores sanctos, sed religionis
4035 Corde reservat iter, humilis velut ante probatur.
Ergo nobiliter dominus meus hoc oculatur.
Prerogat hic titulo bonitatis cujuslibet; unde
Claudicat in nullo, sed in omni prestat habunde
Stemate virtutum, presertim largitiei,
4040 Cum precio scutum defert. Quid plura? diei
Unius spacio valor istius enumerari
Non posset, nec sufficio jam versificari.
O, quamvis fiam minimus, sit quam prius idem
Major, amicitiam tamen illam quam michi pridem
4045 Monstrabat, vultum jocundum sive favorem,
Nunc confert multum- que decus. Jus est quod adorem
Ipsum, cum reliqui, velut omnes, terga michi dent,
Federis antiqui nundum memores; modo rident,
Dum me respiciunt cum versa luce superba.
4050 Heu! cur hoc faciunt? Michi sufficerent duo verba
Aut unum « salve! » Claudunt alii michi certe
Hostia, sed valve sunt hujus semper aperte.
Non, ut adulator, dat collo brachia ficta
Verbave depicta, cum sit perfectus amator.
4055 In verbis opere- que suis se monstrat amicum; f° 60 v°
Vultum prebere vix cuiquam sciret iniquum.
Non amat ut quidam, qui tempore prosperitatis
Fortunam validam venerantur; sed, variatis
Temporibus, nexus ficti laceratur amoris,
4060 Desunt amplexus, simulati cessit honoris
Vultus, divitibus se mille fatentur amicos,
Qui lapsis opibus surdos se dant et iniquos.
Absit quod dominus aliquem sic dilligat iste.
Non plus sive minus amat ob res, more sophiste;
4065 Intuitu rerum personas non amat, immo
Contra; [patrem] verum magno se reddit et imo.
Archilevita bone Morinensis, respiciatis

4067 Rubr. à la marge *hic ostendit suam miseriam dicto domino Archidiachono.*

Motus luctisone quibus exitor anxietatis.
Heu! quot defectus patior, quot, quot cruciatus!
4070 Vilis et abjectus sum, [sum] mundo reprobatus;
Curis oppressus ita sum quod nox michi nescit
Parcere; sed fessus bos saltem nocte quiescit.
Ergo michi pejus est quam sit ei dolor ejus;
Partior in quadruplo fit quam meus, immo decuplo.
4075 Ecce suum dominus, quia servit, nutrit asellum.
Sed, quamvis asinus sim conjugis, hec michi bellum
Non minus inde parat; uxori qui famulatur,
Certe litus arat, et tanto plus stimulatur.
Ergo conjugia qui libera testificatur,
4080 Errat, quippe quia nil servius esse probatur.
Heu! propter limas uxoris, conjugiorum,
In faciem lacrimas derivat fons oculorum;
Singultus medius intersecat omnia verba.
Heu! nichil est gravius quam mors mea tristis, acerba.
4085 Conjugii nemo describeret asperitatem.
Hinc nullum demo neque philosophum neque vatem.
Ergo, videndo meam luctam, rogitare velitis
Christum quod valeam braviis gaudere petitis.
Qui circumspiceret bene mundum, nullus ibidem
f° 61 r°. 4090 Esse diu peteret, cum sit fedissimus idem,
Quod patet illius librato prorsus honore
Intus et exterius; nil possidet absque dolore
Et peccato; nam fallax dilectio mundi.
Penam luctisonam baratri parat ipsa profundi.
4095 Ergo diu mundo quare vellem remanere
Funditus immundo? cum polluat undique vere,
Presertim cum me Petra devoret ore molesto.
Ergo michi, summe Deus, auxiliator adesto.

Laudari meruit ratione Scolasticus ista.
4100 Ecce per omne fuit tempus bonus. Ipseque cista
Civilis juris reputatur canonicique,
Per quem sic buris regitur quod nullus inique
Ejus judiciis premitur, licet Officialis
Annorum spaciis longis et collateralis
4105 Judicibus fuerit; argumentando videri

4083 *intersecat*, ms. *intrinsecat*. — 4089 *bene*, ms. *bone*. — Après 4098 rubr. *Hic commendat dominum Eustacium days Scolasticum morinensem*. — 4097 *polluat*, peut-être *putcat*? ms. *pelluat*. — 4100 *Ipseque*, ms. *Ipeque*.

    Truffis non querit,   sed verum posse tueri;
    Verborum non curat opes sibi querere, pondus
    Perscrutans; est ore minor, sed mente profundus.
        Non odio, precio,   prece, vi, vel amore movetur.
4110 Hic in judicio   plus quam petra firmus habetur,
    Qualibet in sede,   cui prestitit; et veneratur
    In cunctis; crede   Remis, nam testificatur
    Quod confirmavit   ad eam quecunque relata,
    Sede per hunc lata,   sic quod nichil hinc revocavit.
4115   Hujus apex animi summi, virtutibus alti,
    Multo plus splendet quam gloria sanguinis alti.
    Altus ut interius   vigeam, sanguis michi non dat,
    Sed viget exterius   qui moribus intus habundat.
    Sic igitur generi   pomposo prefero mores,
4120 Cum sint morigeri   generosis nobiliores.
    Nobilitas sola est animum que moribus ornat,
    Non ea quam sanguis turgens ad vana subornat.
    Heu! cur confidit   vir in alto sanguine? funus
    Mox genus elidit.   En cunctis est pater unus   f° 61 v°.
4125 Adam. Dico phy! de carnis nobilitate;
    Exaltanda tamen est, quando sapit probitate.
    Spermate concipitur   rex sicut inops putridoque
    Sanguine nutritur   utero; rex est in utroque
    Par reliquis, nil dat   Christus naturaque regi
4130 Quin nobis tradat,   cum subsint omnia legi
    Passim nature. Rex sicut nos sine veste
    Nascitur in pelle feda; suspiria meste
    Mortis in extremis rex sicut inops patietur,
    Et cinis in cinerem, cibus ignis, regredietur;
4135 Vermibus esca caro sicut mea regis olebit
    Post mortem, terraque cadaver utrumque putrebit.
    Est vas merdosum rex sicut inops, luteumque;
    Gazis exceptis nil differt inter utrumque.
        Enitet hic intus   ac extra corpore castus,
4140 Menteque succintus,   sat largus, quem neque fastus
    Erexit nec luxus opum, non gloria mundi
    Seducit, non livor edax, non ardor habendi
    Igneus accendit, nec laudis ceca libido
    Fermentat. Dona virtutum cuncta sibi do.
4145 Ut decet est largus;   tamen in donando fit Argus:

4109 *movetur*, ms. *monetur*. — 4132 *Nascitur*, ms. *Nascimur*.

Cur, ubi, cui, quando considerat in sua dando;
Non jactans canibus lardum, que dat videt ante,
Dandis muneribus ratione manum moderante.
Est modus hic dandi; ratio vult quod sua perdant
4150 Et sint culpandi sua qui quam sic aliter dant.
Hoc bene dogma tenet, non inflans propter honorem :
« Cum fueris major, aliis te finge minorem.»
Mitis ut Andreas, sapiens ut Paulus, amicus
Ut Petrus est fidei, firmus vitiis inimicus;
4155 Pacta tenere sitit; hinc Antigonus reputatur,
Si quid promittit duplici quia fune ligatur.
Omnes istius relevantur compatriote
Donis ipsius, preter me, qui sine dote
f° 62 r°. Cleri perpetuo remanebo, mei levitate,
4160 Ac stimulo nocuo punctus mulieris amate.

Sic iter ut teneam, procedens ordine plano,
Plagam capto meam Morini monstrare Decano,
Atque meum fatum, qui seclum novit utrumque,
Pompas magnatum, tumidas luctas inopumque.
4165 Pauper janque fuit; sed fecit postea saltum,
Ut Domino placuit; sed, quamvis latus in altum,
Non tamen elatus fit ob hoc, immo, velut ante,
Est humilis, gratus patrie, fama recitante.
Nummos quesivit, auctorum dogmate fretus,
4170 Quos enutrivit; satis est tamen ipse facetus.
Est pater, est dominus, est hospes denariorum,
Et non illorum servus nec eis resupinus,
Cum sua sic habeat ut ab illis non habeatur.
Nam res parta beat quando domino famulatur.
4175 Auctorem novit cunctis cantare diebus :
« Et michi res, non me conor submittere rebus. »
Janua pauperibus clausa est, dat census honores;
Audet divitibus claudere nemo fores,
Et genus et formam regina Pecunia donat;
4180 Pontificat clerum, reges nostrosque coronat;
Sic etiam propriis nummis paradisus habetur.
Ergo denariis nil gratius esse videtur.
Illud non obstat; auferre pecunia mores,

4160 *stimulo*, ms. *stinulo*. — Après 4160 rubr. *hic commendat matheolulus dominum. Jo. de corbeya decanum morinensem.* — Les vers 4169 et 70 se trouvent, dans le manuscrit, entre 4176 et 77. — 4183 *auferre*, ms. *aufferre*.

Non afferre solet. Intelligo, si domino res
4185 Parent, non dominus   rebus, sed subditur, ille
Nil habet, immo minus   quam nil, licet esset Achille
Fortior; est servus igitur, cum possideatur;
Nil possessus habet, sicut per jura probatur.
   Dicere de domino   non possumus ista decano,
4190 Cum vultu plano   sua donet, non peregrino;
Nec sua dispergit, quia, si volo vera fateri,
Non minor est virtus quam querere parta tueri.
Ut decet est largus;   dans danda, modum retinendi   f° 62 v°.
Scit tamen; est Argus;   in utroque nequit reprehendi.
4195 Diligit ecclesiam,   quia semper vellet ibidem
Esse; pudicitiam,   postquam senuit, fovet idem;
Multa sua juvenis   fecit caro mobilitate
Que modo vita senis   fugit, hujus sobrietate.
   Kare decane, sciens,   vir honoris, vir pietatis,
4200 Heu! vivo moriens,   vivus morior. Videatis
Quis modus est iste   vivendi, quis moriendi,
Vix iter artiste   scirent hoc discutiendi;
Sed, si novistis   quod prefertur super istis,
Hoc quid sit dictu,   mox uno confluet ictu.
4205 Nunne relegati   plerique morique parati,
Judice damnati,   sunt sepe reconciliati?
Carcere dicuntur clausi sperare salutem;
   Sic aliquis pendens in cruce vota facit.
   Sed bigami, gabimi,   summe miseri miserorum,
4210 Non possunt redimi;   sic fletus jugis eorum.
Si possem forte   redimi per vestra talenta,
Non morerer morte   tam tristi tamque cruenta.
Sed quoniam furor est post hec dimittere naula,
Ergo rogate Deum quod in alta me locet aula
4215 Celi post tales   cruciatus excitiales.
Passio nostrorum non est condigna laborum
Respectu summi retributoris braviorum.
Transit enim nostra sub puncto lucta; sed ipsa
Preparat in celis per mortem gaudia fixa.
4220 Hanc ideo luctam patienter sustineamus,
Ut post in celis in perpetuum maneamus.
Quod prestare velit   nobis per cuncta tribunus

4197 *mobilate*, ms. *nobilate*. — Après 4199 rubr. à la marge *hic conqueritur eidem domino decano de sua miseria*. — 4210 *sic*, ms. *sit*.

Secula qui vivit et regnat, trinus et unus.

O, vir felicis vite, speculum bonitatis,
4225 Gaudens mirificis Christi donis, videatis
Quot patior, domine, penas, penas stigiales,
Quas immortales certe reor et sine fine.
Continue crucior lamentans nocte dieque;
Quam mea mors gravior non est, qui judicat eque.
4230 Heu! me retrograde mendax Fortuna rotavit,
Hac utens clade, quia primo cuncta paravit
Apta meo libito, saltu, cantu, quasi mima;
Sed volvens subito currum, me misit ad ima.
Jamque salutabar prior ipse Rabique vocabar;
4235 Quitquid conabar fieri, quitquid meditabar
Posse placere michi, fiebat; nil michi dudum
Adversum dici poterat, cum tunc michi ludum
Fallax Fortune daret alea. Sed spoliavit
In ludi fine penitus me, quem bigamavit.
4240 Heu! sic mobilior folio Fortuna caduco
Ludit, ut experior, dum festa priora reduco
Ad cor presentem- que statum considero flentem.
Hec est inconstans, incerta, volubilis atque
Instabilis, fluida, que deicit hos relevatque
4245 Illos, et falso mentitur gaudia risu;
Progrediens retrograditur, vaga, nubila visu,
Dives, inops, mansueta, ferox, predulcis, amara,
Turbo rapax, casusque minax, flens, gloria rara;
Precipitem [movet ista rotam; cadit inde repente]
4250 Magnus Athlas, ejus solium Codro rapiente.
O, cur imposui Fortune, vah! mea facta?
Facti causa fui damni; patet ecce per acta :
Petram decipere temptavi, sed Petra vere
Me mox decepit, immo mea me plaga cepit;
4255 Auceps in laqueos incidit ipse suos.
Liberat a medio callis Deus ipse mali quos
Diligit, atque pio succursu cernit amicos,
Sicut Matheum vestrum de Belmeriaco
Dilectumque meum, jam cui succurrit opaco

4223 rubr. *hic conqueritur matheolulus de infortunio suo predicto domino Scolastico morinensi.* — 4250 Le ms. n'a que *Precipitem;* le glossateur ajoute à la marge *mouet ista tot dn cadit inde repente*. — 4252 *patet*, le ms. a eu d'abord *petet*. — 4257 *pio*, ms. *pro*.

4260 Tempore; quippe fuit hic naufragus et prope Scillam,
Sed modo convaluit is, cum dimiserit illam,
De qua nunc taceo; de federe connubiali f° 63 v°.
Nempe loqui rubeo; jus est deferre sodali.
Hic de conjugio quicquid narravero, signis
4265 Pluribus inspicio quod purgatorius ignis
Sponsis non alius dabitur quam connubiale
Bellum; quid gravius et quid magis excitiale?
Somnia pondus habent, auctor cum testificetur.
Ergo, quod possint mea somnia stare videtur,
4270 De quibus hic scripsi, presertim cum rationi
Consona sint. Ipsi qui cuique preest regioni
Vestra preces pietas fondat laudanda benignas,
Ut sua post metas vite bonitas michi dignas
Reddat mercedes, detur michi visaque sedes.
4275   In mundo non est mea mansio propria; quare
Ad vite patriam meus unde venit remeare
Spiritus aspirat; habet urbem nemo manentem
Hic. Cur ergo suam locat hic miser advena mentem?
Scrutor enim mundi pomposos, scrutor honores;
4280 Nullas in mundo nisi vanas invenio res.
Quid michi divitie, quid honor, quid gloria forme
Prosunt? Quantum plus mundi sublimat honor me,
Tanto plus moriens doleo. Miser est nimis ergo
Vir qui propterea dat celi gaudia tergo,
4285 Cum tam pulcram, tam dignam, tam glorificam, tam
Sanctam dimittat urbem, querens sibi tantam
Erumnam quantam nemo describere sciret;
Ipsum post mortem quia demon quisque requiret,
Quem cum multimodis ululatibus atque cachinis
4290 Delatum baratro cruciabit sulphuris ignis.

Hic Brebantino G. conqueror Archilevite,
Largorum domino, cor habenti nobile, mite,
Canonico Morini fratrique suo, domino B.,
Quorum ronchini, palefridi, mensaque, robe
4295 Non consuevere vendi, sed corde faceto
Donant hec mere nummorum fomite spreto. f° 64 r°.

4261 *cum* ms. *eum.* — 4289 *ululatibus,* ms. *ululantibus.* — Après 4290 rubr. *hic commendat dominum. G. de Renengues Archidiaconum brabantinensem in Ecclesia morinensi et domino B. eius fratri Canonico morinensi.* — 4293 *B,* ms. *Be.*

Hujus enim terre clero sunt nobiliores
Moribus et genere; sed in ipsis prefero mores.
Quitquid inest aliis bonitatis, largior istis;
4300 Sunt in consiliis majores cum trimegistis.
Est hic a cujus innata scientia queque;
Sed G. communis magis est, qui judicat eque;
Prevalet ingenio, superans omnes regionis.
Dico quod inde scio, prece non victus neque donis,
4305 Sed bonitate sua, que me movet ut celebretur,
Roscida, melliflua, constans et jugis habetur.
Scit trivium, scit quadrivium, scit mechanicumque;
Ingenium plus quam studium sibi donat utrumque;
Scit logicam cum gramatica, scit rhetoricamque,
4310 Cantat, mensurat, numerat, stellam quasi quanque
Novit, scit lathomum- que fabrum, nec cetera dele!
Ipsum Crysotomum precellit flore loquele.
In verbis suavis proprios precircinat actus,
Et lingua quavis loquitur, nusquam stupefactus;
4315 Scit pro constanti mundi linguagia cuncta,
Scitque loquendi scitque tacendi debita puncta,
Verbula metitur librat[que] silentia, gestus
Ponderat. Inspicitur ex omni parte modestus.
Quinque replens lustra dominus fuit hiccine legum,
4320 Nec dominus frustra, quia consul postea regum;
Semper enim crevit, —Morinum probat et Cameracum,
Ac rex; — nec sprevit ob id ingens purpura saccum,
Sed fit cum minimis minimus, par cum paribusque;
Quamquam sublimis, tamen est is humillimus usque;
4325 Angelus in vultu patet inspicientibus illum,
Est etenim cultu, verbis factisque; sigillum
Omnis mundicie secum fert et bonitatis,
Hospes leticie, vir honoris, vir probitatis.
Heu ! si me forte cognosceret, ut puto, fleret
4330 Oppressum morte, si non lapidis cor haberet.
Quid loquor ? est adeo pius iste quod, exposita re
De qua nunc doleo, mecum ploraret amare.
Heu ! qui non fleret quos sustineo cruciatus
Fonditus inspiceret : ego vivo, sed jugulatus
4335 Quottidie decies; mors est sic vivere certe;
Exsanguis facies istud mea monstrat aperte.

4300 *trimegistis*, ms. *trimegestis*. — 4312 ms. *Crysotonum*. — 4322 *saccum*, ms. *sacrum*. — 4329 rubr. à la marge : *hic exponit eidem Archidiachono suam miseriam*.

Ecce meis in visceribus nova lucta creatur,
Lis gravis, ira furens, dolor undique perpetuatur.
Dum mea preterita solatia non reditura
4340 Atque statum recolo cleri sublataque jura,
Vellem non fieri, quia tantis nemo flagellis
Posset torqueri; mea sat docet arida pellis.
Heu! proprios debet actores pena tenere,
Sicut jus prebet. Cur ergo sub muliere
4345 Sic crucior? quid ego feci? furatus ego sum?
Cur ego sic dego? non credebam scelerosum
Ipsum conjugium, quando cum conjuge nupsi,
Sed michi subsidium, quapropter nubere duxi.
Si nupsi temere, nam me Scriptura fefellit,
4350 Que verbo sine re fingens connubia mellit.
Quid loquor? hoc merui; Lugduni concilio nam
Presens ipse fui; quonam sic vixero, quonam?
Nescio, nec promo; nunquid poteram speculari
In primo quod homo liber nequit appreciari,
4355 Supponendo neci me tanto turbine rosum,
Heu! quid ego feci? servorum servus ego sum.
Ecce suam mortem natura bestia queque
Quantumcunque potest fugit; ergo sic patet eque
Id quod ego feci jungendo me bigamatis :
4360 Stultior in decuplo fio cunctis animatis.
Quod patet; ecce meam mortem prius inspiciebam
Indubitanter; eam quare tunc non fugiebam?
Hanc mortem quam sustineo, digne merui, nam
Sponte mea cecidi, dictam subiique ruinam.
4365 Vellem me genitum nunquam de matre fuisse,
Quippe pati penas minus est michi quam meruisse. f° 65 r°.
Vulneror, et merito, funebriter. Heu! michi nunne
Finiet iste dolor? tempus michi displicet omne,
Ver, estas, autumnus, hyems, michi quatuor ista
4370 Dissona sunt; floret ver, areo; fit cytharista
Estas, lamentor; antumnus gaudet habundans
Multiplici fructu, michi cor turbatur inundans
Funebri luctu; letanter hyems sibi parta
Expendit, vita fit enim michi tristis et arcta.
4375 Ergo non stupeat aliquis, si vivere mundo
Jam michi displiceat, erumnas tot subeundo.

4344 *prebet,* ms. *probet.* — 4351 ms. *Lugdunij.* — 4352 pour le premier *quonam* le ms. a *quoniam.* — 4368 à 4405 voyez le texte français 215 à 282.

Non valet hic mundus nil pompe, nil quoque gaze;
Cum non sit mundus nec mundet, discrepat a se
Hoc in re nomen; est instabilis stationis,
4380 Infelix, omen humane conditionis.
Quare miranter ego miror quomodo rebus
Vir vacat humanis : qui cunctis nanque diebus
Dat collum morti. Vir enim qui ponderat ista,
Mundanas contemnit opes cum carne sophista.
4385 Lazarus et dives monstrant quod divitie sunt
Mundi vitande; labuntur, et illico desunt.
Perpetuo tamen excruciant, testante probatur
Scriptura; pres servus opum, quibus is famulatur;
Servit habens habitis, nec habet proprie, sed habetur;
4390 Quocirca dici servus ratione meretur.
Preterea nimius dolor est acquirere gazas,
Custodire timor, labi summus dolor ipsas;
Spernit opes natura sagax, inopem quia regem
Procreat et tumulat, dat et omnibus hanc ea legem.
4395 Desuper irradiant et sunt communia rebus
Corpora que terrena regunt, Tytania, Phebus,
Signa potestatesque poli; communia debent
Omnibus ergo fore bona que nobis ea prebent,
Equaque distribui; sed tantum multiplicatur
4400 Vilis avaricia quod in istis predominatur.

f° 65 v°. Ambitio partitur opes non omnibus eque,
Quamvis jure poli pateant communia queque.
Porro nichil possum tam damnosum recitare
Quam, spreto Domino, circa mundana vacare.
4405 Qui vacat his animam perdit, consumit et ille
Corpus, propter opes, que sunt in fine faville.
Est hominis meta vite mors. Proh dolor! immo
Quottidie moritur, quia nasci quam cito primo
Incipit, ad mortem tendit. Cur ergo vocatur
4410 Vivere sic vita, cum vivens sic moriatur?
Rursus homo moritur, quia curis quottidianis
Se necat ut vivat; moriturque vacans homo vanis
Deliciis, fugiendo Deum; moritur, quia in ortis
Cudit opus; mors ecce venit, mors clamat mortis.
4415 Qui vult ergo frui vita quam nulla sequetur
Mors, mundum vitet semperque Deo famuletur.

1391 ms. *Pervat et stimulat* (cf. texte français 261). — 4396 *poli*, ms. *populi*, *pu* a été exponctué.

Rex erit in celis, regnabit perpetuo, nam
Is sceptrum regale feret regisque coronam.
Est certe servire Deo regnare; probatur
4420 Ergo rex esse quicunque Deo famulatur.
Est etenim; sed rex cui gloria nupsit inanis,
Non regnat proprie, cum serviat ille prophanis.
Hinc ego ne peream, Christum precor ergo rogate,
Ut secum valeam regnare sua bonitate.

4425 Scribere me movit illum presumplio quedam,
Qui me non novit, cujus bona dignus ut edam
Non sum, cum superet velut omnes ipse valore.
Aria sic, referet, in qua prefulget honore
Prepositi. Mitis est, multo mitior agno,
4430 Prepollens meritis, preclarus sanguine magno.
Nescit an in rerum natura sum; tamen ille
Me vidit puerum dudum post dona mamille,
Nec meminit; quare non audeo nunc apud ipsum
Acriter instare quod me juvet in cruce fixum.
4435 In cruce conjugii dico; crux absque medela
Est hec exilii; restat michi sola loquela.
Que loquar? hoc habeo solum; sed ne Petronilla
Audiat hec timeo, cum sit quedam tygris illa;
Me lapidaret ea, si sciret que loquor; unde
4440 Quod sibi verba mea celentur posco profunde.
Quid mirum, si litigium timeo muliebre?
Nil gravius, cum funebrius sit duplice febre;
Pestes femineas cur niterer hic recitare?
Guttas equoreas possem levius numerare.
4445 Hinc taceo; sed devoveo mundi stationem,
Delicias et divitias partas per agonem.
Est mundi vitanda lues, mater viciorum,
Janua peccati, nutrix et origo malorum,
Seducens homines preco, baratri chitarista,
4450 In tenebris lucem simulans, mordaxque sophista.
Abscondens sub pace dolos, in felle figurat
Dulcia; ve! mundo, qui non nisi devia curat.

4423 *rogate*, ms. *rogare*. — Après 4424 rubr. *Hic commendat dominum Willelmum de losques* (sic) *prepositum Ariensem et ei ostendit suam infortuniam.* — 4427 *superet*, ms. *superat*. — 4428 *sic*, ms. *scit*. — 4447 rubr. à la marge *hic detestatur status mundi*.

Si me merveil que cuident faire
Ceulx qui sont pour nostre exemplaire
285 Mis et posés a honneur haulte.
On voit en eulx plus grant deffaulte
Qu'en nous, et font plus a reprendre.
Les pastours ne veulent entendre
Au fouc garder que Dieu leur baille;
290 Il ne leur chaut comment il aille;
Trop bien se scevent esforcier
Des berbis tondre et escorchier.
Par mon tesmoing un tel pastour
Vault pis que leu ne que castour.
295 L'evesque tout ravist et pille,
Ne laisse rien en la coquille,
Et après, les officiaux
Et les menistres curiaux
300 Prennent quanqu'il peuent avoir;
Tout y appliquent leur sçavoir.
Proprement est dit nom de paistre
En actif, pour les aultres paistre;
Mais or sont pris passivement.
Chascun puet veoir se je ment :
305 Il sont peüs, aux pances plaines;
Leurs conversacions sont vaines;
Chascun laisse son fouc sans garde,
Et s'en vont, qui bien y regarde,
Avec les roys, pompeusement,
310 Pour vivre plus joyeusement,
Les besongnes royaulx procurent,
Les playes du peuple ne curent
Ne pour leur preu point ne se hastent;
Les biens du crucefix degastent.

283 — *D* (f° 186 v°) *rubr*. Comment il se merueille des prelas et des religieux. — 284 *M* omet pour. — 289 *T* Aus fais; *A* a ici vs. 290. — 290 *manque M*; *A* Fors quils ayent de la clicaille; *BCD* comment quil aille. — 294 *A* gasteur. — 299 *ABCDM* tout quanque. — 300 *B seul* Tout, *les autres* Tous. — 302 *F* les acteurs; *M* paistres. — 305 *T* poses *M* a pance. — 307 *A* s. fait. — 309 *C* pourpensement. — 310 *manque M*. — 312 *manque M*; *A* Des p. d. peuplez. — 314 *A* crucefilz *B* cruxefix.

Proh dolor! in mundo video miranda, quod ipsi
Qui presunt ut nos conservent, sunt in eclipsi
4455 Multo majore quam nos; predatur ovile
Presul sub specie pastoris at ille sedile,
Ut patet, usurpat, qui nec pater est neque pastor,
Immo lupus silve, lupior, me judice, castor.
Excoriat presul, eviscerat officialis,
4460 Scriptor et assessor et quisque ministerialis.
 Nam solet active dici pastor, quia pascens,
Sed nunc passive fertur, quia pascitur; hiscens
Turpiter ad dona prelatus, nec satiatur
Cuncta vorando bona; quid turpius esse putatur?
4465 Ve ve prelatis! quorum sunt facta prophana,
Cunctis pensatis, et conversatio vana.
Dimisere greges sine garda, concomitando
Cum pompa reges, extra sua castra vagando;
Unde vacare magis curant regalibus ipsi
f° 66 v°. 4470 Quam populi plagis, bona vastantes crucifixi.

4453 *rubr.* à la marge *hic loquitur contra prelatos.*

315 Il sont larrons appertement,
S'oultre leur vivre et vestement
Nuls des biens aux povres detiennent;
Quant les povres gens n'en soustiennent,
Et leur doivent distribuer,
320 On ne les pourroit trop huer;
Larrons sont, puis que les reponnent
Et aux povres Dieu rien ne donnent.
Par symonie et sous ses eles
Vendent choses spiritueles.
325 N'est pas raison que on les vende;
Car tout pour noyant la prouvende
Doit estre donnée au preudhomme.

Le contraire est en court de Rome :
Aux mauvais est pour pris vendue,
330 Fraude y est par tout entendue ;
En livrant la prouvende a fraude
On la vent comme une ribaude,
Par pris et a personne indigne ;
Tel contract donne mauvais signe.
335 Symon vit et mort est saint Pierre;
On ne fonde rien sus sa pierre.
Pour ce doit bien plourer l'Eglise,
Quant en subjection est mise
Et en treuage soubs Symon ;
340 De son char porte le limon.

316 *CDM* Se oultre *F* Et oultre *ABT* Oultre. — 317 *A* Tous les b.; *C* ne tiennent *F* retiennent. — 318 *ABT* ne s. — 319 *FT* les d. — 321 *ATC* qui *B* quils *F* que ; *C* ramponnent. — 323 *A* symoniez et par ellez. — 324 *M* perpetuelles. — 326 *B* neant *F* nient; *T* leur p. — 327 *A* donne ; *B* a ung homme. — 328 *A* a court. — 329 *AT* par p. — 331 *A* a ici vers 332. — 332 *A* Par simonie et par fraude. — 334 *A* contruet. — 335 *F* vist. — 336 *C* sans *F* sus, *les autres* sur. — 338 *B* es en s. — 339 *A* trouage *BCT* truage *F* treuage. — 340 — *D* (f° 188 r°) *rubr.* Comment il se merueille des religieux.

Quitquid habent ultra victum vestesque probatur
Furtum; pauperibus id habent ut distribuatur.
Ergo sunt fures, quoniam nil pauperibus dant
Thesaurisantes, sed magnis, ut sibi reddant.
4475 Ve! ve! prelatum   qui, spiritualia vendens,
Se negat atque statum,   pro donis dona rependens ;
Gratis preberi debet prebenda, proboque;
Sed precio datur, et reprobo; fraus est in utroque.
Ve prelato! Cur non prebendare veretur
4480 Indignum dantem, solumque dat ut sibi detur?
Non nisi prebenti prebendans, ut scio, prebet;
Ergo prebende precium vel prebeo debet
Nomen prebere, quia prebenti mediante
Prebetur precio quevis prebenda, nec ante.
4485 Venales hodie prostant instar meretricis
Prebende; solum nummis dantur vel amicis.
Symon emit, Gyesi vendit : « caro do facioque,
Ut des vel facias »; sibi collidunt in utroque.
Petrus obit, Simon vivit; modo nemo petrisat,
4490 Immo procul dubio totus clerus symonisat.
Ergo suo viduata Petro, cum sit sine scuto,
Lugeat ecclesia, Symonis subjecta tributo!
Ve! ve! Symonibus,   prelatis dico prophanis,

Merveille ay des religieus.
Plus que nous sont delicieus,
Plus despendent tels damoiseaux
En chevaux, en chiens, en oiseaux,
345 En femmes folles et estoutes,
En vins et en viandes gloutes.
Il n'y a celui qui ne vueille
De son bon subject la despueille.
Plus asprement assés ravissent
350 Que les tirans qui seignourissent.
On voit bien qu'il font trop le maistre.
Car chascun souloit jadis estre
Voulentiers en subjection
Dessoubs leur juridiction;
355 Or va tout ce devant derriere;

Car orendroit par leur maniere
Plus different que blanc a noir;
Nuls ne veult soubs eulx remanoir.
Leur cloistre leur sert de noyant;
360 Nuls moynes n'y va tournoyant,
N'il n'y font point de residence;
Mais il quierent par evidence
Les lieux reprouchiés et oiseus,
Et souvent vont aux plais noiseus,
365 Ou aux marchiés ou par les rues
Hantent pour barguignier chars crues.
En la court du roy, en la sale,
Voit on souvent ceste gent male,
Ou a court de Rome, ou a Rains.
370 A causer ne sont pas derrains,

341 *BCT* Merueilles. — 342 *C* que nul. — 344 *F* et o. — 345 *CF* folles f.; *F* en e.; *C* escouter. — 346 *M* omet en. — 347 *BC* quil. — 348 *M* omet bon. — 351 *C* sont; *B* triple maistre.— 352 *ABDMT* Car si com *C* si comme *F seul* chascun (*écrit* chūn.) — 353 *F* voulentis. — 357 *B* desirent *F* disparent; *AT* au n. *C* auoir. — 358 *M* omet eulx; *CDM* manoir. — 359 *F* Leurs cloistres ne sert mais de nient; *AT* ne s; *mss, sauf F,* neant. — 360 *F* Nuls du monde ny va tournyant; *A* tourneant. — 361 *AM* Ne ny. — 362 *A* Mais y q. — 363 *B* oiseaux. — 364 *F* si sen vont; *A* sen vont; *M* au p.; *B* noueaux. — 365 *AT* et p. — 366 *CDM* Chantant *F* Hantant; *A* baguegnier *T* bargaignier. — 367 *C* ou en salle. — 369 *F* Reims. — 370 *B* Au c.; *A* tenter.

    Ve! ve! muneribus   corruptis quottidianis.
4495 Istis non socio   certe dominum Morinensem,
    Cui, digno solio   bonitatis, largior ensem.
      Mirari non sufficio, quod religiosi
    Multoplus hodie sunt quam nos deliciosi;
    Expendunt in equis, avibus, canibus, mulierum
4500 Cetibus, in dapibus, in potibus omnia; verum
    Ut fatear, spoliando suos sunt asperiores
    In duplo quam sint tyrones et lupiores;
    Unde, velut quondam monachis omnes voluere
    Subdi, sic hodie sub eis vult nemo manere.
4505 Servit de nichilo claustrum, quia qui monachantur
    In claustro minime resident, sed ubique vagantur,
    In reprobis quam sepe locis nimis! in placitisque,
    Vicis, mercatis habitant. Magis otia quisque
    Curat quam claustrum; vah! nunc in Parisiensi
4510 Aula regali, Romana, sicque Remensi,
    Innumeri monachi causantes inveniuntur.

f° 67 r°.

Après 4496 rubr. *hic loquitur contra religiosos.*

Ne leurs voisins ne laissent vivre.
D'autres vices a en mon livre
Que je ne vueil pas icy mettre.
Religieux, ce dit la lettre,
375 De *relegando* sont nommés,
D'estre bannis et renommés
Hors du siecle, ce scet chascun,
Ou de *monos*, qui ne vault qu'un.
En tous leurs fais est reprouvable
380 Leur vie, et leur sette damnable.
Leurs abbés veulent deposer;
Contre chascun scevent gloser.
S'un en estoit huy esleü,
Demain en seroit despleü.
385 Qui fait abbé d'un chetif moyne,
Biens puis jurer par saint Anthoyne
Qu'aux compaignons pis en sera.
Plus estrange se monstrera

Que se moyne n'eüst esté.
390 Car en yver et en esté
Voulra sur eulx estre devins
Et des viandes et des vins.
De son ventre fera ciboire ;
Seul ira en sa chambre boire
395 Et sera servi a sa table
De mainte chose delitable.
Ceulx qui servent Dieu en couvent
Seront mal gouvernés souvent;
Lors sourt entre eulx dissension,
400 Qui par nulle profession
De cloistre ne sera purgie.
Chascun d'eulx a sur l'autre envie.
Et se deux y sont qui s'entr'aiment
Et pour loyaulx amis se claiment,
405 Si tost que l'un abes sera,
L'amour d'entr'eulx deux cessera;

371 *C* leur voisine. — 372 *A* en a. *C* mains l. — 373 *A* mie yci. — 374 *manque*
F; *A* leutre. — 375 *ABT* De Relegende *M* De relegendo. — 377 *A* Lors; *C*
ciecle se. — 378 *A* de moignez *C* de moynes *B* demours *DM* de mours *F* ded
monos *T* demones. — 380 *T* teste. — 382 *C* veullent; *M* Chascun veullent
contregloser. — 383 *AT* ometteut huy. — 386 *M* Puis bien; *A* peult. — 391 à
94 *manquent AT*. — 392 *F* des v. et des v. — 397 *C* qui souvent. — 398 *AT*
tres mal peus. — 399 *C* en eulx. — 400 *F* noble; *C* perfection. — 403 *M omet*
y. — 404 *AB* loial amy; *F* tiennent. — 405 *B* tost com; *ABFT* abbe sera *C*
abessera *DM* abaissera.

Vivere pacifice vicinos non patiuntur
Infesti monachi; nec cetera crimina pando.
O ! minime recolunt quod dicitur a relegando
4515 Religio, monachus a monos; nam monachi mnam,
Quamvis sic dicti, non percipient, monachi nam
Infames, reprobi, damnande sunt quoque vite.
Plures gyrovagi sunt, multi sarrabaite.
Abbates quoscunque suos deponere vellent
4520 Quottidie; faciunt unum modo, crasque repellent.
Quare non ? Abbas si nunc miser iste creetur,
Cras sociis austerus erit; quasi non monachetur,
Pinguia manducat et vina bibit meliora
In camera solus ; sed ei qui voce sonora
4525 Cantant, atque legunt vigilantes nocte dieque,
Esuriunt : inde surgit discordia queque.
Absit ! ab invidia puto quod discessio surgat,

4414 *relegando*, l'auteur semble scander *relĕgando*.

Il se faingnent l'un l'autre amer,
Mais l'un voulroit l'autre en la mer.
Les moines sont fors a congnoistre ;
410 Loups sont vestus de laine en cloistre,
Et souvent lient les plus sages.
Tous coleges ont tels usages :
Pour leur recteur destituer
Et pour leur estat remuer
415 Quierent pluseurs faulses cauteles.
Lou regles des moines sont teles :
Leur aucteur met condicion
Que nuls d'eulx, par ambicion,
N'ait propre, et s'aulcun veult errer,
420 On le devroit faire enterrer
Après sa mort en un fumier.
Or en est chascun coustumier
D'avoir propre, il n'en fault doubter ;
Dont les doit on en fiens bouter.
425 Ainsi le veult pape Gregoire ;
En ses decrès en fait memoire.
Si ne leur doit on rien donner,
Pour jangler ne pour sermonner ;
Car on pert tout quanqu'on leur donne.
430 Bien enclineront la personne,
Mais ja plus n'en reportera.
Et de son don tristes sera,
S'il n'en est bien acertenés.
Les moustiers furent ordenés
435 Piesça pour le siecle fuïr,
Non pas pour vanité suïr,
Mais pour moines humilier
Et pour tout le monde oublier.
Cils regne bien qui a Dieu sert ;
440 En fin bon loyer en dessert,
Et souffist que nul n'y mendie.
Et toutesvoyes, quoy qu'on die,
Pluseurs sçay es religions
D'onnestes conversacions,
445 Qui pour leur bien font a amer ;
Si ne les doit on diffamer.

Des chevaliers n'est rien notable ;

409 *M* fort. — 410 *F* Longe *T* Longs; *B* omet sont; *F* ou c. — 412 *CDM* Telz. — 413 *A* leurs retours *F* leurs recteurs *M* rettour *T* retour. — 414 *F* leurs estas. — 418 *BC* pour; *F* abicon. — 420 *F* omet faire. — 422 *M* omet en; *A* est deulx chascun. — 424 *M* ou f. — 425 *A* voult. — 429 *à* 32 *manquent AT*. — 429 *C* tant que. — 430 *F* a la p. — 431 *CDM* raportera. — 432 *M* tristes, *les autres* triste. — 433 *A* Si *T* Cil; *A* acertaynes. — 434 *M* f. mal dordenes. — 435 *AF* monde; *MT'* fouir. — 436 *CDM* suiuir. — 437, 38 *manquent A*. — 439 *C* Sil. — 440 *C* En la f. — 441 *à* 46 *manquent AT*. — 443 *M* Plus. — 445 *M* leurs biens. — 446 — *D* (f⁰ 190 r⁰) *rubr*. Comment il parle de lestat des chevaliers. — 447 *A* De ch.; *M* mentable.

Quam non, vel raro, claustri professio purgat.
Est consuetudo conventus collegiique
4530 Contra rectores insurgere semper inique.
Quod vidi testor : rectoribus insidiantur
Semper, ut inveniant causas quibus amoveantur.
Que si defuerint, fingunt mendaciter illas,
Contra rectores furtim querendo cavillas.
4535 Qualiter immemores estis sancti Benedicti
Canonis, o ! monachi, miror, miseri, maledicti !
In plerisque loquor, non in cunctis, quia multos
Novi laudandos divino munere fultos.
O ! de militibus nil credo nobile dici

4530 *rubr.* à la marge *hic loquitur contra milites*.

Presque tout y est detestable.
Chascun doit valoir un millier ;
450 Il le valent bien au pillier
Ou a vivre d'autruy vitaille ;
Mais il n'ont cure de bataille,
Mesmement pour garder l'Eglise,
Ne pour deffendre la franchise
455 Et le peuple a droit maintenir.
Las ! bien leur deüst souvenir
Du roy Nabugodonosor,
Qui fu riche de grant tresor,
Puis fu comme une mue beste ;
460 Par sept ans endura moleste
Et mangoit le feurre et la paille.
Tout chevalier, vaille que vaille,
Jure que mort n'eschevera

Et que l'Eglise deffendra,
465 S'il y voit faire riens inique ;
Au droit de la chose publique
Garder en tous lieux s'offerra,
Ne perdre ne le soufferra.
Ainsi est il es drois trouvé.
470 Si leur doit estre reprouvé
Quant il font du tout au contraire
Pour parjures les puet on traire,
Car l'Eglise n'est deffendue
Ne chose publique rendue.
475 Il ne gardent ne l'un ne l'autre ;
Tout ravissent, lance sur fautre,
Et tout gastent et tout deveurent,
Fors les flammesches qui demeurent.

448 *B* destastable *C* deffeitable *DM* defettable *AF* detestable. — 449 *M* cuide. — 450 *A* vaillent. — 451 *M* dautri. — 455 *F* soustenir. — 456 *F* il l. d. bien s. — 459 *F* Mais f.; *tous les mss.* fu mue c. (*A* con *B* en) une (*omis par F*) b. — 463 *A* eschiuera. — 465 *F* luy v.; *BC* riens faire. — 467 *F* en tout sefforcera. — 467, 68 *manquent AT*. — 468 *manque D; M* la s.; *F* les souffera *M* souffrera. — 469 *B* des d.; *ABT* prouue. — 470 *C* Sil *M* Ce; *F* doit il. — 471, 72 *manquent AT*. — 472 *B* parjure; *B* doit on. — 474 *F* la ch. — 477 *AT* Tout degastent. — 478 *AT* Fors que; *F seul* qui d., *les autres ny* d. — *D* (f° 190 r°) *rubr.* Comment il parle sur lestat des juges.

4540 Posse ; lupis aliis lupiores sunt, inimici
Ecclesie plebique Dei ; licet instituantur
Scilicet, ecclesiam finaliter ut tueantur
Ac plebem minimam. Dic, miles, perfide rosor,
Nunquid novisti quod rex Nabugodonosor
4545 Bestia per septem fuit annos, predo satelles
Hic quia prefuerat ? Immo, si dicere velles.
Quod non vitabit mortem jurare tenetur
Miles, ut ecclesiam defendat, nec patietur
Jura rei publice succumbere, sicut habetur
4550 Plane per jura. Manifestius ergo videtur
Perjurus dici debere. Nec ecclesie res
Defendit nec rem publicam, sed jam sibi vires
Improbus assumit, ut prorsus devoret illas.
Totum nanque rapit, vix dimittendo favillas.
4555 Mille vorans, non mille valens his ergo diebus
Miles dicatur, ut vox sit consona rebus,
Quamvis econtra dudum consueverit ille
Exponi miles, re, voce, valens quia mille.

4541, 42 ms. *instituatur : tueatur*. — 4556 *sit* a été ajouté plus tard.

Des juges vueil faire clamour,
480 Froissiés par dons ou par amour.
Le jugement doivent cremir
Et de plus grant paour fremir
Que ne font les autres parties,
Se les choses ne sont parties
485 Par droit jugement en la livre.
Le juge condempne ou delivre
Sça jus et met en sa balance;
La doit estre pour souvenance
Presente de Dieu la figure
490 Avecques la sainte Escripture;
Lors se puet le juge advertir
Que les drois ne doit pervertir.
Encor luy doit mieulx souvenir
Que le droit juge est a venir;
495 Les bons o luy recevera
Et les mauvais deboutera.
Si me merveil comment ils osent
Jugier fauls, ne comment il glosent
Leur sentence et leur jugement;
500 Dieu ne craingnent aulcunement.
Leur justice mal se gouverne;
Si com le vin on la taverne
Nous sont les jugemens vendus
Et sont a la bourse pendus.
505 Droiture ne cremeur de Dieu,
Ne droit ne raison n'y ont lieu.
Tout ce n'y vault pas deux chardons;
Les jugemens se font par dons,
Ou par faveur, ou par priere.
510 Les dons boutent le droit arriere;

479 *C* faire vueil. — 480 *A* p. droit; *CDM* et p. — 485 *F* a la l. *M* on la l. — 488 *A* la s. *T* per s. — 490 *CF* Auec. — 491 *F* doit. — 492 *A* ses d.; *F* ne face. — 493 *M* li d. s. — 494 *BT* aduenir. — 495 *A* Qui les b. o lui; *BCDT* auec luy *M* Et l. b. auecques lui r. *F* o soy; *tous, sauf F*, receura, *F* receuera. — 500 *F* doubtent. — 501 *M* Dieu justice. — 503 *F* rendus. — 506 *F* Ne loy; *CDM* a *AF* ot *AB* ont. — 507 *F* ne v. — 510 *CDM* les droiz.

Ve, ve judicibus fractis dono vel amore!
4560 Condemnabuntur eterni Judicis ore;
Quam partes illi debent magis ergo timere,
Quas homo condemnat, ut libra sit equa statere.
Judicii Christi sit presens ipsa figura
Cum sacrosanctis scripturis, ne data jura
4565 Pervertant. Dominus veniens ut judicet, « Ite! »
Dicet corruptis, constantibus « ecce venite! »
Ergo miranter ego miror qualiter ipsi
Franguntur, dum judicium pensant crucifixi.
Proh dolor! ut vinum prostat venale taberna,
4570 Sic sunt judicia venalia nostra moderna.
Nil hodie michi jura valent, nil vis rationis,
Nec timet ipse Deum judex, facit omnia donis
Aut precibus vel amore plicat; qui pinguius isti
Unxerunt palmam domini sunt et trimegisti;

4559 rubr. à la marge *hic loquitur contra judices.* — 4566 *venite*, ms. *videce.*

LIVRE QUATRIÈME. 283

Car qui bien scet les palmes oindre
Ou lieu du droit scet le tort joindre.
Les bons ne daigneroient prendre
Deniers ne les jugemens vendre ;
515 Si pri Dieu que d'eulx luy souviengne
Et qu'en sa grace les maintiengne,
Et ceulx mette en sa mansion
Qui ne veulent corruption.

    Des advocas comment diray ?
520 Ja pour paour n'en mentiray.
Il a en eulx plus de diffame
Qu'en une pute fole femme.
Chascuns de ses instrumens joue ;
Femme son cul pour deniers loue,

525 Et l'advocat sa langue vent ;
Ambdeux ne vivent pas de vent.
La langue est plus precieux membre
Que n'est le cul, bien m'en remembre ;
Tant est la vente plus honteuse
530 Com la langue est plus precieuse.
Nul serement n'y est tenu ;
Qui plus donne, il est mieulx venu.
A peine s'y doit nul fier,
Quant l'advocat veult deffier
535 Son amy, pour deniers avoir.
De son ennemy prent l'avoir ;
Ne luy chault s'il est d'Angleterre,
Mais que deniers luy vueille querre ;
Contre ses parens plaidera

512 *F* fait. — 513 *C* daignent. — 515 *AB* leur (*T* lui). — 517 *A* iceulx ; *C* mettre ; *ABCT* maison *DM* mancion *F* mansion. — 518 — *D* (f° 191 v°) *rubr*. Comment il parle des aduocas. — 520 *AC* ne men (*C* me) tairay. — 524 *M* denier. — 525 *A* omet l devant advocat. — 526 *A* Ambdeux *B* Embedeux *CDM* Ambedeux *FI* Ces deux ; *B* omet pas ; *F* du v. — 527 *C* le p. p. — 529 *F* la langue. — 531 *F* si ny est t. — 532 *AT* mieulx est v. *M* il y est. — 533 *CDM* se d. — 538 *A* croirre.

4575 Non qui jus potius   habet in re victor habetur,
   Sed qui dat melius ;   nommos, non jura tuetur
   Judex corruptus, data munera, non rationes.
   Execror injusti censoris conditiones.
      Quid de causidico possum tibi dicere ? dici
4580 Debet enim similis vel par vili meretrici,
   Immo vilior est, quia, si meretrix locat anum,
   Hic vendit linguam, quod plus reor esse prophanum,
   Cum sit enim lingua membrum preciosius ano.
   Nulli causidico credo, juveni neque cano,
4585 O ! quis causidico corrupto munere credet,
   Hosti cum partis, spe muneris, arma sue det,
   Ultro succumbens illi. Quid proditionis
   Est signum majus ? Sed non miror, quia donis,
   Sanguine contempto, postergat sepe parentes
4590 Ac alienigenos preponderat ille clientes,
   Muneris ardore. Nullum sibi censet amicum,

4578 *conditiones*, ms. *conditionis*. — 4579 rubr. à la marge *hic loquitur contra causidicos*. — 4580 *Debet*, ms. *Rebus*. — 4589 *contempto*, ms. *contento*. — 4590 ms. *alienigenus* avec un petit trait sur l'un des jambages.

540 Et pour ses dons luy aidera.
Quant il y a planté monnoye,
L'advocat sa langue desploye
Et l'aguise comme une espée.
Mainte mençonge en est coupée
545 Et colourée en rhetorique.
A pervertir les lois s'applique,
Et faint qu'il face nouveaulx drois.
De langue se combat tous drois,
Mais, en proposant ses merveilles,
550 N'ist riens que vent de ses entreilles ;
Et si tost que l'advocat cuide
Que la bourse aux cliens soit vuide,
La cause met hors de sa cure.
Il cause tant comme argent dure ;
555 Et d'ambes pars promet victoire;
Et pour ce ne le doit on croire.
Il jure par la kyrielle
Qu'il soustenra bonne querelle ;
Bonne luy est, ainsi la glose,
560 Puis que proufit a en la chose.
Cil bat le vent qui rien ne baille ;
L'advocat n'y compte pas maille,
N'il n'y met diligence aulcune.
Il n'aime rien tant que pecune
565 Et dit : « Rien ne reçu puis hier. »

541 *F* p. de m. — 541 *F* comptee.— 546 *F* loy.— 548 *FMT* tout.— 550 *manque*
D. — 552 *AT* des genz la b. *BCDM* la b. aux gens, *F seul* aux cliens. —553 *F* La
c. il m. — 554 *AT* largent. — 555, 56 *manquent AT*. — 555 *B* Et dambes
part *CI* Et d'autre part *DM* Et dautres pars *F* Et aux deux pars. — 557 *BC*
quirielle. — 559 *C* aussi l. g.; *AT* le g. — 562 *F* une m. — 563 *C* dallegence.

Ni dederit; sed habet donantem pro patre Stycum
Ignotum. Quanto magis est numerabile munus,
Tanto proximior dator est, licet Anglicus unus.
4595 Dum sit pingue lucrum, mendatia ficta colorat,
Ut parti placeat; quasi sciret cuncta, perorat,
Exacuens linguam tanquam gladium violentum.

Legum pervertens sensum fingit nova jura,
Ere sed exhausto, cessat cause sibi cura.
4600 Mox michi, mox hosti litis spondet dare palmam,
Ut sibi muneribus ungat pars utraque palmam,
Bursas sicque duas eviscerat una dolose.
Ergo nimis miser est qui credit causidico se,
Jurat enim pro posse bonam nutrire querelam,
4605 Glosat : « id est pinguem, » que possit ferre medelam
Ardenti cordi; quia nil est gratius ejus
Morbo quam pingue munus. Cause minime jus
Diligit aut curat; nisi dem sibi, verbero ventum.
Fidus in hoc tamen est, quia bursas ipse clientum

4592 *patre*, ms. *pare*, l'annotateur ajoute *vel patre*. — 4593 *numerabile*, ms.
munerabile. — 4594 *proximior*, ms. *proximo*. — Après 4596 il semble manquer
un vers, qui a pu se terminer par *ventum* (fr. 550); le ms. a un blanc; l'annotateur n'ajoute rien. — 4599 *exhausto*, ms. *exhauste*. — 4602 ms. *sic que*;
eviscerat, ms. *eniscerat*. — 4605 ms. *idest*.

Il voulroit la mer espuisier.
Belles robes font bien au cas ;
Bien se vestent les advocas
Et de nobles robes se parent,
570 Affin que plus sages apparent.
A tels gens sont equiparées
Les femmes qui sont bien parées ;
C'est pour avoir plus grant loyer
D'avec les hommes donoyer.
575 Les advocas plus chier se vendent,
Pour leurs habis grans loyers prendent,
Et s'il n'estoyent bien vestus,
On ne leur donroit deux festus
Pour leurs loys ne pour leur langage,

580 Qui donne au peuple grant dommage.
S'ils avoyent voix de seraines,
Qui de melodies sont plaines,
Si les doit on forment doubter ;
Perilleus sont a escouter.

585 Fy des merdeus phisiciens !
Ja ne seront loés cyens.
Convoiteus sont et mençongnier,
Et si font moult a ressoingnier,
Qu'il sont de nature chenine :
590 Entr'eulx docteurs en medecine
Leurs compaignons heent et fuyent
Et les cures pour eulx estuyent.

565 *ACFT* riens ne receus; *B* receu. — 567 *B* f. un bon cas *C* f. bien ou c. — 570 *F* appairent. — 571 *C* tels qui s. — 573 *F* sest. — 574 *A* Aucc; *AT* tournoier *C* danoier *DM* denuoyer. — 575 *F* plusieurs. — 576 *A* leur habit gran loyer. — 577 *ACDM* Et si. — 578 *F* donront; *B* escuz. — 579 *C* lais. — 582 *F* melodie. — 584 — *D* (f° 193 r°) *rubr.* Comment il parle des phisiciens. — 586 *M* leez; *B* cyens *AC* ceans *F* ciens *M* cyans *T* cyens. — 587 *mss.* mencongier (mensongier). — 587 *A* Conueteux. — 588 *F* fait *M* sont. — 589 *C* font d. n.; *A* chetifne *B* chenine *CDM* chemine *F* chienine *T* chiemine. — 590 *M* doutteurs; *F* de m.

4610 Ydropicas curat illas vacuando ; crumenam
Ydropicando suam maris exhauriret harenam,
Libre vel marche licet essent quique lapilli.
Credere qui vellet ipsi, nil sufficit illi ;
Vestibus ornatur preciosis, ut videatur
4615 Is prudens; magnus habitus, non Azo, lucratur ;
Purpura causidicum vendit ; si dixero verum,
Birrea vestitus nudum superabit Homerum.
  Novi causidicos, novi, quia causidicus sum ;
Sed michi causandi conjunx mea subtrahit usum.
4620 Quomodo tractare possem causas alienas ?
Ecce meas nequeo ; tenet uxor me per habenas,
Sub cujus cura cum sim totaliter ipse,
Me curatorem causarum jus vetat esse ;
Qui cura regitur aliena, quod sibi cura
4625 Alterius detur prohibent civilia jura.
  Ve ! dico nostris doctoribus in medicina
Mendosis, cupidis, quorum natura canina
Est : vitant socios, soli conantur habere
Curas. Sed non est in causidicis ita, vere ;
4630 Si sint in causa duo, vellent quatuor esse,

4626 rubr. à la marge *hic loquitur contra doctores in medicina*. Ibid. *Ve*, ms. *Ile*.

Les advocas font le contraire;
Se deux a une cause traire
595 Sont retenus pour eulx esbatre,
Il vouldroient bien estre quatre.
Vins et viandes et espices
Quierent par tout a grans delices,
Et despendent joyeusement,
600 Honnestement et largement.
Mais des phisiciens de merde
Chascuns a paour qu'il ne perde,
Et pour ce pleurent leur despense,
Tristes, pensis et en offense;
605 Car avarice les rebourse,
Qui ne leur lait ouvrir leur bourse.
Il se faingnent tousjours malades,
Replès ou enrumés ou fades,
Et tant ne scevent procurer
610 Qu'eulx meismes sachent curer.
Si ne font accroire de rien
En leurs euvres, car on voit bien
Qu'il ne vivent pas plus que nous.
Leur medecine est a genous
615 Près des estrons et des urines;
Ses chamberieres sont latrines;
Ilec reçoivent le clistere.
Fy! il y a un ort mistere.
On voit souvent leur art failli,
620 Dont pluseurs en sont mal bailli :

596 *M* vouldront. — 597 *CDM omettent le premier* et; *A omet le second* et. — 598 *A par g.; B* grant. — 601 *M* Mes d. — 606 *A* Riens ne peult partir de leur bourse; *D* Quil ne leur lait *A* laisse *B* laist; *CDM* la b. — 607 *AT* Ils f. t.; *ABT* les m. — 608 *B* Resples; *A* ennuieux *M* errumes. — 609 *C* prouuer. — 610 *F* maistres. — 611 *AF* a cr.; *A* croire. — 614 *F écrit* genous, *les autres* genoulx. — 616 *A* Les; *B* laterines. — 617 *A* Ilecques, *les autres* Ilec *M* Yleuc; *F seul a* le c., *les autres omettent l'article; BM* cristere *CDT* cristoire. — 619 *AT* l. a. souuent; *AT* leurs ars *C* le mars; *ABCDMT* faillis *F* faillir.

Qui, quamvis avidi, soliti sunt sat tamen esse
In mensa leti, queruntque cibos meliores,
Electos socios et potus nobiliores.
Non dant festucam de custibus. O! sed avari,
4635 Languentes medici sat non audent epulari,
Flentes expensas; tenet illos vi, per habenas,
Tristis avaritia, renuens aperire crumenas.
Egrotant semper, ut dicunt; ecce repleti
Sunt nimis aut pleni branco vel reumate, leti
4640 Nunquam, sed tristes et soli. Phisice, sana
Te prius, ut possim tibi credere, pallida rana.
Cur credam medicis? Non plus vivunt hodie quam
Nos. Sunt causidici mites, medici quoque nequam.
Urinis, sputis et stercoribus medicina
4645 Prona vacat, cujus cameraria summa latrina
Est, cum clisterio. Phy! phisice pallide, fede,
Vilis et abjectus es. Ab aula presto recede!
Quottidie fallunt ars et praxis medicine.

4631 *sat se trouve au-dessus de la ligne; ce mot a été inséré après coup, mais, à ce qu'il semble, par le copiste du ms.* — 4640 *Phisice,* ms. *Phy phisice* (cf. vs. 4646).

Par leur deffaut la mort les happe;
Dix en muert, quant troys en eschappe.
Le temps et les urines faillent,
Le poulx et les signes qu'il baillent,
625 Dont il font les gens ruïner
Par mentir et par deviner.
De ce sert le phisicien.
Serapion et Galien,
Ypocras, Ysaac, Rasis,
630 Ne valent pas deux parisis,
Ne leur art ne leur aliance.
Ceux sont fols qui y ont fiance.

Drois est que des bourgois advise,
Comment il font leur marchandise
635 A fauls pois et en parjurant,
Sains et saintes desfigurant.
Il ne leur chault, mais que hault vendent
N'a autre chose ne contendent;
Les foires et les marchiés quierent,
640 Cens, rentes et chasteaux acquierent.
Diffamé sont du fait d'usure.
Mais tele acqueste point ne dure
Jusques a la tierce lignie;
La quarte n'en enrichist mie.
645 L'usurier doit avoir regart

620 *F* ont; *ABCDMT* baillis *F* baillir. — 622 *F omet* en; *M* muerent; *ACDM* ung. — 623 *B* Et les t. — 624 *A* Le jour *BC* poux *F* poulx. — 626 *manque M*; *C* dominer *I* fort jeuner. — 627 *CDM* Et de ce; *M omet* le. — 629 *F* et rasis. — 630 *C* III. p. — 631, 32 *manquent AT*. — *Après* 632 *FI seuls ont deux vers :* Autel dy des cireurgiens Com jay dit (fait) des phisiciens. — *D* (f° 194 r°) *rubr.* Comment il parle de lestat des bourgois. — 633 *B* les b. — 636 *A* Et sains et s. diffamant. — 638 *B* Ne *M* Nautre; *C* nen c. *M* ny c. — 642 *B* tel acquest; *F* nest p. ne d. (*9 syllabes*).

Si tres evadunt, septem dant colla ruine.
4650 Nil scit enim medicus, nisi solum vaticinari
Instar pastoris; errat dum vult operari.
Quid mirum? Fallunt urine, tempora, signa
Et pulsus. Non est hec artis nomine digna.
Serapion, Rasis, Ysaach, Galienus, Ypocras
4655 Nil hodie prosunt. Medico damnatus homo cras
Surget et evadet. Stulti sunt qui medicorum
Se manibus tradunt. Jacet ars et praxis eorum.
   Quid de burgensi dicam vendente michi cum
Pondere fallaci? Jurat, perjurat, amicum
4660 Venditor ignorat, cujus grave fenus in anno
Bis superat sortem; crudelior estque tiranno,
Fenore cum patriam totalem devoret ille,
Quo census, terre venduntur, castraque, ville.
   Jugiter excruciant actores fenora feda;
4665 Tres tamen heredes non ditat sordida preda
Usure; doleat miser ergo fenoris actor,
Legis utriusque, docet ut sacra pagina, fractor.

4658 rubr. à la marge *hic loquitur contra burgenses*. — 4660 *fenus*, ms. *fedus*.

Que des paines d'enfer se gart ;
Car souvent raconter orra :
Plus avra, plus dolens mourra.
Aussi doit il avoir memoire
650 Des biens de pardurable gloire
Et des griefs cures de ce monde,
Qui les fais des pechiés affonde.
Si en souviengne a qui voulra :
Le plus chargié plus s'en doulra.
655 Mais quoy qu'on die des bourgois,
Pluseurs en y a de courtois,
Vaillans hommes et amiables,
Bons et sages et honnorables.
Dont, se j'en ay trop sermoané,
660 Je pri qu'il me soit pardonné.

Je loueroye voulontiers
Les laboureurs bons et entiers,
Vivans de leur loial labour ;
Mais il ne comptent un tabour,
665 Se leurs dismes a Dieu mal payent.
En ce le temptent et essayent,
Ainsi que fist Chaïm, leur pere,
Si que leur male foy appere.
Las aux vilains maugracieus !
670 Mesdisans sont et envieus.
Tousjours dient que leurs voisins
Ont es vignes plus de roisins

641 *F* Mais la q. ; *B* enrechist *F* enrichit. — 647 mss. racompter. — 648 *F* Qui plus a. ; *ACF* dolant. — 650 *M* Des cieulx. — 651, 52 *manquent AT*. — 651 *C* arres de cest m. — 652 *F* de pechie. — 653 *BFDM omettent* a *AC* a qui ; *AB* vouldra *C* vauldra *F* voura. — 654 *manque T*, *A* Car qui bien fera bien aura ; *B* se douldra *CDM* deuldra *F* dora. — 655 *C* omet quon ; *B* de b. — 657, 58 *manquent AT*. — 659, 60 *manquent B*. — 661 *F* moult v. — 662 *F* enhanniers. — 664 *F* ny c. *M* nem c. *T* nacontent. — 665 *AT* ne p. — 666 *C* comptent. — 667 *F* chaim ; *ABCDMT* son p. *F* seul leur p. *I* son frere. — 669 *B* au ; *BCT* mau gracieux *AF* mal g. — 672 *AT* Ont en leurs v. p. r.

Ve tibi ! prave, miser ! quanto plus dives habebis,
Tanto plus, mundum dimittens, inde dolebis.
4670 Inferni penas, miser usurarie, cerne,
Lucis perpetue plausus scrutando superne,
Mundum mortalem, curarum tristeque pondus.
Flebis enim, flebis, nisi prorsus sis furibundus.
O ! quitquid dicam, sunt usure sine fraude,
4675 Multi burgenses validi, digni quoque laude.
Parcant ergo michi domini super hiis et amici.

f° 69 v°.

Agricolas essem satis ausus magnificare,
Quippe labore suo viventes. Sed decimare
Assuevere sua Domino male ; fur decimarum
4680 Chaym vivit adhuc hodie, pater agricolarum.
Ve, ve sacrilegis villanis ! regnat in ipsis
Livor edax, ipsos jugulans ; que major eclipsis ?
Fertilior vicina seges meliorque videtur
Semper eis ; sicut Nasone probante cavetur :
4685 Fertilior seges est alienis semper in agris,

Après 4676 rubr. *hic loquitur contra agricolas.* — 4684 *Nasone*, ms. *Ouidio.*

Qu'ils n'ont, ou plus blé en campaigne ;
Leur envie trop les mehaigne ;
675 Et quant ne peuent dire pis,
L'estrange vache a plus de pis
Et plus de lait a grant planté.
Tous sont de ceste voulenté ;
D'eulx se complaint la loy agraire ;
680 Elle condempne leur affaire,
Car hors loy sont et ignorans
Et mal parlans et devorans ;
Les commandemens Dieu ne prisent,
Et les drois de l'Eglise brisent,
685 Et de verité petit usent ;
Ainsi en tous leurs fais abusent.
Le plus se vivent comme beste,
Et en jour ouvrier et en feste.
Ne sçay pourquoy plus en diroye,
690 Ne pourquoy m'en traveilleroye ;

Le monde voy trop desguisé.
Quant j'ay tous estas advisé,
Et le bon et le mal eür,
Je n'y sçay nul estat seür,
695 Qui tous les pourroit experir.
Dont j'ay grant paour de perir,
Pour ce qu'ay nicement vescu ;
Si pri Dieu qu'il me soit escu
Sça jus, en ceste mer mondaine,
700 Ou la tempeste me demaine
Tournoyant et sans aviron,
Et me mette hors du giron
Du siecle, ou nul ne vit sans blasme.
Debonnaires me soit a l'ame !
705 Car je crieng que trop n'y demeure.
Si ne suy sans plourer nulle heure ;
Assés appert a mon visage
Que paix ou repos envis ay je.

(*Voir la suite* p. 311.)

673 *B* et plus b. ; *FT* champaigne. — 675 *F* omet Et ; *CFT* quant ils ne p. — 676 *M* au p. — 678 *F* tele v. — 679 *B* Dont se c. ; *M* gregoire. — 682 *M* demourans. — 684 *manque M* ; *C* omet de. — 687 *A* bestes. — 688 *A* aux jours ouuriers *T* au j.; *F* jours ouurier ; *A* aux f. *T* a f.; *AF* festes. — 691 *F* Ne je ny voy ; *C* ne s.— 696 *F* moult g. p. — 697 *A* justement ; *F* vesqu. — 699 *B* ce m. ; *le ms. C s'arrête ici*. — 701 *F* Tourniant. — 703 *F* s. dont ne vis. — 704 *AF* Debonnaire *BD* Debonnaires. — 705 *F* doubte. — 706 *F* Si ny s. je sans pleur ; *B* une h. — 707 *FT* en m. v. — 708 *F* ne r. — *D* (f° 195 v°) *rubr.* Comment il parle du jour du jugement.

    Vicinumque pecus grandius uber habet.
    Vah ! de ruricolis agraria conqueritur lex,
  Ipsos condemnans ; fit eorum quilibet exlex.
  Ignorant precepta Dei jus ecclesieque,
4690 Quam nunquam vel raro petunt, qui judicat eque.
  Et quid plus edam ?   Vivunt ut bestia quedam.
    Omnes penso status, nullum michi sentio tutum.
  Ne mundo peream, Deus ergo sit michi scutum.
  Per mare mundanum ruo, naufragus ens, sine remo,
4695 Gyrovagans, in quo vivit sine crimine nemo.
  Iccirco timeo   jam ferre moras diuturnas,
  Horas quippe fleo   nocturnas atque diurnas.
  Indicat hec facies   quod ego fleo nocte dieque ;
  Nulla michi requies,   michi sunt contraria queque.

4700   Proh dolor ! in casse   detentus ego bigamali,

4695 *Gyrovagans*, ms. *Tyrouagans*. — Après 4699 *rubr. hic commendat dominum. B. fratrem domini morinensis. abbatem de bosco.*

　　　　　　Me queror errasse　　lacrimans domino speciali,
　　　　　　Scilicet abbati　　du Bosc, domini Morinensis
　　　　　　Carnali fratri.　　Canat ingens Boloniensis
　　　　　　Dicens se patria　　precium claustrale nutrisse.
　　　4705 Alvus et egregia　　gignentis gaudeat ysse.
　　　　　　O! quam gaudere　　deberent canonici de
　　　　　　Bosco, cum regere　　velit ipse domum, quia fide
　　　　　　Illam conservat,　　cum libera facta sit illa,
　　　　　　Primitus ancilla　　non dissipat hic, sed acervat;
　　　4710 Sedulus est custos　　adversus Tervicienses,
f° 70 r°.　　Quos nimis injustos　　censebis, si bene penses.
　　　　　　Est mala vicina　　gens bellica Terviciensis,
　　　　　　Cum sine vagina　　sit ibi cujuslibet ensis;
　　　　　　Vivere de proprio　　que nescit, gens mala quedam
　　　4715 Est in Tervicio,　　proprium reputans sibi predam.
　　　　　　Laudant ista tria　　vel quatuor hunc : documentum,
　　　　　　Est de Bolonia,　　mores, et origo parentum.
　　　　　　Est certe docilis :　　docet et vult iste doceri,
　　　　　　In cunctis habilis,　　nec querit iter nisi veri.
　　　4720 Attentus studuit,　　scripturas semper amando,
　　　　　　Qui non erubuit　　a paupere discere; quando
　　　　　　Ceperat hic aliquid,　　statim sociis reserabat;
　　　　　　Obscurum si quid　　erat, absque rubore rogabat;
　　　　　　Doctorem metuit　　et amavit eum, sociisque
　　　4725 Se mitem tribuit　　et gratum; sic sibi quisque.
　　　　　　In templo primus　　erat hic, studiique labore
　　　　　　Estis postremus　　surgens surgente priore.
　　　　　　Sic viguit studio,　　studii legit quoque florem,
　　　　　　Quamvis ingenio　　major deferret honorem.
　　　4730 Novit enim quantas　　parat ipsa scientia karis
　　　　　　Per studium gazas,　　pia largis, hostis avaris.
　　　　　　Hec est gaza poli,　　summus thesaurus, inundans

　　　　　　Clausa perit, diffusa redit; nisi sit publicata
　　　　　　Labitur; adversans pigro vigilique parata,
　　　4735 Hec omni plena-　　que bono celestia donat,
　　　　　　Tradit terrena;　　regit, imperat atque coronat
　　　　　　Jure suo. Sed nunc fallax possessio rerum,
　　　　　　Vilis, fermentans mores, super omnia merum
　　　　　　Obtinet imperium;　　paupertas est in agone;

Après 4732 il semble manquer un vers; le copiste a laissé un blanc.

4740 Ars jacet et studium; probitas perit ambitione
Eris, mundanis quod in una deperit hora
Innumerisque modis. Sed amenans atque decora,
Vultu siderea, veneranda scientia furis
Non timet insidias nec edacis pabula muris.
4745 Cur ergo vesana nimis gens respuit hujus   f° 70 v°.
Divitias stabiles et sanctas, lumine cujus
Tam celum quam terra nitet, sectando caducas
Mundi divitias, quibus apte comparo muscas.
Evomitur, stomaco turbato, musca comesta,
4750 Stercorat illa dapes, pongendo fitque molesta.
Sic et opes. Quidam sapiens, ut dicitur, aurum
In mare projecit, studii ne perdere laurum
Posset ob id. Salomon quam pres fore philosophari
Maluit; hinc meruit donis ubicunque beari.
4755   Ha! cur intravit   hic claustrum religionis
O! quem ditavit   propriis sapientia donis?
Hunc nisi claustralis   professio surripuisset,
Ut reor, equalis   vel major fratre fuisset.
Res est magnifica   quod in isto pagina tota
4760 Fulget canonica,   nec deficit, ut scio, jota.
   Castrum Bolonie   peramabile dulceque notis
Est et amicitie   plenum; notumque remotis
Partibus; inde probo,   sat gratius est, quia fidum
Cum nostro Jacobo,   gemma cleri, Godofridum,
4765 Florem militie,   genuit cum fratribus ejus,
Atque sue patrie   dat nomen Bolonie jus.
Ergo locus prebet   predictus quod venerari
Hic merito debet   et nomen magnificari.
   Hunc extunc novi,   quod habebat in ore mamillam,
4770 Quem Domino vovi;   vitam sanctam fovet, illam
Predicat, et facto   plus quam verbo, licet ore
Predicet instructo,   verbi penetrante sapore
Melliflui placide   statim cor suscipientis,
Que sermone fide   replet ac summis alimentis.
4775 Ex solo pane non vivit homo, sed ab ipsis
Verbis divinis, que si desint, fit eclipsis
Victus celestis; nichil est tam deliciosum
Quam sermo Domini satians; hinc certus ego sum.
   Iste potens verbis, linguam dum solvit ab ore,
4780 Seminat unde cibat aures, animumque sapore   f° 71 r°.

    4741 *quod*, ms. *quo*. — 4764 *gemma*, ms. *gemme*.

Largifluo satiat; ita fit sermone modestus
Quod pensat verba libratque silentia, gestus
Ponderat; unde pudor frontem signet, nichil iste
Profert; nec verbis jactat se more sophiste.
4785 Non sua verba vomit vel strangulat, immo tacendi
Scit tempus; servatque modum formamque loquendi :
Cui, quid, ubi, quando, cur, qualiter, absque colore
Nil profert; sed res satis est moderatior ore,
Cum nichil hic faciat, nisi presciat esse valoris;
4790 Fidus amans, pacisque sator, nutritor amoris,
Currere per vicos   metuit, saltus meretricum
Spernens non modicos,   quem vobis reddo pudicum.
Corporis et mentis   penitus viget integritate,
Omnibus attentis,   superat quoque sobrietate
4795 Cunctos, virtutum   reliquarum munere fultus,
Cujus enim nutum   signat constancia vultus.
Est tamen hic juvenis,   quamvis morum gravitate
Sumpserit arma senis;   nulla mundi levitate
Vana seductus,   viret extra, mente senescit.
4800 Anticipat fructus   floris primordia, nescit
Que sua sunt etas,   propriis lascivia donis
Privatur, metas   intrare timens rationis.
Hic omni ratione nitet, deliberat ante
Factum quitquid agit, ratione noym comitante;
4805 Nil subito facit iste, suos examinat actus
Sic quod post factum nunquam remanet stupefactus.
Moribus iste viget   patris matrisque suorum.
Sed, cum magna liget   michi linguam massa dolorum
Et placeat brevitas,   presentibus hic ego sisto,
4810 Et quamvis bonitas   omnis consistat in isto.
O, vir prudens! o,   vir felix, dulcis, amate!
Deprecor extenso   vos gutture, de bonitate
Confidens vestra :   similis si forte dolori
Sit dolor, immo mori   bigami par sive palestra
4815 Horridior, domine   venerande, [verende,] videte;
Hujus enim mete   sunt introitus libitine.
Ede, foro, vico,   templo quoque tractor inique.
Et quid plus? dico   quod ego condemnor ubique.
Ut fatear verum, me monstrant indice quique.

4781 *Largifluo*, ms. *Largiflus*. — 4785 *strangulat*, ms. *stragulat*. — 4791, 92 *vicos...modicos*, ms. *vicum...modicum*. — 4796 *nutum* (?), ms. *mentem*. — Après 4819 il semble manquer un vers : *...erum ...ique.*

4820 Major eram nuper   et erat sedes michi prima;
Sed qui janque super   sedi, modo mittor ad yma.
Heu! quid ego feci?   quid ego feci? mulieri
Cur me subjeci,   spolians me stemmate cleri?
O gravis eventus! casus miser! improba pestis!
4825 Jam servit qui liber erat, jam factus agrestis
Est qui pre fuerat   ingens; jam factus egenus
Est qui dives erat;   lugubris, nuper amenus.
Heu! michi cum peream, nuper veneratus in aula,
Nescio quo lateam,   michi sufficit unica caula;
4830 Ut catus ex more   fugit, illum quando vocamus,
Sic exlex bigamus,   frontem signante rubore,
Mox confusus abit   audito nomine; nomen
Nunquam cessabit   nostrum; quid durius omen,
Omnibus inspectis,   re, nomine, quam bigamorum?
4835 Quos pro dejectis   habeo, licet unus eorum;
Restat quod dicam, cleri spoliatus asilo :
Omnia sunt hominum tenui pendentia filo.
Conqueror in vanum   lugendo statum veteranum,
Seroque pono manum,   quando peccavit, ad anum.
4840 Nil valet ergo queri,   jam nil prodest michi flere;
Non possum cleri   decus amissum rehabere.
  Non frustra lacrimor   tamen, orbis dum stationem
Istius rimor   et nostram conditionem
Vilem, deformem, qualem vix, littera, dices.
4845 Nos in peccatis conceperunt genetrices
Nostre, nosque suis aluerunt de putrefacto
Sanguine visceribus, pariendi tempore facto.
Paupere pellicula nati fuimus gemebundi
Prorsus et ignari, quos postea sarcina mundi
4850 Aggravat excrucians, dolor et labor, anxietates   f° 72 r°.
Et peccata premunt. Sumus hic in carcere. Vates
Scripserunt quod nemo diem sibi perficit unum
Quin offendatur novies, nec demo tribunum;
Quanto ditior est aliquis, tanto graviores
4855 Sustinet is curas; onerant nos res et honores.
  O! quam nos sumus infelices, quam miseri, quam
Infortunati, non possem dicere cuiquam.
Ecce volatilia celi vivunt, tamen ista
Non nent, nilque serunt nec nommos dat sibi cista;

4823 *stemmate*, ms. *stemate*. — 4826 *pre fuerat*. ms. *prefuerat*. — 4827 *lugubris*, ms. *lugrubris*. — 4841 Rubr. à la marge : *hic loquitur de miseria mundi*.

4860 Herba viret, floret, redolet, dat plantaque frondes,
Flores et fructum; nos autem stercora, lendes,
Undique merdosi; dum penso quid sumus, unde
Venimus, et quid nos erimus, nos culpo profunde;
Os, aures, nares, oculi nostri, reliquique
4865 Conductus sordent. Quid plus? damnamur ubique.
Unde superbimus ergo? Dum tempus aduno
Totum, momento certe non vivimus uno;
Ultima nanque dies morienti prima videtur,
Omneque preteritum tempus sic somnus habetur;
4870 Anni mille velut hesterna dies reputantur;
Mors venit et properat, ut carmina testificantur.
Si quis enim furis adventum predubitaret,
Tunc custodiret res atque domum vigilaret.
Ergo, cum certum sit quod mors insidiatur
4875 Ac horam nullus habeat, cur non meditatur
Et vigilat semper homo? Nil valet hiccine mundus;
Mors instat, scelera damnant, grave vivere pondus.
Tendimus in terram fluxu properantius amnis;
Ut verum fatear, nichil est velocius annis.
4880 Labitur occulte fallitque volubilis etas.
Constat quod moriar, sed vite nescio metas.
Mors instat; qualis locus ignoratur et hora,
Cui genus, ars et opes, vires, faciesque decora
Subsunt, religio, lascivia, voxque canora,

f° 72 v°. 4885 Pompa, canes et aves, palefridus et aurea lora.
Est mors ante fores, mors pulsat ad hostia, morti
Omnia debentur, mors nescit parcere forti;
Omnia pretereunt, nichil est durabile, rursus
Ultimus ad mortem post omnia fata recursus;
4890 Mors capit et jugulat equaliter undique quosque,
Pomposos, inopes, magnos, parvos mediosque;
Non discernit utrum cum causa vel sine causa.
Sed multum miror invadere qualiter ausa
Est mors femineam pestem quoque summa voratrix:
4895 Est, draco flammificans, vesana viri jugulatrix,
Sicut testamur qui pestem novimus illam.
Nec tamen hoc dico propter solam Petronillam;
Si pia, pulcra foret Petra, dico quod equiparari
Posset Rebecce, vel tanquam Sarra vocari.
4900   Sed, quia cuncta jacent,   nisi fota Dei pietate,

1878 *properantius*, ms. *preperantius*.

Ne mea bella vacent   bravio, pro me rogitate
Regem celorum,   vos deprecor, ut michi donet
Regnum regnorum,   dyademate meque coronet.
Est corruptibile   corrumpi quodque necesse,
4905 Ac impossibile   per punctum temporis esse
Hic sine peccatis.   Ergo, quare remanere
In tempestatis   tenebris vellem, vel habere
Omnia, moxque mori,   mundi gazis spoliatus?
Ve! mundi decori.   Morietur ad alta levatus
4910 Cras, vel forte prius.   Rex horam non habet unam.
Transit enim varius   annos mundus quasi prunam
Gallus. Ve! mundo   fedo, cujus scio cultum
In baratri fundo   post ejus facta sepultum.

His elegis claudi   bonitas nequit officialis,
4915 Cum tante laudi   non sufficiant. Volat alis
Pennatis, morum   donis, valor hujus ubique.
Lingua malignorum   quem rodere nescit inique;
Quippe redarguitur   mox istius bonitate,
Cujus enim scitur   probitas longe, prope, late;
4920 Quamvis sit juvenis,   secum gerit arma pudici
Et sapit acta senis;   amat iste suos, nec amici
Vultum spe precii, fortune tempore tradit.
Proh! precio quesitus amor cum munere vadit,
Et quantum durat largitio durat amator.
4925 Prostat talis amor; qui sic amat, insidiator
Est et predo, quia   semper querit spoliare,
Et mox post spolia   fugit. O! sic nescit amare
Hic de quo tracto, quia semper amando fit unus,
Personam dumtaxat amat, non labile munus;
4930 Hic, precis et precii venali lege relicta,
Laudandos quos novit amat, facie sine ficta.
Hic scit enim quod, ubi metitur munus amorem,
Non est vera fides, furti parit immo colorem.
Danda dat hic, raro promittens; verba rogantis
4935 Anticipat donum, quoniam dilatio dantis
Munera diminuit; ne sit res empta rogando,
Dat cito; sed cui dat videt et quid, quomodo, quando;
In cunctis retinendo, modum, loca, tempora cernit,
Res et personas; bona comprobat et mala spernit.

f° 73 r°.

4911 *prunam*, ms. *primam*.— 4912 *fedo* (?), ms. *feno*.— Après 4913 rubr. *Hic commendat matheolulus dominum. Jo de Ligny Officialem morinensem.*

4940 Ut scio, gessit se semper per cuncta modeste,
Legis precepta servans, quia vixit honeste,
Nullum ledendo, jus cuique suum tribuendo.
Artis per trivium gradiens per quadriviumque
Hic sibi vix socium reperit, sic sentit utrunque.
4945 Hic in gramatica documentis pretitulatur;
Qua ratione regat pars partem, quave regatur
Scit, rationes jusque modorum significandi;
Que sit origo sua; pro, contra, vimque probandi,
Est bonus orthographus, accentuat ut data poscit
4950 Accentus norma; metri jus omneque noscit,
Et scit quomodo se defendit queque figura
Artis gramatice. Quid plura? Scit omnia jura.
In logica summus reputatur et absque pari; que,
A falso verum discernens, est via cuique
4955 Arti; diffinit, partitur, colligit, unit;
Hecque suas hamat socias et cuspide munit.
Omnes Parisius logicantes sunt Topicelli
Hujus respectu logices, qui gratia belli
Olim tota fuit; quam si logicaret, haberet
4960 Nunc quam tunc satius, sed nunc majoribus heret.
Hic in rhetorica flos est; ibi, si bene pensem
Istum, non habet ipse parem preter Stapulensem.
Ornate breviter [que] loquens est, mente profundus.
Tullius hic : fert lingua modum, sentencia pondus.
4965 Hic est Pytagoras, numerandi summus in arte,
Qui scit quomodo res divise, quomodo sarte
Sunt a principio mundi; scit et unde monetat
Illas natura, nec non ventura prophetat
Plurima per numerum, per quem scit et omnia rerum.
4970 Presertim cum sit supremus in astronomia,
In quo tota viget, sicut scio, philosophia,
Summus nature camerarius hic reputatur;
Nil in tellure, sub celo nilque creatur
Quin sciat hic causas, cujus mens it super ethra,
4975 Mox portas clausas reserans. Sed per mea metra
Vim non expono reserandi posseve, quare
Hec Domini dono procedunt, exposita re.
Astrorum jura, que sunt erratica, fixa,
Novit, que lite pereunt, que sunt sine rixa,

1948 *sit*, ms. *scit*. — 4956 *hamat* (?), le ms. semble avoir *amat*, mais ce mot est une correction. — 4960 *satius*, ms. *sat jus*.

4980 Qualiter hec illis parent, quo tempore ; rursus
Signa, potestates, causas et momina, cursus
Novit, et istius vires totaliter artis,
Que solis spera, via lune, semita Martis,
Mercurii quid iter, Venerisque, Jovisque, quis orbis
4985 Saturni, que sunt boua vel que dissona morbis.
Ut nichil hic de contingentibus ipse relaxem,
Cum reliquis didicit, quis spiritus excitet axem
Celi. Quid plura ? secreta scit astronomie
Omnia nec non et totius philosophie. f° 74 r°.
4990 Musicus iste satis bonus est, quia musicat iste
Ut docet ars cantus, novitque modos cithariste,
Quomodo natura cantatur, quomodo molli
B. vel quadrato, claves, et quomodo tolli,
Partiri, retrahi nota debet, quomodo lente
4995 Vel cito proferri, diathessaron et diapente
Cum diapason, quis primus tonus atque secundus,
Qui reliqui septem sint novit; in arte profundus
Cantandi satius tamen est quam vox fateatur;
Hic in utroque tamen laudabilis esse probatur.
5000 Iste fretum, terras mensurat, circinat ethra,
Metiturque polum, certissimus est geometra,
Cum rerum fines sub certo limite claudat.
Hunc ergo merito mea presens pagina laudat.
Sic est imbutus civili canonicoque
5005 Jure, vigil tutus, quod clausula vix in utroque
Unica celari, quin sciret, posset eidem.
Debet laudari, cum sitque peroptimus idem;
Nobilis est genere, sed morum nobilitate
Nobilior, vere prefulgens sobrietate.
5010 O! dulcis, sapiens, venerande, vir optime, fide,
Clade gravi moriens ego vobis conqueror, I. de
Ligny, de penis quas sustineo patiendo
Rixas. Heu! lenis ad pacis federa tendo
Semper; sed nequeo Petram compescere certe,
5015 Que me vipereo morsu corrumpit aperte.
Penis nulla meis debet mors equiparari;
Heu! cum non sit eis requies, vellem tumulari.
Debeo nunne queri? Sic factus servus ego sum
Quod liber fieri jam nullo tempore possum.

4981 *momina*, ms. *nomina*. — 4987 *didicit*, ms. *dedicit*. — 5001 *polum*, ms. *palim*. — 5005 *tutus*, ms. *intus*. — 5010 rubr. à la marge : *hic ostendit dicto domino Officiali suum infortunium.*

5020 Qui semel est bigamus, ejusdem conditionis
Semper erit. Chamus bigamatio perditionis
Est, sine spe reditus. Evadit fune ligatus
Sepe latro quittus; sed semper ero laqueatus.
f° 74 v°. Heu! bigami chamo! Felicior ergo videtur
5025 Fur ipso bigamo, bigamo quia nulla medetur
Cura nec auxilium; sed certe sepe fit ipsi
Capto subsidium furi, sicut modo scripsi.
Si Galienus in his aliquid posset vel Ypocras,
Jus aut ars hominis, per vos relevarer ego cras,
5030 Aut citius forte; sed nulla juvamina quero;
Oppressus morte peterem medicamina sero.
Quid valet anthidotum? quid potio? quid medicine?
Amisi totum, collum tradendo ruine.
Tollere nodosam nescit medicina podagram,
5035 Nec formidatis ipsa medetur aquis.
Sic reputant jura plagam bigami sine cura.
Nos intelligimus album corvum, quoque cignum
Nigrum; sed bigamus, heu! dulce resumere signum
Non intelligitur plene, quia Gregoriana
5040 Sanctio non patitur, cum censeat ista prophana
Hec, nichil excipiens; omni solamine cleri
Privat eum, nequiens huic consuetudo mederi.
Juris miratur interpres, quod recitatur
Hic ego dico fore, salvato jure priore.
5045 Heu! cur ergo queror cleri spoliatus honore?
Nil valet hic meror, crescit dolor immo dolore;
Quanto plus lacrimor, tanto plus multiplicatur
Hic dolor unde premor; vultus meus attenuatur.
Heu! quid ego merui? cur bannior a grege cleri?
5050 Clericus ipse fui. Vah! posset nemo fateri,
Que sunt in clero mala, fraudes, perditiones.
Undique, pro vero, detestor conditiones
Cleri; non curo si fiam rusticus ipse;
Scit Deus, et juro, quod nollem clericus esse.
5055 Rusticus esse bonus malo quam clericus essem
Perfidie pronus; absit quod dicere cessem
In quantum potero; contrarius a modo clero
Ac inimicus ero, semper laycus fore quero.
f° 75 r°. O! cur devinci se sponte sua patiuntur

5031 *podagram*, ms. *podragram*. — 5045 Ce vers, qui avait été omis dans le texte, a été rétabli à la marge par le copiste lui-même.

5060 Per clerum laici?　　Penitus modo destituuntur
　　　Et servi fiunt,　　quando clero famulantur;
　　　Se caudam faciunt,　　licet esse caput mereantur.
　　　Clerus habet solium,　　Gyesi modo predominante,
　　　Et vacat imperium;　　servit qui rexerat ante.
5065　　Quid dixi? mea culpa! Deus! mea culpa! recedat
　　　Hec erronea mens mea! nullus in his michi credat!
　　　Exaltans clerum dedit ipsi posse ligandi
　　　Solvendique Deus necnon jus predominandi.
　　　Principibus terre,　　statuens super omnibus istum,
5070 Cunctis preferre　　voluit, tanquam Trimegistum.
　　　　Preterea tres janque status nostri statuerunt
　　　Philosophi veteres; nam clerum preposuerunt,
　　　Ut reliquos regeret, documentis. Inde locatur
　　　Armatus miles ut rem publicam tueatur;
5075 Istis agricole subsunt alii laicique,
　　　Quorum nanque labor victum largitur utrique.
　　　Ergo limpidius, Scriptura teste, vocatur
　　　Et patet ad sensum, quod clerus predominatur;
　　　Quare debet ei　　servire genus laicale,
5080 Lege jubente Dei,　　necnon decus imperiale.
　　　Pro certo fateor, nisi clerum prestabiliret
　　　Ipse Deus, mox tota fides mundusque periret.
　　　Acriter ergo queri　　lugereque debeo, quando
　　　Amisi cleri　　solatia, me sociando
5085 Agresti turbe,　　sacraque relegor ab urbe.
　　　　Heu! quid ego feci　　Fortune? Cur ita dira
　　　Est Fortuna michi?　　sua me rota perfida, mira,
　　　Fallax, instabilis, a summo misit ad imum.
　　　Amissum rehabere statum nequeo michi primum.
5090　　Me Fortuna refax ex omni parte querelat.
　　　Jam michi contrahitur pellis, quatitur cor, hanelat
　　　Pulmo, rigent lumbi, curvatur spina, tremiscit
　　　Corpus, et ad limen stat mors; mens ipsa furiscit,
　　　Erumpunt animum prorsus suspiria, raucum
5095 Me questus faciunt, fletus lumen michi paucum.
　　　Ut dignum bravium　　pugne respondeat isti
　　　Post hoc martirium,　　pietatem poscite Christi!
　　　　Heu! vite tedet animam; derisio factus
　　　Publica, posco mori mundano turbine tractus.
5100 Displicet hic fedus　　mundus michi, displicet, inquam.

fº 75 vº.

5071 Entre *status* et *nostri* le ms. intercale *hominum*.

Ipsius fedus.   Heu! mundum quando relinquam?
Nam nichil est in eo   quin sordeat; ergo manere
Flens inibi timeo.   Bone me, Deus, ergo tuere!
Qui, pre mente sua,   pensat penosa flagella,
5105 Orchi perpetua,   mundanaque fellea mella
Momentanea, que   labuntur qualibet hora
More fluentis aque,   baratro sua dantia lora;
Unde veult, quid   erit, quid fit; quia sperma, cadaver,
Saccus olensque;   perit estas lasciva, racha ver,
5110 Quid prodest vana   defuncto gloria mundi
Vilis et immundi,   quid regum pompa prophana;
Postea scrutatur,   sursum dans vela phaseli,
Quid sibi lucratur   homo, querens gaudia celi
Innumerabilia,   dulcissima, jugia : vere
5115 Est plenus furia,   quando contempnit habere,
Motibus anthifrasis   carnalis, gaudia lucis
Sancte pro gazis   mundanis, morte caducis,
Que tormenta parant Acherontis mortis acerbe,
In quo nil prosunt medici, cathaplasma nec herbe,
5120 Nil es, nilque preces, nil principis aurea bulla,
Cum sit in inferno, Job teste, redemptio nulla.
Ergo diu quare   mundo vilescere vellem?
Heu! quam peccare   malo dimittere pellem.
Nam peccata necant   animam cum corpore, cecant
5125 Et vitam resecant;   ardebunt qui modo peccant.

Quantis offensis   quantoque dolore laboro,
Falcobergensis   Nichasius hec sciat oro.
Credo, meo viso   lacrimabitur ipse dolore,
Cum sine diviso   sibi sim conjunctus amore.
5130 Comperiatur amor;   quamvis hic inde status sit
Dispar noster, amor   ut moris regula jussit.
Ejus enim venalis amor non est, quia durat
Et quia dilecti tanquam sua commoda curat,
Curat, percurat ipsum, relevatque cadentem,
5135 Nec scit amandi tempore duro flectere mentem,
Ni persona prius   mores commutat honestos.
Quid laudabilius?   Ejus sine sordibus est os;
Non animo facili, non aure bibente favorem
Consentit pravam referenti de socio rem.

515 *pre mente*, ms. *premente*. — 5114 *jugia*, ms. *jurgia*. — Après 5125 rubr.
Hic commendat magistrum nichasium de falcoberga. — 5130 *status*, ms. *staus*.

5140 Immo semper amat   dignos, reputans inimicum
    Qui sibi diffamat   verum socium vel amicum.
    Ecce bonum signum :   dulcem gerit atque benignum
    Vultum cum facie   leta qui per sua verba
    Dulcia fit patrie   totius amor ; nec in herba
5145 Anguis enim latuit,   cum sit per cuncta fidelis,
    Ac adeo valuit,   quod eum gens perfida telis
    Non est ausa suis   invadere, qui probitatum
    Fulget perspicuis   radiis; quitquid recitatum
    Est in eo majus   quam dicam; clausit utrunque
5150 Cordis in arca jus :   leges jus canonicumque..
    Aurelianis ego   sub eodem janque scolaris
    Hec ipsi lego,   qui karior est michi karis,
    Per quem dilectus,   quia semper me veneratur,
    Quanquam dejectus,   sum; nam mea mors duplicatur,
5155 Quando saluto meos   dominos et dant michi dorsum,
    Quos michi janque deos   credebam. Quippe memor sum,
    Proh pudor ! erumpne   presentis, sic et honoris
    Amissi. Nonne   duplicari puncta doloris
    Debent, dum recolo?   Sed cetera dicere nolo,
5160 Ne tempus breve rem   totam repetendo tenerem.
    Propter adulantes tamen ista recordor iniquos..
    Cum fueris felix, multos numerabis amicos,
    Tempora si fuerint nubila, nullus eris.   f° 76 v°.
    Nam michi sufficeret satis inclinatio, sive
5165 Auris traditio, nutus simplex oculive.
    De Falcoberga   scribi Nichasius ergo
    Noluit a tergo,   michi cum non det sua terga.
    Immo priorandus   est certe, cum sit amandus
    Ac inter mille   decies mitissimus ille.
5170 Ecce libens ridet,   sed non sub dente maligno,
    Sed quia mira videt   motu dulcedo benigno;
    Ridet amorose,   risum moderamine digno
    Inscribens, nullo deformans ora cachino.
    Quales ipse locus, tempus, persona poposcit,
5175 Dat risus, quorum causas eusebia noscit.
    Nunquid honorari   debet, quando sociari
    Aurelianensi   studio domino Morinensi .
    Tunc et nunc ipse   meruit; per singula sic se
    Caute portavit   quod eum dominus decoravit
5180 Prebenda propria   Morini post pontificatum,

5146 *adeo,* ms. *a deo.* — 5154 *sum,* ms. *sim.*

Hac ratione, quia   qui consors anxietatum
Exstitit et socius,   merito fore debet honorum.
Non tamen illius   retributio fit meritorum
Plene, cum bis iter   Rome compleverit idem,
5185 Cum domino pariter   semper servivit eidem,
Laxatis loris,   non spe lucri, sed amoris.
   Lugeo, Nichasi,   factus de flore favilla,
Janque tot invasi   magnas pulcrasque. Sed illa
Propter quam doleo,   convincere quam tribus horis
5190 Credebam, laqueo   [vani] me cepit amoris.
Ha! quotiens vere cepit simulator amare
Et fit amor verus, qui modo falsus erat!
Proh pudor! errore   miro commotus amorum,
Summus janque fore   credebam; sed minimorum
5195 Fine fui minimus,   cum, Petre captus amore,
Factus sum bigamus,   omni spoliatus honore.
Sicut neglectus solet ignis more gravare,
Plagaque contempta, sic, inquam, damnificare
Consuevit neglectus amor; quos ipse tetendi
5200 In laqueos cecidi preter spem regrediendi.
   Heu! michi quid feci,   dulcis, venerande magister?
Feci, defeci faciens; vobis ego bis, ter,
Conqueror, et merito,   quia nemo dolentior isto
Est misero subito;   vix muscis ipse resisto.
5205 Istum quis vovit   captivum, qui domicellas
Tot pulcras novit,   dilectus ab omnibus? He! las!
Non hodie quod heri;   periit pars maxima nostri.
Quid modo censeri   possum, nisi formula monstri?
Ecce meum ludum   fugit ipsa puella meeque
5210 Quas tetigi dudum   contempnunt; dat michi queque
Dorsum; turpis anus etiam me concomitari
Aspernatur, eo quod ego modo plus operari
Non possum; Petra   quinni me tractat inique,
Cum nichil in pharetra   michi sit. Sic damnor ubique.
5215 Proh dolor! humanos   ludos laudesque, favores,
Necnon mundanos   amisi prorsus honores.
Heu michi! Sed quid honor   sordens fallaxque, prophanus
Prodest mundanus?   Nichil. Ergo, cur ego conor

5184 *iter*, le ms. semble avoir eu *ter*, qui a été corrigé après. — 5187 rubr. à la marge *hic ostendit eidem magistro suum infortunium*. — 5198 *sic*, ms. *Sit*. — 5199 *tetendi*, ms. *retendi*. — 5205 *quis vovit*; à la marge *vel quid movit*.

Inde queri? pompe mundi non sunt nisi pondus
5220 Divitibus. Rumpe, Deus, ergo moras, quia mundus
Non placet iste michi, ne me laqueent inimici,
Mundus et ipsa caro cum demone prorsus amaro.
O! quam falluntur profugos qui propter honores
Mundi [tolluntur.] Quanto sunt fertiliores
5225 Tanto plus onerant; honor est onus unde gravantur,
Et qui prefuerant domini, servi reputantur,
Quippe sui juris cum non sint, immo ligati
Innumeris curis; mundane sedulitati
Subduntur penitus; vitales dimidiantur
5230 Inde dies; virtus et vires attenuantur;
Magna ruunt, ut ait auctor, tolluntur in altum,
Ut lapsu graviore ruant; caveat sibi! saltum
Omnis enim locuples faciet, cui, dum morietur,   f° 77 v°.
Planctus erit duplex, moriens quia destituetur.
5235 Mors veniet, veniet; aberit cum floribus estas;
Ver brumam pariet; est nulla morosa potestas.
Ergo, cur temere vellem magis hic remanere?
Gentes innumere mundi viciis periere
Quottidieque ruunt; michi nunc Deus auxilietur,
5240 A quo sancta fluunt! succursus nullus habetur.
Ipsum voce pia precor ergo rogare velitis,
Ut pietate sua velit aspirare petitis,
Scilicet ut luctam nostram velit is breviare
Rixis productam, cum sanctis meque locare.

5245 Lacrimor, Egidi, sancti venerande Johannis
Abbas, quem vidi quondam puerilibus annis
Indolis esse bone, sed nunc melioris odoris,
Cujus persone bonitas Morinensibus oris
Eminet ac alibi, cui flores religionis
5250 Debent ascribi, vir honoris, vir rationis,
Abbatum primas. Oculos nequeo moderari
Quin michi dent lacrimas. Jam luscus eram; speculari
Sed modo pro lacrimis nil possum quippe, loquive
Proh pudor! unde nimis turbor. Ve, dico, michi! ve!

5223 Rubr. à la marge *hic improbat statum mundi*. — 5223 *profugos*, ms. *profuqes*. — 5224 Entre *Mundi* et *quanto* l'espace d'un mot en blanc.. — 5238 *periere*, ms. *perirere*. — 5240 *nullus*, ms. *vllus*. — Après 5244 rubr. *Hic conqueritur matheolulus domino abbati sancti Johannis de monte iuxta morinensi.*

5255 Ve michi! ve! Lacrime, nimius singultus et ira
     Permittunt minime   quod ego mea vulnera dira
     Vobis distinguam,   quia scriptum lacrima delet,
     Singultus linguam   turbat. Quamvis cor anhelet
     Vobiscum fari,   tamen ipsum premeditari
5260 Non sinit ira mei.   Sed inebriat ira, liei
     Instar, turbatum   cor, mille modis variatum.
     Vos precor, orate   pro me! quia vester ego sum
     Totus ab etate   pueri, cum sit tenebrosum
     Istud enim nimium   tempus michi. Vos iterato
5265 Posco, rogate Deum,   quod ceptum fine beato
     Terminet exilium,   sic quod post tale beari
     Possim martirium   gaudensque Deo sociari.
     In planctus fondo   moror hic; mea preteriere
     Gaudia. Ve mundo!   validum nichil est ibi vere.
5270 Cur ego diligerem mundum? Qui cosmographare
     Sciret, nec cosmum nec cosmica posset amare.
     In mundo septem mortalia quottidie nos
     Crimina subvertunt, que reddunt nos alienos
     A patria nobis promissa. Qualiter ergo
5275 Cosmica diligerem, ponens celestia tergo?
      Preparat insultus ventosa superbia morum,
     Prodiga, nequicie fomes, mater viciorum,
     Que cadit ascendens, — elata perit, peritura
     Erigitur, — promota ruit, turget ruitura, —
5280 Que se ferre nequit supra se lata, ruinas
     Infra se patitur; serit inter federa spinas
     Hec ex more suo falsos venatur honores,
     Que, super aurata, fermentat plumbea mores.
      Instat avaricie fex, que sua deesse stupescit,
5285 Copia semper inops, sitis ebria; plena famescit
     Cura frequens; usura vorax turpisque rapina
     Pululat; hec aliis languentibus in sene bina;
     Somno non fruitur, vigilantibus excita curis

      Mordax invidia, cum vultu sedicioso,
5290 In pharetris sua tela gerens, arcuque probroso,

5270 Rubr. à la marge : *hic contempnit mundum loquens de.* VII. *peccatis mortalibus*. — 5276 *Preparat;* la majuscule rouge manque; rubr. à la marge : *hic loquitur de superbia*. — 5284 rubr. à la marge : *hic loquitur de auaritia*. — Après 5288 il semble manquer un vers; le copiste a laissé un blanc. — 5289 rubr. à la marge : *hic loquitur de inuidia*.

LIVRE QUATRIÈME. 305

Quenque sagittat; ovans vicino flente, dolore
Leta, dolens letis, nisi virus nil habet ore.
Invidia Siculi non invenere tyranni
Majus tormentum nec rem tanti sibi damni.
5295 Quippe parat sibi supplicium, vindicta suique
Est; in eam tela redeunt que jecit inique;
Ipsius ergo, sic dixi, lex equa videtur,
Cum cadat in foveam quam fecit, et excrucietur
Invidus arte sua; non est lex equior ulla
5300   Quam necis artifices arte perire sua.
  Ignea luxuries bachans insania mentis   f° 78 v°.
Impetit ardenter, rabiei par ea dentis;
Prodiga sanguinis, intus et extra vilis; olescit
Falsus amor falsusque jocus, fermentat, acescit.
5305 In fieri dulcor, post factum bilis amara,
Cujus perpetuo flet delectatio rara.
  Cum sit mansuetus homo naturaliter, ire
Pestem non debet nature lege subire.
Immemor ira sui est, et quo rapit impetus ipse
5310 Ebria discurrit illuc, que corruit ex se.
Vesanum reddit hominem, quia conditionis
Brute fit per eam, quamvis animal rationis;
Impedit ira animum, ne possit cernere verum;
Rixas, bella parat, numerum resecatque dierum.
5315   Polluit ingluvies fetens, gula, ventris amica,
Crapula deformans mentem, cunctis inimica
Sensibus; innumeri cecidere caduntque per istam
Fede nutricem Veneris, pugne citharistam.
Loth, Noe cecidere gula, plures aliique
5320 Antiqui patres, quos ipsa fefellit inique.
Vah! primogenita gula vendidit et paradisum
Clausit. Phi! ventre pleno compescere visum
Vix epule possunt oblate. Vilior ergo
Est vir equo, qui, cum bibit, ultro dat vada tergo;
5325 Plus equo non potat equus, licet inde citetur;
Sed sua caupo bibens non ebrius esse veretur;
Ergo stultus equo   magis est, quia plus bibit equo.
  Consulit accidia, virtutibus obvia, morum

5293 *invenere*, ms. *inueniri*. — 5298 *cadat*, ms. *cadit*. — 5301 *Ignea;* la majuscule rouge manque; rubr. à la marge : *hic de luxuria loquitur.* — 5307 rubr. à la marge : *hic loquitur de ira.* — 5315 id. *hic loquitur de gula.* — 5328 id. *hic loquitur de accidia.*

Hostis iniqua, bonis obex, fomes viciorum,
5330 Ne quid morosum fiat, dicens quod onustat
Importabiliter hoc. Unde nimis fatuus stat,
Religiosus, cum jejunia longa trucident,
Vestis dura, frequens oratio. Sed michi rident
Hec, inquit : plenus venter, quam plurima vestis,
5335 Contio jucunda, lira, cantica, plenaque festis

f° 79 r°. Blanda Venus, nuge, garritus, ocia, somni,
Corporis humani quia victus sunt et alumni.
Ve tibi! segnities mendax et perfida! quare
Sic loqueris, nequeunt quia momentanea stare
5340 Ista diu? Nunquid dicit Dominus : « vigilate,
« Horam nescitis »? Fuge, pessima! proh dolor! a te
Omnia procedunt mala; protinus ergo recede,
Cum nil procures nisi mortis premia fede.
Est incunctanter homo conditionis inique.
5345 Ut flos egreditur et conteritur, velutique
Umbra fugit, nunquam sub eodem permanet ille
Puncto sive statu; mox flos cadit; inde faville
Succedunt; fenum damnanda caro reputatur.
Ve mundo! quia, si finaliter inspiciatur,
5350 Mundus enim nichil est; magis eminet unica gutta
In toto pelago, quanquam sit valde minuta,
Anni quam mille, respectu nempe future
Vite vel mortis; hic ergo quid michi cure
Esset, velle diu sub martirio remanere,
5355 Qui cum martiribus merui celis residere?
Si quis enim martir, vir debet sanctificari ;
Pro cruce martirii super omnes credo beari.

Per subscripta meos   Stapulensi monstro dolores,
Supplex tartareos,   vel forsitan asperiores;
5360 Quem post quenque loco   licet institui mereatur
Nobiliore loco,   quoniam prenobilitatur.
Ordine sed nequeo   procedere, cum spoliatus
Ordine sim; sed eo   quasi devius undique latus;
Ut varior, vario,   varios variando dolores,
5365 Sub metro vario   varios fingendo colores.
Si placet, hoc opere   michi sit defensor et ensis,
Delens que temere   scripsi, Jacobus Stapulensis,

Après 5357 rubr. *Hic commendat magistrum Jacobum de Stapulis.* — 5359
Supplex. ms. *Supple.* — 5360 *institui mereatur,* ms. *instui! merebatur.* —
5361 *loco,* ms. *ioco.*

LIVRE QUATRIÈME.

    Rodere qui dicta   sociorum nescit inique.
    Delet delicta,   quod deficit addit ubique,
5370 Corrigit audita;   non ut velit ipse videri,
    Hoc absit! sed ita   quod dictis ipse mederi
    Ac fame valeat   ipsius compositoris.
    Quid sit, quid nequeat   hic vir, quanti sit honoris,
    Non sum sufficiens   describere nec bene dignus.
5375 Est bonus, est sapiens,   mitis largusque, benignus.
    Largior in mundo   non est quam Jacobus iste,
    Qui non in fundo   sua querit ponere chiste.
    Cum sit tetrarcha   largorum, non eget arca,
    Nec querit temere   nommis bursam saciare,
5380 Sed pocius vomere   facit illam sive crepare.
    Dat cito, dat sine spe reditus, sub fenore donis
    Dona relativis non querens; venditionis
    Est species, qui dat spe lucri dona sequentis.
    Immo verius est fenus, quia gratia mentis
5385 Solaque nobilitas procurant munera vera;
    Ne sint empta prece, non sunt sua munera sera,
    Immo preveniunt sua munera vota rogantis;
    Nam donum minuit tardi dilatio dantis.
    Hic est qui precio   venali non amat, immo
5390 Vero corde; scio,   quia, sicut tempore primo
    Me fortunatum   dilexit, sic modo vere
    Diligit orbatum;   non est amor ejus in ere.
    Si penset mea quis   plus quam me fictus amator,
    Sit submersus aquis,   quia pessimus est baratrator.
5395 Immo vir est moris   quam latro deterioris
    Qui michi signa, foris   trahat ut mea, fingit amoris.
    Hic animi cultu,   verbo factoque, facetus
    Est, hilaris vultu,   ridens et in agmine letus.
    Ecce vias querit in mensa letificandi
5400 Secum prandentes; sua nanque facetia dandi
    Et hilaris vultus sunt mense gloria bina.
    Dat lepidum vultum, dat fercula, dat quoque vina,
    Non lugubria, sed predictis nobiliora,
    Non semel in mense, sed edendi qualibet hora.
5405 Hunc non excruciat   census, sitis ebria mundi,
    Qui nunquam satiat   pestem cordis sitibundi;
    In cupido sitit ebrietas; nil plenus habere
    Se pretendit, eo quod semper credit egere.

5382 *relativis*, ms. *relatius*.

Cum querat cupidus   nimio mundana labore,
5410 Possideat trepidus   ea dimittatque dolore,
Undique peccet in his   et continue crucietur,
Ergo mors hominis   hec dici lucta meretur.
Cum nemo servus esse queat, nichil appropriare
Vir sibi jure potest; sequitur mirabile : quare
5415 Se consumit homo   fatuus, querens aliena?
Cras tradetur humo,   dolor instat et improba pena.
Anxia mens inopum   facit illos semper egere,
Non eclipsis opum;   satis illum constat habere
Cui satis est quod habet; non agger divitiarum,
5420 Non murus, non arma ducem tutantur avarum.
Quam cupidi facinus,   quam tristis crimen avari
Iste meus dominus   contemnat, vix ego fari
Hic possem, quoniam   largis est largior, atque
Omnem mondiciam   cordis commendat amatque.
5425 Quamvis pres, modico   contentus, semper amavit
Pauperiem. Dico   quod gratia queque beavit
Hunc, ut testantur   qui plenam noticiam de
Hoc amplexantur;   est laudis enim celebrande.
Defert angelicum   vultum; quem lingua decorat
5430 Aurea non modicum,   que non nisi digna perorat.
Sed prestat vita   lautissima, quam probitatum
Irradiant merita.   Socium quem metrica vatum
Indicat ars, per eum   nostris sustenta diebus.
Unde, gerens clipeum,   prefulget ibi quasi Phebus :
5435 Cedit Virgilius   isti ceditque Lucanus,
Persius, Ovidius;   subtilior est, quia planus
Est in gramatica;   nichil obscurum fit eidem;
Et viget in logica,   qua quondam floruit idem.
Omnia secreta   sua musica tradidit ipsi;
f° 80 v°. 5440 Cui jungi leta,   fecit sponsum sibi. Scripsi,
Et ratio poscit,   quod lingue dem sibi florem,
O! qui cognoscit   dictandi quenque colorem;
Ornate loquitur,   regnans hac taliter arte
Quod sibi nescitur   par in toto neque parte.
5445 Est jurista bonus,   quoniam jus novit utrunque,
Semper patronus   viduarum debiliumque.
Non fovet hic causas   spe lucri, sed pietate
Motus, habens clausas   palmas, prestat bonitate
Omni viventi;   dominum demo Morinensem,

5331 *lautissima*, ms. *fautissima* (annotateur : *felix*).

5450 Cui precurrenti meritis probitas dedit ensem.
Pax sit eis et honor, hilaris bona longaque vita!
Et si deponor, vellem tamen ipse petita.
Ecce scio vere quod, si michi propiciari
Possent, hec propere facerent domini michi kari.
5455 Vir bone, large, sciens, vir honoris, vir reverande,
Vir dulcis, patiens, vir mitis, vir peramande,
Nos levis et varia non junxit amoris ymago
Fictave noticia, vir kare, sed una propago.
Unde meum dirum si vobis scribo flagellum,
5460 Hoc non est mirum; precor ergo, videte libellum,
Quem vobis mitto; non sunt majora flagella
Illis que recito; presens opus indicat illa.
Absque mori morior, lamentans nocte dieque.
Que mors asperior? michi sunt contraria queque.
5465 Gaudia si video, non gaudens tristor in istis,
Et si mesta, fleo, quia plaudere nescio tristis.
Sic semper doleo, casu quocunque cadente,
Immo dolens pereo, nulla spe subveniente.
O! quam gauderem, solam spem si retinerem.
5470 Heu! condemnor ita quod ego nequeo relevari;
In tota vita michi nemo scit auxiliari.
Deest michi spes adeo quod ego fore judico vanum
Fondere vota Deo, propter jus Gregorianum.
Si pacem nullam michi pontus prestat eunti,
5475 Irrita Neptuno cur ego thura feram? f° 81 r°.
O, casus nimis infelix, casus necis, a quo
Mors mea processit, casus quo purpura sacco
Cessit, sambucco laurus, violeque cicutis,
Gemma luto; spes omnis abest portusque salutis.
5480 Afflictus pereo; puto quod me nemo tueri
Possit ab hoste meo; famulor dire mulieri,
Cujus rixarum tonitrus fulgur parit; unde
Verbera post verba veniunt; queror inde profunde,
Ista tamen patiens, semper parens Petronille,
5485 Litiget aut pugnet. Sicut doctissimus ille
Parebat Socrates reddens post verbera grates.
Proh dolor! in primis rebar mea quod Petronilla
Esset amica nimis, sed nemo dirior illa.
Heu! que janque fuit in verbis sancta Sophia,

5455 rubr. à la marge *hic ostendit dicto magistro suam miseriam.* —
5478 *Cessit*, ms. *Gessit. cicutis*, ms. *citutis.* — 5479 *abest*, ms. *habest.*

5490 Flat, tonat atque pluit;   quondam Rachel, est modo Lya;
Demonis est plena.   Certe minor est stigialis,
Ut credo, pena,   quam pestis connubialis.
Incessabiliter   et jugiter excruciatur,
Necnon funebriter,   ysse quicumque jugatur.
5495 Cum michi, pro vero,   sint infortunia queque,
Ecce mori quero,   neque possum, nocto dieque.
O, sed dum cerno   sanctos meruisse salutem
Exponendo cutem   tormentis, cosmica sperno,
Et jam sustineo   patientius inde dolores,
5500 Appreciante Deo   dignos mercede labores.
    Nunquid ego scrutor,   quod totus fluctuat orbis?
Rex obit ut sutor   infectus crimine, morbis;
Languescit mundus   totus; mors pensat ad unum
Nos omnes pondus,   inopem regemque, tribunum.
5505 Non vi, non auro   facit aut prece ne moriatur
Rex. Ve! thesauro,   per quem rex non relevatur.
Auro prestat acus,   cum sit transire camelum
Posse foramen acus   levius quam pres sibi celum
Ut sic possideat,   ut Christus testificatur.
f° 81 v°. 5510 Ergo sibi caveat   dives ne sic moriatur.
Pres moriens sic dividitur : predantur amici
Es, carnem vermes, animam rapiunt inimici.
    Unica pars aliis, plus sua cuique placet.
    Est hominis vita   brevis, immo brevissima, cura
5515 Assidua trita.   Sed mors vel vita futura
Est certe jugis.   Ha! non est gloria predis
Firma nec absque jugis,   sine litibus aut sine predis.
Vix est assidue   per tres qui vixerit unus
Horas leticie,   rex, princeps sive tribunus.
5520 Quid prodest homini, totalem quando lucratur
Mundum, si jugis anime damnum patiatur?
Excruciat corpus animamque coinquinat ille,
Sunt in eo propter duo gaudia tristia mille.
Quitquid enim tribuit afflictio spirituum, stat,
5525 Ut per scripturas exemplaque plurima constat.
Cur in presenti   vellem plus sistere mundo
Vili, fetenti,   pleno viciis, ruibundo?

5501 rubr. à la marge : *Hic contempnit mundum loquens de miseria hominis et maxime divitis.* — 5513 le ms. a deux fois *plus sua.* — 5514 rubr. à la marge : *Qualiter bona divitis morientis dividuntur.*

Finablement, quant me souvient
710 Comment chascun mourir convient,
Et j'ay recort des quinze signes,
Qui de tres grant paour sont dignes,
Preambules du jugement,
Je tremble paoureusement.
715 Le premier jour s'eslevera
L'eaue, et comme un mur montera
En hault par dessus les montaignes.
Le secont jour donra enseignes
Que l'eaue au bas descendera,
720 Et au tiers jour son cours fera.
Au quart jour s'accompaigneront
Tous les poissons et crieront,
En eulx plaingnant contre la fin,
Et la balaine et le daulphin.
725 Au quint jour avalera l'onde ;
Le sixiesme par tout le monde
D'arbres et plantes, sans doubter,
Fera sanc vermeil degoûter.
Le septiesme forment nuira :
730 Maisons et cités destruira ;
Les pierres se despeceront,
De leurs pieces guerres feront
Et se combattront sans sejour
L'une a l'autre au huitiesme jour.
735 Au neufviesme, après ceste guerre,
Sera grant mocion de terre,
Tele que nul ne pourroit dire.
Au dixiesme jour, par grant ire,
Les montaignes et les vallées
740 Seront tout ensemble avalées,

711 *B* recors. — 713 *F* de paour ensement. — 716 *F* Et comme ung m. se m.; *A* omet et; *D* et comment; *A* montra. — 719 *ABT* en b. *DMF* au b.; *A* si d.; *AB* descendra. — 720 *DM* son tiers; *FT* fera *ABDM* sera. — 722 *F* et si c. — 723 *D* complaignant la f. — 724 *F* balene; *B* la d.; *F* delphin. — 726 *BDT* Au s. — 727 *DI* Arbres *F* Derbes. — 728 *I* Feront. — 729 *A* fort venterа *T* f. verra *D* muera. — 730 *à la fin manquent dans T (feuillets arrachés.)* — 731 *F* omet se; *A* depiecheront. — 732 *A* Et les pierres *D* De leurs pierres. — 733 *F* Et combatteront. — 734 *F* Lun; *ADM* a lhuitiesme *BF* au h. — 737 *DM* ne le p. —740 *A* Si seront e. av. *BDM* Seront e. av. (7 *syllabes*) *F* Seront tout e. av. —

Dum tuor initium,   mundus nimis est michi dirus ;
Dum penso medium,   non invenio nisi virus.
5530   Tandem, dum signa   ter quinque preambula disco
Judicii, digna   certe ratione tremisco.
Ecce die prima, quasi murus, diriget unda
Se supra montes; descendet ad yma secunda;
Tertia reddet ei cursum; quarta sociabunt
5535 Se pisces, queruli super undam vociferabunt;
Quinta dies abscondet aquas; sextaque minante
Sanguineum rorem stillabunt gramina, plante;
Septima prosternet edes; sese laniabunt
Saxa sub octava pugnantia, moxque parabunt
5540 Frusta sibi guerram ; sub nona motio terre
Fiet, sed quanta, non possum quippe referre ;
Equabit decima   montes convallibus ; inde
Lustra sub undecima   gentes, tanquam furibunde

5530 rubr. à la marge : *hic loquitur de. xv. signis prevenientibus judicium secundum Hieronimum.* — 5536 *abscondet*(?), ms. *ascendet*. — 5539 *Sanguineum*, ms. *Sanguinem*. — 5540 *Frusta*, ms. *Frustra*. — 5543 *Lustra*, ms. *Austra*.

Et les menues et les grosses.
Et a l'ouziesme jour des fosses
Istront hors les gens, qui plourront
Et comme forsenés courront,
745 Pour la paour du temps horrible.
Le douziesme sera terrible :
Les estoiles trebucheront
Et jus du firmament cherront,
Ne ja signe n'y demourra ;
750 Dur sera cuer qui ne plourra.
Au treziesme venront les os
En un grant mont, bien dire l'os,
Des sepulcres ou ils gerront ;
Pour estre veüs sus serront.
755 Tout mourra au jour quatorziesme
De triste mort, et au quinziesme
La terre ardera en tous lieux.

Après ces choses veüra Dieux
Tenir son derrain jugement.
760 Qui avra vescu saintement,
Il sera de bonne heure nés ;
Les mauvais seront mal menés.
Mais par avant ceste aventure,
Si com tesmoingne l'Escripture,
765 Par quarante ans, ou lustres huit,
En nul temps, de jour ne de nuit,
L'arc ou ciel ne sera monstrée
A nulluy, en nulle contrée.

O doulereus jour et doubtable,
770 Cremeteus et espouentable,
Quant Dieux, en ce jour a venir,
Venra son jugement tenir,
Et dira : « D'enfer vous getay

---

742 *D* omet jour. — 743 *DM* omettent hors; *A* des g.; *DM* pleureront. — 746 *AB* La d. — 749 *B* ne d. — 750 *DM* le c. — 751 *D* verront. — 752 Leçon de *B*; *A* De la terre b. d. los *DMI* Et ressusciteront les mors *F* De ceulx qui monstreront les os. — 753 *B* sepultures. — 754 *B* seus s. *DM* sur s.; *BFM* serront *AD* seront. — 756 *A* de tristece mort au q. — 757 *AB* ardra; *A* trestous. — 759 *D* darrain *F* derrien. — 760 *BD* sainement. — 765 *DM* ont un vers de 4 syllabes Par quarante ans (*I* Par lespace de q. ans) *A* q. a. com on luyt. — 766 *I* De j. ne de n. en nul temps; *A* et de n. — 767 *A* au c. — 769 *F* A d. j. — 770 *B* Crementeux. — 771 *M* auenir *ABDF* j. aduenir. — 772 *DM* Vouldra.

Undique currentes, exibunt; sub duodena
5545 Sidera cuncta cadent de celo cunctaque signa;
Tredecima pandent fossarum se super ora
Ossa sepultorum mundana qualibet hora;
Quisque sequente die morietur funere tristi;
Quindecima tellus ardebit; postea Christi
5550 Fiet judicium,   metuendum, pape! sed ante
Ipsum judicium,   Scriptura testificante,
Octo lustrorum spacio per nubila, miris
Judiciis, homini nulli monstrabitur yris.
  O! metuenda dies, pre cunctis dira, supremi
5555 Judicii! Dominus ibi proferet : « Ecce redemi
  « Sanguine vos proprio, sputus, vinctus, spoliatus,

5552 rubr. à la marge : *Quod yris non apparebit per* XL *annos ante diem judicii.*

« Et de mon sanc vous rachetay,
775 « Pour vous batus et despoulliés,
« De sanc et de sueur moulliés. »
Et n'oubliera pas a dire
Tous les tourmens de son martire,
Comment fu traïs et vendus,
780 Escharnis et en croix pendus,
Comment grans angoisses souffri
Et jusqu'a mort pour nous s'offri,
Et ses cinq playes monstrera.
Adont chascun saint tremblera,
785 Grant paour aront ains la fin
Et Cherubin et Seraphin.
Las! le juste ou se boutera ?

Quant a paines sauvés sera,
Si com dit Job, las! que feray ?
790 Pour tout me reconforteray
En ce que j'ay fort soustenu
Le martire qui m'est venu.
Se pour tourment puet saintir homs,
Par souffrance nous saintirons.
795 Voulentiers souffreray les paines
Et ne me seront pas grevaines,
Pour acquerir vie eternelle
En la joye perpetuelle,
A laquelle mon createur,
800 Triomphateur et salvateur,
Roy, viateur et donateur,

775 *BF* bastuz *ADM* batus. — 777 *F* Et si. — 782 *B* jusques; *AB* soffri *DM* offry *F* souffri. — 783 *D* pl. cinq; *A a ici le vers* 781. — 784 *A* Le plus hardy se troublera. — 785 *A* en la f. — 787 *F* La le j. — 790 *ABF* Pour tout *DM* Pour tant; *DM* conforteray. — 792 *DM* mest aduenu. — 793, 94 *manquent A.* — 793 *D* par t.; *DM* sentir li hom. — 794 *BDM* je s. *F seul* nous s.; *DM* sainctirions *BF* saintirons. — 798 *A* Et la. — 800 *manque FM*; *A* et servateur. — 801 *M* Roy vititour; *D* dominateur.

« Cuspide spinarum septus, caput inde mitratus,
« Nequiter illusus, ligno suspensus, aceto
« Potatus, virgis cesusque, loco quoque spreto
5560 « Ac vili, ferro transfixus, arundine quassus,
« Gentibus immundis circundatus, omnia passus
« Anxia. Pro vobis ego mortem morte peremi;
« His vos deliciis, hac et crucis arte redemi. »
Post hec terribilis sua pandet vulnera quinque.
5565 Inde trement omnes sancti, Cherubin Seraphinque.
Vix sibi, Job teste, justus salvabitur. Ergo
Tunc quid agam? quid agam? qui Christi dogmata tergo
Infelix hucusque dedi, sordanica sectans
Cosmica? Nil pro me reputo laudabile, spectans
5570 Que feci, nisi quod tormentum connubiale
Quottidie patior, cui nullum materiale
Par est martirium; puto quod, si sanctificari
Quis meruit pro martirio, debebo beari.
Inde meas levius patior penas ego, qui tam
5575 Quod vix exprimerem, venturam diligo vitam,
Ad quam perducat me summus propitiator,
Alpha, triumphator, patiens salvator, amator,
Lux, dux, donator panis, via, vita, viator,

Plasmateur et mediateur,
Dispensateur, reparateur,
Conditeur et reformateur,
805 Me vueille mener et attraire
Par sa grace tres debonnaire.

Je pri, je lo et si conseille
A ceulx qui cy tendront l'oreille,

Que nuls homs, s'il n'est enragiés,
810 Tant soit d'amer encouragiés,
A mariage ne s'assente.
De leesce luy clos la sente
Et luy doins les cles de tristesce.
Car, se chascun sçavoit bien qu'est ce
815 Aussi bien comme je le sçay,
Qui en ay esté a l'essay,

802 *B* Conditeur et reformateur (*répète vs.* 804) *DM* Salvateur; *DM omettent* et. — 803 *manque F.* — 804 *manque M.* — 806 — *D* (fº 197 vº) *rubr.* Comment il conseille a tous en general quilz ne se marient point. — 807 *D omet le second* je; *F* prie je loe. — 808 *A* qui entendent *F* qui tendent. — 810 *DM* damours. — 811 *B* ne assente. — 812 *B* Delesse; *mss.* clos; *F* seinte. — 813 *D* Et li; *ABDM* doing *F* doins; *D* d. dieu de t. — 814 *D* Et se. — 816 *manque D; F* escay.

fº 82 vº 5580 Rerum plasmator, princeps pacis, mediator,
Qui dispensator et nobilis est reparator.

Heu me! quitquid ego dicam scribamve supra de
Conjugio, nemo, qui vivere vult sine clade,
Uxorem capiat precor, ortor, consulo, laudo,
Ne michi par fiat; alias, portam sibi claudo
5585 Omnis leticie, claves ego trado sibique
Jugis tristicie. Caveant ergo sibi quique!
Nam, licet ista via celum det connubialis,
Non tamen opto, quia dolor asperior stygialis
Non est; unde scio quod vix in mille meretur
5590 Unus conjugio. Vah! quis penas pateretur
Tot quin deficeret, quanquam fortissimus ille,
Sexque plagas regeret? In tramite milia mille
Deficiunt; et ego, nimis oppressus, timeo ne
Deficiam, pelago quasi naufragus; absque corone
5595 Dono; ni precibus sanctis relever dominorum
Atque precaminibus crebris quondam sociorum.
Ut loquar hic breviter, onus importabile dico
Conjugii; nec iter hoc consulat ullus amico.
Hoc qui consuleret sociis non esset amicus,
5600 Immo deberet dici seductor iniquus,

Après 5580 *rubr. hoc est finale concilium* (sic) *quod matheolulus dat amicis suis quitquid in precedentibus dixerit.* — 5581 *scribamve, ms* scribam ne. — 5588 *opto, ms.* opta; *asperior, ms.* aperior. — 5595 *Ce vers se trouve à la marge.*

On le devroit tout vif larder,
Puis qu'il ne s'en voulroit garder.
Or est ma nef a port venue;
820 Si soit par autre retenue.
Si suppli a Dieu qu'il luy plaise

Qu'envers moy son ire rapaise,
Et me doint lieu avec m'amie
En la celeste compaignie.
Amen.

817 *D* Qui le d.; *B omet* tout; *A* ardoir : gardoir. — 820 *B* Cy. — 821 *A* Et s.; *M omet* a dieu. — 822 *F* Que c.; *F* rapaise. — *Après* 824 *DFM* Explicit Matheolus, *Dans M une écriture postérieure a ajouté* En ce liure issi lira Droit en paradis ira.

Dummodo conjugii   cognosceret asperitates.
Vim scio martirii;   quare loquor hic quasi vates.
Sisto tamen, fessus,   deponens vela carine,
Quamvis processus   hic in se sit sine fine.
5605   Sisto prout pepigi;   mea vult hic anchora figi;
Post hec que tetigi   precor illum qui crucifigi
Pro nobis voluit,   mortem nimis in cruce diram
Passus, tanta fuit   pietas, quod mitiget iram
Petre, meque sibi   jungat post mortis agones
5610 In celis, ut ibi   matrem, natum, legiones
Angelicas videam,   michi sitque per omne juvamen
Ipse Petramque meam   juxta me collocet, Amen,
Dummodo rixari,   maledicere, flereque cesset;
Quam sic tractari   cum nil michi gratius esset.

A la fin une rubrique : *Explicit liber lamentationum matheoluli.*

RENNES, IMPRIMERIE POLYGLOTTE ALPH. LE ROY

Imprimeur breveté.

Gréban (A.). Le mystère de la Passion, publié d'après les mss. de Paris, une introduction et un glossaire par G. Paris et G. Raynaud. 1 fort v[ol.] in-8° à 2 col.

Haillant (N.). Essai sur un patois vosgien. Dictionnaire phonétique et [éty]mologique. In-8° 10 [fr.]
— Flore populaire des Vosges. In-8°. 4 [fr.]

Hatoulet (J.) et Picot (E.). Proverbes basques et béarnais recueillis et accompagnés d'un vocabulaire et de quelques proverbes dans les autres dialectes du Midi. In-8°. 6 fr.

Havet (L.). La prose métrique de Symmaque et les origines du Cursus. Gr. in-8°. 4 fr.

Joret (C.). La rose dans l'antiquité et au moyen âge. Histoire, légendes et symboles. In-8. 7 fr. 50

Liptay (A.). Langue catholique. Projet d'un idiome international sans construction grammaticale. In-8°. 4 fr.

Loth (J.). Chrestomathie bretonne (armoricain, gallois, cornique), 1re partie : Breton armoricain. Gr. in-8°. 10 fr.
— Vocabulaire vieux breton avec commentaire contenant toutes les gloses en vieux breton, gallois, cornique, armoricain connues. Précédé d'une introduction sur la phonétique du vieux breton et sur l'âge et la provenance des gloses. Gr. in-8°. 10 fr.
— Les mots latins dans les langues brittoniques (gallois, armoricain, cornique). Phonétique et commentaire, avec une introduction sur la romanisation de l'Ile de Bretagne. Gr. in-8°. 10 fr.

Marchot (P.). Le patois de Saint-Hubert (Luxembourg belge). In-8°. 2 fr. 50
— Phonologie détaillée d'un patois wallon. Contribution à l'étude du wallon moderne. In-18 jésus. 3 fr.

Morel-Fatio (A.). La Comedia espagnole du xviie siècle. Cours de langues et littératures de l'Europe méridionale au Collège de France. Leçon d'ouverture. In-8°. 1 fr. 50

Paris (G.). Étude sur le rôle de l'accent latin dans la langue française. In-8°. 4 fr.
— Dissertation critique sur le poème latin du Ligurinus attribué à Gunther. In-8°. 2 fr.
— Les contes orientaux dans la littérature française du moyen âge. In-8°. 1 fr.
— Les Chants populaires du Piémont. In-4°. 2 fr. 50
— Le Juif errant en Italie. In-4°. 1 fr. 25
— Les origines de la poésie lyrique en France, au moyen âge. In-4°. 3 fr.

Parmentier (L.). Les substantifs et les adjectifs en ΕΣ dans la langue d'Homère et d'Hésiode. Gr. in-8°. 5 fr.

Les anciens poètes de la France, publiés sous les auspices du Ministère de l'Instruction publique par F. Guessard. 10 vol. in-12 cart., le vol. 5 fr.

Raynaud (G.). Bibliographie des chansonniers français des xiiie et xive siècles comprenant la description de tous les manuscrits, la table des chansons classées par ordre alphabétique de rimes et la liste des trouvères. 2 vol. in-8. 15 fr.

Recueil d'anciens textes bas-latins, provençaux et français, accompagnés de deux glossaires et publiés par P. Meyer. 1re partie : bas-latin, provençal. Gr. in-8°. 6 fr.
— 2e partie : vieux français. Gr. in-8° 6 fr.

Scheler (A.). Dictionnaire d'Étymologie française d'après les résultats de la science moderne. 3e édit. revue et augmentée. In-4°. 18 fr.

Schwob (M.) et Guieysse (G.). Études sur l'argot français. Gr. in-8°. 1 fr. 50

Soniou Breiz-Izel. Chansons populaires de la Basse-Bretagne recueillies et traduites par F.-M. Luzel, avec la collaboration de A. Le Braz. 2 vol. in-8°. 16 fr.

Stecher (J.). Jean Lemaire de Belges, sa vie et ses œuvres. In-8°. 3 fr.

Suchier (H.). Le français et le provençal, traduit par P. Monet. In-8°. 6 fr.

Tobler (A.). Le vers français ancien et moderne. Traduit par K. Breul et L. Sudre, avec une préface de G. Paris. In-8°. 3 fr.

Vie (la) de saint Alexis, poème du xie siècle. Texte critique par G. Paris. Petit in-8°. 1 fr. 50

Aristote. Constitution d'Athènes. Traduit par B. Haussoullier avec la collaboration de E. Bourguet, J. Bruhns et L. Eisenmann. Gr. in-8°. 5 fr.

...ol (A.). Rivalité d'Eschine et Démosthène. In-8°. 4 fr.
...ogues des livres grecs et latins, imprimés par Alde Manuce à Venise (1503-1513), reproduits en phototypie, avec une préface par H. Omont. In-fol. avec 4 planches. 15 fr.
Correspondance de Madame, Duchesse d'Orléans (1672-1722). Traduction et notes par Ernest Jaeglé. Deuxième édition revue et augmentée. 3 vol. petit in-8°, ornés d'un portrait de la Duchesse. 10 fr. 50
Denifle (H.). Les Universités françaises au moyen âge, avis à M. M. Fournier, éditeur des Statuts et privilèges des Universités françaises. Avec des documents inédits. Gr. in-8°. 2 fr.
Fournier (A.). Napoléon premier, traduit par E. Jaeglé. Tomes I et II (1769-1810). 2 vol. in-8°. 7 fr.
Jacqueton (G.). La politique extérieure de Louise de Savoie. Relations diplomatiques de la France et de l'Angleterre pendant la captivité de François Ier (1525-1526). Gr. in-8. 13 fr. 50
Krieg (C.). Précis d'antiquités romaines (vie publique et privée). Traduit par l'abbé O. Jail. In-8 avec 2 plans de Rome antique et du forum, et 53 gravures dans le texte. 6 fr.
Lamprecht (C.). Études sur l'état économique de la France pendant la première partie du moyen âge, traduit de l'allemand par A. Marignan. Gr. in-8°. 12 fr.
Leroux (A.). Nouvelles recherches critiques sur les relations politiques de la France avec l'Allemagne, de 1378 à 1461. Gr. in-8. 7 fr. 50
Lot (F.). Les Derniers Carolingiens. Lothaire, Louis V, Charles de Lorraine (954-991). Gr. in-8. 13 fr.
Morel-Fatio (A.). Études sur l'Espagne. 2 vol. petit in-8°. 8 fr. 50
Nolhac (P. de). Pétrarque et l'humanisme d'après un essai de restitution de sa Bibliothèque. Gr. in-8, avec un portrait et 3 planches de fac-similés. 16 fr.
Petitot (E.). La sépulture dolménique de Mareuil les Meaux (Seine-et-Marne) et ses constructeurs. In-18 jésus, avec 8 planches dessinées d'après nature par l'auteur. 4 fr.
Philippson (M.). Histoire du règne de Marie Stuart. 3 vol. in-8°. 22 fr.
Sortais (G.). Ilios et Iliade. Les ruines d'Ilios. — la formation de l'Iliade. Essai de restauration de l'Iliade primitive. — l'Olympe et l'art homériques. In-8° avec une carte. 5 fr.

Revue celtique fondée par M. H. Gaidoz et publiée sous la direction de M. H. d'Arbois de Jubainville, avec le concours de MM. J. Loth, E. Ernault et de plusieurs savants des Îles Britanniques et du continent. — Prix d'abonnement : Paris, 20 fr. ; départements et Union postale, 22 fr.
La collection complète des 13 volumes (1870 à 1891 inclus). Au lieu de 260 fr. net 210 fr.
Revue de philologie française et provençale. Recueil trimestriel publié par L. Clédat. — Prix d'abonnement : Paris, 15 fr. ; départements et Union postale, 16 fr.
Romania, recueil trimestriel consacré à l'étude des langues et des littératures romanes, publié par MM. Paul Meyer et Gaston Paris. — Prix d'abonnement : Paris, 20 fr. ; départements et Union postale, 22 fr.
La collection complète (1872-1891 inclus) y compris la table des dix premières années, 520 fr.
Revue des Bibliothèques. Recueil mensuel publié sous la direction de M. E. Chatelain. — Prix d'abonnement : Paris, 15 fr. ; départements et Union postale, 17 fr.
Le Moyen Age. Bulletin mensuel d'histoire et de philologie, dirigé par M. A. Marignan et M. Wilmotte. — Prix d'abonnement : Paris, 8 fr. ; départements et Union postale 9 fr.
Mémoires de la Société de linguistique de Paris. Tomes I à VIII, fasc. 1 et 2. 180 fr.

RENNES, IMPRIMERIE POLYGLOTTE ALPH. LE ROY IMPRIMEUR BREVETÉ.

www.ingramcontent.com/pod-product-compliance
Lightning Source LLC
Chambersburg PA
CBHW050803170426
43202CB00013B/2540